Martin Peilstöcker, Jürgen Schefzyk & Aaron A. Burke

Jaffa – Tor zum Heiligen Land

W0365605

Martin Peilstöcker, Jürgen Schefzyk & Aaron A. Burke

Jaffa

Tor zum Heiligen Land

Bibelhaus
ERLEBNIS MUSEUM

Nünnerich-Asmus
Verlag & Media

Wir danken für die freundliche Unterstützung:

Medienpartner:

Impressum:

Titelabbildung: Ansicht Jaffa von Norden
Frontispiz: Luftaufnahme Jaffa August 2012
S. 188: Gopro-Luftaufnahme Ausgrabung Jaffa 2012

Herausgeber: Martin Peilstöcker, Jürgen Schefzyk & Aaron A. Burke
Verlag: Nünnerich-Asmus Verlag & Media, Mainz am Rhein
Redaktion: M. Peilstöcker & J. Schefzyk
Lektorat: Annette Nünnerich-Asmus, Frauke Itzerott, Mascha Schnellbacher
Gestaltung: Bild1Druck GmbH Berlin, Antje-Catrin Jäckel, Michaela Binasch
Druck: impress media GmbH, Mönchengladbach
© 2013 Nünnerich-Asmus Verlag & Media
Bibelhaus Erlebnismuseum

ISBN 978-3-943904-13-0

Bibliografische Information der Deutschen Nationalbibliothek
Die Deutsche Nationalbibliothek verzeichnet diese Publikation in der Deutschen Nationalbibliografie; detaillierte bibliografische Daten sind im Internet über http://dnb.d-nb.de abrufbar.

Alle Rechte, insbesondere das der Übersetzung in fremde Sprachen, vorbehalten.
Ohne ausdrückliche Genehmigung des Verlages ist es auch nicht gestattet, dieses Buch oder Teile daraus auf fotomechanischem Wege (Fotokopie, Mikrokopie) zu vervielfältigen oder unter Verwendung elektronischer Systeme zu verarbeiten und zu verbreiten.
Printed in Germany by Nünnerich-Asmus Verlag & Media

Weitere Titel aus unserem Verlagsprogramm finden Sie unter: www.na-verlag.de

Inhaltsverzeichnis

Grußworte der Schirmherren

Shalom to our Friends in Frankfurt!

There are very few places in the world that enjoy a continuous legacy for 5.000 years. Jaffa is one of them. The word Jaffa, which means „the beautiful", is derived from Japhet – the name of one of Noah's sons, who built it after the Biblical flood.

During the times of King Solomon, Jaffa's port served as a gateway for the cedars from Lebanon used to build the First Jewish Temple. It was also mentioned in the Old Testament as the port from which Jonah the Prophet embarked on his maritime journey, which resulted in him being swallowed by a fish. In following centuries, numerous conquerors passed through Jaffa's gates. Each left his mark on this majestic city.

In 1909, as Jaffa became too crowded for the many immigrants entering its gates, a group of 66 Jewish families acquired sand dunes north of Jaffa and founded the first Hebrew City – Tel Aviv. As years passed, Tel Aviv grew rapidly; as Israel gained independence, the two cities merged into one municipal entity – Tel Aviv-Yafo.

This united city is a symbol of our culture: a mix of old and new; a blend of Jews and Arabs; a melting pot of cultures and tastes – all live in harmony that is fuelled by a deep sense of pluralism and tolerance. Many people love this city – among them the people of Frankfurt, the Municipality and my dear friend Mayor Feldmann. This friendship results in many mutual projects and collaborative efforts.

I hope the images in the exhibition provoke your appetite to come and visit our city by yourself. You are always welcome!

Ron Huldai
Mayor of Tel Aviv-Yafo

„Jaffa, die Meeresschöne, ist eine Stadt aus der Vorzeit. Japhet, der Sohn Noahs hat sie gebaut und nach sich benannt. Aber von Japhets großer Schönheit ist ihr nur das verblieben, was Menschen ihr nicht fortnehmen konnten."
(S. A. Agnon, Gestern, Vorgestern)

Ich erinnere mich noch gut an Jaffa, als die Schiffe dort noch nicht anlegen konnten. Kleine Boote mit schreienden Arabern fuhren den grolgen Oberseedampfern entgegen, um Menschen und Waren an Land zu bringen." Bis ins hohe Alter stellte sich der Politiker und Justizminister Shmuel Tamir gerne auf Arabisch vor: „Ana Jaffawi" – „Ich stamme aus Jaffa!"

Jaffa ist eine der bekanntesten historischen Stätten des Heiligen Landes und war das einstige Ziel jüdischer und christlicher Pilger, die im Hafen von Jaffa an Land gingen. Das Jaffa-Tor führte und führt immer noch direkt in die jüdischen und christlichen Viertel sowie zu den beliebtesten Teilen des Marktes und zum Davidsturmmuseum, einst eine Zitadelle Jerusalems und heute ein Ausstellungsort seiner Geschichte. Die jüngste wissenschaftliche Erforschung des Ortes durch ein internationales Projekt unter israelischer, amerikanischer und deutscher Beteiligung hat gezeigt, dass sich hier, wie ansonsten an nur sehr wenigen Orten, interkultureller und interreligiöser Austausch im Laufe der über 4.000-jährigen Geschichte der Stadt zeigen lässt. Diesen Austausch anhand von archäologischen Exponaten, kulturgeschichtlichen Objekten und Schriftdokumenten darzustellen ist Ziel der Ausstellung „Jaffa – Tor zum Heiligen Land" im Bibelhaus Erlebnismuseum 2013.

Die Ausstellung findet in Kooperation mit der israelischen Antikenverwaltung und mit der Unterstützung durch die Martinus Bibliothek Mainz, dem Bauernfeind Museum in Sulz a. N., dem jüdischen Museum Frankfurt sowie dem Römisch-Germanischen Zentralmuseum Mainz statt. Die Exponate der Ausstellung werden ausnahmslos zum ersten Mal der Öffentlichkeit gezeigt.

Seit 1980 besteht eine Städtefreundschaft zwischen Frankfurt am Main und Tel Aviv-Yafo, der modernsten Stadt des Nahen Ostens und zugleich wirtschaftlicher und kultureller Mittelpunkt des Staates Israel. Nicht nur aus diesem Grund habe ich gerne die Schirmherrschaft für das Projekt und die Ausstellung „Jaffa – Tor zum Heiligen Land" übernommen.

Peter Feldmann
Oberbürgermeister der Stadt Frankfurt am Main

Einleitung

Jaffa, Frankfurt und das Bibelhaus – zur Idee der Ausstellung

M. Peilstöcker, J. Schefzyk & A. A. Burke

Wer das halbe Jahrhundert überschritten hat, kennt sie aus seiner Kindheit: Die Jaffa-Orangen, gehörten sie doch zum süßen Teller an Heilig Abend. Sie hatten ihren festen Platz neben dem Weihnachtsmann aus Schokolade und den selbst gebackenen Plätzchen auf dem grünen Pappteller. Je eine für den Heiligen Abend, den ersten und den zweiten Weihnachtstag. Und jetzt durfte man als Kind selbst ein Küchenmesser benutzen, um sie zu schälen. „Mit den Fingern schaffst du das nicht, dafür ist die Schale viel zu dick", lautete die Erklärung der Erwachsenen. Sie erklärten auch, warum die Jaffa-Orange eine so dicke Schale hat: Wegen des weiten Wegs mit dem Schiff über das Mittelmeer, und dass durch die dicke Schale die Orange nicht austrocknet. Wer Glück hatte, konnte aus dem Konsum eine der alten Holzkisten mit dem Schriftzug Jaffa zum Spielen mit nach Hause bringen. Noch heute assoziieren viele beim Stichwort Jaffa die süße Orange mit der dicken Schale, naturbelassen.

Wer heute Jaffa kennenlernen will, bemerkt schon bei der Aufschrift auf dem Flugticket Tel Aviv-Yafo, dass das alte Jaffa aktuell einen Stadtteil von Tel Aviv bildet, der alte Hafen einer modernen Metropole (Abb. 1). Am besten wandert man am Hauptstrand von Tel Aviv an den Hotelhochhäusern entlang nach Süden und erreicht in gut zwanzig Minuten Jaffa, eine Silhouette mit entlang dem Hügel ansteigenden Häusern, der Petrus-Kirche und den Wellen, die sich an den Felsen des einstigen Naturhafens brechen.

Schon der Weg deutet an, dass sich die Geschichte in der Gegenwart abbildet. Bis zum Restaurant Manta Rey auf halber Strecke tummeln sich hauptsächlich junge Israelis und Touristen in Bikinis und Badehosen fröhlich am Strand. Direkt nach dem Restaurant, nur 100 m weiter, gehen junge Palästinenserinnen in ihrer schwarzen, den ganzen Körper bedeckenden Kleidung ebenso fröhlich baden und auch sie lassen sich lachend fotografieren.

Zehn Minuten später in der Bucht von Jaffa erinnern nur noch einige wenige aus dem Wasser ragende Felsen daran, dass sich hier einmal einer der ältesten Häfen der Welt befunden hat, der über 3.000 Jahre eine enorme Bedeutung sowohl für die Küstenregion weit nach Norden und Süden als auch für Jerusalem gehabt hat. Das größte Altstadttor Jerusalems Richtung Westen ist nach dieser Hafenstadt benannt: „Jaffa-Gate" und das nach Osten führende Tor in Jaffa, das „Tor zum Heiligen Land", heißt bis zur Aufgabe der Stadtmauern „Jerusalemtor". Die Jaffa-Orange auf den Weihnachtstellern wird allerdings Mitte des letzten Jh.s schon nicht mehr aus dem natürlichen Hafen ausgeschifft. Dieser ist mit einer Sprengaktion unter englischer Besatzung erweitert und vertieft und – mit einem schützenden Wellenbrecher versehen – nach Süden ausgebaut worden.

Die wenigen Fischer erzählen gerne von den vergangenen Zeiten, die in ihren Familien überliefert wurden, und von der Wandlung, die der Hafen im 20. Jh. erlebt hat. Und wer mit ihnen rausfährt und vom Meer auf die imposante Anlage der Stadt schaut, bekommt auf der Fahrt die Andromeda-Sage erzählt. (Abb. 2) Wer nachfragt, erfährt auch, dass die Jona-Geschichte hier ihren Ausgangspunkt genommen hat und welche Rolle Petrus in Jaffa gespielt hat. Und mit einem Mal wird die spannende Geschichte dieser Stadt lebendig, mit ihrem Hafen, der Landung der türkischen Landwehr oder den anlandenden Booten jüdischer Emigranten, der Alijah. Vielleicht erzählt der Fischer dann noch, was er von der großen Sprengung in der Altstadt weiß, dem erbitterten Kampf zwischen englischer Besatzung und palästinensischem Widerstand oder den Ereignis-

Abb. 1 Blick auf Tel Aviv-Yafo vom Meer aus.

Abb. 2 Der Naturhafen von Jaffa mit den aus dem Meer ragenden Felsformationen von der Uferpromenade aus gesehen.

Abb. 3 Die Petrus-Kirche auf der Höhe der Altstadt markiert weithin sichtbar den Ort, an dem Petrus die Vision der unreinen Speisen gehabt haben soll.

sen während der Staatsgründung Israels, die er auf Arabisch Nakba nennt.

Wieder zurück vom Meer, dort, wo heute im Hafen eine Restaurantmeile einlädt, führt eine kleine, unscheinbare Lücke in der Bebauung über die Treppenstufen hinauf in die obere Altstadt. Alijah, der Aufstieg jüdischer Emigranten lässt sich hier ein bisschen – und vor allem deutlich komfortabler – nachempfinden. Ein Schild und ein Schriftzug an einem etwas abseits der Haupttreppe gelegenen verschlossenen Haus weisen darauf hin, dass hier das Haus des Petrus gestanden haben soll. Der Blick auf die Geschichte wird vielschichtiger. Markiert nicht die dominierende Petrus-Kirche auf der Höhe der Stadt das Haus des Petrus? (Abb. 3) Ein wunderschöner zentraler Platz bedeutet zunächst das Ende des Aufstiegs. So modern, wie er mit dem neuen unterirdischen Museum zur Stadtgeschichte gestaltet ist, lässt er einen Bruch in der Geschichte vermuten. Dass es diesen Platz gibt, hängt mit dem Kampf der Briten gegen den palästinensischen Widerstand und der „Operation Anker" zusammen. Vom Museumsplatz führt eine Brücke nur wenige Schritte weiter zum Ramsestor, das die alten Epochen der Geschichte Jaffas markiert, und verweist auf eine Phase ägyptischer Herrschaft mit einer mächtigen den Stadthügel umspannenden Zitadelle.

Ein letzter kleiner Schwenk führt zum modernen Aussichtspunkt mit einer ein Tor darstellenden Skulptur und der Blick schweift nach Norden zu den Hochhäusern von Tel Aviv und dem bunten Strand- und Stadtleben. In den Archiven und Magazinen des archäologischen Museums gleich daneben finden sich Zeugnisse und Überbleibsel all der Menschen, Kulturen und Religionen, die Jaffa einmal bevölkert haben. Sie sind so vielfältig und bunt, wie es auch das Leben heute in der Metropole Tel Aviv-Yafo abbildet. (Abb. 4)

Was hat Jaffa zu einer so bedeutenden Stadt durch die Jahrhunderte werden lassen? Warum heftet sich gerade an die Felsen von Jaffa der Andromeda-Mythos, dessen Figuren alle am Sternenhimmel verewigt wurden? Warum startet Jona auf seiner Flucht vor dem Auftrag Gottes von Jaffa, also vom Süden aus, mit dem Schiff, wenn er als Prophet des Nordreiches es doch hätte viel kürzer haben können? Warum erhält der an Jesus als Messias glaubende Jude Petrus ausgerechnet in Jaffa eine Vision, die ihn im Blick auf Nichtjuden, die er als unrein bezeichnet, zum vollständigen Umdenken führt? Warum geschieht die einzige Auferweckung einer Toten nach dem Tod von Jesus in Jaffa? Warum wird der einzige bedeutende Friede der Kreuzritterzeit – zwischen Friedrich II. und Sultan al-Kamil – in Jaffa geschlossen?

Nur einmal fiel Jaffa in seiner Geschichte in die Provinzialität zurück, als Herodes der Große die neu hochgezogene Metropole Caesarea mit einer künstlichen Hafenanlage errichten ließ. Doch dieser Hafen versandete bald und brachte Jaffa wieder ins Zentrum des Geschehens zurück. So führt der Spaziergang durch Jaffa heute ebenso wie der Gang durch seine Geschichte und die Schau seiner archäologischen Überreste zu der Erkenntnis, dass Jaffa zu den bedeutendsten Häfen des östlichen Mittelmeers gehört hat und durch die Jahrtausende viele Menschen, Kulturen und Religionen in sich beherbergen konnte.

Noch nie wurde so viel von der langen Geschichte von Jaffa in einer Ausstellung präsentiert. Von der ersten Idee an bis zu dieser Ausstellung waren wir überzeugt: Der Blick hinter die Mauern lohnt sich. Es ist nicht nur friedlich und tolerant in der Geschichte dieser Stadt zugegangen. Verschiedene Völker besiedelten und besetzten diesen so wichtigen Hafen. Sie brachten ihre Religion und ihre Kultur mit und sie fanden eine gewachsene Struktur vor. Wir waren gespannt, was die Erforschung der Geschichte der Stadt über die Menschen würde erzählen können, über die Ägypter, Kanaanäer, Griechen, Römer, die Juden, die Christen und dann die Muslime. Wie viel Toleranz war zu einem guten Miteinander der Kulturen und Religionen notwendig, wann und warum gelang dies und wann herrschte das Diktat der Macht? Was konnten Wohlstand und Wirtschaft zur Kommunikation beitragen, das ägyptische Bier, der intensive Weinhandel auch noch in islamischer Zeit, der Handelszweig Orangen im 20. Jh. mit seinen grundlegenden Erschütterungen durch Kriege? Und was lässt sich relevant für die Gegenwart hieraus vermitteln?

Die oftmals überraschenden Ergebnisse sind Grundlage der Konzeption und Inszenierung dieser Ausstellung geworden. All das ist nur durch die intensive und kreative Arbeit des die Ausstellung begleitenden Projektteams möglich geworden. Hier gilt unser Dank Prof. Dr. Wolfgang Zwickel, Pfr. Veit Dinkelaker, Dr. Lothar Triebel und Silvia Meier M.A., die zwei Jahre mit uns im Team die Entstehung dieser Ausstellung von der Idee bis zur Realisierung begleitet und tatkräftig unterstützt haben. Die umfangreichen Leihgaben haben wir im Besonderen der Israelischen Antikenverwaltung zu verdanken und hier geht unser Dank an den Generaldirektor Shuka Dorfman, seinen Stellvertreter Dr. Uzi Dahari, Helena Sokolov (verantwortlich für Leihgaben ins Ausland) sowie den Archäologen, die von ihren Ausgrabungen in Jaffa Exponate zur Verfügung stellen, insbesondere Dr. Yoav Arbel und Lior Rauchberger (beide IAA). Dank gilt auch den weiteren Leihgebern, dem Römisch-Germanischen Zentralmuseum Mainz, der Martinus-Bibliothek Mainz, dem Martin von Wagner Museum Würzburg, dem Hessischen Landesmuseum Darmstadt, dem Bibelmuseum Münster und dem Bauernfeind-Museum Sulz am Neckar.

Unser Dank gilt den beiden Schirmherren der Ausstellung, Peter Feldmann und Ron Huldai, die persönlich und in ihrer Funktion als Oberbürgermeister von Frankfurt und Tel Aviv-Yafo die Entstehung dieser Ausstellung fördernd begleitet haben.

Für den Katalog danken wir den Autoren, die zu den international führenden Wissenschaftlern zählen, die zu Jaffa geforscht haben und mit ihren Beiträgen das aktuelle Bild der Forschung widerspiegeln.

Weiterer Dank geht an Lara Mührenberg und Martina Haase (Praktikantinnen am Bibelhaus), Krister Kowalski (Mainz), Robert Kool (IAA), Dr. Yoav Arbel (IAA), Prof. Oren Tal (Universität Tel Aviv), Yaron Klein (Generaldirektor der Old Jaffa Development Corporation), Naama Meirowitz (Direktorin des archäologischen Museums Jaffa) sowie Dina Bar-Lev, der Tochter des früheren Stadtarchäologen Jacob Kaplan.

Abb. 4 Blick auf Tel Aviv von einem der Aussichtspunkte am Altstadtrand.

Die Vergangenheit liegt noch vor uns: Archäologie und kulturelles Erbe in Jaffa und das JCHP (Jaffa Cultural Heritage Project)

Martin Peilstöcker & Aaron A. Burke

Abb. 1
Der Tel Aviver Stadtarchäologe Dr. Jacob Kaplan.

Schon im Herbst 1948, also nur etwa ein halbes Jahr nach Gründung des Staates Israel im Mai, fing der Archäologe Philip L. O. Guy für das erst im Juli 1948 neugegründete israelische Amt für Antiken und Museen mit archäologischen Ausgrabungen in Jaffa an. Das kam nicht von ungefähr. Guy war als Antikeninspektor der Mandatsregierung bestens mit Jaffa vertraut gewesen; er hatte dort beispielsweise die archäologischen Objekte, die schon damals in Andenkenläden angeboten wurden, aufgenommen. Guy war ein Biblischer Archäologe alter Prägung, z. B. identifizierte er in Megiddo die „Salomonischen Pferdeställe", wobei er den biblischen Bericht (1. Kön 9, 15–22) mit von ihm ausgegrabenen Mauern zusammenbrachte und war daher am „biblischen" Jaffa interessiert. Die Ausgrabungen gestalteten sich in vielerlei Hinsicht schwierig. Das ihm zugewiesene Grabungshaus war verwanzt und verlaust, die Arbeiter unzuverlässig und die frühen archäologischen Schichten, an denen er interessiert war, waren vom übriggebliebenen Schutt der Verwüstungen in der Stadt überlagert. So gab er nach kurzer Zeit auf, ohne mehr als „nur" die Überreste der römischen Zeit erreicht zu haben. Er tat dies aber nicht, ohne die Archäologen der Universität Leeds in England und einen jungen Tel Aviver Archäologen, Jakob Kaplan, von der Archäologie des Ortes überzeugt zu haben. Auch die Expedition aus Leeds unter Leitung von Bowman, Isserlin und Rowe führte nur eine kurze Grabung im Jahr 1952 durch. Anders Jacob Kaplan (Abb. 1): geboren 1910 in Bialystok in Polen, wuchs er auf und lebte in Tel Aviv und machte einen Abschluss als Ingenieur am Technion in Haifa. Aus einem tiefen persönlichen Interesse an der Archäologie heraus begann er, an archäologischen Ausgrabungen teilzunehmen, zunächst als Techniker und Zeichner. Gleichzeitig studierte er Archäologie an der Hebräischen Universität in Jerusalem und wurde 1954 mit einem Doktortitel für seine Arbeit über „Die Kupfersteinzeit und neolithischen Siedlungen in Tel Aviv und der Umgebung" ausgezeichnet. Neben seiner Ausgrabungstätigkeit leitete er eine archäo-

Abb. 2 rechts Luftaufnahme der Altstadt von Jaffa aus dem Jahr 1964. In der unteren rechten Bildhälfte sind Kaplans Grabungsfeld A und weiter links Feld C zu erkennen.

oben: Abb. 3
Erste Ausgrabungen auf dem historischen Teil von Jaffa, im Hintergrund die Petrus-Kirche.

Abb. 4 Der archäologische Park in Jaffa heute.

logische Oberflächenuntersuchung der Gegend von Tel Aviv, wobei er sich insbesondere auf die nördlichen Teile der Stadt konzentrierte, deren archäologisches Erbe durch Bauarbeiten (Kaplan 1972) gefährdet waren. Vor den Grabungen in Jaffa arbeitete Kaplan an verschiedenen anderen Orten im Großraum Tel Aviv und darüber hinaus u.a. in Lod oder in Ramla. Aber sein Hauptinteresse galt Tel Aviv und Jaffa (Abb. 2). Für seine Arbeit bekam er den Titel und die Funktion eines Stadtarchäologen, noch bevor ein solches Amt z. B. in Jerusalem installiert wurde. Für die Präsentation seiner Funde erhielt Kaplan ein Museum, dessen Direktor er wurde und das es ihm ermöglichte, an den Ergebnissen der Ausgrabungen zu arbeiten, archäologische Objekte zu restaurieren und zu dokumentieren sowie Publikationen zu erstellen. Zwischen 1955 und 1981 führte Kaplan, später unterstützt von seiner Frau Haja, ebenfalls einer Archäologin, unzählige Grabungen in Jaffa durch (Abb. 3). Darüber hinaus gestaltete, eröffnete und leitete er das Museum, erreichte einen weitgehenden Schutz der Altstadt vor Bebauung, verankert in den städtischen Entwicklungsplänen, und gestaltete einen archäologischen Park um das Ramsestor, eine seiner wichtigsten Entdeckungen (Abb. 4). Seine Pensionierung Anfang der 1980er-Jahre fällt in eine Zeit, in der Jaffa als Stadtteil Tel Avivs vernachlässigt wird. Es finden keine weiteren Grabungen statt und die Stelle des Stadtarchäologen wird abgeschafft. Das Museum in Jaffa fristet ein Schattendasein, die nachfolgenden Direktoren verwalten das Vorhandene mit schlechter finanzieller und personeller Ausstattung. Bis zu seinem Tod 1989 schafft Kaplan es nicht mehr, die Ergebnisse seiner Arbeit zur wissenschaftlichen Publikation zu bringen.

In den 1990er-Jahren wird Jaffa zunächst von den Immobilien-Investoren und schließlich auch von der Stadt Tel Aviv wiederentdeckt. Baugrund in Tel Aviv selbst wurde immer teurer und freie Flächen wurden immer weniger, in Jaffa gab es rund um die Altstadt Bauland und Gebäude, die renoviert und aufgestockt werden konnten. Gleichzeitig wurde das touristische Potenzial Jaffas erkannt, sowohl als Naherholungsgebiet und Vergnügungsviertel für Einheimische als auch als Attraktion für ausländische Touristen. Da Kaplan sich bei seiner Arbeit hauptsächlich auf den kleinen Tel, d. h. den Hügel, der durch die Aufschüttungen der alten Siedlungsschichten entstanden war, im Herzen der Altstadt konzentriert hatte, wurde erst jetzt klar, wie groß die Stadt zu verschiedenen Zeiten ihres Bestehens gewesen war. Auch wenn die Zerstörung archäologischer Überreste in dieser Zone um den antiken Hügel herum nicht verhindert werden konnte, so erlaubte trotz allem das strenge israelische Antikengesetz eine genaue Aufnahme des Baubefunds und eine Bergung der beweglichen Antiken. Verantwortlich für die Durchführung dieser Rettungsgrabungen war und ist das Tel Aviver Büro der staatlichen Israelischen Antikenverwaltung (IAA). Die IAA löste 1990 das ebenfalls staatliche Department of Antiquities and Museums ab und ist in erster Linie mit dem Kulturgüterschutz beschäftigt. Dazu arbeiten allein im Großraum Tel Aviv bis zu 60 Inspektoren, die die Zerstörung oder Beschädigung archäologischer Stätten und Denkmäler zu verhindern versuchen. In Fällen, in denen archäologische Stätten durch z. B. Bebauung gefährdet sind, werden Rettungsgrabungen durchgeführt (Abb. 5). Allerdings ist die IAA nicht in der Lage, wissenschaftliche Forschung über die Publikation der Grabungsergebnisse hinaus zu leisten. Diese Situation, die sich durch Kürzungen des Etats der IAA in den vergangenen Jahren weiter verschlechterte, führte dazu, dass in Jaffa zwar viel ausgegraben, aber wenig bearbeitet und publiziert wurde, von den „Hinterlassenschaften" Jakob Kaplans ganz zu schweigen. Auf Initiative der IAA und des Cotsen Instituts für Archäologie an der Universität von Kalifornien in Los Angeles (UCLA) wurde schließlich Ende 2006 das Jaffa Cultural Heritage Projekt (JCHP) gegründet. Das JCHP ist ein interdisziplinäres Forschungsprojekt zur Aufarbeitung des kulturellen Erbes des Ortes, an dem, neben den Gründungsmitgliedern, viele weitere Wissenschaftler und Institutionen beteiligt sind.

Auf deutscher Seite sind insbesondere die Johannes Gutenberg-Universität Mainz und das Bibelhaus Erlebnis Museum, Frankfurt, zu erwähnen. Die Finanzierung erfolgt über die mitarbeitenden Institutionen, aber auch durch das Einwerben von Stipendien, Stiftungsgeldern und Spenden. Es ist insofern nicht institutionalisiert, als es keine Perso-

Abb. 6 Die Themenfelder des Jaffa Cultural Heritage Project (JCHP).

oben: Abb. 5 Moderne Rettungsgrabung der IAA im Bereich des Flohmarkts von Jaffa.

Abb. 7 Ausgrabungen des JCHP in Areal C, heute Besucherzentrum am „Kikar HaQedummim“.

nalstellen hat und interessierte Wissenschaftler ihre Finanzierung selbst mit einbringen müssen.

Das Projekt gliedert sich in verschiedene Themenfelder und Programme (siehe Abb. 6) und verfolgt einen integrativen Ansatz, in dem institutionsübergreifend Archäologen, Historiker und andere Wissenschaftler, unter Einbeziehung der Naturwissenschaften, mitarbeiten, um zum einen Barrieren zwischen Forschungs- und Rettungsarchäologie aufzubrechen und zum anderen um der besseren wissenschaftlichen Bearbeitung unter Einbeziehung neuer Aspekte gerecht zu werden. Da das israelische Antikengesetz die IAA mit dem Schutz des kulturellen Erbes beauftragt hat, kann das JCHP nur eine beratende Funktion haben und zu Themen wie Denkmalschutz oder der Präsentation archäologischer Monumente lediglich eine Expertise abgeben. Es kann jedoch, wie in der Ausstellung „Jaffa – Tor zum Heiligen Land“, das Thema Jaffa einer breiten Öffentlichkeit zugänglich machen und Diskussionen nicht nur zwischen Fachleuten fördern.

Drei Bereiche finden derzeit besondere Beachtung bei der Forschung und Bearbeitung im Rahmen des Projekts.

- Publikation – Für diesen Bereich wurde eigens eine Publikationsserie ins Leben gerufen. Hier werden sowohl Aufsätze zur Archäologie und Geschichte des Ortes als auch Grabungsberichte veröffentlicht. Ein erster Band erschien 2011 (Peilstöcker/Burke 2011) und weitere Bände sind für die kommenden Jahre vorgesehen. Zu den Grabungsberichten zählen sowohl die unveröffentlichten Altgrabungen Kaplans als auch die Aktivitäten der letzten Jahre. Eine systematische Aufarbeitung der Unterlagen und Funde der Grabungen Kaplans wurde im Sommer 2008 begonnen und zeigt die hohe Relevanz seiner Grabungen nicht nur für das bessere Verständnis des Ortes , sondern auch der Region und zentraler Fragen der biblischen Archäologie, z. B. zur Frage der Seevölker.
- Ausgrabung – Im Bereich der Ausgrabungen werden sowohl die Rettungsgrabungen der IAA (z. B. Burke/Peilstöcker 2009) durch die Mitarbeit von Fachleuten und die Hilfe bei der Auswertung sowie der Publikation unterstützt als auch Forschungsgrabungen durch das JCHP selbst durchgeführt. Für Letzteres wurden die Grabungen in einem der von Kaplan bereits untersuchten Felder wiederaufgenommen („Visitor's Center at Kikar HaQedummim“, ehem. Areal C), um die alten Grabungsbefunde zu überprüfen (Abb. 7). In einem weiteren Grabungsfeld (Areal A), werden aktuell, nach vorbereitenden Arbeiten 2011, seit 2012 Neugrabungen durchgeführt. Diese Grabungen sind als Lehrgrabungen konzipiert und dienen damit auch der Ausbildung junger Archäologen.

Abb. 8 Das archäologische Museum in Jaffa, das auch als Grabungshaus für das JCHP dient.

Abb. 9 Kinder bei der Grabungsarbeit in Jaffa.

- Öffentlichkeitsarbeit – Dieser Arbeitsbereich des Projektes hat das Ziel, die Arbeit sowohl auf wissenschaftlicher Ebene als auch für den interessierten Laien transparent zu gestalten. Die Geschichte der Stadt und die archäologischen Denkmäler sollen nicht nur Touristen, sondern auch den Bewohnern verständlich zugänglich gemacht werden. Dazu dient eine Zusammenarbeit mit dem archäologischen Museum in Jaffa, das von der „Old Jaffa Developing Corporation" getragen wird (Abb. 8). Außerdem bietet das JCHP Laien die Möglichkeit, an den Grabungen teilzunehmen, und sorgt dafür, dass die Forschungsarbeit auf Kongressen und in den Medien dargestellt wird. Die museale Präsentation des Projekts außerhalb Jaffas, hier im Rahmen der Ausstellung „Jaffa – Tor zum Heiligen Land", ist ebenfalls ein wichtiger Baustein des JCHPs, da sie das Thema Jaffa erstmals auch außerhalb Israels und mit Hilfe von Originalfunden präsentieren kann.

Der große Zuspruch, den das JCHP seit seiner Gründung erfährt, ist auch durch ein Umdenken in der Archäologie in den letzten Jahren möglich. Einerseits versucht die Archäologie durch die Zusammenarbeit mit anderen Disziplinen die Forschung voranzutreiben. Dazu gehören die Naturwissenschaften (z. B. C-14-Untersuchungen) genauso wie technische Bereiche (GIS-Systeme, Laser-Scanning). Andererseits sucht die Archäologie Israels nicht mehr nur in der Theologie den geisteswissenschaftlichen Partner, sondern befindet sich im Dialog mit Geografen, Soziologen, Historikern und anderen. Der Dialog über Landes- und Kulturgrenzen hinweg, in unserem Fall Israel, USA und Deutschland, bringt zusätzliche verschiedenartige Zugänge zu den Themen, aber auch unterschiedliche Bewertungen mit sich. Die Erforschung der Vergangenheit Jaffas soll somit in der Zukunft nicht mehr das Ansammeln archäologischer Funde in Magazinen sein, wo sie langsam verstauben, sondern eine offene Diskussion auf möglichst vielen Ebenen und mit möglichst vielen Beteiligten. Ein wichtiger Partner sind dabei die Einheimischen, insbesondere Kinder und Jugendliche. Das JCHP versucht auch sie an den Ausgrabungen und den Untersuchungen des kulturellen Erbes „ihrer" Stadt zu beteiligen (Abb. 9). Wenn sie ein Gespür für ihre Geschichte erhalten, dann können wir sagen: Die Vergangenheit liegt noch vor uns.

Literatur

Kaplan, J., 1972 The Archaeology and History of Tel-Aviv-Jaffa. Biblical Archaeologist 35(3), 66–95.

Peilstöcker, M./Burke, A. A., 2009 Yafo, Ganor Compound. Hadashot Arkhaeologiyot – Excavations and Surveys in Israel 121. Electronic document, http://www.hadashot-esi.org.il/ report_detail_eng.asp?id=1049&mag_id=115. July 17, 2010.

Peilstöcker, M./Burke, A. A. (editors), 2011 The History and Archaeology of Jaffa 1. The Jaffa Cultural Heritage Project 1. Monumenta Archaeologica 26. Cotsen Institute of Archaeology, Los Angeles.

33 Jahre Städtefreundschaft zwischen Frankfurt am Main und Tel Aviv-Yafo

Ingrid Cammerzell, Referat für Internationale Angelegenheiten

Begonnen hatte es mit den Vereinbarungen von Camp David, in dessen Folge Ägypten und Israel Frieden miteinander schlossen. In engem zeitlichem Kontext mit diesem Nahost-Friedensprozess der späten Siebzigerjahre wurden die Städtefreundschaften zwischen Frankfurt am Main auf der einen sowie Kairo und Tel Aviv auf der anderen Seite besiegelt. Nach dem Vertragsschluss mit Kairo im Oktober 1979 unterzeichneten am 3. März 1980 die Oberbürgermeister von Tel Aviv und Frankfurt am Main, Shlomo Lahat und Dr. Walter Wallmann, in Tel Aviv den Vertrag, aus dem in der Folge eine enge Verbindung erwachsen ist. (Abb. 1)

Erklärtes Ziel der Vereinbarung ist es, einen Beitrag zu leisten zu einer „Situation des Friedens und der Freundschaft zwischen allen Völkern in Würdigung der Tatsache, dass die Zusammenarbeit zwischen beiden Städten auch einen Beitrag zur Aussöhnung zwischen dem deutschen und dem jüdischen Volk darstellen kann."

Dieses Ziel erreichen beide Städte durch intensive Zusammenarbeit in Bereichen der Kultur und der Wissenschaft, Informationsaustausch der beiden Stadtverwaltungen, besonders auch im Bereich der Jugendarbeit.

Durch eine Initiative des früheren Frankfurter Oberbürgermeisters Dr. Walter Wallmann lädt die Stadt Frankfurt am Main seit dem Jahr 1980 regelmäßig ehemalige jüdische Frankfurter Bürgerinnen und Bürger ein, darunter auch frühere Frankfurter aus Tel Aviv. Pro Jahr besuchen zwischen 60 und 120 Gäste so ihre alte Heimatstadt.

Eine ganze Reihe von Organisationen in den beiden Partnerstädten pflegen zudem engen Kontakt und füllen mit ihren Austausch-Programmen den vertraglichen Rahmen mit regem Leben. (Abb. 2)

Freundschaften zwischen Jugendchören, Kinderheimen und Gewerkschaftsverbänden prägen die Beziehung zwischen beiden Städten. Bürgerreisen schaffen zusätzlich Gelegenheiten für persönliche Begegnungen. Ein Freundeskreis in Frankfurt am Main fördert die Belange der Universität Tel Aviv, die wiederum mit der Frankfurter Goethe-Universität eine strategische Partnerschaft unterhält.

Ein lebendiges Beispiel für die guten Beziehungen der beiden Städte ist das „Beit Frankfurt", ein Bürgerhaus im Tel Aviver Stadtteil Hadar Yossef, dessen Grundstein am Tag nach der Vertragsunterzeichnung gelegt wurde. Es wurde 1983 fertig gestellt und seitdem aufgrund der großen Beliebtheit schon zweimal erweitert. Das „Frankfurt-Haus" richtet sich mit einem vielfältigen Angebot sozialer, kultureller und sportlicher Programme an die jüdische und arabische Bevölkerung aller Altersklassen. Die Menschen im Stadtteil finden hier den Mittelpunkt ihrer gesellschaftlichen Aktivitäten. (Abb. 3)

Das in einen ansprechenden „Frankfurt-Park" eingebettete Begegnungszentrum bleibt bis heute das herausragende Beispiel praktisch gelebter Städtefreundschaft. Es ist zugleich ein visionäres Projekt von nachhaltigem Wert, denn es bildet ein dauerhaftes Symbol der Freundschaft zwischen beiden Städten.

Abb. 1 Feierliche Unterzeichnung des Vertrags am 3. März 1980 durch die Oberbürgermeister Lahat (Tel Aviv, links) und Wallmann (Frankfurt, rechts).

Abb. 2 Empfang einer israelischen Jugendgruppe.

Abb. 3 Das „Beit Frankfurt“ in Tel Aviv.

In 33 Jahren Städtefreundschaft sind zwischen beiden Städten an Mittelmeer und Main enge Verbindungen gewachsen, die heute im Bewusstsein der Menschen fest verwurzelt sind. Belebt werden diese Verbindungen nicht nur durch offizielle Begegnungen, sondern auch durch viele individuelle Kontakte und persönliche Freundschaften.

Die Ausstellung „Jaffa – Tor zum Heiligen Land“ bringt die Geschichte von Jaffa nach Frankfurt und bildet somit einen lebendigen Baustein in der Städtepartnerschaft zwischen Tel Aviv Yafo und Frankfurt am Main. Die vielfältigen Ausstellungsexponate werden Frankfurter Bürgerinnen und Bürgern die historischen Wurzeln ihrer Partnerstadt Tel Aviv Yafo nahe bringen

Jaffa in der Bibel und der apokryphen Literatur

1. Jos. 19,46:

Das Gebiet des Stammes Dan

2.2. Chronik 2,14–17:

Hafen für Holzlieferungen für den Tempel Salomos

3. Esra 3,6–7:

Zedernholz vom Libanon für den nachexilischen Tempel

4. Jona 1,3:

Abfahrt des Jona nach Tarsis

5. Apostelgeschichte 9,36–43:

Die Auferweckung der Tabitha durch Petrus

6. Apostelgeschichte 10,1–48:

Vision von den unreinen Tieren – der Hauptmann Kornelius bei Petrus in Jaffa

7.1. Makkabäer 10,74–77:

Jonathan erobert die Stadt

8.1. Makkabäer 11,6:

Jonathan trifft Ptolemäus

9.1. Makkabäer 12,33–34:

Simon erobert Joppe und legt Kriegsvolk hinein zur Sicherung

10.1. Makkabäer 13,11

Jonathan, Sohn des Abschaloms, erobert die Stadt

11.1. Makkabäer 14,4–6:

Simon macht Joppe zum Hafen

12.1. Makkabäer 14,34:

Simon befestigt Joppe

13.1. Makkabäer 15,28:

Antiochus VII. verhandelt mit Simon über die Rückgabe Joppes

14.1. Makkabäer 15,35:

Simon lehnt die Rückgabe Joppes ab.

15.2. Makkabäer 12,3–9:

Judas Makkabäus bestraft Joppe wegen eines Pogroms der Bevölkerung an den Juden

Autorenportait

1 Martin Peilstöcker

Dr., Archäologe, Studium in Marburg und Tel Aviv, wissenschaftlicher Mitarbeiter an der Johannes Gutenberg-Universität Mainz und für das Bibelhaus Kurator der Ausstellung.
Von 1994 bis 2009 Mitarbeiter der israelischen Antikenverwaltung, derzeit Co-Direktor des Jaffa Cultural Heritage Project.

2 Jürgen Schefzyk

Pfr., Direktor des Bibelhaus Erlebnis Museums Frankfurt, Lehrbeauftragter an der Goethe-Universität Frankfurt am Main und der Johannes Gutenberg-Universität Mainz. Verantwortlich für die Konzeption und Entwicklung des Museums und der Ausstellungen sowie die Wissenschaftskooperationen Universität und Museum.

3 Aaron A. Burke

Associate Prof., Archaeology of Ancient Israel and the Levant at the University of California, Los Angeles. Mitglied der Fakultät des Near Eastern Languages and Cultures department und des Cotsen Institute of Archaeology an der University of California, Los Angeles (UCLA). Seit 2007 Co-Direktor des Jaffa Cultural Heritage Project.

4 Yoav Arbel

Dr., tätig als Archäologe für die IAA und seit 2009 verantwortlich für die Projekte der IAA in Jaffa. Spezialist für die Archäologie der osmanischen Zeit.

Stadt Frankfurt am Main
Referat für Internationale Angelegenheiten

5 Ingrid Cammerzell

Referat für Internationale Angelegenheiten der Stadt Frankfurt.

6 Veit Dinkelaker

Pfr., Theologischer Referent für Religionspädagogik am Bibelhaus Erlebnis Museum Frankfurt am Main, verantwortlich für die Abteilung „Bildung und Vermittlung" im Erlebnismuseum, Ausstellungskonzeption und –didaktik.

7 Dov Gavish

Dr., Dov Gavish war bis zu seiner Pensionierung 2003 am Institut für Geographie der Hebräischen Universität in Jerusalem tätig mit Schwerpunkt Kartografie und Luftbildfotografie Israels sowie die Luftfahrt im vorstaatlichen Israel.

8 Gerd Helbig

Dr., Auslandskorrespondent des ZDF in Washington, Beirut, Brüssel, Rom und Tel Aviv - Yafo, fünf Jahre Leiter und Moderator des auslandsjournals (ZDF).

9 Ulrich Hofeditz

Doktorand an der Johannes Gutenberg-Universität Mainz.

10 Christine Hofmann

Studentin der christlichen Archäologie und Byzantinischen Kunstgeschichte an der Johannes Gutenberg-Universität Mainz .

11 Robert Kohl

Dr., Kurator in der numismatischen Abteilung der IAA (Israel Antiquities Authority), die in ihrer Sammlung etwa 600.000 Münzen und Münzhorte von Ausgrabungen verwaltet. Sie hat damit eine der größten numismatischen Datenbanken der Welt.

12 Hans-Peter Kuhnen

PD Dr. habil, Ltd. Akademischer Direktor des Instituts für Vor- und Frühgeschichte/Seminar für Altes Testament und biblische Archäologie der Johannes Gutenberg-Universität Mainz.

13 Susanne Luther

Dr., Wissenschaftliche Mitarbeiterin am Institut für Neues Testament, Evangelisch-Theologische Fakultät der Johannes Gutenberg-Universität Mainz.

14 Rüdiger Lux

Dr., emeritierter Professor für Exegese und Theologie des Alten Testaments der Universität Leipzig.

15 Isolde Mozer

Dr., wissenschaftliche Publizistin und Lektorin für Deutsch als Fremdsprache an der Johann Wolfgang Goethe-Universität Frankfurt am Main.

16 Ulrich Oelschläger

Dr., Studiendirektor i.R.
Präses der 11. Kirchensynode der EKHN.

17 Udo Reinhardt

PD Dr., geb. 1942; bis 2007 Dozent am Seminar für Klassische Philologie der Johannes Gutenberg-Universität Mainz.

18 Tzvika Shacham

Kurator am Eretz Israel Museum und ehemaliger Direktor und Kurator des Museum of Antiquities of Tel Aviv - Jaffa.

19 Moshe Sharon

Professor (Emeritus) Dr., Professor für die Geschichte des Islam an der Hebräischen Universität in Jerusalem, Lehrstuhlinhaber für Baha'i Studien.

20 Lothar Triebel

Dr. phil., Pfr., Theologischer Referent der Synode der Ev. Kirche in Hessen und Nassau, Darmstadt.

21 Peter Vosseler

Bürgermeister i.R., Sulz a.N.
Leiter des Bauernfeind-Museums Sulz am Neckar.

22 Wolfgang Zwickel

Dr., Prof. für Altes Testament und Biblische Archäologie an der Evangelisch-Theologischen Fakultät der Johannes Gutenberg-Universität Mainz.

Zeitstrahl Jaffa

Bronzezeit – Eisenzeit – Babylonische und Hellenistische Zeit – Römische Zeit – Byzantinische Zeit – Arabische Zeit

Bronzezeit

Um 3500 Erste nachgewiesene Siedlungsspuren (Kanaaniter)
1800–1600 Gründung der ersten befestigten Siedlung auf dem Tel (Hügel) von Jaffa
1500–1450 Eroberung durch den ägyptischen Pharao Thutmose III.
Ab 1500 Administratives Zentrum der Ägypter
1500–1300 Jaffa ist ein wichtiges administratives Zentrum auf dem Seeweg, der von den Römern später Via Maris genannt wird; Ramses II. durchquert Jaffa auf einem seiner Feldzüge

Eisenzeit

Ab 1200 Ankunft der Seevölker (Philister?)
1200–1000 Israelitische Siedlungen in der Nähe von Jaffa; die Seevölker, unter ihnen die Philister, erscheinen in der Region von Jaffa
Ab 1000 Jaffa gehört zum Stamm Dan?; Verbindungen nach Sidon?
701 Jaffa wird von Sanherib, dem König von Assur erobert; assyrische Herrschaft

Babylonische und Persische Zeit

586–332 Persische Oberhoheit; Jaffa unter Persischer Herrschaft; Darius I., König von Persien, trat Jaffa seinem Verbündeten Eshmunazar, dem König von Sidon, und dessen Nachfolgern ab, die eine Phönizische Kolonie errichteten.

Hellenistische Zeit

332–152 Hellenistische Stadt unter ptolemäischer und seleukidischer Herrschaft
163 Makkabäeraufstand; Jaffa wird jüdisch
144–142 Simon der Makkabäer befreit Jaffa und macht den Hafen zum wichtigsten Hafen Israels; die Nachfolger der Hasmonäerdynastie nutzten Jaffa weiterhin als wichtigen Hafen während der Hadrianischen Periode

Römische Zeit

Ab 63 Hafen im Römischen Reich
4–70 Jaffa bleibt weiterhin ein Hafen unter der Macht der Römer; weil die Stadt den Hasmonäern gegenüber loyal war, wurde Jaffa durch die Errichtung des Hafens von Caesarea durch Herodes umgangen; Jaffas Bedeutung ging zurück
66 Zerstörung im Jüdischen Krieg
100–600 Trotz Schwierigkeiten existiert die Jüdische Gemeinde von Jaffa weiter, die ihre Toten auf dem Friedhof am äußeren südlichen Stadtrand (heute Abu Kabir) begräbt; nach einer Zeit des Rückgangs wird Jaffa wieder ein Glied in der Kette der maritimen Städte in Palästina

Byzantinische Zeit

324–640 Blüte der Stadt in byzantinischer Zeit; Palästina unter byzantinischer Herrschaft; während der 400 Jahre werden Massaker auf die Jüdische Gemeinde verübt; dennoch pflegt der Hafen seine gewerblichen Verbindungen mit der Außenwelt

Arabische Zeit

640–1099 Islamisierung; der Hafen von Jaffa wird Ramlah; unter der Islamischen Herrschaft ist Jaffa der Hafen der Provinzhauptstadt Ramlah

Osmanische Zeit

1515 Kleinstadt im osmanischen Reich; Palästina wird vom osmanischen Sultan Saladin I. erobert; es beginnen 400 Jahre türkische Herrschaft, die mit der Niederlage gegen die britischen Streitkräfte von General Allenby 1917 enden
1600–1800 Errichtung und Erweiterung von religiösen christlichen Einrichtungen und Pilgerherbergen
Um 1750 Errichtung von Jaffas erster jüdischer Herberge durch das „Konstantinopel Administrative Komitee für Juden in Eretz Israel“
1799 Eroberung durch Napoleon; Eroberung Jaffas durch Napoleons Streitkräfte; Ausbruch der Beulenpest; Rückkehr Napoleons nach Jaffa nach dem Debakel in Akko; Rückzug Napoleons nach Ägypten
1800 Verstärkung und Reparatur von Jaffas Befestigungen durch den britischen General Sidney Smith
1820 Wiederbelebung der jüdischen Gemeinde Jaffas mit der Gründung einer Herberge und Synagoge durch Isaiah Ajiman von Konstantinopel; unter dem Gouverneursamt von Mohammed „Abu Nabut“ Aja beginnt für Jaffa eine Zeit der Entwicklung und Expansion
1832 Eroberung Jaffas durch die ägyptischen Streitkräfte von Mohammed Ali
1839 Ankunft des jüdischen Humanisten Moses Montefiore in Jaffa
1842 Sieg über Mohammed Ali; Jaffa wieder unter türkischer Herrschaft
1863 Errichtung der Thabitha Schule, Jaffas erste pädagogische Institution für Mädchen, durch Jane Walker-Arnott
1866 Gründung der amerikanischen Kolonie in Jaffa; später wurde sie verlassen und von den deutschen Templern übernommen; Jaffa war von da an bekannt als deutsche Kolonie
1873–74 Entdeckung des alten jüdischen Friedhofs bei Abu Kabir durch den französischen Archäologen Charles Clermont-Ganneau
1874 Demontage der Befestigung Jaffas und Erschließung der Gebiete außerhalb der alten Stadt
1882 Römisch-katholische Nonnen vom Orden St. Joseph der Offenbarung errichten das erste moderne Krankenhaus der Stadt und eine Schule in Jaffa
1892 Bau der Jaffa-Jerusalem Eisenbahnlinie
1898 Ankunft Dr. Theodor Herzls, Gründer der Welt-Zion-Bewegung, in Jaffa

Kreuzfahrerzeit | Mamelukkische Zeit | Osmanische Zeit | 20. und 21. Jahrhundert

Mamelukkische Zeit

1291–1515 Palästina kommt unter mamelukkische Herrschaft; Jaffa wird der Haupthafen für Reisende und Pilger aller Religionen und bleibt dies bis ins 20. Jh.

20. und 21. Jahrhundert

1909 Gründung Tel Aviv; Tel Aviv, heute die größte Stadt Israels, wird als ein jüdischer Vorort von Jaffa auf den Dünen im Norden der Stadt errichtet
16 November 1917 Eroberung Jaffas durch die britischen Streitkräfte von General Allenby
19 Dezember 1919 Das Schiff „Russlan“ landet im Hafen von Jaffa und bringt die erste Welle von jüdischen Immigranten nach dem 1. Weltkrieg
1 Mai 1921 Anti-jüdische Aufstände von Jaffas arabischer Bevölkerung; Massaker an Juden in der jüdischen Herberge in der Yefet Straße; Verlagerung der jüdischen Geschäfte nach Tel Aviv
18. Juni 1936 Operation Anker; die britische Regierung zerstört Teile von Alt-Jaffa, um die Bewegung von Militärfahrzeugen zu erleichtern; der Bau von Wellenbrechern beginnt im Hafen von Jaffa
14. Mai 1948 Jaffa wird von israelischen Milizen der Hagana und des Irgun eingenommen. In der Folge von Flucht bzw. Vertreibung eines Großteils der arabischen Bevölkerung reduzierte sich diese um rund 65.000 auf knapp 5.000 Einwohner
24. April 1950 Zusammenlegung Jaffas und Tel Avivs; Jaffa wird Teil Tel Avivs
1965 Der Hafen von Jaffa wird für Handelsschiffe geschlossen

Kreuzfahrerzeit

1091–1291 Wiederbelebung, dann Unterdrückung der jüdischen Gemeinde Jaffas während der Kreuzzüge; unter den Kreuzfahrern erhält Jaffa den Status „Hafen von Jerusalem“
1229 Frieden von Jaffa

Tor zum Heiligen Land

Jaffa oder Yafo

Gerd Helbig

Wird man an einen neuen Dienstort geschickt, stellt sich umgehend die Frage: wo wollen/sollten/müssen wir wohnen? Man legt Achsen auf dem Stadtplan fest: Wege zur Arbeit, zur Schule, nächste Haltestellen, Einkaufsmöglichkeiten, Schnellstraßenanschluss. Kneipen natürlich. Ärzte oder Krankenhaus in der Nähe. Wie steht es mit der Sicherheit? Als wir von Rom nach Tel Aviv versetzt wurden, spielten all diese Überlegungen keine Rolle. Wir werden in Jaffa wohnen. Punkt. Es war wohl der Mythos, der dem Namen anhaftet.

Denn wir kannten Jaffa überhaupt nicht, wenn man von einem Kurzbesuch im Fischrestaurant in tiefer Dunkelheit einmal absieht. Jahre zuvor war das.

Und dann waren da die Warnungen der jüdischen Freunde: Jaffa, das ist doch gefährlich. Drogen, Kriminalität, Araber und all das.

Und schmuddelig sei es. Allenfalls könne man im Andromeda-Komplex wohnen. Gesichert und edel. Andromeda Hill, das sich nach den berüchtigten Felsen vor der Hafeneinfahrt nennt, ist ein architektonisches Monster mit einem zauberhaften, künstlich angelegten Palmengarten und einem großen Pool nebst Sauna und Gym. Das Gebiet überschaut den alten Hafen und gehörte einst der griechisch-orthodoxen Kirche, die viel Grund und Boden zu Geld machte. Die orthodoxe Kirche steht immer noch direkt neben dem Wohnkomplex und kann deren Bewohner an bestimmten Tagen mit einer Glocke auf den Nerv gehen, die sich anhört, als schlage jemand auf ein Stück Blech. Endlos. Als dieses maßlose Gebäude errichtet wurde, mussten die Investoren garantieren, dass es einen Durchgang zum Meer für jedermann gäbe. Davon kann keine Rede sein. Wer hinein will, muss einen Pförtner überwinden und dann über einen schmalen Steg laufen, der an die Zugbrücken mittelalterlicher Burgen erinnert. Andromeda Hill wirkt, als sei ein Meteorit in der Altstadt eingeschlagen und habe statt des üblichen Kraters ein Betongebirge hinterlassen. Nach einer Besichtigung stand fest: dieser Kasten nicht! Wir hatten etwas im Kopf, das noch ursprünglich war. Zumindest annähernd. Und es stellte sich heraus, dass es so etwas durchaus noch gab. Suchen muss man – und Glück haben. Wir suchten und hatten Glück.

Zunächst allerdings ging alles schief. Das Wunschobjekt in der schmalen da'Shachaf-Straße mit einem reizenden, ummauerten Innenhof wollte der Mieter nach langem Zaudern und Hinhalten dann doch nicht verlassen. Zum Glück, denn durch einen Zufall gerieten wir, eine ebenso schmale Straße weiter, an etwas, was Immobilienhändler als „Traumhaus" bezeichnen würden. Von außen nicht unbedingt, auch wenn das typische runde Fenster unter dem First auf etwas Altes hindeutete. Es war ein arabisches Haus, dessen klassische Raumaufteilung immer noch zu erahnen war, eine kleinere Ausgabe der Villen wohlhabender Araber. Die gibt es auch noch, versteckt in Gärten und verborgen hinter mannshohen Mauern, manchmal noch bewohnt von den alten Familien, zu denen der Fremde nicht leicht in Kontakt kommt. Aber einmal erhielten wir eine Einladung – darüber aber später.

Das Schicksal, ja die Tragödie dieser „ältesten Hafenstadt der Welt", wie es so schön heißt, mit den schmückenden Beinamen „Braut des Meeres" oder „Die Schöne des Meeres" oder „Die Mutter der Fremden", sickerte erst allmählich in unser Bewusstsein.

Die Bekanntschaft mit Fakhri Geday hat uns die Augen

Abb. 1 Wohnung von Familie Helbig in Jaffa.

Abb. 2 Ruine einer Villa in Jaffa, die 1948 verlassen wurde.

geöffnet. Die Gedays sind eine alteingesessene Familie, palästinensische Christen, deren Apotheke ein Markenzeichen Jaffas war und bis heute blieb. Er konnte mit resignierter Melancholie das Schicksal seiner Stadt beklagen. 1927 geboren, hat er als Kind noch die guten Jahre dieses Juwels von Palästina, wie er es nannte, miterlebt. Eine Zeit, in der zumindest die jüdische und die arabische Oberschicht miteinander auskamen, einander sogar achteten; eine Zeit, in der jüdische Geschäftsleute ganz selbstverständlich arabisch sprachen. Aber schon in diesen Jahren begann es in der Bevölkerung zu gären und es kam zu blutigen Aufständen. Die Briten hatten 1917 Palästina nach Abzug der Osmanen als Mandat übernommen und sich nicht als verlässliche Ordnungsmacht erwiesen. Die Nation, die sie den Arabern versprachen, wurde nie Wirklichkeit.

Die Apotheke mit der hässlichen Stahltür war einst weiß, in den 20er-Jahren wurde sie grün gestrichen und grün lackiert ist sie bis heute geblieben. Jeden Tag kümmert sich der alte Geday um seine Kunden, man könnte sogar sagen: Patienten. Denn oft übernimmt er die Rolle des Arztes. Mit dem Verlust Jaffas findet er sich schwer ab. „Seit Hunderttausend die Stadt verließen, gibt es das großartige Jaffa nicht mehr." Er sagt „verließen" – nicht flüchteten oder vertrieben wurden. Obwohl sie sehr wohl vertrieben wurden oder, wenn sie flüchteten, es vor der Gewalt taten. Das war 1947/48. Die Briten hatten das Mandat abgegeben und die Vereinten Nationen mit ihrem Teilungsbeschluss die Grundlage des Staates Israel gelegt. Obwohl auf der Karte aus New York Jaffa als arabische Enklave im zukünftigen Israel verzeichnet war, entbrannte ein heftiger Kampf um die Stadt. Im Mai 1948 gab Jaffa auf. In den Worten des Apothekers klang nicht nur die Wut über das Verlieren, sondern auch die maßlose Enttäuschung über das eigene Versagen mit. Die Uneinigkeit der Araber war der beste Verbündete der angreifenden Juden. Deren Untergrund-Organisationen, die als Kampfmittel auch Terroranschläge nutzten, hatten den verbissenen politischen Willen, der den zersplitterten Arabern fehlte. In Jaffa blieben ganze 5.000 Palästinenser zurück. Die Israelis ließen die versprengten Bewohner nie mehr zurückkehren – von wenigen Ausnahmen abgesehen. Zu diesen Ausnahmen gehörte der Apotheker Fakhri Geday. 1950 kam er nach seiner Ausbildung in Beirut zurück und übernahm die Apotheke. Ihre umfangreichen Ländereien wurden enteignet. Inzwischen führt der Sohn, ausgebildet in Istanbul, die grüne Institution. Fakhri Geday lud uns in sein altes Haus in einer unscheinbaren Nebenstraße ein. Auf der Terrasse mit dem Blick in einen ummauerten Garten mit Orangenbäumen servierte uns Frau Geday Tee und Gebäck. Auf einer Kommode standen die bräunlichen Familienfotos – noch aus der osmanischen Zeit. Einer guten Zeit. 2011 starb die alte Dame. Er arbeitete weiter Tag für Tag, kam aber nur noch am Nachmittag.

Nach 1948 verfiel und verkam Jaffa. Erst in den 1960er-Jahren entschieden die Israelis die Altstadt nicht abzureißen, sondern aufwendig zu renovieren. So poliert und schön war sie nach allen Schilderungen früher nie gewesen. In diese Neuschöpfung zogen Künstler und Galerien ein. Araber durften nicht wieder zurück. Uns kam diese Atmosphäre zu keimfrei vor. Nur nachts, wenn die schmalen Gässchen und steilen Treppen im Halbdunkel lagen, spürte man den Zauber Alt-Jaffas und war bereit zu glauben, dass es so einmal gewesen war.

Was nun unser Haus betraf, so konnte man die klassische Grundstruktur nur noch erahnen, und das auch nur nach Anleitung durch Eyal Ziv, einem jüdischen Architekten, der sich sehr um die Erhaltung des historischen Jaffa bemüht. Er erklärte uns den typischen Aufbau. Im Erdgeschoss befand sich das Geschäft, die Werkstatt, der Betrieb. (Abb. 1)

Eine enge, steile Treppe führte in den ersten Stock, wo man wohnte. Die Treppe machte einen Bogen nach rechts, bevor sie oben ankam. An diesem Knick war eine sehr stabile Gittertür aus Eisen in die Mauer eingelassen. Die Enge, das Tor, die hohen Stufen sollten Eindringlinge abhalten. Bequem war es nicht und unseren Besuchern vermittelte es zunächst ein befremdliches Gefühl: Wohin soll das führen? Oben löste sich die Beklemmung in einem lichtdurchfluteten Geschoss auf.

Es bestand aus einer großen Gemeinschafts- und Empfangshalle, einem langen Rechteck über die ganze Grundfläche bei etwa sechs m Höhe. An beiden Enden wurde der Raum durch die gotisch anmutenden arabischen Fenster und Bögen begrenzt, die dem Raum seinen Zauber verliehen. Die einen gingen auf den Innenhof hinaus, die anderen zu einer Glasfront mit Meerblick. Rechts und links der Halle befanden sich jeweils drei Zimmer, die sehr hoch und dunkel waren. Das Repräsentative war strikt vom banalen Nutzraum getrennt.

So aber, im Zustand des Verfalls, muss unsere Vermieterin das Haus ein Vierteljahrhundert zuvor von irgendjemandem gekauft haben. Näheres über die ursprünglichen Besitzer hat sie uns nie verraten. Das gehört zum Geheimnis dieses Ortes. Sicher ist nur, dass einst Araber hier wohnten. Ohne jede Belästigung durch eine Denkmalschutz-Behörde baute die Neubesitzerin, eine leicht exzentrische Jüdin, das Anwesen um. Außerordentlich geschickt. In die hohen Seitenräume wurden Zwischendecken gezogen, ein oberer Raum zum Salon hin geöffnet und mit Metallgeländern versehen. Das hatte einen Hauch von Romeo und Julia-Balkon einerseits und Bauhaus-Architektur andererseits. Der Umbau erbrachte auch den Luxus eines sehr großen und zweier kleinerer Bäder. Das Flachdach, so groß wie die Grundfläche des Hauses, diente als überdimensionale Terrasse und war, italienischem Vorbild folgend, bald von unseren Tontöpfen übersät. Auch da wurden wir vorsorglich gewarnt: Lasst das mit den Töpfen, sie fliegen euch in den Sand- und Winterstürmen weg. Diese Warnung hatte ihre Berechtigung, wie wir erleben durften. Aber dennoch verteidigten wir unser kleines Blumenmeer zäh.

An der Fassade kroch eine mächtige Bougainvillea zwölf m hoch und ergoss sich wie ein Wasserfall aus orangefarbenen Blüten auf die Terrasse. Dieses Blütenwunder zerstörte der Sturm in der Tat jedes Jahr auf das Jämmerlichste. Im Frühjahr kam sie aber umso üppiger wieder. Die mächtige Bougainvillea ist im Übrigen ein Markenzeichen Alt-Jaffas. Überall in den Gassen wuchert sie in weiß, lila und orange. Der Blick über unser Prachtexemplar hinweg hat uns – und all unsere Gäste – immer wieder begeistert, aber auch nachdenklich gemacht. Nach Westen schaute man auf das Mittelmeer und die legendären Sonnenuntergänge. Nach Norden sah man über die restaurierte Altstadt, nach Süden über die Dächer der Nachbarhäuser: ein Panorama vom Glanz und Niedergang Jaffas.

Denn zwei dieser Häuser waren Zeugen der einst blühenden Stadt, riesige arabische Villen oberhalb des Meeres – aber zerfallen. Der Dachstuhl des einen ragte wie ein Gerippe in den Himmel. Die gotischen Fensterbögen, zerbrochen und scheibenlos. Im ummauerten Innenhof wucherten Büsche, eine müde Palme ließ braune, abgestorbene Wedel herabhängen. Das alte Tor war durch eine Stahltür ersetzt und mit einem Schloss versehen worden. Etwas Geheimnisvolles umgab dieses architektonische Juwel. Zu gern hätten wir gewusst, wie es dort vor hundert Jahren wohl zugegangen sein mochte. Über die Besitzer kursierten Gerüchte. Wahrscheinlich waren sie um das Jahr 1948 über das Meer nach Gaza oder in den Libanon geflüchtet. Uns war die Pracht-Ruine als täglicher Anblick nur recht. Das war ein Stück Wahrheit. (Abb. 2)

Vier Jahre hindurch ging unser Blick über das zerfallende Haus hinweg auf das Meer – dann tat sich etwas. Offensichtlich gab es einen neuen Besitzer. Aber das alte Haus wurde nicht gerettet, sondern zubetoniert. Mit Leichtbausteinen wurden Anbauten hochgezogen, das ganze Gebäude um zwei m erhöht. Es war schändlich. Noch 2009 war das Interesse, durchaus bewahrbares arabisches Kulturgut zu erhalten, gleich null. Kein Denkmalschutz hätte das genehmigen dürfen. Oder denken wir da zu deutsch? Aber der Verdacht, dass auch Reste der arabischen Zeit verschwinden sollten, ließ uns nicht los.

Unsere enge Gasse, die Hatzedef-Straße, verlor ein Stück ihrer Ursprünglichkeit. Aber das war zum Zeitpunkt, als wir Jaffa verließen. Den fertigen Neubau mussten wir nicht mehr ertragen – in unserer Erinnerung steht da ein seit 60 Jahren verlassenes großbürgerliches Haus, an dessen restlichen Dachsparren der Sturm rüttelt.

An Wochenenden erklangen aus allen Richtungen die Kirchenglocken. Die Christen vieler verschiedener Glaubensrichtungen hatten ihre Gotteshäuser, oft versteckt in Nebengassen. In die katholische St. Antonius-Kirche strömten am Sonntag die Fillipinos, die hier arbeiteten und von denen man nicht wusste, ob ihre Aufenthaltsgenehmigungen noch galten oder längst abgelaufen waren.

Die Kirchenglocken am Wochenende, der Muezzin mehrmals täglich. Unüberhörbar. Es gab Stimmen, die behaupteten, die Lautsprecher seien stärker eingestellt als nötig. Aus einem gewissen Trotz. Zwei Moscheen sind wahre Kleinode. Die kleine Jami'a al Bahr (Moschee des Meeres) an der Uferpromenade und die weitläufige Mahmudiya-Moschee mit wunderschönen Innenhöfen. Sie fällt kaum auf, da sie von Touristenläden, Cafés, Wechselstuben, Boutiquen eingefasst ist. Nur ihre Kuppeln und das Minarett, beide schneeweiß, ragen auf. (Abb. 3)

Die Hatzedef-Straße, die parallel zur Küste läuft, ist schmal, eher für Eselskarren als für Autos ausgelegt. Sie ist

Abb. 3 Minarett der Meeresmoschee (Jami'a al Bahr).

unfreundlich und abweisend. Die Villen zum Meer hin schützen sich mit fast drei m hohen Mauern und großen Toren. Die gegenüberliegende Seite säumen schmucklose Häuser, deren Fenster im Erdgeschoss meist verschlossen bleiben. Aber hinter diesen fast ausdruckslosen Fassaden verbergen sich schöne alte Wohnungen.

Unser kleines Viertel gehört zu dem Wenigen, was vom alten Jaffa noch übrig geblieben ist. Allerdings so gut wie ohne Araber. Eine Ausnahme bildete ein winziger Laden, in dem man alles Lebensnotwendige einkaufen konnte. Betrieben wurde er von einem überaus freundlichen palästinensischen Paar mit zwei kleinen Kindern und mehreren Katzen. Die junge Mutter trug immer Kopftuch und ein langes schwarzes Gewand.

Auch die beiden Supermärkte, in denen wir einkauften, wurden von Arabern geführt. Aber welch ein Gegensatz. Der eine, zu einer Kette gehörend, ‚westlich', aufgeräumt, modern. Drei junge Frauen herrschten dort, gepflegt gekleidet in bunten Farben, mit eng anliegenden Kopftüchern. Auf gewisse Weise waren sie unnahbar. Auch nach Jahren blieben sie sachlich-freundlich. Ich habe sie kaum einmal lächeln sehen.

Der zweite Supermarkt hingegen trug annähernd chaotische Züge. Man kämpfte sich durch verstopfte Gänge. Auf dem Fußsteig vor dem Geschäft stapelten sich die Kartons. Endlose Regale waren gefüllt mit Plastiktüten voller Süßigkeiten für die Kinder, die oft auch danach aussahen. Dabei gab es Joghurts aller Art, Gemüse und Obst in Hülle und Fülle. Aber warum sollten arabische Kinder anders sein als ihre Artgenossen in aller Welt? Das Beste an diesem Supermarkt war eine eigene Bäckerei, die eine Ecke besetzte und bei der man dem Entstehen köstlicher Backwaren zuschauen konnte. Wann immer man diesen Laden betrat, duftete es nach Brot, Kuchen und Plätzchen. Vor allem abends im Fastenmonat Ramadan.

Direkt vor dem Eingang stand ein großer, grüner Müll-Container, in den man alles, aber auch alles werfen konnte – von alten Stühlen bis zum Hausmüll oder dem Abfall des Supermarktes.

Von diesen grünen Müll-Containern gab es eine ganze Reihe in Jaffa. Zugegeben, auch wir europäischen Entsorgungskünstler nutzten sie weidlich. Wenn auch mit schlechtem Gewissen und der Erklärung: wohin denn sonst mit dem Zeug? Mülltrennung war unbekannt und blieb es, bis wir das Land verließen. Nein – um der Wahrheit die Ehre zu geben: Gegen Ende unserer Zeit tauchten mannshohe, gelbe Drahtkäfige auf, in die man durch ein rundes Loch Plastikflaschen entsorgen konnte. Und – welche Überraschung – sie wurden so sehr genutzt, dass die Müllfahrer kaum nachkamen.

Aber zurück zum Kram-Supermarkt. Auch dort arbeiteten fast nur Frauen, aber sie kleideten sich von Kopf bis Fuß in schwarz. Auch sie unnahbar wie ihre eleganten Schwestern in der Supermarkt-Kette. Da an der Kasse aber durchaus mit Kundinnen ausgiebig geschwätzt wurde, galt diese Distanz womöglich uns Ausländern, die sie nicht einschätzen konnten.

Auch diese Frauen trugen Kopftücher, allerdings nur schwarze.

Überhaupt – die Sache mit den Kopftüchern. Als wir nach Jaffa zogen, waren sie ziemlich selten und eher auf ältere Frauen beschränkt. Das änderte sich innerhalb recht kurzer Zeit und als wir 2009 gingen, trug die Palästinenserin Kopftuch – nur wenige jüngere gingen ohne auf die Straße. Es war ein Zeichen für zurückgekehrten Stolz, für ein bewusstes Sich-Absetzen: Wir bleiben Araber, auch wenn wir jetzt Staatsbürger Israels sind, was wir nie wollten. Auch wenn Jaffa jetzt offiziell Yafo heißt. (1950 wurde die Stadt in Tel Aviv eingemeindet – wie die Ironie es will, war Tel Aviv 1909 als jüdische Vorstadt Jaffas gegründet worden.)

Auf der Suche nach dem Arabischen in Alt-Jaffa wird man am ehesten im Hafen fündig. Dort arbeiten in der Tat arabische und jüdische Fischer bislang friedlich nebeneinander. Und offiziell legt man Wert darauf, dass es so bleibt. In einer verlassenen Lagerhalle gab es einen Fischladen, in dem man frisch bekam, was das mittlerweile ziemlich leer gefischte Mittelmeer hergab. Bald kannte man uns und es wurde schon mal ein Plastikkasten mit besonders großen Shrimps unter dem Tisch hervorgezogen. Das geschah mit freundlicher Verschmitztheit, die umschlug, wenn am Wochenende (dem christlichen) die asiatischen Hausangestellten kamen, jeden Krebs mäkelig dreimal umdrehten, mit nichts zufrieden waren und Nachlass wollten. (Abb. 4)

Wenn den Fischern ein großer Thunfisch ins Netz ging, wurde er direkt am Hafenbecken zerlegt. Da ging es robust und laut zu. Es roch streng. Berge von Netzen lagen herum, Plastikbehälter für den Fang, verrostete Anker, aufgeschossene Taue. Es war, wie es sich für einen Fischereihafen gehört. Den Hafen suchten gerne Brautpaare auf, um romantische Fotos in schwarzen Smokings und schneeweißen, bodenlangen Kleidern machen zu lassen – wohl wegen des schreienden Kontrastes von Schönheit und Verfall. (Abb. 5)

Die Fischer waren im Übrigen das einzig Kommerzielle, was diesem Hafen noch blieb – wenn man von ein paar heruntergekommenen Touristenbooten einmal absah, die ihre Gäste bunt beleuchtet und mit Musik ein kleines Stück auf das Meer herausfuhren, damit sie die Hochhaus-Silhouette von Tel Aviv bestaunen konnten. Welch ein Niedergang des einstmals wichtigsten Umschlagplatzes der Küste. Was Jerusalem für die Religion, war Jaffa für den Handel – so hieß es. Jaffa war der Hafen Jerusalems. Man kann beileibe nicht sagen, dass Jaffa einen Naturhafen besitzt – im Gegenteil, Felsen legen sich vor die Einfahrt. Dennoch: Um die vorige Jahrhundertwende und in der britischen Mandatszeit von 1920 bis 1948 blühte der Seehandel. Davon zeugen riesige Lagerhallen. Die Frachter mussten auf Reede liegen und wurden aus kleineren Booten beladen. Von hier nahmen auch die berühmten Jaffa-Orangen ihren Weg in die Welt. Als wir kamen, mussten wir enttäuscht feststellen, dass es die originalen Jaffa-Orangen nicht mehr gab. Den arabischen Plantagenbesitzern waren ihre Haine weggenommen oder sie waren enteignet worden. Viele Araber hatten auch ihr Land an die Juden verkauft – zum Ärger ihrer Landsleute. Israel exportiert weiterhin sogenannte Jaffa-Orangen – nur eben nicht aus Jaffa.

Im Jahre 2005 hatte der Hafen in seiner Abgerissenheit vor allem abends noch etwas Abenteuerliches an sich. Die leeren Lagerhallen standen dunkel am Hafenbecken. Katzen suchten Fischreste. Im einzigen Restaurant, das den schönen „arabischen" Namen „The Fishermens" trug und mit hunderten von Fotos seiner prominenten Gäste warb, wurde aufgeräumt. Wenn dann noch Winter war und der Sturm die Gischt über die Hafenmauer trieb, konnte man sich dem irrigen Gefühl hingeben: So war das immer.

An einem reservierten Steg des Hafens lag eine kleine Flotte gelber Segeljollen, die von Jugendlichen benutzt wurden. Segeln war im Hafen mit einer sehr engen Ausfahrt, gegen die noch dazu die Brandung stand, nicht einfach. Zudem lagen die seit jeher berüchtigten, flachen Andromeda-Felsen wie eine Barriere vor dem Hafen. (Abb. 6)

Meine Frau und ich haben uns erst nach zwei Jahren und vorsichtiger Annäherung getraut, mit unseren kleinen Booten durch die enge, aufgewühlte Ausfahrt aufs Meer raus zu segeln. Nicht ohne ein wenig Aufregung. Aber so hatten es die Boote über tausende von Jahren machen müssen. Was also war dabei?

Jaffas Hafen steht vor einer Total-Umnormung. Die alten, verlassenen Lagerhallen – noch aus königlich britischem Stahl – erhalten eine moderne Fassade, drinnen entsteht Raum für Restaurants und Läden. Die ersten waren bei unserem letzten Besuch bereits bezogen. Alles ein wenig nach dem Modell neuer Flughäfen. Noch warten drei Hallen auf die Umwandlung. Wenn man den Hafen vorher kannte, fragt man sich, was man denn zu seiner Rettung anderes hätte machen können als diesen Umbau zu einem Kommerzzentrum mit etwas Kultur? Um das aufrecht zu erhalten, braucht Jaffa einen enormen Zustrom an Besuchern. Ob aber dann der schmuddelige Fischereihafen bestehen bleiben kann? Schon jetzt klagen die Fischer über Pachtpreise für die Bootsplätze, die sie zum Aufgeben zwingen könnten. Vielleicht liegen in zehn Jahren – trotz aller Schwüre – Yachten an ihrer Stelle. (Abb. 7)

Etwas abseits vom Hafenbecken stand ein alter, hölzerner Eisenbahn-Waggon aufgebockt. Um ihn herum lagerten mächtige Brocken verschiedenen Marmors und Granits. Das war die Werkstatt des Bildhauers Emanuel Hatzofe. Was heißt Bildhauer? Er war Abenteurer, Seemann, militanter Zionist gewesen, ehe er lernte, Steine zu bearbeiten. Er konnte einen in endlose Schilderungen seiner Vergangenheit einspinnen. Bei einem Interview, das wir drehten, redete er eine Viertelstunde am Stück, obwohl wir doch nur eine Minute brauchten. Er schuf wunderschöne, halbabstrakte Plastiken in Form von Ankern, Booten und Gebäuden. Als wir ihn 2011 wieder besuchten, hatte man seinen Eisenbahnwagen etwas näher an das Meer gerückt. Er war mittlerweile über 80 Jahre alt und seine bewegte Vergangenheit forderte körperlichen Tribut. Aber er arbeitete unermüdlich. Wir haben uns zwei seiner typischen Boote aus weißem und schwarzem Marmor mit nach Deutschland genommen und uns damit ein Stück Jaffa-Vergangenheit bewahrt.

Abb. 4 Fischmarkt auf offener Straße am Hafen.

In einem Teil einer der Lagerhallen hat man einen Versuch gestartet: Eine Galerie mit palästinensischer Kunst durfte sich dort etablieren. Viel Platz für Bilder und Plastiken arabischer Künstler. Motive waren Landschaften Palästinas, Portraits, aber auch zaghafte Versuche, sich moderner, abstrakter Formen zu bedienen. Ins Auge fiel ein hölzernes Schiff, auf dem große Schlüssel wie Masten aufragten – Symbol für die verlorenen Häuser der Araber. (Viele arabische Familien hüten die Schlüssel ihres früheren Heims wie Augäpfel. „Eines Tages werden wir die Tür wieder aufschließen und zurückkehren" – so der mittlerweile illusionäre Glaube. Israel lehnt jede Rückkehr ab.) Die Kunstwerke wirkten noch amateurhaft, aber es war ein Anfang. Ob wirklich, wie man versicherte, Künstler aus dem abgesperrten Gaza vertreten waren, konnte man schwer überprüfen. Wir neigten dazu, diese Galerie als eine Eintagsfliege zu betrachten, die bald wieder verschwinden würde. Aber bei unserem jüngsten Besuch bestand sie immer noch.

Die beeindruckendste Neugründung im alten Hafen war zweifellos das Nalaga'at-Zentrum, ein Theater für Taubblinde. Errichtet mit Spenden, vor allem aus den USA. Die professionelle Einrichtung stammte aus einem Theater, das

Abb. 5 Der Andromeda-Felsen als markanter Hintergrund für Hochzeitsfotos.

geschlossen worden war. Das mit unendlicher Mühe und viel Zeit eingeübte Stück hieß „Nicht von Brot allein“, eine heiter melancholische Geschichte. Gespielt von Menschen, die weder sehen noch die Musik hören konnten, nach der sie tanzten. Nach jeder Vorstellung spendete ein bewegtes Publikum Beifall – auch den konnten die Schauspieler nicht hören. Alle Zuschauer durften auf die Bühne und die Schauspieler berühren. Es gab frisches, während der Vorstellung gebackenes Brot auf die Hand.

Sozusagen im Rücken des Theaters hatte sich in einer alten Halle, die der griechisch-orthodoxen Kirche von nebenan gehörte, eine wilde Truppe namens ‚Mayumana‘ etabliert. Junge Leute aus aller Welt – mit Hang zu Südamerika und Spanien. Mit unglaublichem Einfallsreichtum machten sie Musik, besser gesagt: Sie erzeugten Rhythmen. Mit Eimern, Bambusröhren, Blechkästen, Mülltonnen. Und ihren Händen und Füßen. Dem Einfallsreichtum waren keine Grenzen gesetzt. Sie waren immer ausgebucht. Und so erfolgreich, dass sie einen Off-Broadway-Ableger in New York gründen konnten. Eine Zeitlang gesellte sich Israels Popstar David Broza zu der Truppe. Dieser Gitarrenvirtuose und Sänger mit leicht rauchiger Stimme passte hervorragend zum Ensemble.

Und dann war da Ilana Goor. Die schillerndste Figur Jaffas. Sie und ihr Mann hatten in den Jahren nach dem Exodus der Araber einen Gebäudekomplex gekauft, der am Rand der Altstadt lag und einst ankommenden Pilgern als Herberge diente. Daraus wurde das Ilana Goor Museum, in dem ihre eigenen Werke und ein Teil der Sammlung des Paares untergebracht sind. Der andere Teil befindet sich in ihrem Haus in New York. Ilana Goor ist Künstlerin mit einer Vorliebe für das Gröbere. Das betrifft sowohl ihre Eisenplastiken als auch ihre Schmuck-Entwürfe. Als wir sie besuchten, waren ihre Unterarme derart mit schwerem Schmuck behängt, dass man fürchtete, sie könne sie nicht mehr anheben. Sie hatte eine stattliche Figur, gekrönt von einem wilden Haarschopf. Und redete ohne rechten Zusammenhang, wechselte fließend von einem Thema zum anderen. Ihr Museum beherbergt neben Kunstwerken auch eine große Anzahl von alten Tongefäßen, die auf einer Balustrade die Dachterrasse umgeben. Den Höhepunkt jedoch bildet eine enorme Küche, die jeden Koch in Begeisterung versetzen muss. Sie ist gemauert und verfügt über eine unglaubliche Menge an Kupfertöpfen und -pfannen. Da sie im oberen Stockwerk liegt, hat man einen großartigen Blick auf das Meer. Diesen kulinarischen Tempel konnte man übrigens für Partys und Einladungen mieten.

Kann sein, dass sie bald einen Träger für das Museum sucht, denn ihr wächst die Arbeit über den Kopf, die zur Erhaltung der ganzen Unternehmung nötig ist. Ohne die Hilfe und die Engelsgeduld ihres amerikanischen Mannes, sagt sie, hätte sie, die Unstete, es nie geschafft. Auch das winzige Café oberhalb des Hafens hielt sich tapfer. Von Juden und Moslems als Begegnungsstätte gegründet, bot es eine kleine Bibliothek hebräischer und arabischer Literatur. Zum Frühstück konnte man sich das beliebte Shakshuka zubereiten lassen: überbackene Tomaten mit Zwiebeln und Knoblauch, darin zwei Spiegeleier. Es kam heiß aus dem Ofen in einer kleinen Pfanne. Es war ein bescheidener, zurückgezogener Ort, vor dem auf wackeligen Stühlen oft ältere Herren in ein Brettspiel vertieft waren. Von nebenan scholl nach Schulschluss ohrenbetäubender Lärm herüber. Dann drängten sich Horden von Kindern vor Aldos hervorragendem italienischen Eisladen.

Von hier führt die Yefet-Straße, Alt-Jaffas Schlagader, hinunter zum Wahrzeichen der Stadt, dem alten Uhrenturm. Er war um 1900, mit rund hundert weiteren im osmanischen Reich, vom Sultan Abdul Hamid II. als ein Zeichen der Moderne errichtet worden. Zu seinen Füßen hatte sich das CAFEZ etabliert, ein kleines elegantes türkisches Cafe, in dem es auch hochwertige Badetücher aus Istanbul zu kaufen gab. Wie oft saßen wir dort, schlürften türkischen Kaffee, aßen Kuchen und redeten mit dem Besitzer über Istanbul. Daneben gab es eine kleine Filiale der Buchhandlungskette Steimatzky. Eine kurze Zeit hindurch konnte man dort die deutsche Wochenzeitung DIE ZEIT bekommen. Das war sensationell, wenn man weiß, dass es in der Weltstadt Tel Aviv so gut wie unmöglich ist, internationale Zeitungen zu kaufen. Bei unserem Besuch 2011 waren beide verschwunden, der Buchladen und CAFEZ.

Unverwüstlich hingegen erschien uns (und war auch) die große Bäckerei von Abouelafia, ebenfalls am Uhrenturm gelegen. Dieses Paradies frischer Backwaren befand sich seit 1876 im Besitz einer moslemischen Familie.

Der jetzige Chef erzählte uns in einem Interview, wie die Familie die 130 politisch so turbulenten Jahre überstanden hat. Sie hielt sich grundsätzlich aus der Politik heraus. Sie beschäftigte im ausgeglichenen Verhältnis Juden, Christen und Moslems. Wenn sie etwas spendete, dann an Kirchen, Moscheen und Synagogen gleichermaßen. Und so ging alle Welt zu Abouelafia, morgens um sechs, mittags oder nach Mitternacht. Nach dem Freitagsgebet die Araber, vor Shabat-Beginn die Juden, am Weihnachtstag die Christen. Stets verstopften haltende Autos die Straße vor dem Geschäft. Nie haben wir erlebt, dass die entnervten Polizisten an dieser Stelle den Verkehr zum Fließen gebracht hätten.

Gleich hinter Abouelafias Bäckerei erstreckt sich der berühmte Floh- und Antikmarkt. Immer wieder haben wir ihn mit unseren Besuchern durchstreift. Hier und da trägt er durchaus orientalische Züge. Doch auch der Markt unterliegt der Zeitströmung. Immer mehr moderne Cafés und Läden richten sich in den Gassen ein. Schleichend geht sein Charakter verloren.

Als wir Israel verließen, waren wir überzeugt, gerade noch den Rest des verbliebenen, alten Jaffa miterlebt zu haben. Unsere späteren Besuche bestätigten das. Ajami, den Ortsteil direkt südlich unserer Straße, erlebten wir noch als eine Ansammlung flacher arabischer Häuser. (Abb. 8)

Innerhalb kürzester Zeit waren sie verschwunden und an ihrer Stelle dreistöckige Wohnhäuser aus Beton hochgezogen worden. Alle mit ein paar ‚gotischen' Bögen ausgestattet, die auf peinliche Weise Arabisches vorgaukeln. Natürlich wohnen hier keine Araber mehr. Vor diesen Häusern am Meer hat man einen riesigen Schuttberg in einen Park verwandelt. Es nötigte uns schon Bewunderung ab, dass sich keine der großen Hotelketten dieses Grundstück am Meer aneignen konnte, dass stattdessen jüdische und moslemische Familien gleichermaßen auf seinen Wegen flanieren.

Wenn es friedlich bleibt, wird Alt-Jaffa das werden, was man „schick" nennt. Die Muster kann man im Hafen von Tel Aviv oder in Herzliyya betrachten. Hübsche Kommerzzentren. Allerdings kann Jaffa mit einem guten Rest seines historischen Erbes aufwarten und wird deshalb etwas Besonderes bleiben.

Wer sich jedoch ein Traumbild dieser Stadt wünscht, der versenke sich in die herrlichen Bilder von Reuven Rubin, Israels Lieblingsmaler. Denn das wahre Jaffa gibt es nicht mehr!

Abb. 6 oben
Andromeda-Felsen mit israelischer Flagge im Sturm.

Abb. 7 in der Mitte
Der Fischereihafen.

Abb. 8 unten
Bautätigkeit in Ajami, einem Ortsteil von Jaffa.

Diſſe ſtatt japha iſt vor langer zytt gantz zerſtoret worden·vß genōmen zwen thurn die noch da ſtan·

Der Mainzer Domkapitular Bernhard von Breydenbach 1486 in Jaffa

Isolde Mozer

Die „Peregrinatio in terram sanctam“[1] des Mainzer Domkapitulars Bernhard von Breydenbach[2] (ca. 1440 bis 1497) aus dem Jahr 1486 stellt einen Glücksfall dar, wenn es um die Wahrnehmung der Stadt Jaffa/Joppe im Mittelalter geht. Es handelt sich bei der „Peregrinatio“ nämlich nicht nur um eines der ersten gedruckten Bücher, was bereits buchgeschichtlich sehr bemerkenswert ist[3], sondern auch um den ersten illustrierten Reisebericht. Neben der sprachlichen verfügen wir also auch über eine ikonische Darstellung der Hafenstadt. Bernhard, auch dies ein Novum, hatte auf seine Wallfahrt einen Maler, Erhard Reuwich, mitgenommen, der die „Peregrinatio“ später mit 28 Holzschnitten – teilweise sensationellen Formates – ausstattete: Allein die Leporellos von Venedig und dem Heiligen Land maßen die mehrfache Buchbreite. Eine derart spektakuläre Ausstattung bescherte der Breydenbach'schen Reisebeschreibung mehrere Übersetzungen und mehrere deutsche Auflagen; sie war ein mittelalterlicher Bestseller[4].

Orient und Okzident treffen an der Küstenlinie vor Jaffa aufeinander. In Anlehnung an den Terminus, der für eine Wallfahrt nach Rom benutzt wird („*ad limina apostolorum*“), können wir auch den Moment des Eintritts ins Heilige Land als Schwellensituation, als liminalen Augenblick interpretieren. Mit dem Einlaufen in den Zielhafen Jaffa[5] war Asien erreicht. Und kaum zehn Jahre vor Kolumbus' Entdeckung, als man sich die Ökumene noch kleiner und nur trikontinental vorstellte, bedeutete der Schritt vom Abendland ins Morgenland eine größere Zäsur als in späteren Zeiten. Denn es war jedem christlichen Wallfahrer, der die *peregrinatio maior* nach Jerusalem unternahm, bekannt, dass er damit die christliche Welt verließ. Heiden hatten die irdi-

Abb. 1 Detail aus der Heilig-Land-Karte (fol. 127v–132r). Ankunft in Jaffa. Die Pilger, soeben ihrer Galeere entstiegen, stehen vor den „zerbrochenen“ Gewölben, in denen sie auf die Gewährung freien Geleits warten mussten, bevor sie ihre Reise ins Heilige Land antreten konnten. Gut zu erkennen sind auch die Zelte der Mamluken, die die soeben angekommenen Pilger scharf im Auge behielten.

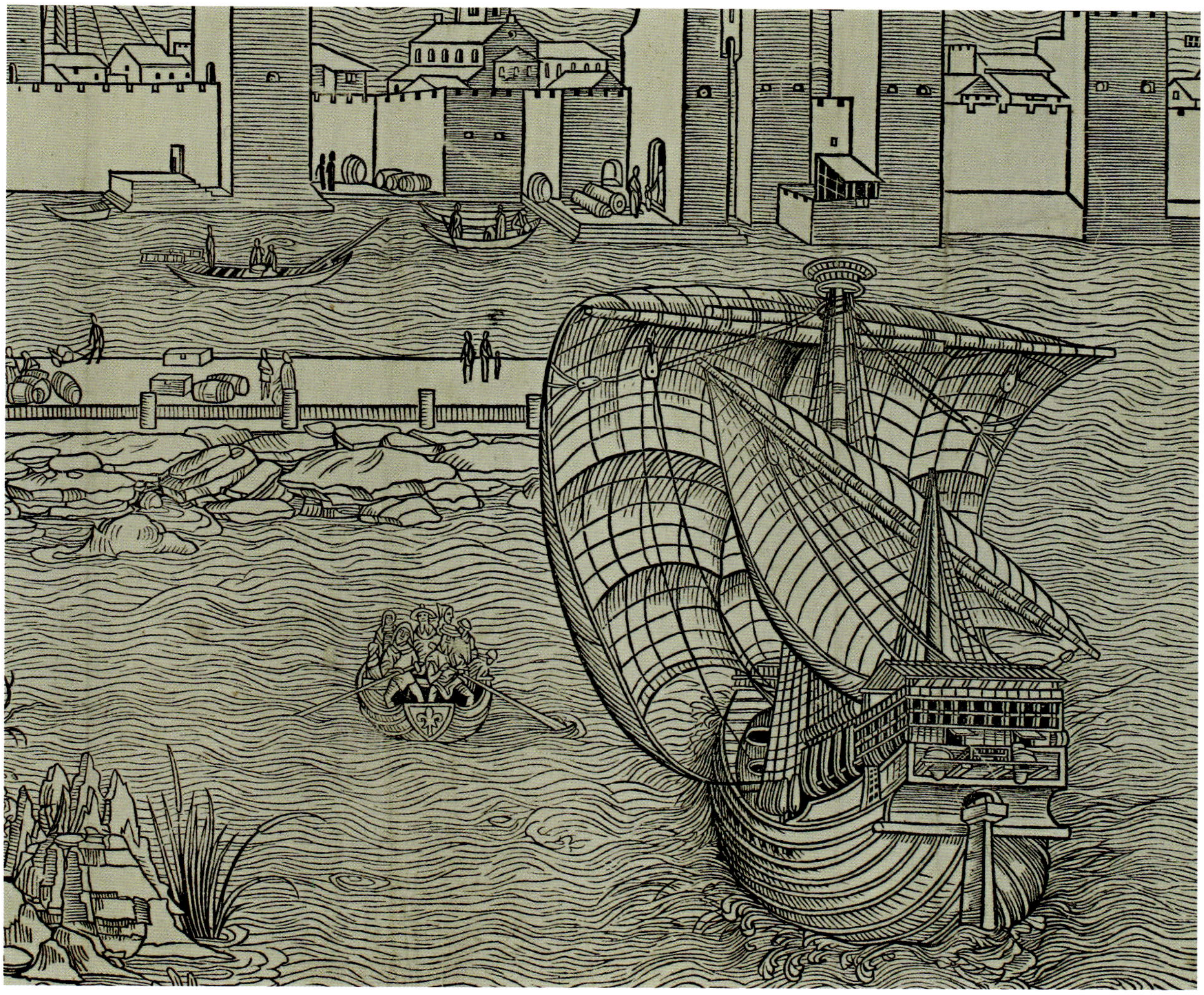

Abb. 2 Detail aus dem Holzschnitt von Modon (fol. 29v–32r). Neben Galeeren gehörten Karacken zu den segel- und ruderbetriebenen Schiffen, die jeweils ganze Pilgerscharen über das Mittelmeer nach Jaffa brachten. Die abgebildete Karacke war Vorlage für viele spätere Druckgrafiken. An berühmter Stelle tauchte dieses Schiffsmotiv in Kolumbus' sog. Columbus-Brief von 1494 auf, ebenso als Illustration der Werke Vergils, die 1502 erschienen.

sche Heimat des menschgewordenen Gottessohnes erobert. Dennoch wusste ein frommer Christ den gesamten *orbis terrarum* in Gottes Händen, er glaubte unerschütterlich daran, dass auf Erden nichts ohne den Willen Gottes geschehe – so auch nicht die heidnische Annexion ehemaliger christlicher Gebiete. Die mittelalterlichen T-O-Karten spiegeln diese Überzeugung wider: Der Kreisform der Erde – schon in der Antike ein Symbol des Vollendeten – ist ein Tau-Kreuz einverleibt, das den Kreis in die drei damals bekannten Weltteile Asien, Afrika und Europa segmentiert. Inmitten Asiens bezeichnet ein Punkt die Stadt Jerusalem, den gedachten „Nabel", das Zentrum, die Mitte der Welt; Zentrum des Zentrums ist die Grabeskirche mit dem leeren Grab Christi: Kulmination der Erlösung. Dieses hermetische Weltbild muss sich vergegenwärtigen, wer Sinn und Gestalt einer mittelalterlichen „Peregrinatio" hermeneutisch nachvollziehen möchte.

Mit der theozentrischen Prämisse gehen bestimmte Konsequenzen einher. Das betrifft vor allem die Kategorien ‚Wahrnehmung' und ‚Individuum'. Beide werden im Mittelalter nämlich weniger stark exponiert als heute. Warum? Weil der christliche Gott, selbst unsichtbar, Schöpfer der sichtbaren und der unsichtbaren Welt ist.[6] Daraus folgt, dass das, was die Augen des Leibes (*oculi carnales*) sehen, nicht alles sein kann, was existiert. Um alles zu erkennen (soweit dies überhaupt im Vermögen des Menschen liegt), bedarf es vor allem der *oculi spirituales*, der Augen des Geistes. Empirische Wahrnehmungen werden deshalb vom mittelalterlichen Menschen skeptisch behandelt, sie gelten als defizitär im Hinblick auf eine Aussage über Wirklichkeit und Wahrheit. – Weil aber die beiden Wahrnehmungsmodi bei den Menschen jeweils eine unterschiedlich ausgeprägte Nähe zur Wahrheit haben, hat auch die Wahrnehmungsgeltung eines einzelnen Individuums ein unterschiedlich hohes Gewicht. Die Quellen der Wahrheit, *auctoritas* und *experimentia,* standen deshalb im Mittelalter in einem anderen Verhältnis zueinander als heute: Im Mittelalter obsiegte die Autorität über die Erfahrung; Originalität und Abgrenzung von anderen galten nicht als Autorenziele. Idealerweise war der mittelalterliche Reisende glücklich, wenn seine Wahrnehmung mit der der Autoritäten übereinstimmte: mit der Bibel, mit Texten antiker Autoren, mit Aussagen der Kirchenväter oder anderer (meist theologischer) Autoritäten. „Wiederholende" Textpassagen, unausgewiesene Zitate oder starke Anlehnungen an fremde Texte, die nach heutiger Rezeptionsmanier als Plagiat empfunden würden, verkörpern das damalige Textideal.

Insofern sind Textstellen, in denen Bernhard sich auf die Bibel, die Mythologie oder andere Überlieferungen stützt, nicht Ausweis seiner Gelehrsamkeit[7], sondern die Versiche-

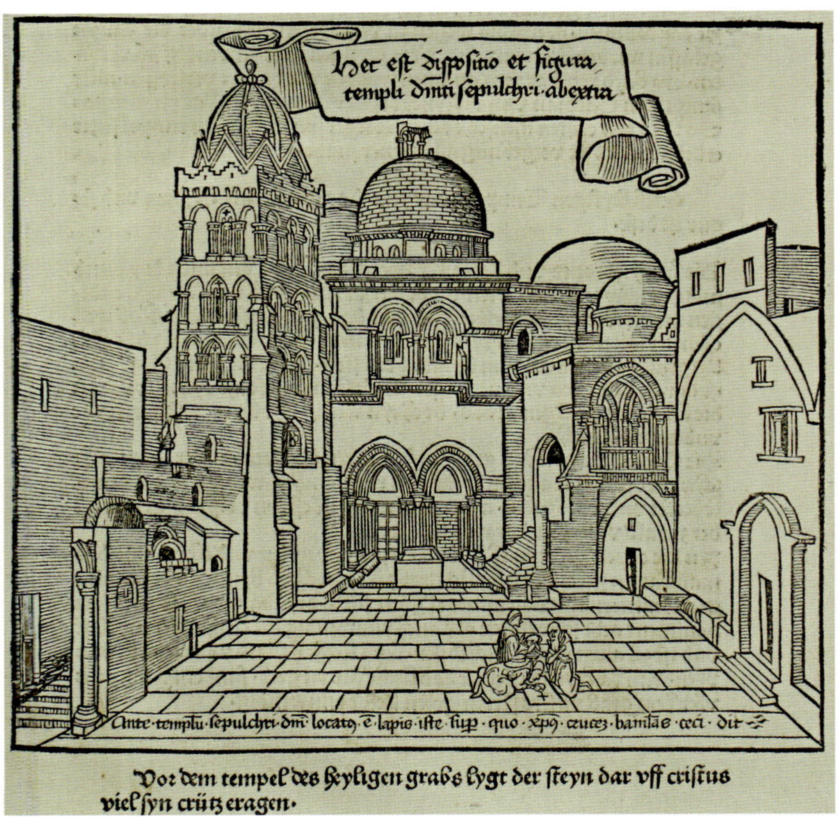

Abb. 3 „Die äußere Gestalt des Grabes des Herrn" (fol. 127r). Die Grabeskapelle (Grabädikula) Jesu in der Grabeskirche zu Jerusalem war die zentrale Verehrungsstätte jedes Heilig-Land-Pilgers. Der Überbau am überlieferten Ort des Grabes Jesu übernimmt die Form eines osmanischen köşks.

Abb. 4 Die Heilig-Grab-Kirche (fol. 47r) wurde von jedem Heilig-Land-Pilger aufgesucht, denn in ihr befand sich nach mittelalterlicher christlicher Auffassung der Nabel der Welt. Die lateinische Bildinschrift am unteren Bildrand wird als Bildunterschrift auch deutsch wiedergegeben: „Vor dem Tempel des Heiligen Grabs liegt der Stein, auf den Christus fiel, als er sein Kreuz trug."

rung dessen, dass seine Wahrnehmung im Einklang mit der (religions-)geschichtlichen Wahrheit steht. Beispielhaft sei Bernhards Exkurs über den Gründungsmythos von Jaffa zitiert: „Früher war Japha eine große und bedeutende Stadt, sie hieß Joppe oder auch Japha, nach Japhet, dem Sohn Noahs. Der hatte ihren Grundstein gelegt, und sie wurde nach seinem Namen benannt. Dies war aber die achte Stadtgründung nach der Sintflut, die zu Noahs Zeit über die Welt hereingebrochen war. Deshalb hängt auch noch heute ein gewaltiger Eisenring an einem riesigen Felsen im Meer, an den die Schiffe angekettet wurden." (Mozer 2010, 115 ff.). Aufschlussreich für die Rolle der *auctoritas* ist diese Stelle insofern, als die Wahrnehmung sich sogar dem Mythos – eine jüdische Überlieferung (Gorys 1996, 323.) – unterordnet: Ein Eisenring an einem Felsen beglaubigt das biblische Narrativ von der Sintflut, die doch als historisches Ereignis empirisch nicht zu verifizieren ist.

Noch eine zweite Hypostasierung konstruiert Bernhard an der Jaffa-Stelle, dort etwas freizügig mit dem Andromeda-Mythos umgehend. Bei Bernhard wird aus ihr der Riese Andromadus: „Man kann da auch noch eine Kette bestaunen, die über die Maßen groß ist. Mit ihr wurde der Riese Andromadus gefangen gehalten; das Seil, das man da auch noch sehen kann [und mit dem der Riese angebunden war], hat eine Länge von einundvierzig Fuß." (Mozer 2010, 117.)

Erst nach diesen Beglaubigungen – große Dinge sind in dieser Stadt vor sich gegangen, Rettung gab es und Erlösung –, erst nach dieser eschatologischen Rückversicherung wagt es Bernhard, zu schreiben, was er selbst sieht: „Diſſe ſtatt japha iſt vor langer zytt gantz zerſtoret worden·vß genömen zwen thurn die noch da ſtan·" (fol. 43v[8]). Seit dem Ende der Kreuzzüge und seit der Eroberung durch den Mamlukensultan Baibars I. im Jahre 1268, also über 200 Jahre vor Bernhards Eintreffen im Heiligen Land, ist die Stadt Jaffa offenbar nicht mehr wiederaufgebaut worden. Ihr Anblick muss verheerend gewesen sein, denn schon in dem seine „Peregrinatio" einleitenden, grob skizzierenden Itinerarium spricht Bernhard von Joppe/Jaffa als von einer „zerbrochen und wůſſte ſtatt" (fol. 4r). Mit der Erfahrung zerstörter, verlassener und öder Städte[9], Stätten, Kapellen, Kirchen, Klöster und Ordensburgen sollte der „*dominus Bernhardus, dignissimus decanus*" (Felix Fabri) auf seiner Reise noch oft konfrontiert werden. Summarisch spricht er sogar von „oftmaliger Zerstörung der Kirchen" (fol. 64r) und dem häufig zu beklagenden Verfall heiliger Stätten. Aus den bitteren Beobachtungen des Niedergangs christlicher Bauwerke, mit der die Verdrängung des Christentums einhergeht, spricht die paradoxale Mentalitätsbefindlichkeit eines Pilgers, der „die Herrschaft islamischer Herrscher über das Heilige Land der Christen auch nach fast neunhundert Jahren als eine usurpierte ablehnt und doch eben diese Herrschaft als eine gegebene anerkennen muss" (Frey 2009, 208.).

Aber zurück zu Bernhards Erlebnissen vor Ort. Nicht umsonst gilt der Forschung sein Text immer dann als „ein zentraler Text, wenn es um Fragen nach der Begegnung mit dem Fremden, nach Fremd- und Eigenbildern und nach der Sicht auf den Islam geht." (Büttner 2012.) Denn im Spektrum der *ars apodemica* markiert Breydenbachs „Peregrinatio" schon den Übergang zu einer Aufwertung des Individuums; schon in Ansätzen wurde wichtig, was es erlebte, empfand und dachte.

Das Ende einer beschwerlichen und gefahrvollen Schiffspassage, die Anfang Mai 1483 in Venedig auf einer Galeere des Patrons Augustino Contereni ihren Ausgang genommen hatte, beschreibt Bernhard in folgender Szene: „Am 27. Juni fuhren wir mit starkem Wind von Zypern los und kamen innerhalb von drei Tagen an das Ende des Meeres, von wo aus wir das Heilige Land [aus der Ferne] erblicken konnten. Wir waren deshalb über die Maßen erfreut und grüßten es, wie es recht und billig ist, mit Lobgesang und sangen fröhlich und andächtig das *Te deum laudamus* etc. und die Antiphon *Salve regina* und beteten die dazugehörigen Collecten. Unter diesen Gebeten gelangten wir bis zur Stadt Japha oder Joppe (Tel Aviv) und warfen, ein wenig vom Ufer entfernt, den Anker, damit unsere Galeere im Meer Halt finden konnte.“ (Mozer 2010, 113.)[10]

An ein Verlassen des Schiffs war nun noch lange nicht zu denken; zuerst musste bei den Behörden um freies Geleit nachgesucht werden – eine besonders demütigende liminale Prozedur, die sechs Tage dauern sollte. Wie wenig mit den Mamluken in puncto Bewegungsfreiheit zu spaßen war, zeigt Bernhard an deren gnadenloser Behandlung der Schiffsknechte, die während der Wartezeit sich anschickten, „im Gewässer der Heiden Fische [zu] fangen; doch sie wurden [selbst] gefangen und von den Heiden heftig geschlagen und empfindlich verwundet“ (Mozer 2010, 115.). Inzwischen landete auch das zweite venezianische Schiff, das des Patrons Peter Landauer.[11] Nachdem die mamlukischen Amtspersonen mit dem Geleitbrief sowie dem Guardian der Franziskaner vom Kloster auf dem Zionsberg und einem sprachkundigen Geleitsmann eingetroffen waren, durften die *peregrini* das Heilige Land betreten. Die muslimischen Herren wurden aus einleuchtenden Gründen zunächst reich beschenkt. Waffen und alle Zeichen beson-

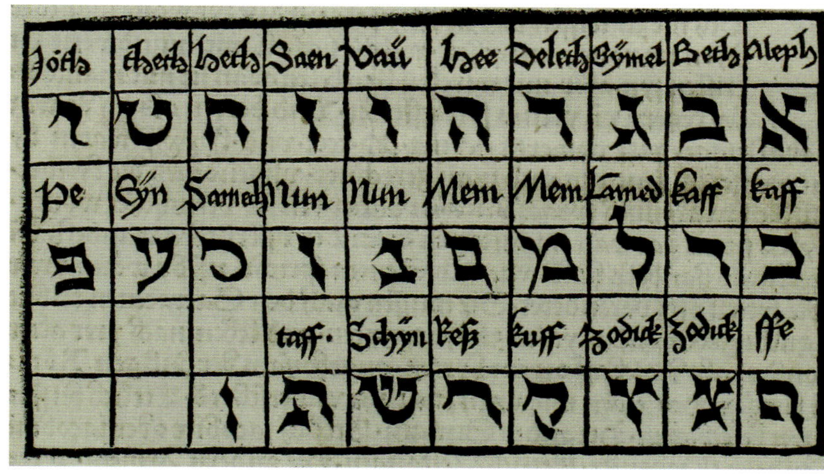

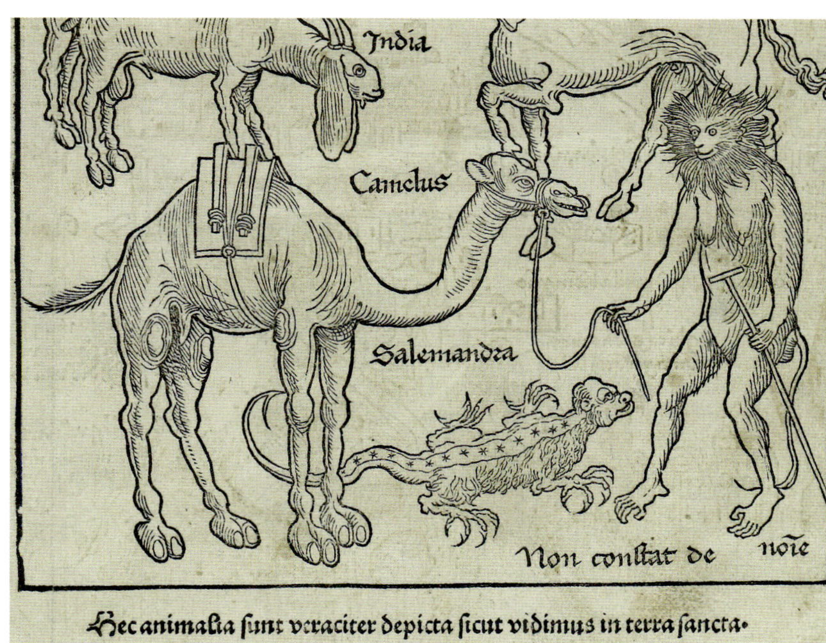

Abb. 5 oben Hebräisches Alphabet (fol. 105r).

Abb. 6 in der Mitte Pilger und Jude (fol. 103v).
Pilger begegneten im Heiligen Land und insbesondere in Jerusalem einer Vielzahl von Menschen, die fremden Ethnien und Glaubensbekenntnissen bzw. Konfessionen angehörten. Dass in Breydenbachs „Peregrinatio in terram sanctam“ zum ersten Mal in der abendländischen gedruckten Literatur Araber, Juden, Griechen, Chaldäer und Äthiopier dargestellt werden, muss sicherlich als Ausweis der multiethnischen und -religiösen Toleranz Bernhards gewertet werden. Die Verbindung von Jude und Geld allerdings gehört zu den Klischees, die Breydenbach und sein Xylograph Reuwich gewiss schon aus der Heimat mitgebracht haben.

Abb. 7 unten „Diese Tiere haben wir genauso gemalt, wie wir sie im Heiligen Land gesehen haben“, versichert die lateinische Subskription dieser Galerie animalischer Konterfeis (fol. 132v). Hier zu sehen sind ein Kamel – in Wirklichkeit eher ein Dromedar – und ein märchenhafter Salamander. Die Figur rechts erhielt anstelle einer Bezeichnung den augenzwinkernden Kommentar: „Benennung unbekannt.“

Abb. 8 Ankunft in Jaffa. Detail aus der Heilig-Land-Karte (fol. 127v–132r). Ende der Seereise und Schwelle zum Heiligen Land: „Jaffa oder Joppe – der Hafen, an dem die Pilger auf dem Seeweg ankommen", lautet die lateinische Inschrift zur Hafenstadt. Darunter erklärt eine Legende, wie die zu erlangenden Ablässe auf der vorliegenden Heilig-Land-Jerusalem-Karte markiert sind: Beim Besuch der Orte, die mit einem Doppelkreuz versehen sind, erhält der Pilger einen vollständigen Nachlass seiner Sünden; Orte, die mit einem einfachen Kreuz bezeichnet werden, gewähren den Nachlass der zeitlichen Sündenstrafen für sieben Jahre und sieben Fastenzeiten.

deren Standes mussten nun abgelegt werden, denn jeder Aristokrat, dessen Incognito aufgedeckt wurde, befand sich sofort in größter Gefahr.

Doch auch nach dem schließlich gewährten *introitus* musste weiter gewartet werden – und nun in einer noch demütigenderen Form als zuvor. Denn während der Patron mit den mamlukischen Abgesandten über die Höhe des zu entrichtenden Zolls verhandelte, wurde den Pilgern befohlen, dass sie „in eine alte Höhle zu fahren hätten und in einem eingestürzten Gewölbe eingeschlossen würden. Denn die Heiden haben die Gewohnheit, dass sie die christlichen Pilger mit ihrem Namen und dem Namen ihres Vaters aufschreiben, und deshalb zählen sie sie zunächst in das alte Gewölbe. Dort müssen sie so lange eingeschlossen bleiben, bis sie, vermittelt durch ihren Patron, das gewünschte Geleit erhalten." (Mozer 2010, 115.) Bei dieser Höhle handelt es sich, wie Röhricht und Meisner, die Nestoren der Pilgerliteratur, schreiben, um einen „elenden, stinkenden Chan, unter dem Namen celleria S. Petri bekannt" (Röhricht, Meisner 1880, 25.). Dort bekamen die Pilger auf Verlangen und gegen Bezahlung Heu ausgehändigt, auf das sie sich setzen konnten[12]; auch brachten ihnen einheimische Händler Nahrungsmittel und was sie sonst noch brauchten, doch mussten sich die Angekommenen vorsehen, da „allerlei Gesindel an den Pilgern Mutwillen übte und Erpressungen versuchte" („Instruction", fol. 11r). Überhaupt herrschte in den Ruinenverliesen ein misstrauisches Klima. Deshalb rät Bernhard in seiner Reiseinstruktion dem Grafen Ludwig von Hanau-Lichtenberg, der ihn zur Vorbereitung einer Palästinareise um einen Ratgeber gebeten hatte: „Während Ihr in dem Loch zu Jaffa seid und hinausgehen wollt, um Eure Notdurft zu verrichten, so sorgt dafür, dass jemand bei Eurem Gepäck bleibt, andernfalls tragt ihr einen Schaden davon." (fol. 11r)

Bernhard hat noch von vielen anderen bösen Erfahrungen während seiner Heilig-Land-Reise zu berichten. „Wir wurden […] in Jaffa sehr, sehr hart geschlagen, weil jeder herumlief und sich einen Esel nehmen wollte" („Instruction" fol. 11r); man werde geschlagen, wenn man einen anderen als den erlaubten Steigbügel benutze (fol. 10v), und: „Auf dem Weg von Jaffa nach Rama widerfährt den Pilgern große Schmach und bitteres Ungemach von den Heiden in den Dörfern und ihren Kindern." (fol. 11v) Auf dem Ritt von Bethlehem nach Jerusalem gerieten die Pilger in eine lebensbedrohliche Situation, aus der sie sich nur durch die Bezahlung einer beträchtlichen Geldmenge retten konnten.

(fol. 53r) – Und Felix Fabri, Bernhards Reisebegleiter während der Ägyptenreise, berichtet, wie ihm beim Lesen der Totenvigilien anlässlich der Beerdigung des jungen Grafen Johann zu Solms, der in der Nacht zu Allerheiligen in Alexandria an der Ruhr verstorben war, ein Sarazene „mit voller Kraft“ und „mit aufgeblasenen Backen“ ins Gesicht spuckte (Hassler 1843, 200 f.).

Trüb-, Müh- und Drangsal hatten die Palästina-Pilger zu gewärtigen, das war ihnen schon vor ihrer Reise bekannt. Dennoch wagten es im 15. Jh. immerhin „rund 6.000 [auf Schiffen (Mozer)] beförderte Heiliglandfahrer“ (Ganz-Blättler 1989, 6.)[13], diese Strapazen auf sich zu nehmen. Zwar wurden die Unbilden durch Konventionen und „Normierungen“ (Broszinski 2002, 6.) abgemildert (dazu gehören der Kontrakt mit dem Schiffsreeder, festgelegte Verhaltensweisen den Landesherren gegenüber; die Einhaltung stillschweigend geduldeter Reiserouten; Übereinkünfte bei Zöllen, Trinkgeldern und Freikaufsgeldern gegenüber Räubern und Wegelagerern), doch die Gefahr war groß, bei den Heiden nicht nur die Gesundheit, sondern auch das Leben zu verlieren. Die Bestattung in einem fremden Ritus oder in ungeweihter Erde – eine ernsthafte Bedrohung des Seelenheils – wäre dann womöglich unumgehbar gewesen. Unter welch komplizierten Prozeduren ein Verstorbener in die Heimat zu überführen war, ist etwa von Ludwig von Thüringen, dem Gatten der hl. Elisabeth, überliefert, der auf dem Weg zu einem Kreuzzug verstorben war: Nach dem Totenamt wurde der Leichnam zerlegt, dazu wurde er zuerst gekocht. Danach ließen sich die Knochen von den Weichteilen lösen. Diese bestattete man an Ort und Stelle, während die Gebeine in die heimatliche, geweihte Erde überführt wurden (Ohler 1994, 214 f.).

Voraussetzung für eine christliche Pilgerfahrt ins Heilige Land ist die Inkarnation Gottes: „*Et verbum caro factum est*“ – und das Wort ist Fleisch geworden, heißt es im Johannesprolog[14]. Die Menschwerdung Gottes in Gestalt von Jesus Christus, das heißt, die Herabkunft Gottes in Raum und Zeit hat ihn und sein Heilswirken sichtbar werden lassen, historisch und topografisch bestimmbar; Menschen „durften seine Zeugen sein“. Die Verehrung der heiligen Stätten wird von der Kirche zwar nicht gefordert, ist aber als *imitatio Christi* theologisch gerechtfertigt. Das Wandeln auf Jesu Spuren mitsamt des Duldens vielfältiger heidnischer Ungemach heiligt die Pilger.

Aufgrund der Inkarnation wurde im Christentum auch das jüdische Bilderverbot tabu; wie einstmals nur das Wort, der Text, so gewinnen im Christentum nun auch Bilder Verkündigungscharakter. Die Palästinakarte des Erhard Reuwich macht dies deutlich; sie erhellt auf einen Schlag das Erlebte, das zu Dokumentierende und das, was es bedeutet – gleichzeitig mit dem Vordergründigen wird das Geschehen theologisch-eschatologisch überhöht. Verfolgen wir die einzelnen Sinnschichten. Vordergründig bildlich schildert es das Episodische, das Realgeschichtliche; hinund verweisend werden ihm theologische Aspekte zugesprochen, die mit der Kirche, mit der Seele des einzelnen Gläubigen und mit der Heilsgeschichte zu tun haben. Am Beispiel „Jerusalem“ lassen sich die vier Bedeutungsebenen beispielhaft demonstrieren. Demnach steht Jerusalem für die reale, historische Stadt Jerusalem; in dogmatisch-theologischer Hinsicht bedeutet „Jerusalem“ die Kirche Christi, in tropologischer Hinsicht meint „Jerusalem“ die einzelne Seele in ihrer aktuellen Wirklichkeit und als anagogische oder eschatologische Interpretation bezeichnet „Jerusalem“ das endzeitliche, das himmlische Jerusalem.

Abb. 9 Detail aus der Heilig-Land- Karte (fol. 127v-132r). An Orten, die in der Heilig-Land-Karte mit einem Doppelkreuz versehen sind, konnten die Pilger einen Plenarablass erwerben. In Bethlehem, dem Geburtsort Jesu, ist mit dem dreifachen vollständigen Ablass dem *thesaurus ecclesiae*, dem Schatz der Kirche, ein besonderer Schatz hinzuzufügen.

Der reale, empirische Charakter der Heilig-Land-Karte Reuwichs stellt zunächst eine Art Bilder-Chronik dar: Die Karte „gibt die gesamte Region Palästinas sowie eines Teiles von Ägypten [...] wieder und ist damit als bildnerisches Pendant des gesamten Pilgerberichtes zu verstehen“ (Timm 2006, 242.). Da die Karte geostet[15] ist, verläuft der Mittelmeerstreifen horizontal, entlang des unteren Bildrandes. Und dort, im Übergang vom ersten zum zweiten Drittel des Leporellos, spielt sich die von Breydenbach beschriebene, liminale Episode ab: die Ankunft der Pilger, ihre Aufstellung vor den zerstörten Verliesen.[16] – Unterhalb der Gewölbe erläutert ein Schriftzug: „*Jaffa sive Joppe portus vbi peregrini applicent ad terram sanctam de mari*“[17]. Der Rumpf des Pilgerschiffs – Symbol für den *homo viator*[18] – zeigt auf den Tempelplatz und „in Verlängerung dieser Zielachse auf die Grabeskirche mit dreimal gedoppelten Ablasskreuzen“ (Kreuer 1992, 21.). Auf diese Weise unterstreicht die bildinterne Referenz die theologische Lehre, wonach die göttliche Erlösung von Jerusalem ausgeht. – Der Paratext, unterhalb der Jaffa-Gewölbe als horizontale Fortsetzung der Schiffs-

Abb. 10 Grabeskirche. Detail aus der Heilig-Land-Karte (fol. 127v–132r). Im Häusermeer Jerusalems ist die mit drei Doppelkreuzen ausgezeichnete Grabeskirche prominent exponiert. „Der glorreiche Tempel des Grabes des Herrn" verkörpert neben der Geburtskirche zu Bethlehem das wichtigste Heiligtum der Christenheit (siehe S. 36).

bugspitze montiert, verweist auf die Seele des Einzelnen. Denn auch auf seine Mitwirkung kommt es an, wenn dereinst das irdische Jerusalem in das himmlische Jerusalem[19] verwandelt wird und er dort Wohnung nehmen darf. Die Synergie des Gläubigen mit den Gnadenmitteln der Kirche besteht in der Verehrung der heiligen Stätten, an denen jeweils ein bestimmter, voller oder begrenzter Nachlass zeitlicher Sündenstrafen zu erwerben ist. Die Wertigkeit dieser Ablässe findet sich auf der Palästina-Karte an Ort und Stelle mit einfachem oder Doppelkreuz (Abb. 11, ehemals 9) eingezeichnet – dies erklärt die Legende[20].

Die Hoffnung des Christen, die endzeitliche Heilsperspektive, manifestiert sich aber auch im gleichsam manieristischen Charakter des Heilig-Land-Holzschnitts. Er verbindet nämlich zwei Genres: eine Landkarte und eine Vedute. Indem die Jerusalemansicht inmitten der Palästinakarte angeordnet ist, verweist Reuwichs monumentaler Holzschnitt auf den eschatologischen Kern, der inmitten der Trübsal dieser Welt angelegt ist und der für die transzendentale Hoffnung der Christen grundlegend ist.

Anmerkungen

1 „Eine Pilgerreise ins Heilige Land".
2 In der Literatur gibt es neben der hier verwendeten Schreibweise auch die Schreibung Breidenbach. Maßgeblich ist jedoch die Normdatendatei der Deutschen Nationalbibliothek, die den Namen mit y angibt. Übrigens entspricht diese Schreibweise Breydenbachs eigener Schreibweise, die er bei aller sonst praktizierten Varianz beibehält.
3 Die editio princeps von Bernhards „Peregrinatio in terram sanctam" erschien am 11. Februar 1486 auf Latein, die frühneuhochdeutsche Fassung folgte am 21. Juni 1486. Abgesehen davon, dass eine volkssprachliche Veröffentlichung zu damaligen Zeiten noch durchaus ein Novum darstellte, waren beide Publikationsdaten scharf kalkuliert: Am 16. Februar 1486 fand in Frankfurt die Wahl des Erzherzogs Maximilian zum Römischen König statt, ein Ereignis also höchsten gesellschaftlichen und politischen Ranges, bei dem Bernhard als Kämmerer des Mainzer Doms dem Mainzer Fürstbischof und Mitglied des Wahlkollegiums, Berthold von Henneberg, zur Seite stand. – Auch die deutsche Erstauflage war geschickt terminiert, nämlich rechtzeitig zur Herbstbuchmesse in Frankfurt, der bereits seit 1483 eine buchhändlerisch bedeutsame, ja „internationale Bedeutung" attestiert werden könne. Vgl. dazu: Dietz, A., 1921 Zur Geschichte der Frankfurter Büchermesse 1462/1792. Anlässlich ihrer Wiederherstellung im Jahre 1921 im Auftrag des Meßamts dargestellt. (Frankfurt am Main), 8.
4 Allein in Archiven und Bibliotheken in Deutschland sind heute noch 44 Exemplare der frühneuhochdeutschen Erstauflage vorhanden. 42 Exemplare wurden von der Autorin autopsiert; die Ergebnisse samt Aufstellung der vorhandenen großen Holzschnitte finden sich in: Mozer, I., 2010 Bernhard von Breydenbach: Peregrinatio in terram sanctam. Eine Pilgerreise ins Heilige Land. Frühneuhochdeutscher Text und Übersetzung. (Berlin, Hardcover und E-Book), 768–778.
5 Seit Akko 1291 in muslimische Hände gefallen war, bevorzugten europäische Pilger den (teureren) Seeweg nach Palästina.
6 „Credo in unum Deum, ..., factorem ..,visibilium omnium et invisibilium." (Glaubensartikel gemäß *Nicäanischem Credo*).
7 Timm transportiert diese Unterstellung bereits im Titel ihrer Untersuchung: Timm, F., 2006 Der Palästinabericht des Bernhard von Breidenbach von 1486 und die Holzschnitte Erhard Reuwichs. Die Peregrinatio in terram sanctam (1486) als Propagandainstrument im Mantel der gelehrten Pilgerschrift. (Stuttgart).
8 Fundstellen in mittelalterlichen Büchern und Handschriften werden nicht in Seiten-, sondern in Blattzählung angegeben. fol. ist die Abkürzung von folio (Blatt), r (recto) bedeutet Vorder-, *v* (*verso*) Rückseite (eines Blattes).
9 Um nur zwei zu nennen: Akko (fol. 58r), Tyrus (fol. 59r).
10 Mozer, a. a. O., 113, (fol. 42v). Nachweis in der (auf dem Göttinger Exemplar basierenden, nicht kompletten) deutschen Faksimile-Ausgabe: Klußmann, A. (Hg.), 2008 Bernhard von Breydenbach: Peregrinatio in terram sanctam. Faksimile der ersten deutschen Ausgabe von Peter Schöffer, Mainz 1486 (Saarbrücken), [fol. 29v].
11 Zur Minimierung der Gefahren und Verluste wurde die Seereise gerne im Verbund unternommen.
12 Bernhard von Breidenbach, 1484 Instruction für Graf Ludwig von Hanau, bezüglich dessen Vorhaben einer Wallfahrt nach Jerusalem vom März/April 1484. Sigle: Abt. VII (D 7), Konv. 26, Fasc 1 des Staatsarchivs Darmstadt, fol. 11r. Nach dem Autograph übersetzt (I. M.). – Mein herzlicher Dank geht an Dr. Rainer Maaß vom Hessischen Staatsarchiv Darmstadt für die Gewährung der Einsicht.
Eine – mit dem Autographen nicht immer übereinstimmende – Publikation des Textes haben Röhricht/Meisner, Deutsche Pilgerreisen, a.a.O., 120–45.
13 Hinzuzurechnen wären die Pilger, die trotz aller Widrigkeiten den Landweg nahmen.
14 Joh 1, 14.
15 Dies entspricht der gängigen Ausrichtung auf mittelalterlichen Karten (auch auf den T-O-Karten): Gegenüber der heute gebräuchlichen Ausrichtung sind die Himmelsrichtungen um einen Viertelkreis im Gegenuhrzeigersinn gekippt, sodass der Osten nach oben zeigt.
16 Kunstgeschichtlich ist die Jaffa-Szene insofern von Interesse, als sie vom Beginn des Siegeszuges des Individuums zeugt. Zwar erscheint der Einzelmensch noch fast als Marginalie, nämlich am Bildrand. Doch schon die Positionierung des Menschen auf dem mehrere Buchseiten umfassenden Leporello verrät seine aufscheinende historische Emergenz; der Mensch ist im Übergang vom ersten zum zweiten Drittel des Leporellos dargestellt. Wie auf einem Flügelaltar tritt der Mensch gleichsam vom linken Altarflügel hinüber in den Altarschrein. – Gleichzeitig bleibt es Jaffa als einzigem Ort auf dem Monumentalholzschnitt vorbehalten, als Bühne für eine Gruppe von Menschen zu dienen.
17 ‚Jaffa oder Joppe, der Hafen in dem die Heilig-Land-Pilger, die auf dem Seeweg kommen, anlanden.'
18 Der Mensch als Pilger.
19 Offb 21,10.
20 „*Nota quod vbi cunque reperit (sic) duplex ‡ crux signata in eo loco est plenaria remissio omnium peccatorum vbi uero simpla + ibi est indulgentia septenis cum totidem carenis*". Bei Besuchen von Orten, die mit doppeltem Kreuz gekennzeichnet sind – etwa die Grabeskirche, die Geburtskirche von Bethlehem oder der Berg Tabor („in quo Christus fuit trans figuratus") –, erwirbt man einen Plenarablass; ein Nachlass zeitlicher Sündenstrafen in der Länge von sieben Jahren und sieben Fastenzeiten wird an Orten mit einem einfachen Kreuz gewährt, etwa an der Stelle, an der die Engel Maria die Palme überbrachten, an der Stelle, an der Jesus die Jünger das Vaterunser lehrte oder beim Betreten des Heiligen Landes, in Jaffa.

Literatur

Bernhard von Breidenbach, 1484 Instruction für Graf Ludwig von Hanau, bezüglich dessen Vorhaben einer Wallfahrt nach Jerusalem vom März/April 1484. Sigle: Abt. VII (D 7), Konv. 26, Fasc 1 des Staatsarchivs Darmstadt. Nach dem Autograph übersetzt. (I.M.)

Broszinski, H., 2002 Der Seele und des Leibes Heil. Die fart vber mer zu dem heiligen grab und der gart der gesundheit Bernhards von Breydenbach (1440–1497). Hg. vom Fonds Hessischer Arzneimittelfirmen e.V. Frankfurt am Main. (Kassel)

Büttner, J. U., 2012 Rezension von: Bernhard von Breydenbach: Peregrinatio in terram sanctam. Eine Pilgerreise ins heilige Land. Frühneuhochdeutscher Text und Übersetzung. Herausgegeben von Isolde Mozer, Berlin: de Gruyter 2010. In: sehepunkte 12 (2012), Nr. 2 [15.02.2012], URL: http://www.sehepunkte.de/2012/02/21056.html vom 10.1.2013.

Dietz, A., 1921 Zur Geschichte der Frankfurter Büchermesse 1462/1792. Anläßlich ihrer Wiederherstellung im Jahre 1921 im Auftrag des Meßamts dargestellt. (Frankfurt am Main)

Frey, W., 2009 Jerusalem und das Heilige Land in Felix Fabris Sionpilgern von 1492. In: M. Javor Briski/et. al. (Hg.), Sprache und Literatur durch das Prisma der Interkulturalität und Diachronizität. Festschrift für A. Janko. (Ljubljana), 205–215.

Ganz-Blättler, U., 1989 Andacht und Abenteuer. Berichte europäischer Jerusalem- und Santiago-Pilger (1320–1520). Jakobus-Studien 4. (Tübingen)

Gorys, E. und A., 1996 Heiliges Land. Ein 1000 Jahre altes Kulturland zwischen Mittelmeer, Rotem Meer und Jordan. (Ostfildern)

Hassler, K. (Hg.), 1843 Fratris Felicis Fabri Evagatorium in TerraeSanctae, Arabiae et Egypti Peregrinationem. (Stuttgart 1843–49), Band III.

Klußmann, A. (Hg.), 2008 Bernhard von Breydenbach: Peregrinatio in terram sanctam. Faksimile der ersten deutschen Ausgabe von Peter Schöffer, Mainz 1486. (Saarbrücken)

Kreuer, W., 1992 Die Reise. In: C. Schneider (Red.); Die Reise nach Jerusalem. Bernhard von Breydenbachs Wallfahrt ins Heilige

Mozer, I., 2010 Bernhard von Breydenbach: Peregrinatio in terram sanctam. Eine Pilgerreise ins Heilige Land. Frühneuhochdeutscher Text und Übersetzung. (Berlin, Hardcover und E-Book).

Ohler, N., 1994 Pilgerleben im Mittelalter. Zwischen Andacht und Abenteuer. (Freiburg/Basel/Wien)

Röhricht, R./Meisner, H., 1880 Deutsche Pilgerreisen nach dem Heiligen Lande. (Berlin)

Timm, F., 2006 Der Palästinabericht des Bernhard von Breidenbach von 1486 und die Holzschnitte Erhard Reuwichs. Die Peregrinatio in terram sanctam (1486) als Propagandainstrument im Mantel der gelehrten Pilgerschrift. (Stuttgart) Land. Katalog zur Ausstellung „Die Reise nach Jerusalem – unterwegs im Spätmittelalter" vom 5. Mai bis Ende September 1992 im Gutenberg-Museum Mainz. (Mainz), 16–25.

Jaffa als Hafenstadt in alten Reiseberichten

Lothar Triebel

Jopha ist garantiert vorsintflutlich, ein Hafen vor der Sintflut. Es gibt keine Antiquitäten, die der Rede wert wären – die Stadt ist viel zu alt."[1] Mit dieser Bemerkung nimmt Herman Melville, der Verfasser des „Moby Dick", ironisch Bezug auf die antiken Traditionen, die davon sprechen, Jaffa sei vor der Sintflut gegründet worden (siehe auch Kap. Zwickel). Wenn in einem Reiseführer aus namhaftem deutschen Verlag aus dem Jahre 2006 ohne exakte Quellenangabe behauptet wird, Plinius gäbe als Gründungsdatum Jaffas „40 Jahre *nach* der Sintflut" an, und dies auf Webseiten kritiklos nachgepinselt wird, wird dem Leser auch dadurch der Wert der alten Reiseberichte deutlich. Die meisten der im Folgenden ausgewerteten spätmittelalterlichen und neuzeitlichen Berichte stammen von christlichen Pilgern; es findet sich darunter aber auch der des bei Linné promovierten Naturforschers Hasselquist, der bei seiner Ankunft auf die Frage des ihn beherbergenden Mönches, ob er „gekommen sey, die heiligen Oerter aus Andacht zu besuchen", „ohne Umschweif, nein" antwortete.[2] Jüdische und gegebenenfalls islamische Reiseberichte auszuwerten, musste hier aus Platzgründen leider unterbleiben. – Für viele Hinweise und Beschaffung von Material danke ich Dr. Thomas Lange, Darmstadt, herzlich.

Herman Melville hatte als junger Matrose die Weltmeere bereist und dabei mancher Gefahr ins Auge gesehen. Umso glaubhafter ist es, wenn er über seine Landung am 6. Januar 1857 in Jaffa schreibt: „Rollende Dünung, und sah die Brandung vor der Stadt. Landung, nicht ungefährlich." (Abb. 1) Als er zwei Wochen später auf dem Rückweg tagelang in Jaffa warten muss, notiert er in sein Tagebuch: „Immer noch starker Wind & hohe See. Kein Schiff kann bei diesem Wetter auslaufen."[3]

Die zumindest beschwerliche, oftmals gefährliche Landung ist das erste von drei Grundmotiven, die man in den Jaffa betreffenden Notizen zahlreicher Reiseberichte findet. Das zweite ist die blühende Landwirtschaft rund um Jaffa. Etwas konträr zu diesem das dritte Leitmotiv: die Armut der Einheimischen, häufig gepaart mit Schmutz.

Bei der Lektüre dieser Berichte drängt sich der Eindruck auf, dass die „Brillen", mit denen die Reisenden Jaffa betrachteten, unterschiedlich scharf oder sauber waren. Bei manchen Autoren scheint das erkenntnisleitende Interesse mit Händen greifbar. Für viele steht die Heiligkeit des Landes

Abb. 1 Jaffa und sein „Hafen".

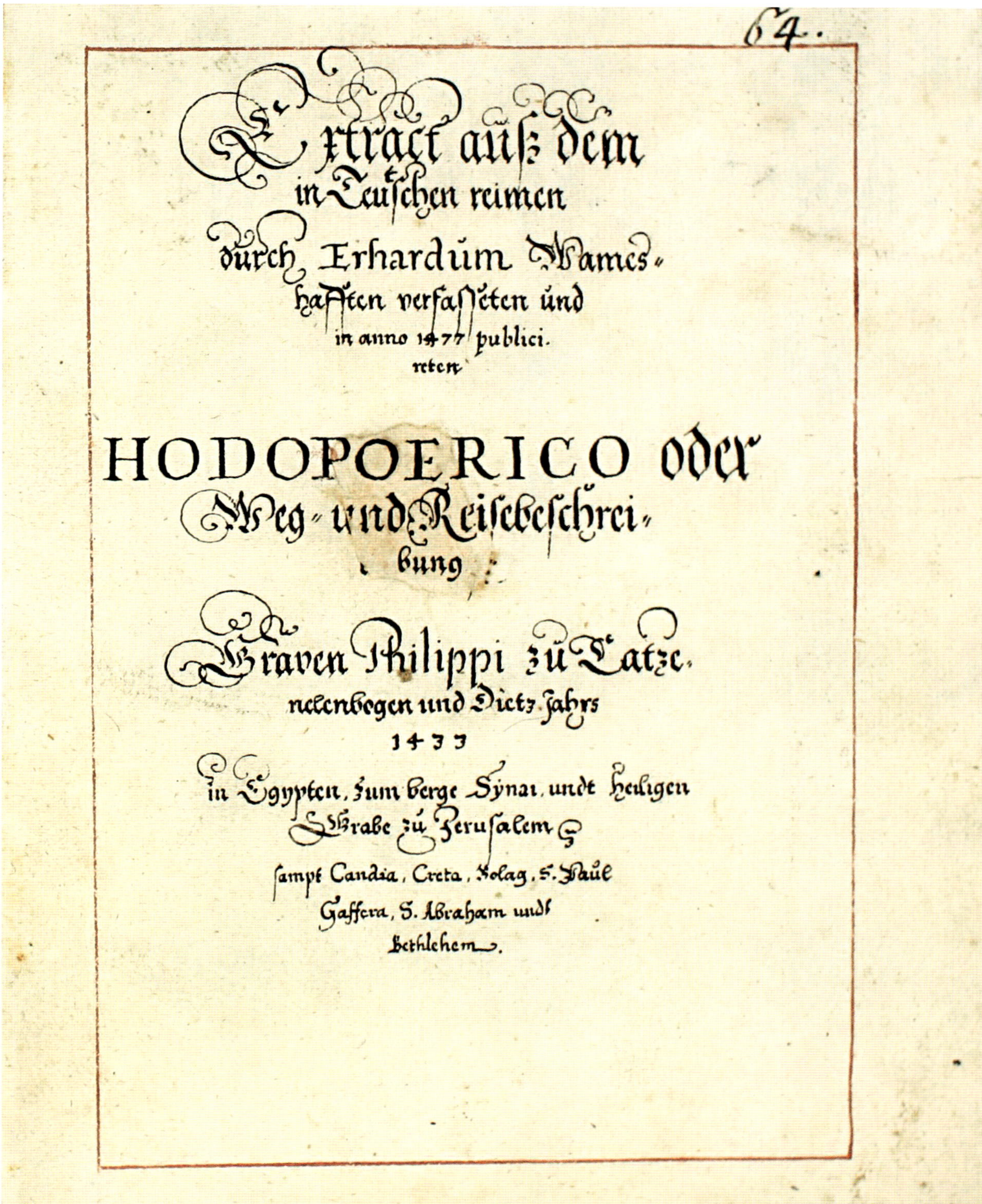

64.

Extract auß dem
in Teutschen reimen
durch Erhardum Wames-
hafften verfaßeten und
in anno 1477 publici-
rten

HODOPOERICO oder
Weg- und Reisebeschrei-
bung

Graven Philippi zu Catze-
nelenbogen und Dietz jahrs
1433
in Egypten, zum berge Synai, undt heiligen
Grabe zu Jerusalem
sampt Candia, Creta, Volag, S. Paul
Gaffera, S. Abraham undt
Bethlehem.

Abb. 2 Die Beschreibung der Reise Graf Philipps von Katzenelnbogen wurde noch im 18. Jh. rezipiert. Hier das Titelblatt einer Kurzfassung aus der 2. Hälfte des 17. Jh.s.

unumstößlich fest: „… saßen wir auf dem Fahrzeug, das uns nach dem so sehnlich gewünschten heiligen Boden, nach Jaffa, tragen sollte“ schreibt z. B. die Wienerin Ida Pfeiffer Ende Mai 1842 in ihr Tagebuch[4]. Melville allerdings war spätestens am Ende seiner Reise etwas anderer Auffassung: „Kein Land kann schneller romantische Vorstellungen zerstreuen als Palästina … Einige macht diese Vorstellung todunglücklich.“[5] Ähnlich desillusioniert schreibt der studierte Theologe, promovierte Philosoph und spätere Presseagent Bismarcks Moritz Busch 1859: „Der echte Protestant … sieht in dem gelobten Lande nur einen von den ausgebrannten Vulkanen der Weltgeschichte, vielleicht den größten …“[6]

Nicht selten scheint das Vorurteil bestimmend gewesen zu sein, wenn sich die Verfasser der Reiseberichte über einheimische Araber und Juden sowie deren Lebensverhältnisse äußern – häufig abwertend. Dabei spielt es keine Rolle, ob diese Verfasser ansonsten die Heiligkeit des Landes betonen oder dazu eine eher kritische Haltung einnehmen. Vgl. als nur

Abb. 3 Bernhard von Breydenbach plante von vorneherein die illustrierte Publikation des Berichts seiner Reise, wofür er den Maler Erhard Reuwich mitnahm. Hier dessen Holzschnitt eines Pilgerschiffs, erstmals im Druck erschienen 1486.

zwei Beispiele die antijüdische Haltung, die bei Busch und Gauger zum Ausdruck kommt[7]. Immerhin bringt Gauger die Fairness auf, hinzuzufügen: „Andere, auch einheimische Deutsche, beurteilen diese zionistische Kolonisation günstiger.“[8] Dass er die Engländer (und US-Amerikaner) ebenfalls herabsetzt, macht die Sache nicht besser[9].

Allerdings spielt Jaffa in den Reiseberichten eine untergeordnete Rolle. Jaffa ist schließlich nicht das eigentliche Ziel der Pilger, auch wenn sie hier erstmals den Boden des Heiligen Landes betreten – so sie nicht auf dem Landweg entweder von Ägypten her oder aus Syrien bzw. dem heutigen Libanon kommen. Auf dem Landweg aus Ägypten kam z. B. Graf Philipp von Katzenelnbogen (Abb. 2) 1433[10] genauso wie ein halbes Jahrtausend später, nun aber mit der Eisenbahn, Josef Gauger 1926. Und nicht alle, die in Jaffa ankamen, kehrten auch von dort aus zurück; so nahm Ida Pfeiffer 1842 den Rückweg zu Pferde auf dem Landweg gen Norden.

Das Ziel der Reisenden ist zumeist Jerusalem; gegebenenfalls wollen sie noch weitere Orte besuchen, die sie mit der biblischen Geschichte verbinden. Natürlich hat auch Jaffa ein gewisses alt- und neutestamentliches Kolorit, aber viele der Pilger scheinen das nicht so genau zu wissen oder es ist für sie nicht sonderlich bedeutsam. Jedenfalls erwähnt nur ein Teil von ihnen eine biblische Gestalt wie Jona, Simon oder Tabitha.

Einer davon ist Busch, der seinen entsprechenden Abschnitt ironisierend mit dem Satz einleitet: „Da Jaffa in der Bibel wiederholt erwähnt wird, hat es die Mönchsphantasie auch mit heiligen Alterthümern ausgestattet." Er schließt: „Daß man nicht auch ein paar Gräten des Fisches zeigt, der hier herum den Propheten Jonas verschlang, ist um so unverzeihlicher, als man sie bei der Menge von Haifischen an dieser Küste leicht haben konnte."[11]

Jona wäre aber auch schlecht geeignet, um die gefahrvolle Landung plausibel zu machen. Denn die Abfahrt Jonas von Jaffa erscheint in der biblischen Erzählung problemlos; erst danach, auf See, wird es gefährlich. In der frühen Neuzeit ist das offensichtlich anders. Ist es übertrieben, wenn William McClure Thomson 1861 schreibt, vor Jaffa kenterten mehr Boote und gingen mehr Leben verloren als irgendwo sonst an der Küste Palästinas? „I ... never look without a shudder at this treacherous port ..."[12] Immerhin hatte Thomson sehr viel mehr Erfahrung als all die Pilger – er war über ein Vierteljahrhundert als Missionar im Heiligen Land.

Allein, ob man bei Jaffa von einem Hafen sprechen bzw. dort einen solchen nutzen kann, wird wie so vieles von den Reisenden unterschiedlich beurteilt. „Diese Stadt hat keinen Hafen, also müssen die Schiffe auf der offenen Rhede liegen, und allemal bey dem geringsten Ungewitter in See gehen", so erlebt es Fredrik Hasselquist 1751[13]. Entsprechend 1926 Joseph Gauger: „Von Hafen kann man in Jaffa nicht reden ... nur mehr eben ein Ankerplatz." Er fährt fort: „In drangvoll fürchterlicher Enge vollzieht sich in Jaffa der Hafenverkehr. (...) Ich bin aber doch froh, daß ich in Jaffa weder aus- noch eingeschifft wurde ... Keiner von uns, der nicht durchaus muß, möge in Jaffa an Land gehen."[14] 1787 vermutet Constantin François Chassebœuf de Volney: „Sein Hafen, gebildet von einer Mole und heute verschüttet [comblé], könnte ausgebaggert werden und ca. 20 Schiffe von 300 Tonnen aufnehmen."[15] Etwas anders meint Pfeiffer 1842, der Hafen, in den ihre Barke einläuft, sei „sehr versandet"[16]. Der erfahrene Seefahrer Melville macht sich 1857 die Mühe, genauer hinzusehen: „Nahm Boot & ruderte hinaus zu den Felsen vor dem Hafen. Sie tragen keinerlei Anzeichen, um zu bestätigen, dass es sich um Ruinen eines antiken Hafenpiers handelt ... Es ist das Überbleibsel eines Felsenriffs, abgetragen durch den beständigen Schliff des Meeres, bis es den Anschein erweckt, die Ruine eines alten Piers zu sein."[17] Laut de Volney sind die Schiffe schon seiner Zeit, 1787, „gezwungen, den Anker im Meer auszuwerfen, ungefähr eine Meile vor der Küste"[18].

Das Ausbooten ist nicht zuletzt bei Dunkelheit ziemlich gefährlich, wie wir z. B. im Bericht Hermann von Sodens aus dem Jahr 1898 lesen[19]. Aber man kann es an einem Mai-Nachmittag auch anders erleben: „Das Einlaufen in den Hafen ... wird als gefährlich geschildert. Man sagte uns, wir würden manche Trümmer gestrandeter Schiffe und Barken sehen; doch sosehr ich meine Augen anstrengte, ich gewahrte nicht das Geringste. Wir liefen glücklich ein ..." so der Bericht Pfeiffers[20]. An schönen Wintertagen erlebt auch Melville das Meer vor Jaffa in anderer Weise als zuvor: „Strahlende Sonne & leuchtendes Meer. Man scheint auf alles wie durch ein Vakuum zu blicken. Die See ist wie ein großer Kleckser preußisch Blau."[21] Aber neben Jahres- und Tageszeit spielt eben auch die Schiffsklasse eine wichtige Rolle: Pfeiffer kam auf einer Barke, denn „Dampfschiffe gehen von Beirut nach Jaffa nicht"[22]. Und die Dampf- und anderen großen Schiffe, die anderswo abgelegt haben, können eben nicht in Jaffas Hafen hinein, wie Manning, der 1873 reiste, schildert: „Inside the reef the water is smooth enough, but too shallow to admit anything except fishing-boats and small coasting-craft. The harbor has silted up by the sanddrift from Arabian and African deserts, so that steamers and sea-going vessels must anchor outside."[23] Betrachtet man es so, erscheint es nur als halbe Wahrheit, wenn Volz 1932 schreibt, „die Felsklippen machen die Landung sehr gefährlich"[24]; denn es sind genau diese Felsklippen, die über Jahrtausende überhaupt erst ermöglicht haben, dass es hier so etwas wie Schiffslandung gibt.

Wo welche Art von Schiffen bzw. Booten im Mittelalter in Jaffa landen konnten, wäre eine eigene Untersuchung wert. Wenn es dazu in den Pilgerberichten keine Angaben gibt, könnte man vielleicht aus der Schiffsgröße Schlüsse ziehen, aber diese ist aus dem jeweils benutzten Begriff nicht immer erkennbar – insbesondere, wenn, wie im folgenden Beispiel, ein Fremdwort benutzt wird: „Do fuoren wir zu nacht uf unser naffen [von ital. nave] und hatten uns ferdinget bis gon Jaffa an das hellig land zu fueren und von Jaffa gon Jerusalem und an al ander hellig stet um LX dugoten." So zu lesen in der Beschreibung der Jerusalemfahrt des Caspar von Mülinen 1506.[25] (Abb. 3)

Was erwartet diejenigen, deren Schiff in Jaffa angekommen ist, neben der offensichtlich häufig gefahrvollen Ausschiffung? Über Jahrhunderte hinweg zunächst langwierige Verhandlungen, wie sie z. B. Bernhard von Breydenbach schildert (s. Mozer, S. 35). Spricht Breydenbach gemäß seiner handschriftlichen Erstausgabe in diesem Zusammenhang auch von unschöner Behandlung der Pilger durch „Heiden" (gemeint sind wohl einheimische Muslime)[26], sind es bei Hasselquist im Jahre 1751 Christen, die ihresgleichen auf diese Weise schikanieren: „Die Mönche in Jaffa, welche für die Fortbringung derer sorgen, die Jerusalem besuchen wollen, gaben uns schlechte Esel und noch schlechtere Sättel, womit wir vorlieb nehmen mußten."[27] Dem erfahrenen Reisenden Busch gelingt es allerdings 1859, sich ein Pferd zu besorgen[28].

Aber so weit sind unsere Reisenden eigentlich noch gar nicht. Denn wie kommen sie vom Schiff an Land? Eine Möglichkeit sind Boote – allein, gegen das, was hier geschieht, sind „schlechte Esel und noch schlechtere Sättel" noch eine bequeme Sache: „Da die Barken weit niedriger sind, als das Verdeck, von welchem man herabklettern muß, so kann die Ausschiffung nicht ohne Gefahr geschehen. Mehrmals ereignete es sich, dass Reisende durch das Herabspringen gefährliche Verletzungen erhielten, und wir wären in Gefahr ähnlicher Unfälle gewesen, wenn nicht mehrere Personen zu unserer Hilfe herbeigeeilt wären." So hat es Maria Joseph de Géramb 1840 erlebt.[29] Drei andere Reisende schreiben in den nächsten Jahrzehnten: „I have been in imminent danger myself, with all my family in the boat ..."[30] „Unter für einen Abendländer völlig sinnverwirrendem Geschrei, Gedränge und Wirrwarr ging im tiefsten Dunkel das Ausbooten vor sich. Der österreichische Lloyd hatte nicht einmal eine Laterne übrig, um aus der windschiefen, schwankenden Schiffstreppe seinen Passagieren heimzuleuchten. Das überfüllte Boot tanzte einen Derwischtanz am Schiffskörper auf und ab. Dasselbe Schattenspiel wiederholte sich beim Aussteigen am Strande in völligem Dunkel über eine Brücke mit durchlöcherten Brettern."[31] „... als wir durch die schmale Oeffnung fuhren, welche von der Rhede in den Hafen führt, wurde ich wiederholt mit Salzwasser getauft."[32] Eine andere Weise, die Reisenden an Land zu bringen, hat Hasselquist genossen: „Das Wasser ist zunächst am Lande so seichte, dass unser Boot nicht anlanden konnte, sondern wir mussten uns eine Strecke tragen lassen, ehe wir an Land kamen."[33]

Wer waren diejenigen, die beim Ausbooten halfen? Vielleicht dieselben, die von anderen Reisenden in zum Teil deutlich abwertenden Worten als aggressiv beschrieben werden? Z. B. von Melville: „Bootsleute (Araber) spekulierten auf meine Furcht und erprobten ihre Scherze an mir. Gerissene Hunde!"[34] Noch drastischer Manning: „A number of boats, manned by half-naked Arabs, howling, yelling, and fighting like demons, cluster round the steamer. In one of them, retained for the use of our party, the fight is so fierce that our dragoman leaps down into it, and lays about him right and left with his heavy *korbash* [Nilpferdpeitsche]. This proving of no avail, he seizes one of the Arabs by the throat, and throws him into the sea, to sink or swim as it may happen. Order being at length restored, we ... are skilfully steered through a gap in the reef... A crowd of wretched creatures press round us, clamouring for *backshish*."[35] Selbst wenn die Beschreibung adäquat sein sollte, hätte es dem Pastor Manning gut angestanden, die Frage aufzuwerfen, welche wirtschaftliche Situation Menschen zu solchem Verhalten bringt. –„Wüthenden Streit" unter Bediensteten, den selbst Generalkonsul und Pope kaum schlichten können, schildert auch Busch.[36]

Wenn die Ausschiffung endlich gelungen ist, geht es entweder sofort Richtung Jerusalem los – oder man hat ein Übernachtungsproblem, das irgendwie zu lösen ist: „Da in Jaffa weder ein Gasthof noch ein Kloster, das Reisende beherbergt, ist, so ging ich zum k. k. österreichischen Konsul ... der mich herzlich aufnahm ..."[37] Glücklich, wer einen entsprechenden Pass sein Eigen nennt und also bei „seinem" bzw. „ihrem" Konsul unterkommt wie Ida Pfeiffer 1842. 15 Jahre später gibt es einen „Gasthof", aber was für einen – Melville schreibt 1857 über sein Nachtquartier: „... kehrte ich zu dem sogenannten ‚Hotel' zurück ... Konnte letzte Nacht nicht schlafen, wegen der Flöhe"[38]. Zwei Jahre später hat Busch die Wahl, „ob ich im Kloster der Lateiner oder in der jüdischen Locanda Herberge nehmen sollte"[39]. Er nimmt Letztere und schreibt über das dortige Frühstück, dass es „nichts Wesentliches von dem vermissen ließ, was ein gutgehaltner Gasthof dritten Ranges in Deutschland bietet"[40]. Schon hundert Jahre zuvor notierte Hasselquist über sein Quartier: „Ich war sehr schlecht, wegen des engen Gebäudes, beherbergt." Als Grund gibt er an, die türkische Oberhoheit habe es den lateinischen Mönchen verwehrt, das Gebäude zu erweitern, „da sie doch, in Ansehung der vielen Reisenden, die hier ankommen, die größte Herberge in der Levante haben sollten."[41] 1873 wird die Reisegruppe, mit der Manning unterwegs ist, in Zelten außerhalb des Ortes untergebracht, offensichtlich zu ihrem Vorteil: „Picking our way through a tortuous labyrinth of dismal alleys, we found our tents pitched outside the town. The camping ground is a spot of rare beauty."[42]

Ebenfalls außerhalb nächtigt eine ortsansässige Bevölkerungsgruppe, die nicht nur, aber auch und gerade zu einer Hafenstadt gehört: Hart neben dem „Begräbnißplatz, vor dem Thor am Meer gelegen ... eine nicht unpassende Wahl des Ortes, befindet sich das liederliche Viertel Jaffas: ein halbes Dutzend Kothhütten, in denen ägyptische Dirnen hausen."[43] Ob diese nur zu den Schiffsbesatzungen Kontakt hatten oder auch zu Reisenden, sei dahingestellt. Die Zahl der Letzteren, die jährlich in Jaffa landen, schätzt Hasselquist bereits Mitte des 18. Jh.s auf je 4.000 Christen und Juden; die Zahl der Einwohner Jaffas gibt Busch 1859 mit über 10.000 an.[44] Wie schon oben geschildert, haben die Reisenden „vor die Freyheit ans Land zu steigen, und nach den übrigen Oertern zu reisen"[45], zu bezahlen. War das aber, wie zitiert, Ende des 15. Jh.s noch Verhandlungssache, ist das in Hasselquists Zeit genau geregelt: „zwey und zwanzig Piaster" hat „jedweder Franke für seine Person" zu bezahlen. „Die Landeseinwohner, Armenianer [sic!], Griechen und andere, bezahlen nur die Hälfte."[46] Das Pilgerwesen ist über hunderte von Jahren eine wesentliche Einkommensquelle für die Bewohner der Hafenstadt Jaffa, vor allem aber für deren Herrschaft.[47] Daneben gibt es wie schon in der Antike auch in der Neuzeit Perioden, in denen landwirtschaftliche Produkte von Jaffas Hafen aus exportiert werden; Gauger schildert dies für 1926 ausführlich bezüglich der „Jaffa-Orangen"[48]. Andere Autoren erwähnen für das 18. und 19. Jh. z. B. auch Seife als Exportartikel.

Nicht zu allen Zeiten blühte Jaffa, aber in Jahrzehnten relativer Ruhe kann es entgegen dem oben Geschilderten fast paradiesisch erscheinen: „Die Umgebung ist schön und äußerst fruchtbar. Große und viele Gärten mit Obstbäumen von allen Gattungen südlicher Früchte ... bilden einen Halbkreis um den unteren Teil der Stadt." Ihr Wasser bekommen sie von „den vielen Kanälen, welche die Gärten durchschneiden und künstlich bewässern. Auch der starke Tau und die kühlen Nächte erfrischen die bei Tag hinwelkende Natur."[49] Entsprechendes findet sich in vielen anderen Berichten über die Umgebung Jaffas. Manning fasst den seinen so zusammen: „It was easy to understand how a name meaning ‚the beautiful' [= Jaffa] should have been borne by the town for three thousand years."[50]

Der Rest ist Geschichte. Jaffa dürfte nur noch in einem Bruchteil von Berichten heutiger Menschen, die Israel/Palästina bereisen, eine Rolle spielen. Dabei hätte Jaffa das Zeug dazu, ein auch in die Herkunftsländer der Reisenden ausstrahlendes Vorbild interkultureller Gemeinschaft zu sein, nicht zuletzt auch der Begegnung von Judentum, Christentum und Islam. Dazu braucht es den Willen der dort lebenden Menschen und der Regierenden. Möge er sich immer stärker ausbilden.

Anmerkungen

1 Melville 2001, 175.
2 Hasselquist 1762, 138.
3 Zitate aus Melville 2001, 169 und 174.
4 Pfeiffer 1969, 105.
5 Melville 2001, 361.
6 Busch 1861, 202 f.
7 Vgl. Busch 1861, 205f, und Gauger 1929, 168–174.
8 Gauger 1929, 173.
9 Vgl. Gauger 1929, 174 f u. ö.
10 Vgl. Bach 1916/17, 107–152.
11 Busch 1861, 208 f.
12 Thomson 1861, 516.
13 Hasselquist 1762, 137; ähnlich Thomson 1861, 515 f.
14 Gauger, 174 f.
15 De Volney [5]1822, 192.
16 Pfeiffer 1969, 110.
17 Melville 2001, 176.
18 De Volney [5]1822, 192.
19 Vgl. von Soden [2]1901, 141.
20 Pfeiffer 1969, 110.
21 Melville 2001, 177.
22 Pfeiffer 1969, 105.
23 Manning ca. 1890, 11.
24 Volz 1932, 65.
25 Vgl. Röhricht 1888, 186.
26 Vgl. das Foto der entsprechenden Textstelle der Handschrift und die neuhochdeutsche Übertragung bei Lange/Lux 2007, 7.
27 Hasselquist 1762, 141.
28 Vgl. Busch 1861, 212f und 217.
29 Géramb 1895, 65.
30 Thomson 1872.
31 Von Soden [2]1901, 141.
32 Busch 1861, 203.
33 Hasselquist 1762, 137.
34 Melville 2001, 169.
35 Manning ca. 1890, 12.
36 Vgl. Busch 1861, 216 f.
37 Pfeiffer 1969, 111.
38 Melville 2001, 173 f.
39 Busch 1861, 203.
40 Busch 1861, 205.
41 Beide Zitate aus Hasselquist 1762, 137.
42 Manning ca. 1890, 13.
43 Busch 1861, 209.
44 Vgl. Busch 1861, 208.
45 Hasselquist 1762, 139.
46 Hasselquist 1762, 139.
47 Busch 1861, 212, beschreibt die aus seiner Sicht schamlose Auspressung der Pilger an den verschiedenen Orten ihrer Reise ins und im Heiligen Land.
48 Gauger 1929, 32.
49 Pfeiffer 1969, 112 f.
50 Manning ca. 1890, 13.

Literatur

Bach, A. (Hg.), 1916/17 Erhart Wameszhaffts Hodoeporicon oder Beschreibung der Reise des Grafen Philipp von Katzenelnbogen nach dem hl. Lande (1433/34). Nach der Klitschdorfer Handschrift, Nassauische Annalen 24, 107–152.

Busch, M., 1861 Eine Wallfahrt nach Jerusalem. Bilder ohne Heiligenscheine. (Leipzig)

Gauger, J., 1929 Blicke ins heilige Land. (Vom Abendland ins Morgenland 2; Elberfeld)

Géramb, M. J. de, 1895 Pilgerreise nach Jerusalem. (Paderborn)

Hasselquist, Fr., 1762 Reise nach Palästina in den Jahren von 1749 bis 1752. (Rostock)

Lange, Th./Lux, Th. (Bearb.), 2007 „von des heiligen richs und des vurgenanten lantfrieddin wegen“. Darmstadt und Südhessen im Mittelalter. Dokumente 1330–1456 (Geschichte im Archiv. Darmstädter Archivdokumente für den Unterricht 7, hier: Heft 4. (Darmstadt) – Darin auch wörtliche Transkription und Faksimile des Textes aus der handschriftlichen Instruktion des Bernhard von Breidenbach für die Pilgerreise des Grafen Ludwig von Hanau-Lichtenberg nach Jerusalem, 1483.

Manning, S., o. J. [ca. 1890], Palestine Illustrated by Pen and Pencil. (New York)

Melville, H., 2001 Die Reisetagebücher: Reise von New York nach London 1849 / Reise ins Heilige Land 1856/57 / Reise an Bord des Schiffes „Meteor“ 1860. Aus dem Amerikanischen übertragen und kommentiert von Alexander Pechmann. (Hamburg/Friesland)

Pfeiffer, I., 1969 Reise einer Wienerin in das Heilige Land. (Stuttgart)

Röhricht, R. (Hg.), 1888 Die Jerusalemfahrt des Caspar von Mülinen 1506, ZDPV 11, S. 184–196.

Soden, H. von, 1901 [1898] Reisebriefe aus Palästina, 2. Auflage. (Berlin)

Thomson, W. McClure, 1861 The Land and the Book; or, Biblical Illustrations Drawn from the Manners and Customs, the Scenes and Scenery of the Holy Land, 2. Auflage. (London)

Volney, C. Fr. Ch. de, 1822 [1788f] Voyage en Égypte et en Syrie, pendant les années 1783, 1784 et 1785, Bd. 2, 5. Auflage. (Paris)

Volz, P., o.J. (1932) 64 Bilder aus dem Heiligen Lande. Aufgenommen von Ludwig Preiss unter Anleitung von Dr. D. Gustaf Dalman. Kernsprüche und Erläuterung von D. Paul Volz. (Stuttgart)

Nicht spezifisch auf Jaffa bezogene, aber auch Jaffaspezifika enthaltende Sekundärliteratur in Auswahl:

Ganz-Blättler, U., 2000 [1990] Andacht und Abenteuer. Berichte europäischer Jerusalem- und Santiago-Pilger (1320–1520), 3. Auflage. (Jakobus-Studien 4; Tübingen)

Polkehn, Kl., 1986 Palästina. Reisen im 18. und 19. Jahrhundert. (Berlin) (Nachdruck mit Nachtragskapitel und aktualisierter Zeittafel Berlin 2005. – Eine reiche Fundgrube, aber eine journalistische, keine wissenschaftliche Arbeit mit einer Reihe von Ungenauigkeiten in Übersetzungen und Literaturangaben).

Röhricht, R., 1900 Deutsche Pilgerreisen nach dem Heiligen Lande. (Innsbruck; Neudruck Aalen 1967)

Der Orientmaler Gustav Bauernfeind in Jaffa

Peter Vosseler

Zur Vorgeschichte

Im Jahre 1978 kam ein Bankier aus Stuttgart zu mir in das Rathaus der Stadt Sulz am Neckar – damals war ich Bürgermeister – und zeigte mir ein auf einer Auktion erworbenes Gemälde von Gustav Bauernfeind „Straßenszene in Jaffa (Einzug der Derwische) 1890, sign. G. Bauernfeind, Jaffa, München". (Abb. 1.) Er wollte von mir mehr über Bauernfeind erfahren. Leider mussten wir feststellen, dass wir beide nur die einfachsten Dinge wussten, eben das, was in den Lexika verzeichnet war. Gustav Bauernfeind war damals ein weitgehend unbekannter Maler. (Übrigens, das Bild befindet sich heute zusammen mit zwei weiteren Bauernfeindbildern in Amman im Palast von König Abdullah II. von Jordanien).

Doch dies änderte sich rasch. Ich berichtete in der Presse über diesen Besuch und der Sulzer Heimatforscher Hugo Schmid nahm sich der Sache an. In kurzer Zeit gelang es ihm, bei einer Großnichte Bauernfeinds den Nachlass des Künstlers zu finden – und was besonders bemerkenswert war, er durfte alles mitnehmen und auswerten. Persönliche Dokumente, Briefe, Skizzenbücher, Gemälde, Aquarelle und sogar die originale Seekiste, mit der Bauernfeind auf seinen Reisen in den Orient seine Malutensilien transportiert hatte. Es war ein wahrer Schatz, der die Forschungen zu unserem Orientmaler eröffnet hat. 1996 erwarb schließlich die Stadt den gesamten Nachlass.

Abb. 1 Einzug der Derwische in Jaffa.

Inzwischen hat Gustav Bauernfeind seinen Platz in der Kunstwelt gefunden und gesichert.

Durch mehrere Veröffentlichungen und die Eröffnung des Bauernfeindmuseums im September 1990 in seiner Geburtsstadt wurden die Forschungen um sein Lebenswerk vorangetrieben, und er ist in der Zwischenzeit zum höchstbezahlten deutschen Maler des 19. Jh.s avanciert. Das große Ölbild „Klage der Gläubigen an der Tempelmauer Jerusalems", das sich heute in einem Museum in Doha, Katar, befindet, erzielte 2007 auf einer Auktion bei Sotheby's einen Preis von ca. 4,5 Mio. Euro.

Bauernfeind hat fünf Jahre in Syrien und Palästina verbracht, bevor er 1896 mit seiner Familie nach Jerusalem übersiedelte, wo er bis zu seinem Tod 1904 lebte.

Wohl kein Orientmaler hat sich so lange im Orient aufgehalten, die Menschen kennengelernt und sich mit den dortigen Sitten und Gebräuchen vertraut gemacht.

Kurze Biogafie

Johann Gustav Adolf Bauernfeind wurde am 4.9.1848 in Sulz am Neckar geboren. Er war das sechste von neun Kindern der Anna Maria Adrion vom Adrionshof in Ödenwald bei Freudenstadt und des Johann-Baptist Bauernfeind aus Waldsassen in Bayern.

Fünf Kinder starben sehr früh; Gustav war der einzige verbleibende Sohn. Der Vater übernahm 1836 die Apotheke in Sulz, wo er auch mit seiner 1837 gegründeten Familie bis 1853 lebte. Danach zogen die Bauernfeinds nach Stuttgart.

Der Grund dafür waren vermutlich die Verwicklungen des Vaters in die Revolution im Südwesten 1848/49, was

Abb. 2 Landung in Jaffa.

ihm zwischen 1849 und 1852 insgesamt eineinhalb Jahre Haft eingebracht hat. Es sollte wohl ein Neuanfang gemacht werden.

Gustav Bauernfeind entschloss sich 1864 für das Studium der Architektur, das er 1869 im Polytechnikum Stuttgart erfolgreich absolvierte.

Während des Studiums verunglückte sein Vater tödlich. Das Stuttgarter Neue Tagblatt berichtete am 25.10.1865: *„... als er seine Dampfmaschine in Bewegung setzen wollte, wurde er von dem siedenden Dampfe ... überspritzt und so furchtbar verbrannt, daß er schon nach einer Stunde seinen Geist aufgab ...“* Für den siebzehnjährigen Sohn Gustav war dies wohl ein Trauma.

Die Familie schrumpfte weiter, als seine ältere Schwester Emilie (in Sulz am 8.7.1840 geboren) im Oktober 1869 zu ihrem Bräutigam Wilhelm Staiger nach Alexandrien zog, um den dort stationierten Missionar zu heiraten. Anfang 1871 wurde der ehemalige Chrischona-Bruder und bekannte Abessinien-Missionar nach Beirut versetzt, wo er drei Jahrzehnte lang wirkte und die Orientarbeit seines jungen Schwagers beeinflusste und begleitete.

Bauernfeind bestand unterdessen 1870 die erste Staatsprüfung im Baufach und trat in das Architekturbüro von Professor Wilhelm Bäumer in Stuttgart ein, mit dem er nach Wien übersiedelte. Ein Jahr später kehrte er jedoch, vermutlich aus familiären Gründen, nach Stuttgart zurück. Hier arbeitete er zunächst bei dem Architekten Professor Gnauth, den Bauernfeind als Menschen, Maler und Lehrer hoch schätzte. Dieser brachte ihn auch mit dem Engelhorn-Verlag, Stuttgart, zusammen, der in den 1870er-Jahren die Prachtbände „Das Schweizerland“ und „Italien. Eine Wanderung von den Alpen zum Ätna“ verlegte. Bauernfeind zeichnete Vorlagen für den Holzstecher Adolf Cloß, Stuttgart. Es waren vor allem Architekturen von Rathäusern, Stadttoren, Denkmälern und Landschaften, die er mit Staffagen ausstattete und zu lebendigen Genrebildern verarbeitete.

Gustav Bauernfeind reiste mehrmals nach Italien und diese Reisen sind den Quellen nach die am besten dokumentierte Zeit in seinem Leben. Trotz laufender gesundheitlicher Probleme war er von dem Klima, dem mediterranen Licht und Leben sehr angetan. Er wollte lernen und versuchte sich dann auch in der Malerei. Mit hervorragenden Künstlern, wie Schönleber und Dill, malte er in Chioggia. Vor allem das Gemälde der „Piazza d'Erbe in Verona“ mit der Darstellung des dort wogenden Volkslebens (1879) erzielte große Aufmerksamkeit. Leider ist dieses bis heute verschollen. Es gibt lediglich eine Fotografie, die sich im Nachlass befand.

Der Orientmaler

Offensichtlich hat sich Bauernfeind schon in Italien mit dem Gedanken befasst, den Orient zu bereisen. Was hat den wackeren Schwaben dort hingezogen? Religiöse Gründe waren es sicher nicht, denn Bauernfeind hat sich selbst schon mal als „Ketzer“ bezeichnet; er war kein „frommer Mann“ und sein Sohn hat später in einem Brief geschrieben *„er war dem Herzen nach Christ“.* Aus seinem Schriftverkehr ging auch hervor, dass er sich in der Fremde oft nicht wohl fühlte. Jedoch waren Bilder aus dem Orient gut zu verkaufen, sie waren nachgefragt und er hatte Ratgeber und eine Anlaufstation, seine Schwester und seinen Schwager in Beirut.

Mit seinem Onkel Heinrich, dem Bruder seines Vaters, der Domdekan in Regensburg war, wollte er seine erste Orientreise unternehmen. Doch dieser sagte ihm aus Altersgründen ab.

Völlig überraschend erhielt er im August 1879 den Auftrag König Ludwigs II. von Bayern, das Innere des alten Opernhauses in Bayreuth als großes Aquarell darzustellen. Das dafür erhaltene Honorar ermöglichte ihm nun 1880 eine Reise in den Nahen Osten, mit der er den ersten Schritt zum Orientmaler von internationalem Rang machte. Er bereitete diese Reise gewissenhaft vor und erkundigte sich bei seiner Schwester und seinem Schwager ausführlich über die orientalischen Verhältnisse.

Die erste Orientreise (1880–1881)

Leider ist diese erste Orientreise nur sehr dürftig dokumentiert. Es liegen lediglich zwei Briefe von Bauernfeind in die Heimat vor. Der erste stammt vom 30.4.1880 aus Kairo, wo er über Umwege gelandet war und anschließend dann nach Beirut weiterreiste.

Der zweite vollständig erhaltene Brief Bauernfeinds an seine Familie in Deutschland während seiner ersten ein- bis eineinhalb Jahre dauernden Reise in den Orient stammt von Anfang 1881. Darin erwähnt er nun auch seinen Aufenthalt in Jaffa: „... *Zwei Tage vor Weihnachten empfahl ich mich in Jerusalem und fuhr ab nach Jaffa, wo ich abends wohlbehalten ankam. Der Eindruck, den die üppige Vegetation Jaffas nach der Steinwüste Jerusalems auf mich machte, war ein gewaltiger, und könnt Ihr Euch keinen Begriff machen von der Pracht der Orangengärten deren Bäume voll goldener Früchte hängen. Obwohl ich mehrere Tage auf das Dampfschiff warten mußte, kam ich doch nicht dazu zu arbeiten, da ich gleich durch Bekannte davon abgehalten wurde.*

Montag nach Weihnachten ging das Schiff ab, es war ein stürmischer Tag ... Das Hinausfahren (mit dem Zubringerboot) *aus dem mit Recht verrufenen Hafen Jaffas war prächtig, und nicht gerade gefahrlos. Es gab im Mittelalter ein Sprichwort: „Er will nach Jaffa gan", was so viel heißt, als er geht an einen Ort von wo er nicht wiederkehrt. Es ist schon viel Ohnglück geschehen in diesem Hafen, der von lauter Felsriffen gebildet ist zwischen welchen nur ein kleiner kaum 20 Fuß breiter Ausgang, ist ...*" (Abb. 2)

Bauernfeind muss sich aber schon im Sommer 1880 in Jaffa aufgehalten haben, denn es sind drei Figurenstudien auf 1880 datiert. Es handelt sich um eine Studie einer jungen Maulbeerverkäuferin, einer sitzenden Araberin (Dezember 1880) und der Darstellung eines älteren, am Stock gehenden Mannes, genannt Abu Salah, Jude aus Bagdad (Dezember 1880). Das Bild der Maulbeerverkäuferin ist im Juni in Jaffa entstanden. Wahrscheinlich ist es somit eines der ersten Blätter, die Bauernfeind während dieser Reise angefertigt hat. Vermutlich ist Bauernfeind im Hotel von Ernst Hardegg – einem Sohn des Mitbegründers der Tempelgesellschaft – in Jaffa abgestiegen und hat dort einige Bekanntschaften geschlossen.

Übrigens kann man davon ausgehen, dass Bauernfeind solche Figurenstudien oft vor Ort fertiggestellt hat, im Gegensatz zu den größeren Bildern mit viel Staffage. Dort hat er meist Skizzen angefertigt, Details gezeichnet oder fotografiert und die Bilder später im Atelier – auch – in Deutschland fertiggestellt.

Die zweite Orientreise (1884–1887)

Am 12. Oktober 1884 saß Bauernfeind unvermutet mit seiner Schwester Emilie und deren Tochter an Bord des Dampfers „Vesta" in Quarantänehaft vor der griechischen Insel Salamis und konnte gar nicht verstehen, wie er durch seine „*ganz unbegreifliche Vergeßlichkeit*" sein Geld in München hatte liegen lassen können ... Zehn Tage später waren die Reisenden glücklich in Beirut angekommen.

So begann die zweite Orientreise.

Im Frühjahr 1885 finden wir Bauernfeind in Jaffa und zwar in der deutschen Kolonie, im Hotel von Ernst Hardegg. Danach mietete er sich ein Haus in der Stadt, ging aber zweimal am Tag zum Essen. Den Weg dorthin beschrieb er so: „... *auf dem feurigen Sandweg zur Colonie ... wo die Hitze geradezu zum Umfallen war und der Sand brannte die Füße förmlich. Man konnte ihn mit der Hand nicht ohne Schmerzen anrühren. Ich bedauerte keinen Thermometer bei mir zu haben um die trockene Backofen-Hitze unter meinem Sonnenschirm messen zu können. Von 40° konnte es nicht mehr weit weg sein. Das sind Maientage! ... Während des ersten Sciroco konnte ich einige Nächte nicht schlafen ...*".

Unter diesen Umständen fiel es Bauernfeind schwer, auch nur ein einziges Bild zufriedenstellend fertig zu malen. Erst am 16.7.1885 – ein dreiviertel Jahr nachdem er seine Reise begonnen hatte – konnte er das erste Bild nach England zu seinem Auftraggeber schicken.

Nach dem er sich sechs Wochen im Libanon im Landhaus seiner Schwester erholt hatte, kehrte er in der dritten Septemberwoche nach Jaffa zurück und berichtete ausführlich in die Heimat. „... *ich bin jetzt hier eingerichtet und arbeite. Aber es ist sehr schwierig mit den hiesigen Leuten auszukommen. Wie oft lassen mich die Kerle sitzen, nachdem sie mit den kräftigsten Schwüren versprechen, gewiß zu kommen ...*

Abb. 3 Markt in Jaffa.

Abb. 4 Einziehung der türkischen Landwehr in Jaffa.

Das Leben hier ist eine Kette von Entbehrungen und doch muß ich sagen, die Bande von Menschen, unter welcher ich hier lebe, übt immer wieder einen eigenartigen Reiz auf mich aus sobald ich auf die Straße hinaustrete und diese originellen Gestalten vorbei marschieren sehe. Freilich ein anderer Mensch als ein Maler, wenn er nicht einem religiösen Phantom nachjagt wie die hiesigen Templer, würde hier vor Langeweile sterben. Denn der Hauptfehler sind die schlechten Wege. Ein Gang von ¼ Stunde kommt der Leistung einer Stunde draußen vollkommen gleich. Denkt Euch, man sinkt bei jedem Schritt bis fast an die Knöchel in den Sand ein, es ist schwieriger drin zu marschieren wie im Schnee, wenn auch die Füße nicht nass und kalt sondern das Gegenteil werden, daß das Leder an den Stiefeln springt …".

Dann beschreibt Bauernfeind die Stadt etwas näher:

„Jaffa ist ein, mit regellosem Häusergewirr überzogener Düngerhaufen, dessen Bewohner sich in diesem Element scheints recht wohl befinden. Was von ihrem Unrath nicht den Hügel hinunterläuft, läßt man ruhig liegen. Ringsherum (wenigstens auf drei Seiten) umgibt diese, nicht nach arabischen Wohlgerüchen duftende Wohnstätte ein weiter Gürtel des schönsten immergrünen Orangen-, Granaten- und Palmenwaldes, welcher die Seh- und Geruchsnerven wieder soweit beruhigt, daß man existieren kann. Auf der vierten Seite breitet sich das Meer aus in seiner unendlichen Fläche und bringt jene gesunden Lüfte herbei, die allein im Stande sind eine solche Stadt vor Epidemien zu schützen …".

Bauernfeind beleuchtete auch die Sicherheitsfrage in diesem fremden Land und versuchte seine alte Mutter zu beruhigen.

„Was die Sicherheit betrifft, so dürft Ihr gar keine Angst wegen mir haben. Es ist ziemlich so sicher wie draußen. Freilich nehme ich nach der Colonie Abends immer für alle Fälle einen Revolver mit … Eine Witwe, welche nebst Anderem auch das Amt einer Geburtshelferin versieht, wurde (neulich) nach der etwa 1 Stunde entfernten deutschen Kolonie Sarona gerufen und kehrte auf ihrer Eselin spät abends allein zurück. An abgelegener Stelle kam ein Strauchdieb und verlangte ihr Geld. Unsere tapfere Schwäbin aber forcht sich nit, sie erhob drohend jene große Spritze, ohne welche eine Hebamme nicht zu denken ist, führte dieselbe an die Wange und rief ihm zu, wenn er sich nicht sofort entferne, so „schieße" sie, worauf der biedere Araber in großem Schreck eiligst verschwand …".

Aus dem kurze Zeit später an seine Schwester in Beirut gesandten Brief erfahren wir, dass es ihm *„gottlob wieder ganz gut gehe und hoffentlich bleibt es so"*. Sein früheres *„extremes Unwohlsein"* war zweifellos, wie er meinte, die Folge seines langen Aufenthaltes in dem ersten, so schrecklich *„backofenheißen Haus in der Stadt"* – das ihn völlig ruiniert habe. Nun aber wolle er sich fleißig an die Arbeit machen, obwohl Jaffa sich dazu doch nicht allzusehr eigne. *„Der Grund liegt eben darin, daß ich hier wohl Figuren finde wie ich sie brauchen kann, aber keine interessanten baulichen Hintergründe. Dies ist ein Mangel, der sich täglich mehr fühlbar macht. Für größere Bilder habe ich Stoff genug, nicht aber für jene kleinen, von denen der Engländer haben will …".*

Ein größeres Ölbild, das in Bezug auf Jaffa noch bedeutend ist, ist auf 1887 datiert und stellt eine Marktszene in Jaffa dar. Erstaunlicherweise handelt es sich um keine real existierende Stadtarchitektur, sondern um eine Phantasieansicht, wie von Bauernfeind selbst bestätigt wird. Er erläutert auch, warum er so handelt, in dem er bemängelt, dass er in Jaffa zwar interessante Figurenstudien, jedoch keine interessanten Hintergründe entdecken könne. (Abb. 3)

Anschließend lässt sich Bauernfeind über seine geplanten Kompositionen aus – über selbst zusammengestellte

Abb. 5 Templerkolonie Jaffa.

Bilder – über Phantasiegebilde, die er gerne hier vor Ort malen wollte. Dabei schreibt er über das später in seinem Atelier in München fertiggestellte großformatige (148 x 281 cm) Bild „Einziehung der türkischen Landwehr in Jaffa": *„Was ich beim Abschied der einberufenen Rekruten hier sah, wo die Weiber weit ins Meer den Barken nachliefen, ihre Kinder emporhalten und oft nur mit Lebensgefahr gerettet werden konnten, oder die Scenen, wie in den Straßen alte Väter ihre Söhne noch ein letztes Mal umarmen wollen, von den rohen Soldaten aber mit Kolbenstößen weggetrieben wurden, gäbe auch Stoff zu mehreren interessanten Bildern."*

Dieses Bild ist eines der Hauptwerke von Gustav Bauernfeind. Er hat wohl sehr lange daran gearbeitet. Schon in seinem Skizzenbuch aus dem Libanon (siehe oben) hat er die Szenerie im Hafen von Jaffa festgehalten und es später mit üppiger Staffage, mit über hundert ausgemalten Personen versehen. Dabei hat er einen „Kunstgriff" angewendet, nämlich durch Verkleinerung der Figuren eine größere Menschenansammlung unterbringen zu können. Das Bild wurde am 24. Oktober 1997 auf einer Auktion bei Van Ham in Köln für 1,84 Mio. DM verkauft und befindet sich heute im Dahesh Museum of Art Greenwich, CT USA. (Abb. 4)

Bevor wir uns der dritten Orientreise zuwenden, ist noch über ein Ereignis zu berichten, das das Leben und die Arbeit von Gustav Bauernfeind besonders beeinflusst hat. In Jaffa, im Hotel von Ernst Hardegg lernte Bauernfeind Elise Bertsch kennen, die über Ihre Mutter mit den Hardeggs verwandt war und deren Schwester Emma mit dem Architekten der Templer, Theodor Sandel, in Jerusalem verheiratet war. Er schrieb an seine Mutter: *„Seit einigen Tagen ist auch ein Frl. Bertsch hier, welche ihre Schwester in Jerusalem besuchen will und in einigen Wochen nach Indien ... reisen will als Vorsteherin eines Mädcheninstituts. Das wäre eine Frau für mich, wie ich noch nie keine andere gesehen habe. Nicht schön und 32 Jahre alt, aber seelengut und gescheit! Aber sie will scheints nicht heirathen."*

Es war ein steiniger Weg für Gustav Bauernfeind. Die religiöse Diskrepanz zwischen den beiden war fast unüberwindlich. Doch am 20. Mai 1887 erhielt Bauernfeind endlich *„einen Brief aus Indien, welcher mich außerordentlich glücklich gemacht hat."* Sein Werben hatte Erfolg. Am 22. Juli 1887 wurde offiziell die Verlobung mitgeteilt. Die Heirat erfolgte aber erst 1889.

Die dritte Orientreise (1888–1889)

Auch diese dritte Reise begann in Jaffa am 2. November 1888. Sie wird auch als „die Reise nach Damaskus" bezeichnet. Bauernfeind hat über diese Zeit ein lückenloses Tagebuch hinterlassen, das im Original in der Jaffa-Ausstellung gezeigt wird.

Hugo Schmid hat die Tagebuchaufzeichnungen unter Mitarbeit des Islamwissenschaftlers Otto Höschle in einem Buch, das im Francke Verlag, Tübingen, erschienen ist, zusammengefasst und illustriert.

Frau Petra S. Kühner schreibt dazu in ihrer Dissertation 1995:

„Seinen langen Aufenthalt in Damaskus dokumentiert Bauernfeind in einem detailliert geführten Tagebuch. Dieses schriftliche Zeugnis ist als besonders interessant zu werten, da bedacht werden muss, wie ungewöhnlich und gefährlich eine Damaskusreise zu diesem Zeitpunkt immer noch war. Das Dokument gibt einen guten Eindruck über die Situation eines Europäers in Damaskus in der zweiten Hälfte des 19. Jahrhunderts ...

Dieses Tagebuch ist aber nicht nur in Hinsicht auf Bauernfeinds Biographie von Bedeutung, sondern auch aus kulturhistorischer Sicht. Es handelt sich um ein einzigartiges historisches Dokument und nicht um einen für eine Veröffentlichung verfassten, offiziellen Reisebericht über Syrien oder einen Reiseführer ...".

Gustav Bauernfeind beschreibt den Beginn seiner Damaskusreise wie folgt:

„Ankunft in Jaffa am 2. November 1888.

Der Bootsmann Ali, von Cook (dem damaligen Reiseveranstalter), *respektive vom Hotel brachte mein Gepäck ans Land, hier mußte ich alles öffnen und meine Kiste wurde mit dem größtenteils neuen Mal- und Zeichenmaterial von dem Zolleffendi ausgepackt. Ich mußte etwa 18 Francs Zoll bezahlen, während dieselben Gegenstände später in Beirut ohne Anstand zollfrei passierten. Es wurde in Jaffa allgemein über diesen neuen Zollbeamten geklagt, welcher freilich bald genug in seinem Eifer nachlassen und wie die meisten türkischen Beamten dem Bakschisch zugänglich sein werde. Es war jedenfalls ungerecht, daß ich nicht nur die neuen, sondern auch die gebrauchten Gegenstände verzollen mußte. Die nächsten Tage brachte ich damit zu, meine von E. H.* (Ernst Hardegg?) *auf der Bühne in Sicherheit gebrachten Sachen zu sichten und zu verpacken."*

Am Freitag, dem 16. November, konnte er an Bord des ägyptischen Raddampfers Fayiem nach Beirut weiterfahren, von wo es dann auf dem Landweg nach Damaskus ging.

Die vierte Orientreise (1896–1904): Bauernfeinds endgültige Auswanderung nach Palästina

Die letzten Jahre, die Bauernfeind mit seiner Familie noch in Palästina, genauer in der Templersiedlung in Jerusalem lebte, sind aus den im Nachlass befindlichen Schriftstücken kaum zu rekonstruieren. Unter dem Titel „Orientreise" notierte Bauernfeind zunächst in seinem Skizzenbüchlein sämtliche Ausgaben – von Bahn- und Schiffsbillets *„(III. Klasse)"* bis hin zu *„Revolver, Tasche dazu, Patronen, 1 Glas Bier und Würstle"* – die ihm unterwegs, bis zur Ankunft in Jerusalem, entstanden waren. Er ist mit seiner Frau und dem Sohn Otto am 3.9.1896 in München abgereist und schließlich im Oktober in Jerusalem angekommen.

Auf eine größere Arbeit aus der Zeit in Jerusalem muss noch besonders eingegangen werden: **das „Kaiseralbum"**.

Diese Arbeit nimmt wieder eine gewisse Sonderstellung in Bauernfeinds Werk ein. Es handelt sich um eine Auftragsarbeit von vier Aquarellen, die in einem Album integriert sind. Auftraggeber war die deutsche Tempelgesellschaft in Palästina. Zur Zeit der Auftragserteilung lebte Bauernfeind in einer ihrer Kolonien, in unmittelbarer Nähe der Altstadt Jerusalems. In den Aquarellen sind alle vier bis dahin gegründeten Kolonien dargestellt und zwar in Morgen-, Mittags-, Abend- und Mondbeleuchtung. Als 1898 die Reise Kaiser Wilhelms II., anlässlich der Einweihung der Erlöserkirche in Jerusalem, nach Palästina stattfand, knüpften die deutschen Templer hohe politische Erwartungen an diesen Besuch und überreichten dem Kaiserpaar daher in einer offiziellen Delegation ein Memorandum in Form eines großen Albums. Dieses beinhaltete die Geschichte der Tempelgesellschaft, ihre derzeitige Situation und Ausbreitung in Palästina sowie genaue Daten zu den vier Kolonien, einschließlich deren Illustrationen durch Bauernfeind. (Ansichten von Haifa, Jaffa, Sarona und Jerusalem). Bauernfeind war bei der Albumübergabe nicht dabei – die Gründe dafür lassen sich nicht mit Sicherheit festschreiben. (Abb. 5).

Abschließend soll noch aus einem Brief, den Bauernfeinds Sohn Otto am 25.1.1955 an die Gattin des ehemaligen deutschen Bundespräsidenten Gustav Heinemann, Frau Hilda Heinemann, geschrieben hat, zitiert werden.

„Mein Vater, der seinen Lebensabend in der deutschen Kolonie in Jerusalem zubrachte ... ging mit mir vor seinem Tode (er starb als ich 10 Jahre alt war) jeden Abend an den Rand der Wüste, wo er schweigend den Sonnenuntergang betrachtete ... Mein Vater starb am 24.12.1904 unter dem halb geschmückten Weihnachtsbaum. Er war nicht kirchlich gläubig, sehr im Gegensatz zu meiner Mutter, obwohl dem Herzen nach Christ. Er konnte auf unseren Spaziergängen über seinen Rücken auf die Stadt Jerusalem deuten und sagen: „Die dahinten glauben ... ich glaube, die Sterne, die Wüste, das ist mehr". Meine Mutter nahm sich 2 Jahre später das Leben, d. h. sie litt an tuberkulöser Bauchwassersucht, ließ sich jedoch nicht operieren, sondern erstickte. Aus dem Spital wurde ihr Sarg auf ein Wägelchen gelegt, das sonst zum Transport von Weinfässern diente und ein halbblinder Araber fuhr mit ihr zum Friedhof unserer eine Stunde entfernten Kolonie durch die Staubwolken Jerusalems. Ich war der einzige Begleiter."

Es ist kaum nachzuvollziehen, dass ein Orientmaler ersten Ranges so lange fast völlig unbekannt geblieben war. Dem Heimatforscher Hugo Schmid aus Sulz am Neckar ist es in erster Linie zu verdanken, dass er inzwischen die ihm gebührende Anerkennung in der Kunstwelt gefunden hat.

Literatur

Carmel, A./Schmid, H., 1990 Der Orientmaler Gustav Bauernfeind, 1848–1904 Leben und Werk. Das Leben Gustav Bauernfeinds – Eine historische Einführung von Alex Carmel. Das künstlerische Werk – Gesammelt und vorgestellt von Hugo Schmid, Dr. Ernst Hauswedell & Co. (Stuttgart)

Kühner, P. S., 1995 Gustav Bauernfeind – Gemälde und Aquarelle, herausgegeben von Jürg Meyer zur Capellen, Europäischer Verlag der Wissenschaften Peter Lang. (Frankfurt am Main)

Schmid, H. (Hrsg.), 1996 Gustav Bauernfeind – Die Reise nach Damaskus 1888/89. Tagebuchaufzeichnungen des Orientmalers, unter Mitarbeit von Otto Höschle, A. Francke Verlag. (Tübingen und Basel)

Schmid, H., 2004 Der Maler Gustav Bauernfeind (1848–1904) und der Orient, mit einer Einführung von Petra S. Versteegh-Kühner, Dr. Ernst Hauswedell & Co. (Stuttgart)

Weitere Unterlagen stammen aus dem Nachlass von Gustav Bauernfeind, dem Bauernfeindmuseum und Bauernfeindarchiv in Sulz am Neckar.

Das Haus Simon des Gerbers

Tzvika Shacham

Abb. 1 Die heutige Petrus-Kirche (1894 fertiggestellt) ist eine röm.-katholische Kirche und eine der wenigen, deren Altar nach Westen, d. h. Rom, ausgerichtet ist.

Obwohl Jaffa der erste Ort des Heiligen Landes war, den Pilger betraten, sind nur wenige Stätten in der Stadt mit christlichen Traditionen verbunden. Zwar erwähnen Reisende die Knochen des Wals, die zu bestaunen seien, aber es ist in erster Linie die Person Simon des Gerbers, die Interesse erweckte.

Wer ist nun Simon ‚der Gerber' aus Jaffa, dessen Haus ein wichtiger Ort für christliche Pilger, insbesondere während der Kreuzfahrerzeit und erneuten Blüte der Stadt in der zweiten Hälfte des 19. Jh.s, ist?

Petrus, der die Lehren Jesu verbreitet, wurde von Lod nach Jaffa gerufen, um Tabitha wieder zum Leben zu erwecken (Apostelgeschichte 9,36–43). In Jaffa wurde er im Haus Simons des Gerbers beherbergt. Auf dem Dach des Hauses hatte er im Schlaf eine Vision (Apostel 10,9–16), die ihm verdeutlichte, dass der Messias (Jesus) nicht nur gekommen war, um die Juden zu erlösen, sondern auch die Heiden. Bereits im 6. Jh. und danach in frühislamischer Zeit wird vereinzelt eine Petrus-Kirche in Jaffa erwähnt. Diese Quellen verbinden entweder die Kirche mit dem Ort,

an dem Petrus Tabitha (z. B. St. Willibald im Jahr 725) wieder zum Leben erweckte, oder sie erwähnen eine Petrus-Kirche in Jaffa, ohne sie mit einem bestimmten Ort oder Ereignis zu verknüpfen. (Abb. 1)

Zum ersten Mal finden wir die Erwähnung einer Kirche in Verbindung mit der Vision von Petrus auf dem Dach des Hauses von Simon dem Gerber bei dem ukrainischen Pilger Daniel von Kiew, der in seinem Reisebericht (1113–15) Jaffa erwähnt, allerdings gibt er keine genaue Lage an: „Jetzt ist eine Kirche an diesem Ort, genannt St. Peter." (übersetzt nach Wilson 1895, Kapitel 64). Eine weitere Beschreibung, ebenfalls ohne eine genauere Angabe über das Haus der Tabitha oder Simons des Gerbers, findet sich in einer Vatikanhandschrift (# 3136, Michelant and Raynaud 1882, 181), die wohl vor 1265 entstanden ist: „De Arssuf a Iaphe, qui est ville e chasteu, si a .iij lieuas, & ssi est le chasteu ssur la mer. Et ssi est conte l'Iaphe. Trove l'en fus au chastieu en l'yglise de Saint Pierre le peron de Saint Iaque, l'apostle de Gualice"

In der Handschrift Gg VI, 28 aus der Bibliothek der Universität Cambridge (Michelant and Raynaud 1882, 191), ebenfalls vor 1265 entstanden, lesen wir: „... und es gibt das Haus Simon des Gerber, dort, wo der Turm des Patriarchen ist." Hier wird erstmalig erwähnt, dass das Haus Simons dort gestanden habe, wo sich der „Turm des Patriarchen", d. h. einer Festung der Kreuzfahrer, befand. Weitere Schriften erwähnen in der Folge ebenfalls eine Kirche, allerding geben sie keine genaue Angabe zur Lage, sondern wiederholen lediglich, dass sich diese in der Nähe oder bei der Festung befunden habe.

Im Jahr 1395 erwähnt der Baron Ogier VIII., Seigneur d'Anglure, in seinem Pilgerbericht eine Kapelle St. Peters auf dem Hügel von Jaffa, ohne allerdings diese in Verbindung mit Simon zu setzen: „... Jaffa war einst eine schöne, große Stadt, ist aber gegenwärtig recht verlassen. Dort, oben auf dem Hügel, haben die Pilger die Angewohnheit, in der Kapelle des Sankt Peter zu übernachten, die überhaupt nicht gut erhalten ist." (übersetzt nach Browne 1975, 43, 44, p. 22).

Später verschwinden Angaben zur Lage dieser Kapelle und des Hauses Simons aus den Berichten, die die Pilger über die Reisen ins Heilige Land schreiben. Die „Höhlen" oder „die Bögen", in denen die Pilger untergebracht wurden, bevor sie die Genehmigung zur Weiterreise nach Jerusalem erhielten, werden 1480 von Felix Fabri, einem deutschen Pilger, so beschrieben (nach Prescott 1960): „Einige meinen, und ihre Meinung ist angemessen, dass diese Bögen und Gewölbe-Höhlen, worin wir eingeschlossen wurden, einst die Behausung von Simon dem Gastgeber des Heiligen Petrus waren". (Abb. 2)

Im Jahr 1652 schreibt der französische Pilger Jean Dovbdan, der Jaffa besuchte, Folgendes: „Im Übrigen erkundigte ich mich unter den armen Griechen über den Platz der Kapelle des Heiligen Petrus an der Stelle des Hauses Simon des Gerbers und der guten Tabita, doch sie wussten nichts, außer, dass dies die Orte seien, die in Ruinen liegen. Das ist alles, was ich sagen kann".

Seit der zweiten Hälfte des 17. Jh.s wurde das Haus von Simon dem Gerber in den als christliche Herbergen erbauten Klöstern identifiziert: auf dem Dach des römisch-katholischen Gästehaus (erbaut um 1654, nach der Beschrei-

Abb. 2 Frühe Fotografie des Hauses Simon des Gerbers aus der Matson Collection (1898–1914).

bung von Warburton von 1843 (Warburton 1851,265)), später im armenischen Gästehaus (Kloster) und in der Herberge der griechisch-orthodoxen Gemeinde.

Ab dem 19. Jh. kommen nach den Berichten von Besuchern Jaffas zu den drei erwähnten Orten noch weitere hinzu.

So zum Beispiel das Haus des britischen Vizekonsuls Damiani, wie im von Parker publizierten Buch „Three Weeks in Palestine" von 1835 beschrieben. Oder auch Georg von Rosen. Er lokalisiert das Haus Simons des Gerbers in derselben Straße wie der Khan und die Mühle des Deutschen. Möglicherweise handelt es sich um den Ort Nr. 22 auf der Karte, die Theodor Sandel 1878 für den Baedecker Reiseführer erstellte: die Dampfmühle von Breisch, vormals Metzler.

Andere weisen auf weitere (moderne) Gebäude hin, wie Lady Egerton 1840 (Egerton 1841, 5): „Wir gingen zu dem vermeintlichen Ort des Hauses von Simon, dem Gerber, um einen Ort zu sehen, dem ich wenig Interesse beimessen konnte, weil es offenbar ein modernes Gebäude ist, und nur eines einer Anzahl von Häusern ist, auf das die gleiche Beschreibung passt".

Gatsby, der 1847 bis 1853 Palästina besucht, identifiziert eine Hausruine. Auch Beamont erwähnt 1854 ein zerstörtes Gebäude. Die Beschreibungen ähneln der späteren von Dolby aus dem Jahre 1901.

Andere Reisende, wie Aiton oder John Anderson (1851), lokalisieren unabhängig voneinander das Haus entweder in den Ruinen oder in einer der Herbergen am Meeresufer.

Die erste bekannte Lokalisierung auf einer Karte erscheint auf der des britischen Ingenieur-Korps von 1842, auf der auf das Haus Simons hingewiesen wird. Im Jahr 1853 beschreibt der Reisende Arthur Penrhyn Stanley das Haus Simons des Gerbers als sich in der Straße des katholischen und des armenischen Gästehauses (Klosters) befindlich. Das Haus würde von Moslems verwaltet, in einem Raum befände sich eine Moschee und in seinem Hof ein Brunnen. Es ist möglich, dass es sich um den gleichen Ort handelt, den Lynch schon 1848 beschreibt und in dessen Zusammenhang er einen Brunnen im Hof erwähnt. (Abb. 3)

Auch der Franzose Victor Guérin erwähnt im Bericht von seinem Besuch 1854 das Haus Simons als Teil einer Moschee und ergänzt: „Die Lage des islamischen Heiligtums entspricht recht exakt dessen, was in der Apostelgeschichte berichtet wird, und es ist anzunehmen, dass es ein

Abb. 3 Das Haus Simon des Gerbers neben der Moschee, Aufnahme aus dem Jahr 2013.

Nachfolgebau der christlichen Petrus-Kirche ist. Ich weiß, dass das Haus Simons des Gerbers nach einer anderen Tradition an der Stelle war, an der sich jetzt das lateinische Kloster befindet, welches auch in Meeresnähe liegt, und dieser Tradition nach das Gebetshaus dieses Klosters über den Ruinen der früheren Petrus-Kirche erbaut wurde. Jedoch sind die Franziskaner aufgeklärt genug, sich selbst einzugestehen, dass die Moschee der geeignetere Ort ist, weil er den Angaben der Heiligen Schrift entspricht und weil man in ihrer Nähe bis heute einige Gerber sieht" (Guérin 1886. vol. I: 8).

Obwohl es weitere Beschreibungen anderer Orte gibt, wie oben gezeigt, wird die Identifikation des Hauses mit der Moschee von christlichen Reisenden übernommen, im Grunde bis heute. Interessant ist die Beschreibung von Geikie aus dem Jahr 1887, der betont, dass das Haus Simons die Moschee selbst sei und nicht an Stelle des Leuchtturms zu suchen sei, der dort 1875 gebaut wurde.

Fulton identifiziert das Haus in seinem Buch von 1891 ebenfalls mit der Moschee, obwohl er betont, dass es andere Vorschläge einschließlich der lateinischen Herberge gibt, die Stelle zu verorten.

Es ist interessant, dass das Haus an denselben Orten angenommen wird, wie früher, obwohl eine so lange Zeit vergangen ist seit dem Verschwinden der Identifizierung des Hauses Simons des Gerbers aus den Quellen vor 500 Jahren, d. h. seit der Kreuzfahrerzeit. Reisende am Anfang des 20. Jh.s setzen allerdings das Haus Simons oft nur mit einer Ruine oder einem verfallenen Haus in derselben Gegend der Stadt, nicht mit der Moschee gleich.

„Tor le Patriarche", „Tower of the Patriarch" oder „Tour du Patriarche" – der Turm des Patriarchen, der im 13. Jh. gebaut worden war, wird von Abel im Jahr 1946 in der Gegend der heutigen Moschee lokalisiert. In den 20er-Jahren des 20. Jh.s stürzte die südliche Mauer der Moschee ein und es wurden darunter die Apsis und die Mauern einer großen, wahrscheinlich kreuzfahrerzeitlichen Kirche gefunden. Diese Mauern befinden sich heute unter der Moschee und dem Leuchtturm und können nicht untersucht werden. (Abb. 4)

Diesem Lokalisierungsversuch „des Turms des Patriarchen" und des Hauses Simons des Gerbers folgt auch Pringle (1993 vol. I: 271–272). Im Jahr 1964 führte Yacob Kaplan eine Grabung in der (modernen) Straße ‚Shimon HaBursakai' (Simon der Gerber) durch. Die Aufzeichnungen von diesen Grabungen sind leider sehr fragmentarisch, aber er scheint ein Gelände östlich der Moschee/Kirche bzw. des Leuchtturms untersucht zu haben. Bei diesen Grabungen wurden die Reste eines Turms gefunden, dessen Mauern abgeschrägt waren. Darunter zwei Siedlungsschichten, die der Ausgräber in römische Zeit (1. Jh. n. Chr.) und in die Persische Zeit datiert. Kaplan datiert den Turm in das 18. Jh. Entsprechend den Fotografien in den Grabungsunterlagen im Archiv der Antikenverwaltung und nach der Beschreibung durch den Ausgräber scheint es jedoch, als gehöre der Turm zu dem kreuzfahrerzeitlichen Komplex, der als „Turm des Patriarchen" bekannt ist.

Neben diesen Hinweisen scheint auch die Moschee auf eine Tradition hinzuweisen, die durchaus in die Kreuzfahrerzeit reichen könnte oder sogar älter ist. Die Moschee gehört zu den ältesten in Jaffa, wie eine Bauinschrift aus dem Jahr 1730/31 belegt, und trägt vier verschiedene Namen. Zwei davon weisen auf Petrus hin: Jama Tbiah – Moschee (der) Tabitha und Jama Budrus – Moschee (des) Petrus. Die beiden anderen Namen weisen auf eine andere Tradition hin: Jama al-Burj – Moschee (der) Burg, was darauf hinweist, dass die Moschee an Stelle des Turms stand, der sich an der Stelle befand, an der die sog. Seemauer mit der Stadtmauer verbunden war (Burj al-Bakhar – Turm oder Burg des Meers). Der vierte Name ist Moschee Scheich Muhamad al-Tabijah. Allerdings bleibt unklar, ob die Moschee die Namen, die Petrus erwähnen, vor oder nach der „Wiederentdeckung" des Hauses Simons des Gerbers am Ende der ersten Hälfte des 19. Jh.s erhielt.

Alle Reisenden berichten, dass es Muslime seien, die sich um die Moschee kümmern und die die Besucher im „Haus Simon des Gerbers" empfangen. Erst 1949 berichten Meyer und Pinkerfeld in seiner Untersuchung von einer christlichen, armenischen Familie, die das Gebäude verwaltete, nachdem die Moslems Jaffa während des Unabhängigkeitskrieges verlassen hatten. Zakerian (Lit.) berichtet, dass das Gebäude seit der Operation Anker (siehe Kap. Gavish) nicht mehr als Gebetsstätte diente.

Abb. 4 Der Leuchtturm auf einer kolorierten Ansichtskarte.

Zusammenfassend und unter Berücksichtigung der Untersuchungen von Pringle (1993), Abel (1946) und Petersen (2001) kann die Geschichte der Lokalisierung des Hauses Simons des Gerbers folgendermaßen zusammengefasst werden:

Die Traditionen zur Lokalisierung des Hauses beginnen in der Kreuzfahrerzeit und unterscheiden zwischen dem Haus Simons des Gerbers und der Petrus-Kirche.

Mit Ende der Kreuzfahrerpräsenz in Jaffa und dem Verschwinden der christlichen Präsenz verfällt der Ort. Für kurze Zeit identifizieren Reisende, die hier ankommen und auf ihrem Weg nach Jerusalem in den Ruinen übernachten, bevor sie die Erlaubnis erhalten, nach Jerusalem weiterzureisen, die „Höhlen" oder „Gewölbe" mit dem Haus Simons. Diese Tradition verblasst jedoch bald und gerät in völlige Vergessenheit.

Mit dem Bau des lateinischen Gästehauses 1654, des armenischen Klosters und des Pilgerhauses der griechisch-orthodoxen Kirche beansprucht jede dieser Einrichtungen für sich, der Ort des Hauses Simons läge auf seinem Gelände.

Erst am Ende der ersten Hälfte des 19. Jh.s kommt es zur erneuten Lokalisierung der Stätte an dem Ort, wo sich die süd-westliche Moschee Jaffas befand. Dies ist dieselbe Gegend, in der auch in der Kreuzfahrerzeit das Haus Simons lokalisiert wurde. Die Lokalisierung in den christlichen Klöstern wurde von deren Bewohnern jedoch weiter behauptet.

Unter den christlichen Pilgern und bei den Fremdenführern ist noch heute allgemein die Moschee (siehe Abb. 3) als der „richtige" Ort der Lokalisierung populär; diese ist allerdings geschlossen und kann nicht mehr besucht werden.

Literatur

Anderson, J., nd. Wanderings in the Land of Israel and through the Wilderness of Sinai in 1850 and 1851. Glasgow & London: 268.
Browne, R.A., 1975 The Holy Jerusalem voyage of Ogier VIII., Seigneur d'Anglure. (Gainesville)
Bonnardot, F./Longdon, A., 1879. Le saint voyage du seigneur d'Anglure. (Paris)
Dovbdan, J., 1657 Le voyage de la Terre Sainte. (Paris)
Egerton, Lady Francis, 1841 Journal of a Tour in the Holy Land in May and June 1840. (London)
Guerin, V., 1868–80 Description géographique, historique et archéologique de la Palestine. 3 Tle.in 7 Bdn., vol. I: 8. (Paris)
Michelant, H./Raynaud, G., 1882 Itineraires a Jerusalem et descriptions de la Terre Sainte rediges en francais aux XIe, XIIe & XIIIe siecles. (Geneve)
Parker, J. W., 1839 Three Weeks In Palestine And Lebanon, 10–11. (London)
Prescott, H. F. M., 1960 Felix Fabris Reise nach Jerusalem. (Freiburg/Basel/Wien)
Pringle, D., 1993 The Churches of the Crusader Kingdom of Jerusalem: A Corpus, vol. 1. A-K (excluding Acre and Jerusalem). (Cambridge)
Warburton, E., 1851 The Crecent and the Cross. (London)
Wilson, C. W. (ed.), 1895 The Pilgrimage of the Russian Abbot Daniel to the Holy Land, 1106–1107 A. D. (London).
Gadsby, John, 1885 My wanderings being Travels in the East. I, 518. (London)
Beamont, William 1856 Diary of a Journey to the East in the Autumn of 1854. I, 176. (London)
Dolby, F.J. 1901 Our Bible Students' Palestine Diary, 40 (London)
Stanley, Arthur Penehyn. 1871. Sinai and Palestine, 274-275 (London)
Lynch, W.F. 1849 Narrative of the United States' Expedition to the River Jordan and the Dead Sea, 446. (London)
Geikie, Cunningham, 1887. The Holy Land and the Bible. I, 18-19. (London)
Mayer, L.A. & J. Pinkerfeld 1950 Some Principal Muslim Religious Building in Israel. Jerusalem, 33-34.
Abel, F.-M. 1946 Jaffa au Moyen Age. JPOS XX.
Fulton, John 1891 The Beatiful Land. Palestine: Historical, Geographical and Pictorial, 50-51. (New York)
Fulton, John. 1900 Palestine, 16-17. (New York & London)

Migration und Toleranz

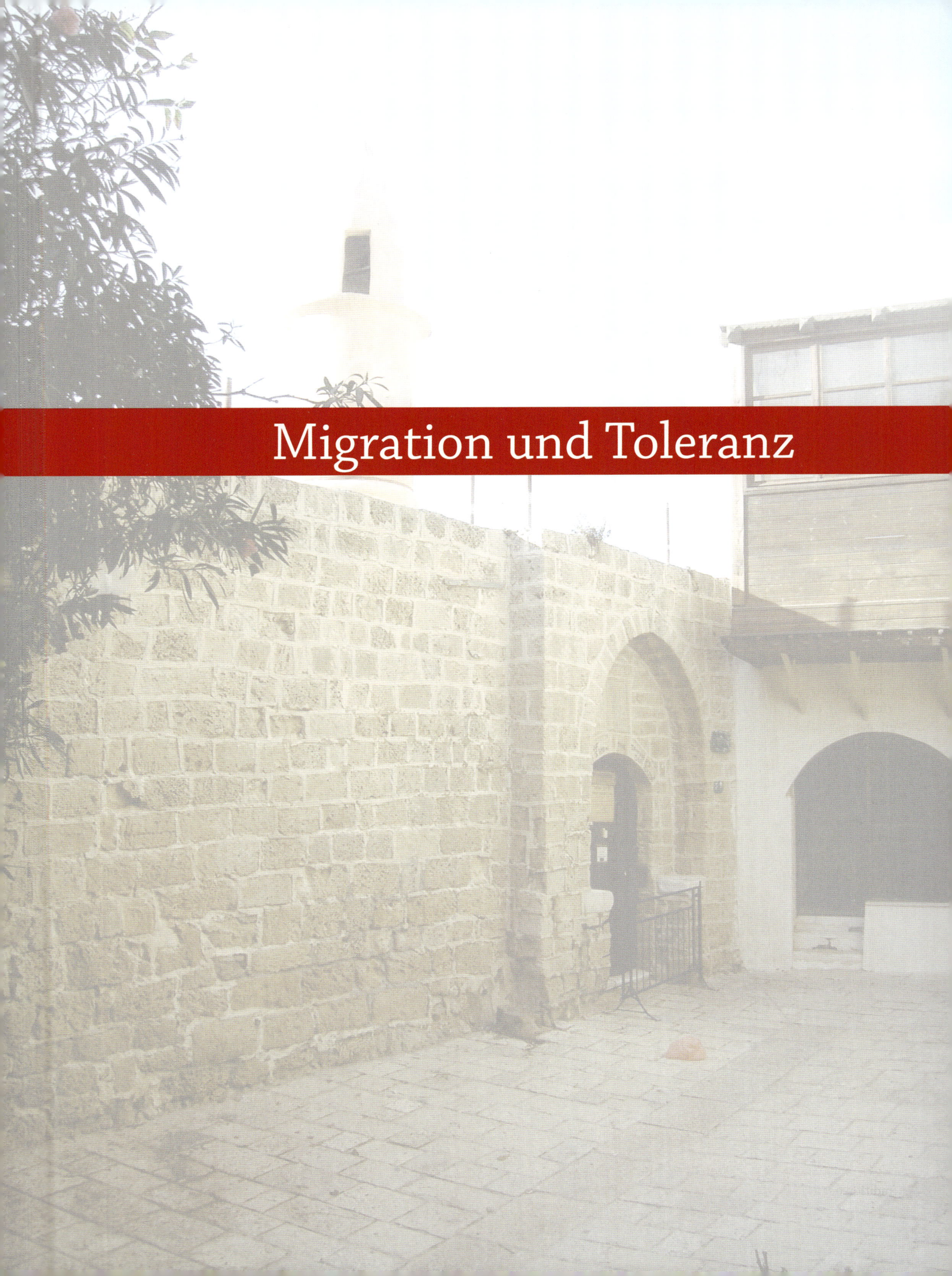

Jaffa im Erlebnismuseum

Konzeption und Didaktik der Ausstellung im Bibelhaus

Veit Dinkelaker

Das Bibelhaus Erlebnis Museum in Frankfurt am Main erschließt durch die Inszenierung von archäologischen Funden, bibliophilen Schätzen und wertvollen Faksimiles die Welt hinter den Texten des **Buches der Bücher**. Das Bibelhaus verfolgt dabei wissenschaftliche und pädagogische Ziele. Diese Ziele erreicht es insbesondere mit der neu gestalteten Dauerausstellung (2011), die Dauerleihgaben der Israelischen Antikenverwaltung aus der Zeit und Lebenswelt des Neuen Testamentes zeigt.[1] Dies folgt dem museumspädagogischen und religionspädagogischen Ziel der **originalen Begegnung** als fruchtbarem didaktischem Moment.[2] Die museale und wissenschaftliche Zusammenarbeit mit der Antikenbehörde wird in der Ausstellung „Jaffa – Tor zum Heiligen Land" fortgesetzt.

Der Auftrag des Museums, einem breiten Publikum die Erforschung der Welt der Bibel ansprechend zu präsentieren, geht auf die Gründungsabsicht der Frankfurter Bibelgesellschaft im Jahre 1816 zurück, die Bibel bekannt und zugänglich zu machen.[3] Seit der ersten Ausstellung im Bibelhaus 2003 ist das Museum einem erlebnispädagogischen Ansatz verpflichtet (Abb. 1).[4] Der Ansatz verfolgt eine alle Sinne ansprechende Darstellung, die Kindern und Erwachsenen gleichermaßen wissenschaftliche Zusammenhänge erschließt – in diesem Falle sind das Ergebnisse der Theologie und Bibel-Exegese, insbesondere der historisch-kritischen Methode seit dem Zeitalter der Aufklärung. Dass die hochgesteckten wissenschaftlichen und religionspädagogischen Ziele erreichbar sind, davon zeugen die hohe Zahl von Gruppenbesuchen aus Schulen und der Jugendarbeit der Kirchen (Abb. 2).

Bibelmuseum und interkulturelle Kompetenz

Die Erforschung und Auseinandersetzung mit den Büchern der Bibel erfordert seit jeher interkulturelle und interreligiöse Kompetenz. Teile der Bibel sind heilige Schriften zweier Weltreligionen, des Judentums und der Christenheit. Die ältesten Handschriften der Bibel sind Hebräisch (bzw. Aramäisch) und Griechisch verfasst. Sie knüpfen an die große Tradition der antiken Zivilisationen an. Ganze Erzählstränge des Alten und Neuen Testamentes sind im Koran und den verschiedenen Strömungen des Islam aufgegriffen worden. Durch Entstehung und Ausbreitung ist die Bibel verwoben mit Kulturen und Zivilisationen auf allen Erdteilen. Ihre Inhalte und Erzählungen schaffen Möglichkeiten des Verständnisses über kulturelle und religiöse Grenzziehungen hinweg. Dazu möchte das Bibelhaus Erlebnis Museum beitragen – mitten in der Rhein-Main-Metropole am Museumsufer. Frankfurt am Main ist selbst in allen seinen Epochen eine Stadt der Zuwanderung und des kulturellen Austauschs gewesen.[5] Die Mainfurt mit der Kreuzung der Handelswege aus allen Himmelsrichtungen macht die Stadt seit 1.200 Jahren zu einem Treffpunkt verschiedener Völker, Kulturen und Religionen. Die uralte jüdische Gemeinde, wie auch die protestantischen Religions-Flüchtlinge aus Westeuropa prägten die Stadt in den Epochen seit dem Mittelalter und der Reformationszeit nachhaltig. Heute führen die Arbeitsplätze der Rhein-Main-Region und der Flughafen Menschen aus allen Kulturen und Religionen hierher.[6] Inzwischen stellen die Mitglieder der herkömmlichen Amtskirchen nicht mehr die Mehrheit der Stadtgesellschaft. Mut-

Abb. 1 Museumsbesucher „erforschen" selbstständig antike Münzen an einem Münztisch.

Abb. 2 Kinder beim Besuch im Bibelhaus an einer Mitmachstation.

tersprachliche christliche Gemeinden in Frankfurt lesen die Bibel in vielen Sprachen der Welt und mit den Augen unterschiedlichster kultureller Herkunft. Anderen Gruppen ist das Buch völlig fremd, wieder andere halten es für irrelevant. Das Bibelhaus Erlebnis Museum stellt sich dieser Herausforderung. Es macht die Verwurzelung der biblischen Zusammenhänge in den orientalischen Kulturen sichtbar. Besucherinnen und Besucher sollen ein Gespür dafür bekommen, aus wie vielen Quellen ihre eigene kulturelle Identität schöpft, ganz gleich wie religiös der/die Einzelne ist – durch die Herkunft aus und die Verbindung zu anderen Kulturen/Religionen von der Antike bis in die Gegenwart.[7] Daran knüpft die Ausstellung zur 5.000-jährigen Geschichte des kulturellen Austausches in der Hafenstadt Jaffa an. Das Zusammenspiel kultureller wie religiöser Identitäten ist so alt wie die Menschheitsgeschichte. Es wird an diesem biblischen Ort besonders plastisch.

Didaktische Entscheidungen für die Ausstellung

Die Hafenstadt Jaffa auf der Schwelle zum Heiligen Land der drei Weltreligionen Judentum, Christentum und Islam ist nicht nur eine Fundgrube für archäologische und historische Forschung. Aufgrund der topografischen Position an der Küste und seiner gesellschaftlichen Funktion als Fracht- und Passagierhafen, insbesondere für Pilger mehrerer Religionen, ist Jaffa von anthropologischem, religionswissenschaftlichem und religionspädagogischem Interesse.

In didaktischer Hinsicht ist bei der Präsentation von Forschungsergebnissen zur Geschichte der Stadt Jaffa der Gegenwartsbezug entscheidend. Dabei sind im Vorfeld für die Konzeption der Ausstellung folgende Grundentscheidungen gefallen:

- Jaffa ist ein exemplarischer Ort für Migration und interkulturelle bzw. interreligiöse Begegnung und Auseinandersetzung von der Antike bis in die Gegenwart.
- Die wechselhafte Geschichte von Konflikten und gegenseitiger Toleranz lässt sich anhand von menschlichen Hinterlassenschaften aus Jaffa archäologisch zeigen.
- Antike Mythen und biblische Geschichten, die in Bezug zur Stadt Jaffa stehen, spiegeln das Ringen um Begegnung und Auseinandersetzung mit fremden Kulturen.
- Jaffa ist in der Bibel ein Ort, an dem „interkulturelle Kompetenz" bewiesen wird: Die Vision des Simon-Petrus auf dem Dach Simon des Gerbers in Jaffa ist eine Übung in Toleranz gegenüber dem Fremden.
- In der Geschichte von Jaffa spiegeln sich die Herausforderungen unserer Zeit und unserer Gesellschaft. Die Stadt Frankfurt hat einen besonderen Bezug zu Jaffa durch ihre Städtepartnerschaft mit Tel Aviv-Jafo, aber auch durch ihre im Zeichen des Flughafens zugewachsene Funktion als Knotenpunkt der Kulturen.

Das Thema **Toleranz und Intoleranz**, auch über religiöse und kulturelle Fragen hinaus, ist den biblischen Schriften eigen. Die berühmte These der „mosaischen Unterscheidung" des Ägyptologen Jan Assmann[8] rückt in den Blick, dass sich die Identität des kleinen antiken Volkes der Israeliten, bzw. dann der Juden, teils in Abgrenzung zu den herrschenden Hochkulturen (und ihren Religionen) entwickelt. – Der universalistische Anspruch des Glaubens an den einen Schöpfer der Welt führt aber immer wieder Bibel-intern zu einer expliziten Öffnung gegenüber den anderen (nicht-israelitischen) Kulturen, in biblischer Terminologie: „den Heiden", hebräisch „Gojim", wörtlich übersetzt: „den Völkern". Dieser Universalismus stellt in seiner biblischen Färbung die Machtfrage aus der Sicht von Marginalisierten und Kolonisierten gegenüber den Machtansprüchen der sich gottgleich gebenden Weltherrscher nicht nur aus Ägypten, Mesopotamien, Griechenland oder Rom. Der biblische Universalismus ist auf die Emanzipation des eigenen Volkes – in manchen Passagen aller Völker – gegenüber der Allmacht der Herrschenden aus, unter dem Schutz des einen Gottes, der die Welt erschaffen hat, von dem kein Bildnis verehrt werden darf und dessen Name unaussprechlich ist. Dieses kritische Element des biblischen Universalismus bleibt selbst dann erhalten, wenn Herrscher im Namen der Bibel Macht und Intoleranz ausüben.

Ein ausgewiesener Orientalist und evangelischer Bibelwissenschaftler, Wilhelm Rudolph, schreibt zum Beispiel zum Buch Jona: „Der Streitpunkt – und damit das einzige Thema des Jonabuches – ist die Frage, ob die Liebe und Barmherzigkeit Gottes nicht nur dem auserwählten Volke, sondern auch den Heiden gilt, und die energische Bejahung ist der Zweck der Erzählung".[9] Die biblischen Geschichten reflektieren dabei interne Auseinandersetzungen einer antiken Kultur, die zu klären hat, wie vermeintlich Fremdes zu integrieren ist.[10] In dieser Hinsicht ist auch die Geschichte von Simon-Petrus in Jaffa-Joppe (Apg 10) ein Lehrstück auf dem Weg zu einer menschenfreundlichen Toleranz: Der Torafromme Jude Petrus glaubt zwar, dass Jesus von Nazaret der Messias ist, hält aber weiter die jüdischen Speisegebote (Kaschrut) ein. Petrus muss in einer Vision davon überzeugt werden, dass es auch unter Heiden rechtschaffene Menschen gibt. Diese Vision nur unter dem Aspekt einer beginnenden christlichen Heidenmission zu sehen, greift zu kurz. Petrus bleibt wie viele andere ursprünglich jüdische Jesus-Anhänger damals der Kaschrut prinzipiell treu. Unter dem universalistischen Anspruch des Schöpfergottes Israels lässt er sich dadurch schließlich nicht davon abbringen, mit Nichtjuden (Tisch-) Gemeinschaft zu haben. Der Universalismus, der soziale und ethnische Unterschiede bis hinein in Gender-Fragen (Gal 3,28) nicht gelten lässt, ist eine entscheidende Grundeinsicht der hebräischen Bibel (Gen 1,27) wie des Neuen Testamentes (Apg 10,34–35).

Migration und Toleranz als Aspekte interkultureller Bildung im Unterricht

Die Ausstellung „Jaffa – Tor zum Heiligen Land" im Bibelhaus Erlebnis Museum ist für Kurse aller Altersgruppen als besonderer Lernort konzipiert. Für den Religionsunterricht bilden die in Jaffa angesiedelten Grunderzählungen vom Propheten Jona (Jona 1,3) und dem Apostel Petrus (Apg 9,36–10,35) Anknüpfungspunkte – insbesondere im Hinblick auf den antiken Umgang mit anderen Kulturen. Für den Ethik-Unterricht bietet sich das Thema des Pilgerhafens als Beispiel für einen Ort der Migration und Begegnung von unterschiedlichen Religionen und Kulturen an – mit der gemeinsamen Tradition zu pilgern, dem gemeinsamen Ziel Jerusalem und den unterschiedlichen konkreten und weltanschaulichen Wegen dorthin. Für das Fach Gesellschaftslehre oder Sozialkunde ist es interessant, Jaffa im Nahostkonflikt mit Blick auf die lange Geschichte des Ortes wahrzunehmen. Wie sehen die unterschiedlichen interkulturellen Konfliktlösungen in der Vergangenheit aus? Welche Ansätze und Schwierigkeiten bietet die Gegenwart? Welche Rollen spielen dabei Kultur und Religion? Die Ausstellung zeigt exemplarisch mögliche Konflikte, Momente der Toleranz und die Facetten der Begegnung mit dem Fremden.[11] Die Geschichte der Stadt Jaffa im 20. Jh. ist dramatisch – sie kann in der Ausstellung nur angedeutet werden: Das arabisch-jüdische Pogrom von 1921, die Schließung des Hafens von Jaffa für jüdische Flüchtlinge in den 1930er-Jahren, die Zerstörung der arabischen Altstadt durch britisches Militär in der „Operation Anchor" 1936 und die Vertreibung bzw. Flucht der arabischen Mehrheit im israelisch-arabischen Krieg 1948 sind traurige Höhepunkte. Die Geschichte, dass unterschiedlichste Kulturen in Jaffa Tür an Tür wohnen und miteinander auskommen müssen, ist dennoch nicht zu Ende. Die verschiedenen Perspektiven des modernen Jaffa zeigen Ausschnitte der Dokumentation des TV-Korrespondenten Gerd Helbig.[12]

Jona, Simon-Petrus, Kaiser Friedrich: Wanderer zwischen den Kulturen

Den Hafen von Jaffa gibt es seit Urzeiten. Ägyptische und griechische Mythen knüpfen sich an diesen Ort. Die Küste und der Hafen markieren dabei immer die Grenze zwischen verschiedenen Kulturen. Als Ort der Grenzüberschreitung kommt er an wichtigen Stellen im Alten wie im Neuen Testament vor: Der Prophet Jona reist von Jaffa ab, der Apostel Simon-Petrus wendet sich als Reisender von dort aus den Völkern der Welt zu. Beide biblischen Personen stehen narrativ für den Austausch zwischen den Kulturen und Religionen, zwischen Israeliten und Babyloniern bzw. zwischen Juden und Heiden. Es sind Grunderzählungen ethischer und religiöser Toleranz und Konfliktbewältigung – weit über die Bedeutung des Jona-Buches und der Apostelgeschichte in ihren Herkunftsreligionen hinaus. Deshalb ist das Zentrum der Ausstellung eine Installation zur Begegnung mit dem Fremden in der Vision des Simon-Petrus auf dem Dach des Hauses von Simon dem Gerber in Jaffa. Darüber hinaus ist es interessant, dass mitten in der Kreuzfahrerzeit ein seltener Moment einer diplomatischen Übereinkunft verfeindeter Seiten im Hinblick auf den Zugang zu den heiligen Stätten gefeiert werden kann: die Vereinbarung eines **Friedens von Jaffa**, der allerdings schon damals kaum eine Chance hatte.

Entdeckung des Anderen und Vergewisserung des eigenen Weges

Geografisch liegt Jaffa am Rande der biblischen Landschaften. Religionsphänomenologisch ist es über Jahrhunderte der zentrale Ort für einen besonderen Zugang zu den heiligen Schriften: die Reise zu den Originalschauplätzen (Abb. 3). Jaffa ist der Pilgerhafen Jerusalems am Mittelmeer. Juden, Christen und Muslime nutzen ihn. Pilgern ist ein denkbar ganzheitlicher Zugang zu heiligen Texten – mit einer Reise zu den Schauplätzen von Erzählungen und Legenden setzt sich die ganze Person mit vollem Körpereinsatz und unter ständiger Verarbeitung fremder Eindrücke den Texten und ihrer Wirklichkeit aus. Pilgerberichte aus Antike, Mittelalter und Moderne belegen, wie tief greifend das Erlebnis der Ankunft im Zielhafen und der Aufbruch von dort nach Jerusalem von Reisenden empfunden werden. Vor und nach den Kreuzzügen ist dieser Übergang mit einem intensiven Kontakt zu fremder Religion und Kultur verbunden. Wie viele unterschiedliche Kulturen und Religionen durch die Zeiten hindurch von 3000 v. Chr. bis heute in Jaffa zu Hause waren und sind, wird in der Ausstellung deutlich. Die Ausstellung zeigt die Facetten des ganzheitlichen Erlebnisses einer Pilgerreise exemplarisch an dem Ort Jaffa. Sich auf den Weg zu machen und Mühen für ein bestimmtes Ziel auf sich zu nehmen, ist eine Grundkompetenz menschlicher Kultur und Zivilisation. Die Ausstellung will zeigen, dass Jaffa ein exemplarischer Ort dafür ist, dass es schon immer multiple kulturelle wie religiöse Identitäten gegeben hat.[13]

Die Ausstellung versucht, den weiten Horizont, den Simon-Petrus in Jaffa vor knapp 2.000 Jahren erkannt hat, gerade auch trotz fortdauernder kultureller Konflikte zu vermitteln: „Nun erfahre ich in Wahrheit, dass Gott die Person nicht ansieht; sondern in jedem Volk, wer ihn fürchtet und recht tut, der ist ihm angenehm" (Apg 10,35).

Abb. 3 Das Thema Reisen und Pilgern in der Dauerausstellung des Museums.

Anmerkungen

1 Schefzyk, J./Zwickel, W. (Hg.), 2010 Judäa und Jerusalem. Leben in römischer Zeit. Die Welt und Umwelt der Bibel erschlossen und vorgestellt mit Schätzen aus Israel. Stuttgart (mit Katalog der Exponate der Ausstellung im Bibelhaus Erlebnis Museum Frankfurt).

2 Dinkelaker, V./Meier, C., 2010 „'Zeigt mir die Münze!' Schul- und Museumspädagogik im Gespräch über Erlebnis- und Kompetenzorientierung". In: Schefzyk, Jürgen/Zwickel, Wolfgang: Judäa und Jerusalem (a.a.O.), 10–12.

3 Frankfurter Bibelgesellschaft – Bibelwerk für Hessen und Nassau (Hg), 1991 Gottes Wort reichlich unter uns. Festschrift mit Katalog zur Ausstellung: Frankfurter Bibeldrucke in vier Jahrhunderten. FS 175 Jahre Frankfurter Bibelgesellschaft 1816–1991. (Frankfurt)

4 Schefzyk, J. (Hg.), 2006 Alles Echt – Älteste Belege zur Bibel aus Ägypten. Mainz (mit Katalog der Exponate zur gleichnamigen Ausstellung im Bibelhaus Erlebnis Museum Frankfurt 2006).

5 Ernst Karpf, 2013 Eine Stadt und ihre Einwanderer. 700 Jahre Migrationsgeschichte in Frankfurt am Main. Herausgegeben vom Amt für multikulturelle Angelegenheiten Stadt Frankfurt am Main. (Frankfurt am Main)

6 Sarma, O., 2012 Kulturkonzepte. Ein kritischer Diskussionsbeitrag für die interkulturelle Bildung. Frankfurt – ein Gutachten zur Diversität und verwandten Aufgabenfeldern im Auftrag des Amtes für multikulturelle Angelegenheiten der Stadt Frankfurt am Main (AmKA).

7 Dinkelaker, V., 2012 „Interkulturelles Lernen – nicht nur im Nomadenzelt. Mit interreligiösen Gruppen im Bibelhaus". In: Schönberger Hefte 2/2012, 25.

8 Assmann, J., 2003 Die Mosaische Unterscheidung oder: der Preis des Monotheismus. (München)

9 Rudolph, W., 1971 Joel-Amos-Obadja-Jona, KAT² 13/2, 368.

10 Diebner, B. J., 1998 „Ironie als Stilmittel innerjüdischer Religionspolemik. Was der ‚Prophet Jona' zu lernen hat. Eine Ketuvim-Botschaft unterwandert die Nevi'im". In: Dinkelaker, V., Hensel, B., Zeidler, F. (Hg.): 2011 Seit wann gibt es ‚jenes Israel'? Gesammelte Studien zum TNK und zum antiken Judentum. FS B. J. Diebner, BVB 17. (Berlin/Münster)

11 Dam, H./Rahlwes, B. (Hg.), 2008 Anderes entdecken – Eigenes vergewissern. Bausteine für einen pluralitätsfähigen Religionsunterricht. Schönberger Impulse – Praxisideen Religion. (Braunschweig)

12 Dokumentation „Jaffa – Geschichten aus der ältesten Hafenstadt der Welt" (2007). – Um für die jüngere Geschichte von Jaffa im Zeichen des Handels ein Gespür zu bekommen, eignet sich die israelische Dokumentation „Jaffa – The Orange's Clockwork" von Eyal Sivan (2009). Jaffa ist in zwei israelisch-arabischen Filmproduktionen des Jahres 2009 exemplarischer Ort für die Konflikte und das Auskommen zwischen Israelis und Arabern im täglichen Leben: „Jaffa" von Keren Yedaya und „Ajami" von Scandar Copti und Yaron Shani.

13 Bernhardt, R./Schmidt-Leukel, P. (Hg.), 2008 Multiple religiöse Identität. Aus verschiedenen religiösen Traditionen schöpfen. Beiträge zu einer Theologie der Religionen Bd. 5. (Zürich)

Jaffa

Vielfalt der Kulturen als Nährboden der Toleranz

Ulrich Oelschläger

1930 erschien in einer Auflage von 1.000 Exemplaren ein zweibändiges Werk mit dem Titel:

„Palästina. Bibel. Talmud. Koran. Eine vollständige Darstellung aller Textstellen in eigenen künstlerischen Aufnahmen aus Gegenwart und Vergangenheit des Heiligen Landes. Die Eingangspforte. Jaffa I. Jaffa, Die Schöne II."[1] Es stellt eine Fülle von Zitaten Bildern aus Jaffa gegenüber. Nicht alle dieser Zitate aus der Bibel, dem Koran und dem Talmud, auch aus Reisebeschreibungen und modernerer Literatur, sind eindeutig auf Jaffa bezogen, bzw. ein solcher Bezug ist nicht immer aus dem Text selbst erkennbar. Die meisten Texte sind aus den Heiligen Schriften in Abstimmung auf die Bilder ausgesucht. Sie vermitteln jedoch im Zusammenhang von Text und Bild den Eindruck einer Hafenstadt, die das Tor zum Heiligen Land, die Eingangspforte zu Jerusalem darstellt und schon in früher Zeit eine religiöse und kulturelle Vielfalt beherbergt.

Als solche erscheint sie auch im 10. Kapitel der Apostelgeschichte in der berühmten Vision des Petrus. Zunächst geht es in diesem Kapitel um den gottesfürchtigen römischen Hauptmann Kornelius, der in Caesarea (Abb. 1) stationiert ist und dem ein Engel gebietet nach Simon Petrus zu schicken, der sich in Joppe, wie Jaffa im NT genannt wird, aufhält. Petrus ist in Joppe/Jaffa zu Gast bei einem Gerber namens Simon, dessen Haus am Meer liegt. Während Soldaten im Auftrag des Kornelius unterwegs nach Joppe sind, macht die fortlaufende Erzählung einen Sprung dorthin. So heißt es in Vers 9–16:

„Am folgenden Tag, als jene unterwegs waren und sich der Stadt näherten, stieg Petrus um die sechste Stunde auf das Dach des Hauses, um zu beten. Da wurde er hungrig und wünschte etwas zu essen. Während man etwas zubereitete, geriet er in Extase, und er sah den Him-

Abb. 1 Caesarea Maritima ist eine von Herodes dem Großen nördlich von Jaffa angelegte Metropole an der Mittelmeerküste, die auch der Stationierung der römischen Führungselite gedient hat. Sie war entsprechend ihrem repräsentativen Charakter mit allem Komfort ausgestattet, so auch mit einem von Säulen umgebenen Hof mit großer Gartenanlage und freiem Blick auf das Meer.

Abb. 2 Heute wird der Hafen von Jaffa überwiegend für den Fischfang genutzt, der die direkt an der neuen Uferpromenade liegenden Restaurants bedient.

mel offen und eine Art Gefäß herabkommen, wie ein großes Leinentuch, das an seinen vier Enden gehalten und auf die Erde herabgelassen wird. Darin befanden sich alle möglichen Vierfüßler und Kriechtiere der Erde und Vögel des Himmels. Und eine Stimme ertönte und sagte zu ihm: Steh auf, Petrus, schlachte und iss! Petrus aber sprach: Auf keinen Fall, Herr! Noch nie habe ich etwas Gemeines oder Unreines gegessen. Und wiederum ertönte die Stimme und sagte ein zweites Mal zu ihm: Was Gott für rein erklärt hat, das nenne du nicht unrein. Dies geschah noch ein drittes Mal, dann aber wurde das Gefäß in den Himmel hochgezogen."[2]

Noch während Petrus über diese Vision nachdenkt, kommen die drei Boten und holen ihn in die römische Garnisonsstadt Caesarea, wo er den Hauptmann Kornelius tauft. So wird in der Apostelgeschichte gerade Petrus, dessen herausgehobene Stellung der Verfasser der Apostelgeschichte damit betont, zum ersten Heidenmissionar, bevor das Geschichtswerk sich auf die Missionsarbeit des Apostels Paulus konzentriert. Petrus ringt lange um die Bedeutung der Vision, bis er erkennt, sie enthält die Botschaft, dass die Gottesfürchtigen in jedem Volk Gott angenehm sind.[3] Die Rolle, die in Gal. 2, dem authentischen Bericht des Paulus über das Apostelkonzil, Paulus zukommt, während die Position des Petrus hier durch den Zwischenfall in Antiochia eher ins Zwielicht gerät (Gal 2, 11 ff), wird hier Petrus, der Autorität der Urgemeinde, übertragen. Lukas, der im sog. Aposteldekret die Speisevorschriften betreffend mit der Forderung, dass alle die noachidischen Gebote einzuhalten hätten (Apg15,19; Gen 9,4), Jacobus sogar mehr Einschränkungen der Freiheit fordern lässt, als Paulus dies im Galaterbrief schildert, gibt in der Vision ein radikales Bild der Aufhebung von Rein und Unrein, indem er danach die Boten des Kornelius Gäste in einem jüdischen Haus sein lässt und später Petrus in das Haus des Kornelius führt. Würde man einen modernen Toleranzbegriff zugrunde legen, so ist hier mehr gefordert als „dulden". So hat Goethe postuliert, Toleranz im Sinne von „dulden" „sollte eigentlich nur eine vorübergehende Gesinnung sein: sie muß zur Anerkennung führen. Dulden heißt beleidigen."[4] Durch die entstehende Gemeinschaft ist hier eine Toleranz eingeführt, die über das bloße Dulden hinaus zum gegenseitigen Verstehen führt. Dass diese Szene uns gerade nach Jaffa, in die Hafenstadt führt, über die auch das Zedernholz für den Tempel in Jerusalem geliefert wurde, ist charakteristisch (Abb. 2). Hafenstädte sind Umschlagplätze für allerlei Waren, Stätten der Begegnung für Angehörige vieler Völker. Nach Immanuel Kant ist es „der H a n d e l s g e i s t, der mit dem Kriege nicht zusammen bestehen kann, und der früher oder später sich jedes Volks bemächtigt."[5] [Hervorhebung im Original] So ist es in Kants Vision zum ewigen Frieden „gegenseitiger Eigennutz"[6], der zur Verständigung von Völkern führt. Einem solchen gegenseitigen Eigennutz zwischen den Völkern der Phönizier und der Israeliten, einem Handelsabkommen zwischen Churam, dem König von Tyrus, und Salomo, scheint auch die Lieferung von Zedernholz nach Jaffa zu entspringen:

> „Den Weizen und die Gerste, das Öl und den Wein, von dem mein Herr gesprochen hat – er möge das seinen Dienern senden. Wir aber werden Bäume auf dem Libanon fällen, so viele du brauchst und als Flöße bringen wir sie dir über das Meer nach Jafo [Jaffa], dann kannst du sie hinaufbringen nach Jerusalem." (2. Chr. 2, 14b u. 15)

So scheint Jaffa schon in der Antike durch seine Rolle als Hafenstadt die Begegnungen gefördert zu haben, die sich bis in die Gegenwart fortsetzten. Das Zusammenleben von Menschen verschiedener Religionen bzw. Konfessionen ist in dem eingangs zitierten Werk durch Bild und Zitate bestens belegt. Zu bedenken ist, dass Jaffa für Christen auch eine wichtige Station im Rahmen einer Pilgerreise ins Heilige Land ist, nehmen doch noch im heutigen Jaffa nicht weniger als fünf Gebäude für sich in Anspruch, jenes Haus des Gerbers Simon gewesen zu sein, in dem Petrus Unterkunft gefunden hatte. Ebenso gehört das Grab der Tabitha, jener wohltätigen Witwe (Apg. 9, 36 ff), die starb und von Petrus auferweckt wurde, zu den Sehenswürdigkeiten, die von Christen besucht werden. So ist es nicht verwunderlich, dass sowohl die Römisch-Katholische Kirche als auch die Griechisch-Orthodoxe hier vertreten sind und dass Armenier, Kopten und auch evangelische Christen hier Niederlassungen gegründet haben.[7] Die größte Gruppe stellten jedoch die Muslime, bis es 1948 nach der Gründung Israels zur Vertreibung von etwa 65.000 Arabern[8] kam und Jaffa immer mehr zu einem Teil Tel Avivs wurde, auch wenn sich die Geschichte beider Städtenur schwer „zusammenzwingen" lässt.[9] Die kleinste Gruppe bildeten noch Anfang des 20. Jh.s die Juden. Ein Bericht von 1904 spricht von etwa 28.000 Muslimen, 7.500 Christen, davon etwa 1.000 Europäer und etwa 3.000 Juden.[10] Dass sich die Bedingungen des Zusammenlebens der Konfessionen und Religionen im Laufe der Geschichte in Jaffa vielfach verändert haben, wird in den folgenden historischen Darstellungen ebenso deutlich wie die Fülle unterschiedlicher kultureller Einflüsse seit der ersten Erwähnung der Stadt unter dem Namen Ja-pu in einer Inschrift des Pharaos Tutmosis III. aus dem Jahre 1480 vor Christi Geburt. Dass die ursprüngliche Bevölkerung von Jaffa israelitisch war, wird mit guten Argumenten bezweifelt. Als die Stadt 140 von dem Hasmonäer Simon besetzt und jüdisch wurde, war die kanaanäisch-philistäische Bevölkerung vollständig hellenisiert.[11] Zu dieser Charakteristik einer weltoffenen Stadt in der Antike passt, dass auch für das 20. Jh. das Bild einer weltoffenen Stadt gemalt wird. So bemerkt Gudrun Krämer, dass in der Zeit zwischen dem ersten und zweiten Weltkrieg „zumindest im offeneren Milieu Jaffas und Haifas einige Frauen der städtischen Ober- und Mittelschicht dazu übergegangen“ seien, „den Schleier abzulegen – nicht nur bei Demonstrationen gegen die Balfour-Erklärung und das Mandat.“[12] Auch die große jüdische Gemeinde, die nach dem Wiederaufbau der Stadt nach dem jüdischen Krieg (66–70) als Flavia Joppe in Jaffa entstand, war in großen Teilen hellenistisch geprägt.[13] Durch die Kreuzzüge in Mitleidenschaft gezogen, ebenso durch den Feldzug Napoleons (1799) kam es immer wieder zum Wiederaufbau und zu einer regen Besiedlung, seit 1920 verstärkt zu jüdischer Einwanderung. Vielfältige Einflüsse haben das Bild Jaffas geprägt, einer Stadt, die Joachim Schlör in seiner 1996 erschienenen Monografie „Tel Aviv“ eine alte Stadt nennt, die „zum touristisch gestylten Altstädtchen mit Galerien und Boutiquen reduziert“ sei[14] (Abb. 3). Dennoch steht auch die neuzeitliche Entwicklung der Stadt für eine Tradition, die Wurzelboden für Toleranz sein kann. So war es der Plan Friedrich Wilhelm des IV., allen Konfessionen Anteil an den heiligen Stätten zu geben[15], so finden wir in dem eingangs zitierten Werk von Frank Scholten das Bild eines arabischen Arztes, der auch von orthodoxen Juden aufgesucht wurde.[16]

Die gemeinsame Überlieferung der monotheistischen Religionen hat auch Spuren in Jaffa hinterlassen. So befindet sich südlich von Jaffa eine kleine Moschee, die über dem Grabe Rubens, des ältesten Sohnes Jakobs, des ältesten Israeliten, im 13. Jh. erbaut worden sein soll.[17] Besonderen Bezug zu Jaffa hat die Geschichte des Propheten Jona, der von Jaffa aus auf einem Schiff nach Tarsus (Tarschisch) entkommen will (Jon 1, ff.). Die Geschichte Jonas findet in den drei monotheistischen Religionen Auslegungsvarianten, die ein spezifisches Gegenüber der Religionen, aber auch den gemeinsamen Ursprung demonstrieren können. Ist die jüdische Auslegung vom Erwählungsgedanken Israels geprägt, wird Jona in der christlichen Auslegung zum Typos für das zentrale Heilsgeschehen von Tod und Auferstehung Jesu, während die Geschichte im Islam vom Gedanken der Mission geprägt ist.[18] Mithin entstehen aus der gleichen Wurzel unterschiedliche Traditionen. Die Besinnung auf diesen gemeinsamen Ursprung hebt die Unterschiede nicht auf, ist jedoch geeignet den wechselseitigen Respekt und das Verstehen zu fördern, wenn auch in einigen Beispielen eine gegenteilige Wirkung in der Geschichte einzuräumen ist.

Sowohl Strabo als auch Plinius der Jüngere verorten die Andromeda-Sage, die Ähnlichkeiten mit der Jona-Geschichte zeigt, wird doch auch Andromeda einem Wal vorgeworfen, in Jaffa.[19] Jaffa kommt in Heiligenlegenden als bedeutender Ort vor. In Ritter Grünembergs „Pilgerfahrt ins Heilige Land“ von 1486 erscheint Jaffa als Gründung Japheths, des dritten Sohnes Noahs (Gen 5,32), auch das mag den gemeinsamen Ursprung der drei Religionen auf Jaffa fokussieren.

Jaffa, Wurzelboden gegenseitiger Toleranz, gegenseitiger Achtung und wechselseitigen Verstehens? Sicher kann dies nicht für alle Phasen seiner Geschichte behauptet werden, aber wertvolle Ansätze dazu sind ebenso da, wie es auch Beispiele gibt in der wechselvollen Geschichte, die das Gegenteil belegen.

So scheint das weltoffene Jaffa auch in seiner früheren Geschichte Beispiele von Toleranz, von friedlichem Ne-

Abb. 3 Der Uhrenturm markiert zentral den Zugang zur Altstadt von Jaffa, auf deren linker Seite der große Altstadtmarkt einen touristischen Magneten für Jaffa bedeutet.

beneinander, zu dokumentieren, die wir bei den Reformatoren vergeblich suchen. Sicher ist auch die Präsenz verschiedener Gruppen in Palästina oft vom Missionswillen durchdrungen, aber der Zwang zur unbedingten Bewahrung der Einheit, wie er das 16. Jh. in Europa prägt, scheint hier weniger ausgeprägt. In Luthers Schrift „Dass Jesus Christus ein geborner Jude sei" von 1523 betont Luther, er selbst wäre, wäre er in den zurückliegenden Zeiten ein Jude gewesen und hätte das Verhalten der Kirchenvertreter den Juden gegenüber gesehen, „eher eine Sau geworden denn ein Christ. Denn sie haben mit den Juden gehandelt, als wären es Hunde und nicht Menschen, haben nichts mehr gekonnt tun, denn sie schelten und ihr Gut nehmen; wenn man sie getauft hat, keine christlich Lehre noch Leben hat man ihnen bewiesen."[20] Allerdings führt diese Einsicht Luthers nicht zur Toleranz, weder im Sinne von „Dulden" noch gar von „Verstehen", und es folgen 1543 die späten, schlimmen Judenschriften, als deutlich wurde, dass die Schrift von 1523 keinen nennenswerten Missionserfolg zeigte. Mehr Toleranz war zu beobachten bei Melanchthon, Bucer, dem katholischen Theologen Gropper und selbst bei Calvin sowie anderen im Zusammenhang der Einigungsversuche in den Religionsgesprächen des 16. Jh.s. Es entstand etwa der Begriff des „Adiaphorons", eines nebensächlichen Brauchs, z. B. im Bezug auf das Tragen liturgischer Kleidung, der eine Duldung von Unterschieden erlaubte. Auch andere Kompromisse wurden versucht. So legte Melanchthon in Worms die „Confessio Augustana variata" vor und es entstand in Geheimverhandlungen zwischen Beteiligten das „Wormser Buch". Letztlich scheiterten jedoch alle Versuche, da man sich beim letzten dieser Gespräche 1557 z. B. auf die Forderung der „Gnesiolutheraner", bestimmte Lehren zu verwerfen, nicht einigen konnte. Fast scheint der Satz zweier Randfiguren der Täuferbewegung, Hans Denck und Ludwig Hätzer, die 1527 in Worms eine vollständige Übersetzung aller Prophetenbücher vorgelegt haben und um gerechte Beurteilung gebeten haben, von tiefer Einsicht geprägt: Sie beklagen, dass es Menschen gibt, denen nichts „anmutig, es schmeck dann nach irer kuchen" [denen nichts gefällt, es schmecke denn nach ihrer eigenen Küche].[21]

Dieser kleine Sprung nach Deutschland in die Reformationszeit sei gestattet im Rahmen einer Ausstellung zur Reformationsdekade.

Anmerkungen

1 Scholten, F. 1930 Palästina. Bibel. Koran. Talmud. Eine vollständige Darstellung aller Textstellen in eigenen künstlerischen Aufnahmen aus Gegenwart und Vergangenheit des Heiligen Landes. Die Eingangspforte. Jaffa I. Mit 449 Abbildungen in Kupfertiefdruck. Jaffa, die Schöne II. Mit 371 Abbildungen in Kupfertiefdruck. (Beide Bände Stuttgart)
2 Apg. 10, 9–16, Übersetzung der Zürcher Bibel.
3 Vgl. Jervell, J. 1998[17] Die Apostelgeschichte (KEK 3), Göttingen, S. 304–310.
4 Johann Wolfgang von Goethe, 1967[6] Maximen und Reflexionen (Hamburger Ausgabe 12). (Hamburg), S. 385 (Aphorismus 151).
5 Immanuel Kant, Zum ewigen Frieden (I. K., Werke, hg. von Wilhelm Weischedel, Bd. 9), S. 226.
6 Ebenda.
7 Scholten I, S. 44–93; Eisler, J. 1997 Der deutsche Beitrag zum Aufstieg Jaffas 1850–1914. Zur Geschichte Palästinas im 19. Jahrhundert (Abhandlungen des Deutschen Palästinavereins 22). (Wiesbaden), vor allem S. 17 ff.
8 „1945 hatte Jaffa 101.580 Einwohner, von denen 53.930 muslimisch, 30.820 jüdisch und 16.800 christlich waren ... Am 14. Mai 1948 wurde Jaffa von israelischen Milizen der Hagana und des Irgun eingenommen. In Folge von Flucht bzw. Vertreibung eines Großteils der arabischen Bevölkerung reduzierte sich diese um rund 65.000 auf knapp 5.000 Einwohner." (Wikipedia) Die in sich widersprüchlichen Zahlenangaben sind auffällig. Krämer, G. 2006 Geschichte Palästinas, München, S. 267f. spricht von 50.000–60.000 Arabern in Jaffa, die auf 4.000–5.000 reduziert wurden. Nach ihrer Darstellung und der in Wikipedia war Jaffa ursprünglich als arabische Enklave vorgesehen und wurde von der Irgun als „Krebsgeschwür" im jüdischen Gemeinwesen und „Geißel" für das benachbarte Tel Aviv angesehen. (Krämer, S. 367); vgl. Schlör, J. 1996 Tel Aviv. Vom Traum zur Stadt. Reise durch Kultur und Geschichte. (Gerlingen), S. 193. Er bezeichnet die Stadt als weitgehend arabisch.
9 Schlör, S. 21.
10 Eisler, S. 2; Scholten I, 96–157 (Bilder der islamischen Welt begleitet von Koranzitaten), S. 158–203 (Bilder aus der jüdischen Welt begleitet von Zitaten aus Bibel und Talmud); Scholten II, S. 61–81.
11 Abraham Jakob Brawer, Art. Jaffa. In: JL III, Sp. 123–125.
12 Krämer, S. 338.
13 Brawer, Sp. 123.
14 Schlör, S. 155.
15 Eisler, S. 9 f.
16 Scholten I, S. 92.
17 Scholten I, S. 145.
18 Steffen, U. 1994 Die Jona – Geschichte. Ihre Auslegung und Darstellung im Judentum, Christentum und Islam, Neukirchen. (Vluyn)
19 Scholten II, S. XXVIf; Hans von Geisau, Art. Andromeda. In: Der Kleine Pauly I, Sp. 348.
20 Zitiert nach Peter von der Osten Sacken, Luther und die Juden, Stuttgart 2002, S. 92.
21 Vgl. U. Oelschläger, Die Wormser Religionsgespräche des 16. Jahrhunderts. In: Wormser Religionsgespräche 19.–21. April 2013 (Programmheft), S. 38–57; Alle Propheten nach Hebräischer Sprach verteutscht, M.D.XXVII, S. Aij; Oelschläger, U. 2008 Die Wormser Propheten von 1527. Eine vorlutherische Teilübersetzung der Bibel, in Ebernburghefte 42,S. 19–50.

Jona, die Taube und das Buch

Rüdiger Lux

Das Buch über den Propheten Jona erfreut sich einer ungebrochenen Popularität. Diese verdankt es weniger dem Propheten selbst als vielmehr dem „großen Fisch“, der ihn verschlang und in dem er drei Tage und drei Nächte betete, bevor er ihn wieder auf trockenem Land ausgespieen hat (Jon 2). Offensichtlich ist es der Ausflug des Erzählers in das Land der Wunder, der die Leser stets aufs Neue faszinierte. In welchem Verhältnis aber stehen in der Jonaerzählung Wunder und Wirklichkeit? Was hat den Propheten zum „Zeichen“ werden lassen, das weit über ihn hinaus wies auf den Menschensohn, der drei Tage und drei Nächte im Schoß der Erde ruhte (Mt 12,38–41)?

Der historische und der erzählte Jona

Über den historischen Jona erfahren wir aus dem gleichnamigen Prophetenbuch so gut wie nichts. Vielmehr bezieht sich dieses mit seinem „Helden“ Jona auf eine Notiz über den nordisraelitischen König Jerobeam II. (787–747 v. Chr.) zurück, die sich möglicherweise in den Königsannalen Israels fand:

> Er (Jerobeam II.) stellte das Gebiet Israels wieder her von dort, wo man nach Hamat kommt, bis zum Meer der Araba, entsprechend dem Wort JHWHs, des Gottes Israels, das er gesprochen hatte durch seinen Knecht Jona, den Sohn Amittais, den Propheten aus Gat-Hefer. (2 Kön 14,25)

Danach war Jona, der Sohn Amittais, ein Prophet des Nordreiches Israel aus dem 8. Jh. Sein hebräischer Name *jônāh* bedeutet „Taube“. Ob der spätere Jonaerzähler damit spielte, indem er ihn seinen Lesern als einen „Flattergeist“ vor Augen stellte (H. W. Wolff), das mag dahingestellt bleiben. Dass Eltern in biblischer Zeit ihren Kindern Tiernamen gaben (*debôrāh* → „Biene“; *rāhel* → „Mutterschaf“; *kāleb* → „Hund“ u. a.) war nichts Außergewöhnliches. Er stammte aus Gat-Hefer in Galiläa ca. 5 km nordöstlich von Nazaret gelegen, das mit *Chirbet ez-Zerrā'* identifiziert wird.

In der Regierungszeit Jerobeams II. banden die Assyrer mit ihrem Drang nach Westen weithin die Kräfte der Aramäer von Damaskus. Das verschaffte Jerobeam II. genügend Luft, um verloren gegangene Gebiete des Nordreiches Israel zurückzugewinnen (vgl. Am 6,13) und eine Phase wirtschaftlicher Prosperität einzuleiten. Die negative Begleitmusik dieser an und für sich erfreulichen politischen Entwicklung war eine zunehmende soziale Spaltung der Gesellschaft, die auf eine scharfe Kritik der Propheten Hosea (Hos 4,1 f.; 6,8–10; 7,1–7) und Amos stieß (Am 2,6–8; 4,1; 5,10–13).

Der Prophet Jona aus Gat-Hefer hat sich offensichtlich nicht der Auffassung dieser kritischen Gerichtspropheten angeschlossen. Vielmehr gehörte er wohl zur Riege derjenigen „Hofpropheten“, die Jerobeam II. mit Heilsweissagungen in seinen politischen Bemühungen ermutigten und unterstützten. Mehr als den Vatersnamen Amittai, den Herkunftsort Gat-Hefer und die dürre Notiz darüber, dass er Jerobeam II. das Gelingen seiner Maßnahmen zur Rückeroberung verlorener Gebiete geweissagt habe, lässt sich historisch nicht mit hinreichender Sicherheit über diesen Propheten sagen. Für Israel war der **erzählte** Jona allemal wichtiger als der **historische** Jona. Als historische Gestalt ging er weitestgehend im Dunkel der Geschichte unter. Dafür machte der „kleine Prophet“ eine umso größere Karriere in der Literatur von der Antike bis in die Moderne (vgl. S. Frieling).

Das Jonabuch im Dodekapropheton

Das Büchlein Jona gehört zur Buchrolle des Dodekapropheton, dem „Zwölfprophetenbuch“, das in diesem Umfang im 2. Jh. v. Chr. erstmalig in Sir 49,10 Erwähnung findet. Dabei haben sich diejenigen Redaktoren, die die zwölf prophetischen Schriften zu einer Buchrolle zusammenstellten, darum bemüht, diese in der historischen Reihenfolge ihres Auftretens aufeinander folgen zu lassen. Deswegen steht das Jonabuch der Notiz von 2 Kön 14,25 entsprechend in der Hebräischen Bibel (MT) an fünfter Stelle zwischen Obadja und Micha und in der griechischen Übersetzung, der Septuaginta (LXX), an sechster Stelle zwischen Obadja und Nahum, also unter den Propheten des 8. Jh. v. Chr. Daran wird deutlich, dass bereits die Redaktoren und ältesten Übersetzer nicht nur um eine historisch zutreffende, sondern auch um eine sachgerechte theologische Einordnung der im Vergleich mit den anderen Prophetenbüchern so un-

Abb. 1 Moderne Skulptur des Wals von der Künstlerin Ilana Gur in Jaffa.

gewöhnlichen Prophetenerzählung gerungen haben. Wenn in der *LXX* unmittelbar auf das Jonabuch das Buch Nahum folgt, dann wird in dieser Anordnung die ganze Spannweite des Handelns JHWHs an Assur deutlich. Denn damit folgt ja unmittelbar auf die Verschonung Ninives, das nach Jona 3 in seiner Gesamtheit Buße tat, die vollkommene Vernichtung der stolzen Hauptstadt des Assyrerreiches (Nah 2,2–3,19). JHWHs Barmherzigkeit mit und JHWHs Zorn gegen Assur prallen nahezu unvermittelt aufeinander. Das Michabuch hingegen, das sich in MT zwischen Jona und Nahum schiebt, deutet an, dass das Strafgericht über die israelfeindlichen Völker (Mi 4,11–13) nicht JHWHs letztes Wort sein muss. Mit der Umkehr von den bösen Taten und Wegen, der Wallfahrt zum Zion und dem Hören auf die Weisungen JHWHs (Mi 4,1–4) bleibt ihnen auch künftig die Tür zu einer heilvollen Zukunft geöffnet.

Wie schwer es allerdings manchen Redaktoren und Sammlern gefallen sein dürfte, für das Jonabuch in der Reihe der Prophetenschriften einen angemessenen Platz zu finden, das wird an der ältesten Handschrift des Dodekapropheton aus Qumran (4Q XII^{a}) deutlich (2. Jh. v. Chr.). Dort nimmt es in der Reihe den letzten Platz hinter dem Buch Maleachi ein. Ist der Grund hierfür darin zu suchen, dass es sich in seiner literarischen Gestalt fundamental von allen anderen Prophetenbüchern des Dodekapropheton unterschied?

Jona, eine Prophetenerzählung

Während die anderen Prophetenbücher des Dodekapropheton vor allem poetisch geformte Prophetensprüche, Reden und Gedichte enthalten, handelt es sich beim Jonabuch um eine in sich geschlossene Erzählung, die den Leser über eine Episode aus dem Wirken des Propheten unterrichtet. Der einzige Prophetenspruch, den es enthält, ist eine Anklage gegen Ninive, die im Hebräischen aus ganzen fünf Worten besteht:

> *'ôd 'arbā'îm jôm w^{e}nîn^{e}wēh næhpākæt – „Noch vierzig Tage und Ninive ist zerstört.“* (Jona 3,4)

Das knappe Gerichtswort hat dem Propheten manchen Tadel der Exegeten eingebracht: „Er ist wie der Hund, den man zum Jagen tragen muß“ (Wilhelm Rudolph). Man darf aber fragen, ob mit solchen Urteilen die Intention des Erzählers wirklich erfasst wird. Denn die Botschaft des Jonabuches ist weniger in dem zu suchen, was der Prophet sagt, als vielmehr darin, wie er sich seinem prophetischen Auftrag gegenüber verhält. Daher erschließt sich das Buch nur durch eine sorgfältige Analyse seiner narrativen Strukturen.

Das deutlichste Gliederungssignal ist die Wiederholung des göttlichen Auftrags an den Propheten aus 1,1 f. in 3,1 f. Dadurch gliedert sich das Buch in zwei Teile (Jona 1–2/3–4). Im ersten Teil verweigert sich der Prophet dem göttlichen Auftrag. JHWH schickt ihn nach Osten, um Ninive das Unheil anzusagen. Jona aber versucht über die Hafenstadt Jafo und das Mittelmeer nach Tarschisch im äußersten Westen zu fliehen (1,1–3). Daraufhin schickt JHWH einen großen Sturm, durch den das Schiff, auf dem sich Jona als Passagier eingekauft hatte, in schwere Seenot gerät. Alle Gebete der Seeleute zu ihren Göttern zeigen keine Wirkung (1,4–6). In ihrer Verzweiflung versuchen die Seeleute, durch Losentscheid einen Schuldigen für den Gottessturm zu ermitteln. Das Los fällt auf Jona. Dieser bekennt sich zu seiner Flucht vor dem Auftrag JHWHs und fordert sie auf, ihn zu opfern und über Bord zu werfen, damit sich das Meer wieder beruhigt. Nachdem alle Versuche scheiterten, das rettende Ufer zu erreichen, kommen sie der Aufforderung Jonas nach. Sie werfen ihn in höchster Not ins Meer, das sich daraufhin beruhigt (1,7–16). Die Seeleute sind gerettet, Jona scheint verloren.

JHWH aber bestimmt einen großen Fisch (Abb. 1), der Jona verschlingt und für ihn zum „saltwater taxi“ (Gerald B. Stanton) wird (2,1). Im Fisch stimmt Jona einen Dankpsalm an, der im Qina-Metrum abgefasst ist und die überlieferte Psalmensprache Israels aufnimmt. Ja, mehr noch, er setzt sich wie ein Mosaik (Musiv-Stil) aus einer ganzen Reihe von Psalmenzitaten und Anspielungen auf solche zusammen (V 3 → Ps 120,1; 31,23; V 4 → Ps 69,3.16; 42,8; V 5 → Ps 31,23; V 6 → Ps 69,2; V 8 → Ps 143,4 ff.; 88,3; V 9 → Ps 31,7; V 10 → Ps 116,17 f.). Damit deutet der Erzähler an, dass Jona, der vor JHWH und seinem Auftrag zu fliehen suchte, sich diesem in der Not wieder zuwendet und als ein „Frommer“ die Psalmen Israels betet. Und das nicht ohne Erfolg, denn auf solches Gebet hin spuckt der große Fisch Jona auf dem trockenen Land wieder aus (V 11). Damit kann die Erzählung noch einmal von vorn beginnen.

Im zweiten Teil (Jona 3–4) kommt Jona jetzt unverzüglich dem Auftrag JHWHs nach und zieht nach Osten (3,1–3). Er kommt in der großen Stadt Ninive an, für deren Durchquerung man drei Tagesreisen braucht, und kündet ihr kompromisslos den Untergang an (V 4). Daraufhin legen die Bewohner vom König bis zu den geringsten Untertanen Trauergewänder an und rufen ein Fasten für Mensch und Tier aus (V 5–8). Das alles geschieht in der Hoffnung, dass Gott auf ihre Abkehr von Bosheit und Gewalt mit seiner Umkehr antworten und sie vor dem Strafgericht verschonen möge, was schließlich auch geschieht (V 9–10). So wie Jona in 1,4–16 in den Seeleuten einer Gruppe von Nichtisraeliten begegnet, die sich in ihrer Frömmigkeit vorbildlich verhalten, so auch in Jona 3,4–10. Beide Kapitel konfrontieren einen Propheten aus Israel mit Angehörigen fremder Völker, die wider alles Erwarten dem Willen JHWHs nicht im Wege stehen. Vielmehr erkennen sie seine Macht als Herr über Natur und Geschichte an und vertrauen darauf, dass er von seinem Zorn ablässt und ihnen vergibt (1,14–16; 3,8–10).

Gerade dadurch aber fühlt sich Jona herausgefordert. Wie auf das erste Kapitel folgt nun auch auf das dritte Kapitel ein Gebet des Propheten, in dem dieser aus seiner Enttäuschung über JHWHs Nachgiebigkeit keinerlei Hehl macht (4,1–3). Gleichzeitig gibt er mit seinem Gebet erstmalig eine Erklärung dafür ab, warum er zunächst dem Auftrag JHWHs nicht Folge leistete:

> *Denn ich wusste, dass du ein gnädiger und barmherziger Gott bist, langsam im Zorn und reich an Güte, und einer, der das (geplante) Unheil bereut.* (Jona 4,2)

Auch mit diesem Gebet bedient sich der Prophet wieder der Glaubenssprache seines Volkes, indem er die sog. „Gnadenformel“ zitiert (vgl. Ex 34,6; Joel 2,13; Ps 86,15; 103,8; 145,8; Neh 9,17). Während sich Jona aber mit seinem Gebet im großen Fisch (2,3–10) JHWH voller Vertrauen wieder zugewendet hat, geht er mit dem Gebet in 4,1–3 auf Distanz zu ihm und hadert mit seiner Güte und Barmherzigkeit für Ninive. Dem Gebet der Zuwendung zu JHWH folgt ein Gebet der kritischen Abwendung von ihm.

Daher schickt ihn JHWH abschließend für einen Tag und eine Nacht in die Schule der Barmherzigkeit. Dem Propheten, der in einer Hütte vor der Stadt Posten bezogen hatte, um zu sehen, was mit Ninive geschehen würde, lässt er einen Rizinus als Schattenspender aufwachsen, um ihn von seiner Griesgrämigkeit zu befreien (4,4–6). Daraufhin lässt er in der Nacht den Rizinus von einem Wurm anknabbern, sodass dieser verdorrt. Die Sonne des folgenden Tages und ein heißer Ostwind geben dem Rizinus und dem Propheten den Rest. Jetzt verzweifelt er vollends und wünscht sich nur noch den Tod herbei (4,3.7–8). Daraufhin endet die Erzählung mit einer Lektion, die JHWH dem Propheten in Gestalt einer Frage erteilt:

> *Da sprach JHWH: Du bist betrübt wegen des Rizinus, um den du dich nicht gemüht hast und den du nicht großgezogen hast, der in einer Nacht entstand und in einer Nacht zugrunde ging. Ich aber soll nicht betrübt sein wegen Ninive, der großen Stadt, in der es mehr als hundertzwanzigtausend Menschen gibt, von denen keiner weiß zwischen rechts und links (zu unterscheiden), und viele Tiere?* (Jona 4,10–11)

Die abschließende Frage dieser Meistererzählung signalisiert den Lesern einen offenen Schluss. Eine Antwort darauf soll sich nicht nur der rebellische Prophet geben, sondern auch der Leser des Jonabüchleins.

Die sorgfältige Struktur der Erzählung sowie die ständigen Rückgriffe auf die Tradition und die überlieferte Glaubenssprache Israels machen deutlich, dass es sich um alles andere als um eine lediglich unterhaltsame Volks- oder gar Kindererzählung handelt. Vielmehr wird hier mit großer Kunstfertigkeit narrative Theologie getrieben. Das Jonabuch ist eine Art *Midrasch* (H. W. Wolff), eine Lehrerzählung, die vorgegebene Schrifttraditionen aufnimmt, reflektiert, für die gegenwärtige Generation auslegt und aktualisiert.

Im Vergleich mit anderen Prophetenerzählungen wie z. B. denen von Elia und Elischa (1 Kön 17–19; 21; 2 Kön 1–9), in denen teilweise nur sehr locker miteinander verbundene Episoden aus dem Leben der Propheten zusammengestellt worden sind, handelt es sich beim Jonabuch um eine Erzählung, in der sich eine Handlungssequenz aus der jeweils vorhergehenden ergibt. Das unterstreicht den novellistischen Charakter, den das Buch hat, und lässt einen hochgebildeten Erzähler vermuten, der sein Handwerk verstand.

Die Welt des Erzählers

Die Frage, ob es sich beim Jonabuch überhaupt um einen kohärenten Text aus der Hand eines Erzählers handelt, oder um ein Stück Traditionsliteratur, das mehrfach überarbeitet und fortgeschrieben wurde, an dem also die Hände mehrerer Erzähler beteiligt waren, ist in der Jonaforschung umstritten. Da sich die unterschiedlichen Gottesbezeichnungen („*JHWH*“ und „*Elohim*“), die immer wieder für ein sukzessives Werden des Buches ins Feld geführt werden, auch sachlich begründen lassen und die Doppelungen sowie andere Auffälligkeiten in stilistischen Eigenheiten des Erzählers ihre Erklärung finden können, tendiert die neuere Jonaforschung eher in Richtung Einheitlichkeit. Allenfalls der Jonapsalm (2,3–10), der in seinem literarischen Charakter den Prosastil der Erzählung auffällig durchbricht, mag auf einen späteren Ergänzer zurückgehen. Allerdings lässt auch er sich als integrativer Bestandteil der Erzählung deuten, da sich in ihm die Wandlung Jonas von einem Propheten der Verweigerung zu einem Propheten des Gehorsams vollzieht und überhaupt erst einsichtig gemacht wird.

Liest man das Jonabuch in seiner vorliegenden Gestalt als einen Text, der sich – abgesehen von der einen oder an-

I	Jona 1,1–2,11 Der Prophet und das Meer	II	Jona 3,1–4,3 Der Prophet in Ninive
1,1–3	Auftrag und Verweigerung	3,1–3a	Auftrag und Gehorsam
1,4–16	Sturm auf hoher See	3,3b–10	Anklage und Umkehr Ninives
2,1–11	Jona und der große Fisch – Dankgebet für Lebensrettung	4,1–4	Jonas Zorn – Gebet und Todeswunsch
		4,5–11	Jona vor Ninive in der Schule der Barmherzigkeit.

deren kleineren Ergänzung – der Feder eines Autors verdankt, dann lässt sich eines mit Sicherheit sagen, dass es sich um einen schriftkundigen Erzähler handelte, der in vielfältiger Weise auf überliefertes biblisches und außerbiblisches Material zurückgegriffen hat. Das gilt nicht nur – wie bereits gezeigt – für die beiden Gebete (2,3–10; 4,2–3) und den Rückgriff auf 2 Kön 14,25, sondern auch für deutliche Anspielungen auf andere biblische Texte. Dabei spielen vor allem drei Vorstellungskomplexe eine wichtige Rolle:

1. Das Problem der **Umkehr des Menschen** von seinen bösen Taten und Wegen und der daraufhin folgenden **Reue Gottes**, der von seinem Zorn und dem angedrohten Unheil ablässt, die den gesamten zweiten Teil der Erzählung (Jona 3–4) dominiert. Sie spielt vor allem in der deuteronomistischen Umkehrtheologie des Jeremiabuches eine wichtige Rolle, auf das in 3,3–10 mehrfach wörtlich angespielt wird (Jer 18,7–8.11; 25,5; 26,3; 35,15; 36,3.7). Diese Thematik begegnet auch in anderen Schriften des Dodekapropheton (Joel 2,13; Sach 1,3–4; vgl. ebenso 2 Kön 17,13). Ja, der zur radikalen Umkehr von Bosheit und Gewalt aufrufende König von Ninive erscheint geradezu als positive Gegenfigur zum hör- und umkehrunwilligen judäischen König Jojakim und seinen Beamten in Jer 36.

2. Die Auseinandersetzung mit **Ninive**, der Metropole Assurs, als **Exempel für die fremden Völker** und ihr Verhältnis zu Israel. Im Hintergrund der Erzählung stehen sicherlich die durchweg negativen Ninivetexte aus dem Buch Nahum, aber auch 2 Kön 19,36; Jes 37,37 und Zef 2,13–15. Ninive, die große Stadt (vgl. Gen 10,11–12), war offensichtlich in der Erinnerung Israels für lange Zeit der Repräsentant einer imperialen Weltmacht, die sich die kleineren Nationen und Königreiche mit brutaler militärischer Gewalt einverleibte und von sich abhängig machte. Im Gegensatz dazu stellt das Jonabuch geradezu eine Umwertung aller geltenden Werte dar. Während sich Jona, der Prophet aus Israel, dem Auftrag seines Gottes verweigert und erst durch Zwang auf den richtigen Weg gebracht werden muss, erscheinen das imperiale Ninive und sein König geradezu als ein Musterbeispiel der Bereitschaft zur Umkehr. Offensichtlich lassen sich mit Großreichen auch andere als nur negative Erfahrungen machen.

3. In ihrem ersten Teil ist die Jonaerzählung auch eine **Seefahrergeschichte**. Dabei ist dem Text noch sehr deutlich der Respekt des Erzählers vor dem großen Wasser und seinen Gefahren abzuspüren, zumal Israel im Unterschied zu anderen Mittelmeeranrainern nie eine Seefahrernation war. Für seine Aktivitäten im Schiffsbau und Seehandel war es auf das Know-how der Phönizier angewiesen (1 Kön 9,26–28; 10,22; 22,49; Jes 2,16; 60,9; Ez 27). Dieser Respekt Israels vor dem Meer mit seinen Gefahren hat wohl auch dazu geführt, dass der Erzähler in vielfacher Weise auf die im Mythos wurzelnde **Sintfluterzählung** (Gen 6–9) sowie auf andere Texte der Urgeschichte (Gen 1–11) anspielte (F. Hartenstein). Auch darin geht es zentral um die Fragen des Zornes Gottes über die Bosheit von Mensch und Tier, die dazu führte, dass er es bereute, diese geschaffen zu haben, sowie um seinen Vernichtungsbeschluss (Gen 6,5–7), der schließlich in der Frist von 40 Tagen (Gen 7,4.12.17; 8,6 → Jona 3,4) zur Ausführung kommt. Auch dort spielen neben dem Zorn die Leidenschaften JHWHs, seine Reue und sein Mitleid, eine wichtige Rolle, die letztlich zu einer inneren Wandlung Gottes führen, der seine Geschöpfe künftig nicht mehr vernichtend schlagen will, obwohl der Mensch in seinem Herzen böse bleibt von Jugend an (Gen 6,6; 8,21–22 → Jona 3,10; 4,11). Auch dort sind die Tiere vom Schicksal des Menschen mit betroffen (Gen 6,7.19–20; 7,2–3.8–9.14; 8,17–19 → Jona 3,7–8; 4,11). Und auch dort ist der Schöpfer Herr über die Natur und ihre Gewalten (Gen 6,17; 7,10.17–19; 8,1–3 → Jona 1,4). Darf man daher abschließend mit aller Vorsicht fragen, ob der Erzähler des Jonabuches vor allem durch die Taube (*jônāh*), die Noah ausgesandt hatte, um das Ende der Flut zu erkunden (Gen 8,8–12), dazu inspiriert wurde, eine Brücke zwischen der Sintfluterzählung und dem Buch mit dem gleichnamigen Propheten Jona zu schlagen?

Die Zitate, vielfältigen Bezüge und lockeren Anspielungen auf andere biblische Texte, die der Jonaerzähler in seine Erzählung mit einfließen ließ, geben uns einen lebendigen Eindruck davon, dass er in den literarischen Traditionen und theologischen Debatten seines Volkes zu Hause war. Geschickt ließ er diese in seine Erzählung von Jona, Ninive und dem Gott des Himmels, der das Meer und das Festland geschaffen hat (Jona 1,9), mit einfließen. Er nutzte sie, um für seine Botschaft vom barmherzigen Schöpfer zu werben, der voller Fürsorge und Mitleid mit seinen Geschöpfen ist. Mit seiner Barmherzigkeit und seinem Mitleid kommt er nicht nur Israel und dem Propheten Jona entgegen (Jona 2), sondern auch den Völkern, allen die umkehren von ihrem bösen Tun, ja selbst dem Vieh (Jona 1,14–16; 4,11).

Bereits die vielfältigen Anspielungen auf andere biblische Texte legen nahe, dass wir es bei der Jonaerzählung mit einem Autor der Spätzeit in Israel zu tun haben. Dafür gibt es auch sprachliche Indizien, eine Reihe von Aramaismen, die darauf hinweisen, dass der Autor ein spätes Hebräisch pflegte. Die Rede vom „Gott des Himmels" (Jona 1,9), die sonst nur in nachexilischen Texten begegnet (2 Chr 36,23; Esra 1,2; 5,12; 6,9.10; Dan 2,18.19 u. ä.), weist auf die späte Perserzeit hin, in der JHWH im frühen Judentum zum universalen und einzigen Herrscher des Kosmos aufgestiegen war. Und das positive Ninivebild, das der Erzähler vermittelt, lässt sich als eine Widerspiegelung der persischen Religionspolitik deuten. Danach erkannten die persischen Reichskönige die religiöse Autonomie der von ihnen unterworfenen Völker an, unterstützten deren Kulte und konnten sich sogar als Werkzeuge und Berufene ihrer Götter präsentieren. So weiß sich der Perserkönig Kyros II. (559–530 v. Chr.) im Kyros-Zylinder vom babylonischen König Marduk zur Herrschaft über Babel berufen. Und aus der Perspektive Deuterojesajas, eines nach Babel verbannten, uns namentlich unbekannten Propheten Judas, hatte selbstverständlich JHWH diesen Kyros II. zur Weltherrschaft berufen sowie zu seinem „Gesalbten", seinem Messias gemacht, obwohl dieser ihn gar nicht kannte (Jes 45,1–4). Diese religiöse Weite, für die auch der Jonaerzähler mit seiner positiven Sicht der fremden Seeleute sowie Ninives und seines Königs plädiert, ist ein typischer Zug der Perserzeit. Daher wird man die Welt des Erzählers kaum vor dem 5. Jh. v. Chr. ansetzen dürfen, eher an das Ende der Perserzeit, oder sogar erst in die beginnende Ptolemäerzeit im 4. Jh. Doch was hat das alles mit der Hafenstadt Jafo zu tun?

Jona und Jafo – Geografie, Mythologie und Theologie

Der unbefangene Leser des Jonabuches, der einen Blick auf die Karte Palästinas wirft, muss geradezu den Eindruck gewinnen, dass Jona nicht nur ein widerspenstiger Prophet gewesen ist, sondern darüber hinaus auch ein Blindgänger in Sachen Geografie. Warum wendet er sich aus seiner galiläischen Heimatstadt Gat-Hefer nach Süden, um im Hafen Jafo ein Schiff zu suchen, das ihn nach Tarschisch an die äußerste Westküste des Mittelmeeres bringen sollte? Wäre da nicht der Weg in die phönizischen Hafenstädte Akko oder Tyros viel näher gewesen, um JHWH möglichst schnell aus den Augen zu kommen? (Abb. 2)

Die Antwort auf diese Frage könnte darin bestehen, dass dem Jonaerzähler die Mythologie allemal wichtiger war als die Geografie. Denn das antike Jafo war bekannt für eine ganze Reihe von Seemannsgeschichten, die tief in der Mythologie des Mittelmeerraumes wurzelten.

Irgendwann im 6. Jh. v. Chr. verband man die Stadt mit dem Andromeda-Mythos. Kassiopeia, die Frau des äthiopischen Königs Kepheus habe 40 Jahre nach der Sintflut Jafo gegründet. Da die eitle Kassiopeia behauptet, sie und ihre Tochter Andromeda überträfen die Seejungfrauen, die Nereïden, bei Weitem an Schönheit, führen Letztere Klage beim Gott des Meeres Poseidon. Dieser lässt daraufhin einen verheerenden Sturm losbrechen und bietet ein angsterregendes Meeresungeheuer auf, um Jafo zur Strafe zu zerstören. Kepheus, dem Vater Andromedas, wird durch ein Orakel bedeutet, die Stadt könne vor der drohenden Vernichtung gerettet werden. Als Preis dafür müsse er aber seine Tochter Andromeda dem Meeresdrachen ausliefern. Dem betrübten Vater bleibt nichts anderes übrig. Um das größere Übel, die Auslöschung der Stadt, zu verhindern, muss er das scheinbar geringere Übel wählen. Andromeda wird an der felsigen Meeresküste angekettet und den Mächten des Untergangs ausgesetzt.

„Wo aber Gefahr ist, wächst das Rettende auch" (F. Hölderlin). Im rechten Augenblick kommt Perseus an der Küste vorbei. Perseus, Sohn der Danaë und des Zeus, wurde einst selbst mit seiner Mutter in einem Kasten auf dem Meer ausgesetzt, um auf der griechischen Kykladeninsel Seriphos an Land gespült zu werden. Auf seinen ausgedehnten Reisen trifft er später in Jafo auf die unglückliche Andromeda. Von ihrem Schicksal angerührt und ihrer Schönheit geblendet tötet er das Seeungeheuer, das Andromeda zu verschlingen droht, rettet und heiratet sie. Die beiden kehren zurück nach Seriphos, wo Andromeda die Mutter der Perseïden wird.

War es die Mythologie, die den Jonaerzähler Jafo als Hafenstadt für Jonas Flucht vor JHWH wählen ließ? Lagen in dieser Stadt nicht die Motive und mythologischen Brocken gleichsam auf der Straße, um sie aufzunehmen und mit dem Erzählgut Israels in einer ganz neuen *mixtura israelitica* wieder aufleben zu lassen? Der göttliche Seesturm, das Sintflutmotiv, die drohende Zerstörung einer Stadt, die Rettung durch ein Menschenopfer, das Verschlingungsmotiv, der große Fisch bzw. der Meeresdrache, die Rettung des „Opfers" – all diese Mythologeme sind wie eine ausgelegte narrative Fährte, der der Erzähler nur zu folgen brauchte, um seinen „Helden" Jona schließlich in Jafo und an keinem anderen Ort der Küste an Bord eines Schiffes nach Tarschisch gehen zu lassen. Hier kannte, wie man vermuten darf, ein genialer, weltoffener Erzähler nicht nur das Schriftgut Israels, sondern auch das, was man sich in den Hafenstädten Palästinas von der Welt der Götter und der Menschen zu erzählen wusste. So stellte er die Mythologie in den Dienst der Theologie.

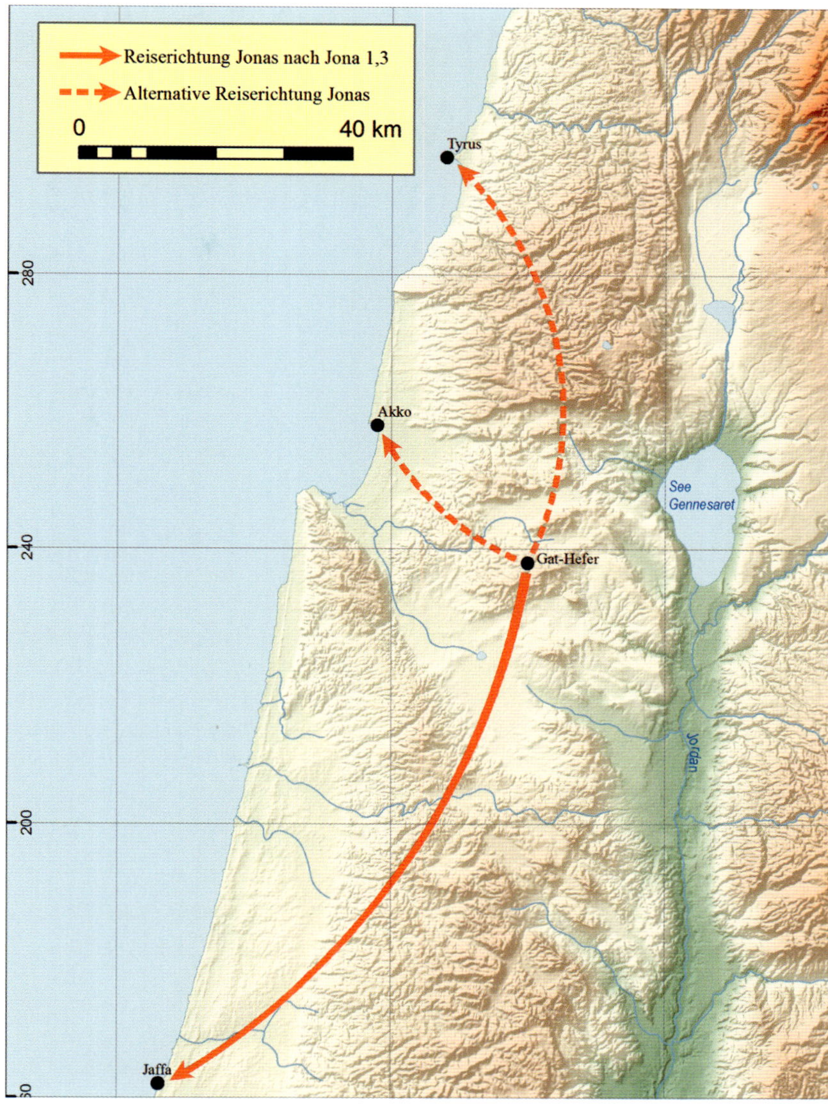

Abb. 2 Die Reisewege des Jona.

Literatur

Frieling, S., 1999 Der rebellische Prophet. Jona in der modernen Literatur. (Göttingen)

Gerhards, M., 2006 Studien zum Jonabuch, BThSt 78. (Neukirchen-Vluyn)

Hartenstein, F., 2012, Die Zumutung des barmherzigen Gottes. Die Theologie des Jonabuches im Licht der Urgeschichte Gen 1–11, in: A. Berlejung/R. Heckl (Hg.), Ex oriente Lux. Studien zur Theologie des Alten Testaments, FS R. Lux, 435–455, ABG 39. (Leipzig)

Jeremias, J., 2007 Die Propheten Joel, Obadja, Jona Micha, ATD 24,3. (Göttingen)

Lux, R., 1994 Jona. Prophet zwischen „Verweigerung" und „Gehorsam", FRLANT 162. (Göttingen)

Weber, B., 2012 Jona. Der widerspenstige Prophet und der gnädige Gott, BG 27. (Leipzig)

Weimar, P., 2009 Eine Geschichte voller Überraschungen: Annäherungen an die Jonaerzählung, SBS 217. (Stuttgart)

Wolff, H. W., [2]1965 Studien zum Jonabuch. (Neukirchen-Vluyn)

„Hafen von Jerusalem, Hafen zur Welt“

Jaffa in den Erzählungen der Apostelgeschichte

Susanne Luther

Der Stadt Jaffa kommt in der Apostelgeschichte des Lukas eine zentrale Stellung zu. Jaffa, das im Neuen Testament unter dem griechischen Namen Joppe (griech. Ἰόππη, *Ioppē*) erwähnt wird (vgl. Apg 9,36.38.42.43; 10,5.8.23.32; 11,5.13), markiert in Hinsicht auf die urchristliche Mission einen zentralen Wendepunkt: Eine Vision, die Petrus hier zuteil wird, initiiert die Öffnung der judenchristlichen Jerusalemer Urgemeinde hin zur Verkündigung des Evangeliums unter den Völkern.

Die Apostelgeschichte – Geschichte und Geografie des frühen Christentums

Die Entstehung des lukanischen Doppelwerks (Lukasevangelium und Apostelgeschichte) wird mehrheitlich in das letzte Viertel des 1. Jh. n. Chr. datiert.[1] Die Apostelgeschichte vereint Elemente verschiedener Gattungen in sich, z.B. des historischen Romans, des Epos, der Reiseerzählung, der Biografie und der Praxeis-Literatur. Dennoch kann das Werk, das unter dem Titel „Taten der Apostel“ (griech. πράξεις τῶν ἀποστόλων, *praxeis tōn apostolōn*) tradiert wurde, am ehesten als historiografische Monografie bezeichnet werden.[2] Gemäß den Konventionen antiker Geschichtsschreibung werden in der Apostelgeschichte – durch die literarische Komposition der Traditionen und durch narrative Konstruktion – historische Ereignisse sinnstiftend dargestellt. Die historiografische Narration möchte überzeugen, unterhalten und anrühren, sie verfolgt moralische, theologische und politische Ziele.[3]

Die Handlung der Apostelgeschichte wird durch die Taten und Reden zentraler Figuren getragen: In Apg 1–12 dominiert Petrus die Handlung, in Apg 13–28 wird primär von den Reisen des Paulus berichtet. Den in Joppe lokalisierten Erzählungen (Apg 9,36–43; 10,1–23) kommt eine Position auf dem Höhepunkt des Wirkens des Petrus zu. Während das Evangelium die Ausbreitung der Botschaft Jesu von Galiläa über Samarien bis nach Jerusalem darlegt, richtet die lukanische Apostelgeschichte den Fokus auf die Ausbreitung des Evangeliums von Jerusalem bis nach Rom und in der ganzen Welt.[4] Als zentraler Wendepunkt in dieser universalen geografischen Ausdehnung fungiert die Vision des Petrus in Joppe. Sie ist die Voraussetzung für die Bekehrung des römischen Hauptmanns Kornelius (Apg 10) und damit Initiator für die Öffnung des frühen Christentums hin zur universalen Mission.[5] Durch Gottes Eingreifen in die Geschichte in Form einer Vision, die im Rahmen der heilsgeschichtlichen Konzeption des Lukas in der „Zeit der Kirche“[6] verortet wird, kann die Ausbreitung des Christentums von Jerusalem und Judäa aus geografische, ethnische und religiöse Grenzen durchbrechen. Die Apostelgeschichte entfaltet den Verlauf der universalen Mission in narrativer Form, ausgehend von der programmatischen Prophetie Jesu in Apg 1,8: „Ihr werdet die Kraft des Heiligen Geistes empfangen, der auf euch kommen wird, und werdet meine Zeugen sein in Jerusalem und in ganz Judäa und Samarien und bis an das Ende der Erde“ (vgl. Lk 24,47).

Petrus und die Mission unter den Völkern

Bereits bei der Berufung des Petrus kündigt der Autor des lukanischen Doppelwerks dessen spätere Bedeutung für die Ausbreitung des Christentums an: Im Kontext der Erzählung vom wunderbaren Fischfang (Lk 5,1–11) spricht Jesus dem galiläischen Fischer Petrus zu: „von nun an wirst du Menschen fangen“ (griech. ἀπὸ τοῦ νῦν ἀνθρώπους ἔσῃ ζωγρῶν, *apo tou nyn anthrōpous esē zōgrōn*, V. 10). Im Lukasevangelium wird Petrus als Sprecher der Jünger bezeichnet, als Mitglied im engeren Kreis der Jünger (Lk 8,51; 9,28–36), der zuerst das Christusbekenntnis spricht, der auf die Botschaft der Frauen hin als Einziger zum leeren Grab eilt und dem der auferstandene Christus zuerst erscheint (Lk 24,34; vgl. 1 Kor 15,5);[7] zugleich wird dieses Portrait jedoch durch die im Lukasevangelium erhaltene Tradition der Verleugnung Jesu in der Passionserzählung relativiert.[8]

Erst die Apostelgeschichte setzt die bei der Berufung des Petrus formulierte Verheißung in der Erzählung um: Nach der Darstellung des Verfassers ist Petrus nicht nur derjenige, der die Urgemeinde organisiert, leitet und stärkt, sondern auch derjenige, der in expliziter Rückbindung an das Wirken des irdischen Jesus durch spektakuläre Heilungen in dessen Namen sowie durch wirkmächtige Reden missionarisch tätig ist. Obgleich historisch gesehen die Verkündigung des Evangeliums außerhalb von Jerusalem wahrscheinlich auf die so genannten „Hellenisten“[9], eine Gruppe griechisch-sprachiger, hellenistisch geprägter Juden aus dem Mittelmeerraum, zurückzuführen ist, verbindet die Apostelgeschichte dieses zentrale Ereignis mit Petrus. Die „Hellenisten“ hatten sich zunächst der Jerusalemer Urgemeinde angeschlossen, waren aber in Konflikt mit den Autoritäten in Jerusalem geraten,[10] was in der Steinigung des Stephanus und der Verfolgung der Urgemeinde resultierte. Laut Apg 8,1–4 verblieben nur die Apostel in Jerusalem, die Gemeinde aber zerstreute sich über Judäa und Samarien und initiierte die Entstehung neuer Gemeinden. Von Philippus z. B. wird die Gründung christlicher Gemeinden in Samarien berichtet (Apg 8,5–13), die aber erst durch einen Besuch von Petrus und Johannes, den Abgesandten der Jerusalemer Urgemeinde, legitimiert wurden (Apg 8,14–17). Die Apostelgeschichte hebt die Figur des Petrus besonders heraus: Er wird nicht nur als der Initiator für die Mission unter den Juden, sondern ebenso für die Mission unter den Völkern gezeichnet, die Petrus – zumindest nach der Darstellung der Apostelgeschichte – noch vor Paulus und veranlasst durch Gottes Eingreifen und Führung einleitet. Apg 2,1–41 berichtet vom Herabkommen des Geistes auf die zu Pfingsten in Jerusalem versammelten Juden und von der Predigt des Petrus. Parallel dazu berichtet Apg 10,1–48 von einem zweiten „Pfingsterlebnis“, dem Herabkommen des Geistes auf die in Caesarea Maritima im Haus des Hauptmannes Kornelius Versammelten und einer weiteren Predigt des Petrus.[11] Die beiden Erzählungen, die in Joppe lokalisiert werden, bereiten das in Apg 15 erzählte Apostelkonzil vor, wo zur Diskussion steht, ob die Annahme der jüdischen Gesetze Voraussetzung für die Taufe ist (Apg 15,1.5). Petrus interveniert in der Diskussion um die gesetzesfreie Mission im nicht-jüdischen Gebiet und unterstützt die Position des Paulus und des Barnabas durch den Verweis auf seine Erfahrungen bei der Bekehrung des Kornelius – Gott selbst hatte dort den Weg zur freien, universalen Mission gewiesen.[12] Der Verfasser erweckt damit den Eindruck einer Kontinuität der Mission unter den Völkern, die mit Petrus beginnt und auf Paulus übergeht.[13]

Petrus in Joppe – ein Wunder und eine Vision

Apg 9,36–43 *36 In Joppe war eine Jüngerin mit Namen Tabitha, das heißt übersetzt: Reh. Die tat viele gute Werke und gab reichlich Almosen. 37 Es begab sich aber zu der Zeit, dass sie krank wurde und starb. Da wuschen sie sie und legten sie in das Obergemach. 38 Weil aber Lydda nahe bei Joppe ist, sandten die Jünger, als sie hörten, dass Petrus dort war, zwei Männer zu ihm und baten ihn: Säume nicht, zu uns zu kommen! 39 Petrus aber stand auf und ging mit ihnen. Und als er hingekommen war, führten sie ihn hinauf in das Obergemach, und es traten alle Witwen zu ihm, weinten und zeigten ihm die Röcke und Kleider, die Tabitha gemacht hatte, als sie noch bei ihnen war. 40 Und als Petrus sie alle hinausgetrieben hatte, kniete er nieder, betete und wandte sich zu dem Leichnam und sprach: Tabitha, steh auf! Und sie schlug ihre Augen auf; und als sie Petrus sah, setzte sie sich auf. 41 Er aber gab ihr die Hand und ließ sie aufstehen und rief die Heiligen und die Witwen und stellte sie lebendig vor sie. 42 Und das wurde in ganz Joppe bekannt, und viele kamen zum Glauben an den Herrn. 43 Und es geschah, dass Petrus lange Zeit in Joppe blieb bei einem Simon, der ein Gerber war. (Übersetzung nach Martin Luther, 1984)*

Die Apostelgeschichte berichtet von zwei Ereignissen, die die Öffnung der Mission für die Völker vorbereiten: eine Totenauferweckung und eine Vision.[14] Beide werden in Jaffa lokalisiert, beide werden mit der Figur des Apostels Petrus verbunden, der auf einer Besuchsreise in bereits missioniertes Gebiet[15] von Jerusalem über Lydda und Joppe nach Caesarea Maritima reist. Während er sich in Lydda, ca. 40 km nordwestlich von Jerusalem, aufhält, kommen Boten aus dem ca. 15 km nordwestlich gelegenen Joppe mit der Nachricht, dass Tabitha, eine Jüngerin (griech. μαθήτρια, *mathētria*) und Wohltäterin der dortigen christlichen Gemeinde, gestorben sei. In der Gemeinde hat man wohl von den erfolgreichen Heilungen des Apostels gehört und schickt daher nach Petrus. Dieser eilt nach Joppe und findet Tabitha im Obergemach ihres Hauses aufgebahrt vor. Er erweckt die Tote durch ein Gebet und eine direkte Anrede („Tabitha, steh auf!“; griech. Ταβιθά, ἀνάστηθι, *Tabitha, anastēthi*) zu neuem Leben und gibt sie der Gemeinde zurück. Die Erzählung lässt deutlich die Motive einer Wundergeschichte erkennen und ist in expliziter Analogie zu Jesu Auferweckung der Tochter des Jairus gestaltet (Lk 8,40–56 parr.):[16] Ähnlich wie Jesus wird Petrus um Hilfe angerufen, treibt die Anwesenden hinaus, spricht die Tote direkt an, reicht ihr die Hand und gibt sie den Lebenden zurück (Abb. 1). Die Erzählung der Apostelgeschichte gewinnt jedoch an Dramatik, da Tabitha bereits tot ist, als Petrus gerufen wird, wohingegen die Tochter des Jairus erst stirbt, als Jesus sich bereits auf dem Weg befindet. Die pointierte Darstellung der Episode um die Auferweckung der Tabitha verweist darauf, dass Petrus in der Vollmacht Gottes die Heilungen Jesu fortsetzt.[17] Das Wunder führt zudem dazu, dass „viele zum Glauben an den Herrn kamen“ (V. 42). Die Stadt Joppe ist damit nicht nur für Tabitha ein Ort der Auferweckung, sondern symbolisiert auch für die vielen Gläubiggewordenen einen Ort des Lebendigwerdens und der Glaubensausbreitung.

Das Wunder ist in den sozialen Kontext der frühen christlichen Gemeinde in Joppe eingebettet. Tabitha wird als wohltätige Frau beschrieben, die sich vorbildlich um die Armen und Witwen kümmert, indem sie ihnen z. B. Ober- (griech. ἱμάτια, *himatia*) und Untergewänder (griech. χιτῶνας, *chitōnas*) schneidert. Die Erzählung gibt einen Einblick in den Frauenalltag zu neutestamentlicher Zeit[18] und birgt zugleich ein typisches Merkmal lukanischen Erzählens: Wundererzählungen führen häufig die Gründe für die wunderhafte Rettung an (vgl. z.B. Lk 7,1–10, bes. V. 4 f.). Die Apostelgeschichte zeichnet Tabitha als ein Ideal judenchristlicher Frömmigkeit. Obgleich ihr Name und die Erwähnung ihres textilen Handwerks auch auf eine Verortung im Milieu der Prostitution und des ursprünglichen Sklaven-

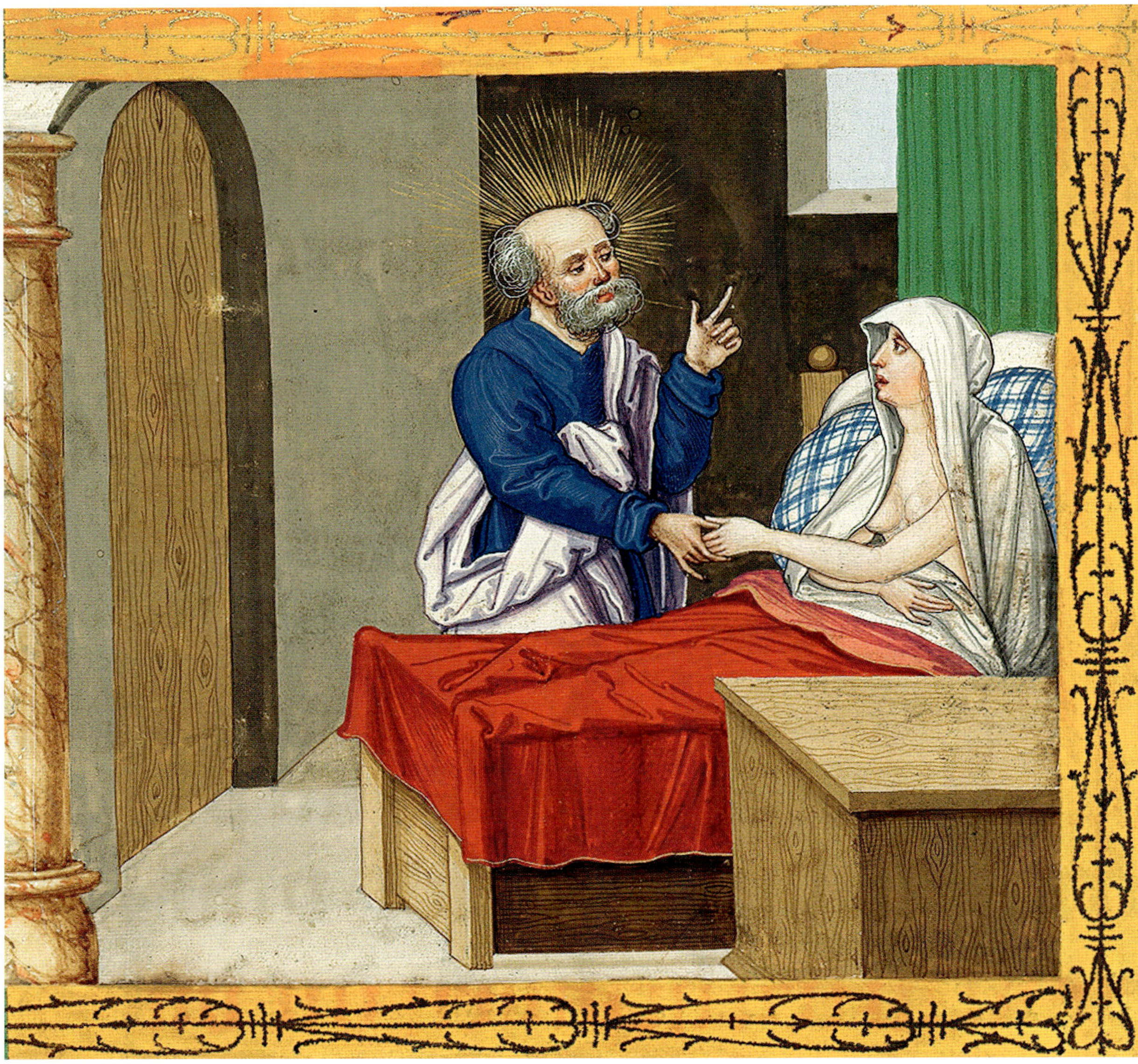

Abb. 1 Die Auferweckung der Tabitha in einer der Miniaturen der Ottheinrich-Bibel, von Mathis Gerung in den Jahren 1530–1532 geschaffen. Petrus ergreift die Hand der Frau und spricht das: „Tabitha steh auf!" Tabitha liegt bereits unbekleidet im Leichentuch und richtet sich auf.

standes verweisen könnten,[19] scheint es aufgrund der lukanischen Darstellung angebracht, Tabitha als wohlhabende Patronin der Gemeinde zu betrachten. Ob sie selbst auch Witwe war, ob hier bereits eine institutionalisierte Versorgung der Witwen der Gemeinde in Joppe im Blick ist[20] oder ob Tabitha eventuell die Witwen der Gemeinde in ihr Haus aufgenommen hat, lässt sich aus dem Text nicht erschließen.[21] Das Motiv der Kleider findet sich im lukanischen Doppelwerk mehrfach in Bezug auf die Thematik von „arm und reich" (vgl. z. B. Lk 7,25; 16,19) und verweist damit auf eines der spezifischen Themen lukanischer Theologie.[22] Im Kontext der Auferweckungserzählung scheint das Vorzeigen der Kleidung, die Tabitha hergestellt hat, jedoch vor allem die Verbundenheit der Trauernden mit der Toten zu betonen.[23]

Der hebräische Name Tabitha (griech. ἣ διερμηνευομένη λέγεται Δορκάς, *hē diermēneuomenē legetai Dorkas*, „das heißt übersetzt ‚Dorkas'", V. 36), zu Deutsch „Reh" oder „Gazelle", lässt zunächst auf die charakteristischen Merkmale des Tieres schließen (schnell, anmutig, trittsicher, schön, sanft usw.). Zudem wird aber bereits indirekt die darauffolgende Auseinandersetzung mit den jüdischen Speisegeboten eingeführt: In Dtn 12,15.22 f. wird die Gazelle als eines der Tiere genannt, das sowohl von Reinen wie von Unreinen gegessen werden darf; sie zählt zu den reinen Tieren, ist aber kein Opfertier. Diese Randstellung führte bereits in der antiken jüdischen und christlichen Literatur dazu, die Gazelle nicht nur als Symbol der Liebe, Anmut und Schönheit, des Dienstes und der Barmherzigkeit zu deuten, sondern sie ebenso mit Gottesfürchtigen bzw. Proselyten und Neophyten, die eine Randstellung in den Gemeinden einnahmen, zu parallelisieren. Die Annahme, Tabitha sei eine Proselytin, die als Jüngerin bezeichnet wird und in der Gemeinde in hohem Ansehen steht, ist aufgrund der Lokalisierung der Episode in der hellenistisch geprägten und sowohl von jüdischen als auch von nicht-jüdischen Bevölkerungsgruppen „gemischt" besiedelten Stadt Joppe nicht auszuschließen.[24]

Das Wirken des Petrus in Joppe wird in einem Kontext verortet, der mehrfach auf Grenzen hinweist, die der Apostel zu überwinden hat: Leben-Tod, Stadt-Meer, Reinheit-Unreinheit.[25] Dies wird in der kurzen Schlussnotiz weitergeführt: In V. 43 wird erwähnt, dass Petrus noch einige Tage im Haus des Gerbers Simon bleibt. Auch dies ist für jüdische Wahrnehmung ein Ort der Unreinheit. Petrus (und der Leser) wird in der Begegnung mit Tabitha somit bereits auf die nun folgende Auseinandersetzung um Rein und Unrein vorbereitet. Die Stadt Joppe bietet für diese Thematik einen geeigneten historischen Kontext. Wie in der Erzählung über den alttestamentlichen Propheten Jona, für den Joppe zu einem Ort der Krise und der Entscheidung wurde, fungiert die Stadt auch für Petrus als Ort einer Grenz- und Entscheidungssituation.

Apg 10,9–16 *9 Am nächsten Tag [...] stieg Petrus auf das Dach, zu beten um die sechste Stunde. 10 Und als er hungrig wurde, wollte er essen. Während sie ihm aber etwas zubereiteten, geriet er in Verzückung 11 und sah den Himmel aufgetan und etwas wie ein großes leinenes Tuch herabkommen, an vier Zipfeln niedergelassen auf die Erde. 12 Darin waren allerlei vierfüßige und kriechende Tiere der Erde und Vögel des Himmels. 13 Und es geschah eine Stimme zu ihm: Steh auf, Petrus, schlachte und iß! 14 Petrus aber sprach: O nein, Herr; denn ich habe noch nie etwas Verbotenes und Unreines gegessen. 15 Und die Stimme sprach zum zweiten Mal zu ihm: Was Gott rein gemacht hat, das nenne du nicht verboten. 16 Und das geschah dreimal; und alsbald wurde das Tuch wieder hinaufgenommen gen Himmel. (Übersetzung nach Martin Luther, 1984)*

In die Zeit des Aufenthalts des Petrus im Haus des Gerbers Simon fällt die zweite in der Apostelgeschichte mit Jaffa verknüpfte Erzählung. Sie besteht aus zwei korrespondierenden Visionen sowie den daraus folgenden Ereignissen in Caesarea Maritima und Jerusalem.[26] Die eine Vision wird Petrus auf dem Dach des Hauses von Simon dem Gerber zuteil, die andere dem Hauptmann der italischen Kohorte, Kornelius, in seinem Haus in Caesarea Maritima. Auch diese Erzählung ist eng an die Jesustradition rückgebunden und findet eine Parallele in der Begegnung Jesu mit dem Zenturio in Kafarnaum (Lk 7,1–10 par.). Kornelius wird – wie Tabitha – als fromm und gottesfürchtig beschrieben. In einer Vision wird er beauftragt, Petrus holen zu lassen, der bereits in Simons Haus in Joppe „am Meer“ sei. Petrus hingegen sieht in einer Vision ein Tuch, das an vier Enden zusammengehalten und vom Himmel heruntergelassen wird. Es birgt – in Aufnahme alttestamentlicher Traditionen (Gen 1,24; 6,20; vgl. Röm 1,23) – viele Tiere, Vierfüßige, Kriechtiere der Erde und Vögel des Himmels (griech. *πάντα τὰ τετράποδα καὶ ἑρπετὰ τῆς γῆς καὶ πετεινὰ τοῦ οὐρανοῦ*, *panta ta tetrapoda kai herpeta tēs gēs kai peteina tou ouranou*) und auch wilde Tiere, wie Petrus in seinem Bericht in Jerusalem (Apg 11,6) hinzufügt. Eine Stimme gebietet Petrus, davon zu schlachten und zu essen. Auf seine Weigerung hin – immerhin handelt es sich gemäß den jüdischen Speisegeboten sowohl um reine als auch um unreine Tiere – verkündet die Stimme den programmatischen Satz „Was Gott rein gemacht hat, das nenne du nicht unrein“ (Apg 10,15). Während Petrus noch über die Bedeutung des Gesehenen nachdenkt, kommen die Boten von Kornelius, um ihn mit nach Caesarea zu nehmen. Der Geist Gottes weist ihn an, die aus kulturell-religiösen Gründen gebotene Distanz zwischen Juden und Nicht-Juden zu negieren und ohne Bedenken (V. 19 f.; vgl. 10,28; 11,3) mit ihnen zu gehen. Dies wird für Petrus zum Schlüsselerlebnis: Sein Verhalten auf Weisung des Geistes hin ist die Grundlage für seine Deutung der Vision und wird von ihm auch im Apostelkonzil als Begründung für die gesetzesfreie Mission unter den Völkern herangezogen (Apg 15,9). Petrus erkennt, dass der jüdische oder pagane Hintergrund für das Leben als Christ als irrelevant zu erachten ist und damit die Vision als Aufforderung zur Öffnung der christlichen Mission für die Völker gedeutet werden muss (Apg 10,34–48). Nicht nur Kornelius, sondern auch Petrus und die judenchristliche Urgemeinde erleben somit eine ‚Bekehrung‘.[27] Als nach der Rede des Petrus im Haus des Kornelius in Caesarea der Geist Gottes auf die Gläubiggewordenen fällt, zeigt dieses Ereignis, das „den Charakter eines zweiten, heidenchristlichen Pfingsten“[28] trägt, dass „Gott die Person nicht ansieht“; stattdessen gilt: „in jedem Volk, wer ihn fürchtet und recht tut, der ist ihm angenehm“ (10,34 f.) und der kann getauft werden, ohne zuvor die jüdischen Reinheitsgesetze angenommen zu haben. Petrus deutet die Vermischung von unreinen mit reinen Tieren in der Vision auf die Vermischung von Christen mit paganem und jüdischem Hintergrund in den frühchristlichen Gemeinden.[29]

Die Bedeutung der um die zentrale Figur des Petrus arrangierten Kornelius-Erzählung spiegelt sich in deren dreimaliger Wiederholung, die eine Parallele in der dreimaligen Erzählung der Berufung des Paulus, des Missionars unter den Völkern, findet. Die Erzählung von der Vision des Petrus und von seinem Besuch im Haus des Kornelius stellt einen Wendepunkt in der frühchristlichen Mission dar; und auch die Jerusalemer Urgemeinde, zu der bereits Nachrichten des Ereignisses gedrungen sind und die von Petrus Rechenschaft fordert, nimmt die aus der Vision und dem Geistempfang resultierende Erkenntnis an: „Als sie das hörten, schwiegen sie still und lobten Gott“ (Apg 11,18). Die unscheinbare Notiz, dass Petrus noch einige Tage im Haus des Kornelius in Caesarea blieb (10,48), mag auf eine prompte Umsetzung der Vision schließen lassen – im Haus des Kornelius formiert sich eine frühchristliche Hausgemeinde, die sich aus Mitgliedern jüdischen und nicht-jüdischen Hintergrunds zusammensetzt.[30]

Die komplexe Erzählung um den Hauptmann Kornelius wurde in der Forschung häufig als Erzählung über den Beginn der universalen Mission gedeutet. Ein Hinweis darauf, dass der Text nicht primär auf die Wiedergabe einer Einzelerzählung bzw. einer personengebundenen Tradition abzielt, sondern vielmehr im Rahmen der literarischen Strategie des Lukas eine verallgemeinernde Wirkung erzielen soll, zeigt sich darin, dass z. B. nach dem Zusammentreffen des Petrus und des Kornelius Letzterer eine untergeordnete Rolle in der Erzählung spielt. In V. 44–48 werden allgemein die im Haus des Kornelius Versammelten in den Blick genommen, und als Petrus in Jerusalem von dem Ereignis berichtet, spricht er von Kornelius anonym als von „einem Mann“ (11,12–14).[31] Dennoch kommt Kornelius im Rahmen der lukanischen Erzählstrategie eine zentrale Rolle in Bezug auf Tabitha zu: Beide Erzählungen richten den Fokus auf eine zum Leben bzw. zum Glauben kommende Person;

wie häufig im lukanischen Doppelwerk handelt es sich um komplementäre Figuren – eine Frau und einen Mann;[32] beide werden im Grenzgebiet zwischen jüdischem und nicht-jüdischem Kontext verortet – Tabitha durch ihren ambivalent zu deutenden Namen sowie durch ihr Umfeld in einer sowohl von jüdischer wie von nicht-jüdischer Bevölkerung besiedelten Stadt, Kornelius durch seinen persönlichen Hintergrund im nicht-jüdischen Bereich und seiner Annäherung an das Judentum als Gottesfürchtiger; in beiden Erzählungen werden traditionelle Grenzen zwischen Rein und Unrein überwunden. Beide Erzählungen sind rahmend um die Vision des Petrus gruppiert und verweisen durch diese literarische Komposition bereits auf die Interpretation der Vision mit ihrer für die Apostelgeschichte zentralen Thematik – die Reinheitsgesetze und ihre Überwindung im Umgang zwischen Christus-Gläubigen mit jüdischem und nicht-jüdischem Hintergrund. Die beiden Figuren, Tabitha und Kornelius, werden somit durch inhaltliche wie literarische Aspekte parallelisiert, einander komplementär zugeordnet und auf die Visions-Erzählung hin ausgerichtet, bevor die Perspektive sich von den Einzelpersonen löst und auf die Totale ausgerichtet wird.

Kultische und moralische Reinheit
Zur Zeit des Zweiten Tempels (520 v. Chr.–70 n. Chr.) wurde zwischen kultischer und moralischer Reinheit unterschieden: Während kultische Unreinheit durch den Kontakt mit Toten, durch Menstruation, Geburt, Geschlechtsverkehr und Krankheiten hervorgerufen wurde und somit im alltäglichen Leben häufig unvermeidbar war, entstand moralische Unreinheit durch Fehlverhalten, z.B. Götzendienst, sexuelle Unmoral, Blutgenuss und Mord. Erstere konnte durch physischen Kontakt weitergegeben, jedoch durch rituelle Waschungen (nach einer bestimmten Zeitspanne) wieder entfernt werden. Letztere hingegen bezog sich auf einen ontologischen Status, der durch Reue, Umkehr (und Opfer) behoben werden konnte. Nicht-Juden wurden nicht grundsätzlich als kultisch und moralisch unrein betrachtet, da die Gesetze für kultische Reinheit nur für Juden galten und auch Nicht-Juden moralisch rein leben, d. h. sich des verunreinigenden Verhaltens enthalten konnten. Jedoch war die Unterscheidung zwischen dem geheiligten Volk Gottes und den profanen Völkern nicht aufzuheben. In Apg 10,14.28; 11,8 verwendet Petrus die Begriffe „unrein" (griech. ἀκάθαρτος, *akathartos*) und „profan" (griech. κοινός, *koinos*) sowohl für die Tiere in der Vision als auch für Menschen nicht-jüdischen Hintergrunds; in Apg 10,15 und 11,9 werden die beiden Aspekte zusammengeführt: „was Gott rein gemacht hat, das nenne du nicht profan" (griech. ἃ ὁ θεὸς ἐκαθάρισεν, σὺ μὴ κοίνου, *ha ho theos ekatharisen, sy mē koinou*). Die Analogie zwischen Tieren und Menschen geht zurück auf Lev 20,22–26, wo die Unterscheidung zwischen dem Volk Gottes und den umgebenden nicht-jüdischen Völkern begründet wird: Nicht nur gemeinsames Essen würde die jüdischen Speisegesetze verletzen, zu enger Umgang könnte auch zu moralischer Korrumpierung führen. Petrus hätte in Joppe diese Unterscheidung aufrecht erhalten und engen Kontakt mit Nicht-Juden vermieden (vgl. Apg 10,20.28; 11,2 f.12), wurde jedoch durch den Geist Gottes zu einem neuartigen Verhalten angewiesen. In Apg 15,9 rekurriert Petrus auf seine Erlebnisse in Joppe und Caesarea, wo Gott – anders als in Lev 20 – keine Unterscheidung zwischen den Juden und Nicht-Juden mehr machte, nachdem die Herzen durch den Glauben an Christus rein gemacht waren (vgl. die mit Lev 17 f. korrespondierenden Dekrete des Apostelkonzils, Apg 15,29). Die Überwindung der Grenze zwischen jüdischem und nicht-jüdischem Gebiet zeichnet somit die Überwindung einer religiös-kultischen Grenzmarkierung nach.[34]

Die Bedeutung Joppes in der Apostelgeschichte

Um die Bedeutung der Lokalisierung dieser Ereignisse in Joppe zu verdeutlichen, sei darauf hingewiesen, dass die Stadt Joppe im Zuge des Makkabäeraufstands 147/146 v. Chr. von Jonathan, dem Bruder des Judas Makkabäus, eingenommen und die nicht-jüdische Bevölkerung von dessen Bruder Simon vertrieben wurde (vgl. 1 Makk 10,75 f.; 13,11; Jos. Ant. 13,202). Mit Ausnahme zweier kurzer Interimszeiten während der römischen Herrschaft über Palästina (Jos. Bell 1,156 ff.; Ant. 14,205) blieb die Stadt bis zum Ersten Jüdischen Krieg unter jüdischer Kontrolle und war zu einem großen Teil von jüdischer Bevölkerung besiedelt. Im Jüdischen Krieg wurde Joppe durch Cestius Gallus (Bell. 2,507 ff.) und Vespasian (Bell. 3,414 ff.) eingenommen und zerstört. In der durch die Flavier neugegründeten Stadt scheint die jüdisch-hellenistische Gemeinde weiterhin eine bedeutende Rolle eingenommen zu haben.

Caesarea Maritima (Abb. 2) hingegen war Amtssitz des römischen Statthalters (Apg 23,23–26,32) und durch einen beträchtlichen Anteil an nicht-jüdischer Bevölkerung geprägt, was wiederholt zu Spannungen mit dem jüdischen Bevölkerungsanteil führte. Die Stadt, deren Hafen unter Herodes dem Großen fertiggestellt wurde, findet in der Apg häufig als Aus- oder Einreiseort für See- (bzw. Missions-) reisen Erwähnung (Apg 9,30; 18,22; 21,8 ff.; 27,1). Zum Nachteil der alten Hafenstadt Joppe entwickelte sich Caesarea rasch zu einem großen internationalen Seehafen.

Die Erzählung der Apostelgeschichte legt ausführlich dar, wie das wiederholte Eingreifen Gottes Petrus Schritt für Schritt Distanzen überwinden lässt – die räumliche Distanz zwischen der vorwiegend von jüdischer Bevölkerung besiedelten Stadt Joppe[35] und dem durch vorwiegend nicht-jüdische Bevölkerungsgruppen geprägten Caesarea sowie die zwischen seinem bislang auf das jüdische Volk zentrierten Missionsanspruch und der Öffnung für die universale Mission.[36] Die starken literarischen Parallelen zur Jesustradition erden und begründen diesen Schritt. Der Verfasser des lukanischen Doppelwerks verortet somit in Joppe eine Grenzerfahrung: Petrus bewegt sich in den beiden dort lokalisierten Erzählungen in Grenzgebieten – zwischen Unrein und Rein, zwischen Tod und Leben, zwischen Nicht-Verstehen und Verstehen der göttlichen Vision und Führung. Bereits in der Evangelientradition wurde er in Be-

Abb. 2 Teil der Palastanlage von Caesarea Maritima, komfortabel im Uferbereich des Mittelmeers und in die offene See gebaut. Caesarea Maritima war Sitz des römischen Statthalters.

gleitung Jesu in Grenzsituationen dargestellt (vgl. Lk 8,40–45; 9,28–32), er selbst wurde als ambivalenter Charakter präsentiert, der zwischen Christusbekenntnis und Verleugnung schwankt (vgl. Lk 9,18–22; Lk 22,31–33. 54–62).[37] In Joppe gelangt er jetzt zudem an die Grenze zwischen jüdischem und nicht-jüdischem Gebiet sowie an die Grenzen seiner religiösen und kulturellen Tradition. Das Evangelium ist – ausgehend von Jerusalem – bereits im jüdischen Gebiet verbreitet, die Vision des Petrus öffnet die Mission nun für die Völker. Joppe, die alte jüdische Hafenstadt, stellt dafür einen idealen geografischen und theologischen Rahmen dar. Die Vision in der alten Hafenstadt ermöglicht es Petrus, Grenzen zu überwinden. Obgleich Caesarea sich in neutestamentlicher Zeit bereits zu einem großen Hafen entwickelt hatte, stellt die Apostelgeschichte doch die jüdisch geprägte Stadt Joppe als Ausgangspunkt der universalen Mission dar und interpretiert den alten Hafen von Jerusalem im metaphorischen Sinn als „Hafen zur Welt“.[38]

Anmerkungen

1 Vgl. Keener, C. S., 2012, Acts. An Exegetical Commentary, Vol. 1 (Grand Rapids), 383–401.
2 Vgl. dazu Keener, 2012 (s. Anm. 1), 51–89.
3 Vgl. Backhaus, K., 2007, Spielräume der Wahrheit. Zur Konstruktivität in der hellenistisch-römischen Geschichtsschreibung. In: ders./G. Häfner (Hg.), Historiographie und fiktionales Erzählen. Zur Konstruktivität in Geschichtstheorie und Exegese (BThSt 86; Neukirchen-Vluyn), 1–29, bes. 14–20.
4 Vgl. hierzu Scott, J. M., 1994, Luke's Geographical Horizon. In: D. W. J. Gill/C. Gempf (Hg.), The book of Acts in its Graeco-Roman Setting (Grand Rapids), 483–544.
5 Vgl. Lindemann, A., 2009, Der „äthiopische Eunuch“ und die Anfänge der Mission unter den Völkern nach Apg 8–11. In: ders., Die Evangelien und die Apostelgeschichte. Studien zu ihrer Theologie und zu ihrer Geschichte (Tübingen), 231–251, passim, bes. 231: Lindemann konstatiert, dass die Kornelius-Erzählung in gewissem Sinn den ‚offiziellen‘ Beginn der Mission unter den Völkern anzeigt, da sie den Blick auf die im Haus des Kornelius versammelten Nicht-Juden richtet. Die Erzählung um den äthiopischen Eunuchen hingegen ist an dessen Einzelperson interessiert und mag als „Modell für die an einzelnen Menschen aus den ‚Völkern‘ gerichtete Missionspredigt“ gelten (a.a.O., 251). Vgl. dazu auch Avemarie, F., 2002, Die Tauferzählungen der Apostelgeschichte. Theologie und Geschichte (WUNT 139; Tübingen), 340–398.
6 Vgl. dazu Conzelmann, H., 1964, Die Mitte der Zeit. Studien zur Theologie des Lukas, 5. Auflage (BHT 17; Tübingen), bes. 199–201.
7 Vgl. jedoch Joh 20,11–18; dazu Böttrich, C., 2001, Petrus. Fischer, Fels und Funktionär (Biblische Gestalten 2; Leipzig), 132–140.
8 Schreiber, S., 2012, Berufen als erster Apostel für Israel und die Völker. Petrus im lukanischen Doppelwerk. In: BiKi 67/4, 215–220, 216 f. verweist darauf, dass Lukas die negativen Seiten des traditionellen Petrusbildes weitgehend einzuebnen sucht.
9 Zur Diskussion vgl. Hengel, M., 2002, Zwischen Jesus und Paulus. Die ‚Hellenisten‘, die ‚Sieben‘ und Stephanus (Apg 6,1–15;

7,54–8,3). In: ders., Paulus und Jakobus. Kleine Schriften III (WUNT 141; Tübingen), 1–67 (zuerst veröffentlicht 1975 in ZThK 72, 151–206); Theissen, G., 1996, Hellenisten und Hebräer (Apg. 6,1ff). Gab es eine Spaltung der Urgemeinde?. In: H. Lichtenberger (Hg.), Geschichte – Tradition – Reflexion. Festschrift für Martin Hengel, Bd. III (Tübingen), 323–343; Walton, S., 2012, How Mighty a Minority Were the Hellenists? In: M. F. Bird/J. Maston (Hg.), Earliest Christian History. History, Literature, and Theology. Essays from the Tyndale Fellowship in Honor of Martin Hengel (WUNT 2/320; Tübingen), 305–327.

10 Laut Apg 6,11–14 handelte es sich zunächst um Spannungen zwischen den griechischsprachigen Mitgliedern landsmannschaftlicher Synagogen in Jerusalem. Aufgrund des Vorwurfs, die judenchristlichen Hellenisten (d. h. Stephanus und sein Kreis) hätten Kritik am Tempel und dem jüdischen Gesetz geübt, weitete sich der Konflikt jedoch aus und führte zum Prozess vor den jüdischen Behörden (vgl. dazu Zugmann, M., 2009, Hellenisten in der Apostelgeschichte [WUNT 2/264; Tübingen], 315–325). Ob es sich dabei um das Synhedrium oder um die versammelten Mitglieder der Synagogengemeinden handelte bleibt unklar (vgl. Hengel, 2002 [s. Anm. 9], 39).

11 Vgl. zur Darstellung des Petrus im lukanischen Doppelwerk Dschulnigg, P., 2009, Petrus im Neuen Testament (Stuttgart), 68–116; Becker, J., 2009, Simon Petrus im Urchristentum (BThS 105; Neukirchen-Vluyn), 108–122.

12 Vgl. dazu Hengel, M., 1987, Petrus und die Heidenmission. In: C. P. Thiede (Hg.), Das Petrusbild in der neueren Forschung (MuS 316; Wuppertal), 163–170 (zuerst veröffentlicht in Hengel, M., 1979, Zur urchristlichen Geschichtsschreibung [Stuttgart; 79–84]); Krieger, K.-S., 2000, Die erste Abendmahlsgemeinschaft. Das Apostelkonzil – Modell einer Verständigung. In: BiKi 55/2, 79–82.

13 Vgl. Schreiber, 2012 (s. Anm. 8), 220 (dort aber mit Verweis auf die von der lukanischen abweichende Darstellung bei Paulus in Gal 2,11–14).

14 Zu Wundern in der Apostelgeschichte, insbesondere zu der Auferweckung der Tabitha, vgl. bald Kollmann, B., 2014, Stütze der Gemeinde erwacht zu neuem Leben. (Die Auferweckung der Tabitha) Apg 9,36–43. In: R. Zimmermann et al. (Hg.), Kompendium der frühchristlichen Wundererzählungen, Bd. 2 Die Wunder der Apostel (Gütersloh) (im Erscheinen).

15 Vgl. dazu Reinbold, W., 2000, Propaganda und Mission im ältesten Christentum. Eine Untersuchung zu den Modalitäten der Ausbreitung der frühen Kirche (FRLANT 188; Göttingen), 58–62, bes. 52–55.

16 Parallelen finden sich auch in 1 Kön 17,17–24; 2 Kön 4,19–37.

17 Vgl. Roloff, J., 1981, Die Apostelgeschichte (NTD 5; Göttingen), 160.

18 Vgl. Schottroff, L., 1996, Lydias ungeduldige Schwestern. Feministische Sozialgeschichte des frühen Christentums, 2. Auflage (Gütersloh), 125–134.

19 Vgl. Erichsen-Wendt, F., 2005, Tabitha – Leben an der Grenze. Ein Beitrag zum Verständnis von Apg 9,36–43. In: BN 127, 67–90, bes. 78.

20 Vgl. dazu Kollmann, 2014 (s. Anm. 14).

21 Vgl. Heininger, B., 2010, Die fromme Witwe. Hanna und das lukanische Frauenideal (Lk 2,36–38). In: ders., Die Inkulturation des Christentums. Aufsätze und Studien zum Neuen Testament und seiner Umwelt (WUNT 255; Tübingen), 311–337, bes. 337. Zum Witwenamt in den frühchristlichen Gemeinden vgl. auch Standhartinger, A., 2010, Verlorene Frauenämter. Witwen im frühen Christenum, im: BiKi 65/4, 218–221.

22 Vgl. dazu Gradl, H.-G., 2005, Zwischen Arm und Reich. Das lukanische Doppelwerk in leserorientierter Perspektive (fzb 107; Würzburg); Petracca, V., 2003, Gott oder das Geld. Die Besitzethik des Lukas (TANZ 39; Tübingen/Basel).

23 Vgl. zu der Bedeutung von Kleidung im lukanischen Doppelwerk Erichsen-Wendt, F., 2007, Tabita: Zur Symbolik der Kleider in Apg 9,39. In: A. M. Hauff (Hg.), Frauen gestalten Diakonie. Bd 1 Von der biblischen Zeit bis zum Pietismus (Stuttgart), 111–123, bes. 112 f. 118–123.

24 Vgl. dazu Keel, O./Küchler, M., 1982, Das geschichtenumwobene Jafo, Judäas Fenster zur Völkerwelt. In: dies., Orte und Landschaften der Bibel. Ein Handbuch und Studien-Reiseführer zum Heiligen Land. Bd. 2 Der Süden (Göttingen), 12–28, bes. 17–21. Vgl. auch Notley, R.S., 2011, Greco-Roman Jaffa and Its Historical Background. In: M. Peilstöcker (Hg.), The History and Archaeology of Jaffa (Monumenta archaeologica 26; Los Angeles), 95–107.

25 Zu der in diesem Absatz vorgestellten Interpretation vgl. Strelan, R., 2009, The Gazelle of Joppa (Acts 9.36–41). In: BThB 39, 77–86; zu der Bedeutung des Namens vgl. auch Williams, M., 1995, Palestinian Jewish Personal Names in Acts. In: R. Bauckham (Hg.), The Book of Acts in Its Palestinian Setting (Grand Rapids), 79–113, 96.

26 Vgl. Erichsen-Wendt, 2005 (s. Anm. 19), 85 f.

27 Vgl. Eisen, U. E., 2006, Die Poetik der Apostelgeschichte. Eine narratologische Studie (NTOA 58; Fribourg/Göttingen), 169–187.

28 Vgl. Klauck, H.-J., 1996, Magie und Heidentum in der Apostelgeschichte des Lukas (SBS 167; Stuttgart), 48.

29 So Roloff, 1981 (s. Anm. 17), 167.

30 Vgl. Roloff, 1981 (s. Anm. 17), 170.

31 Vgl. Klauck, 1996 (s. Anm. 28), 48.

32 Vgl. zu diesem Ansatz vgl. Lindemann, 2009 (s. Anm. 5), 231–251, bes. 233.

33 Vgl. Zimmermann, R., 2013, Hinführung. In: ders. et al. (Hg.), Kompendium der frühchristlichen Wundererzählungen. Bd. 1 Die Wunder Jesu (Gütersloh), 513–525, 515; Witherington III, B., 1998, The Acts of the Apostles. A Socio-Rhetorical Commentary (Grand Rapids/Cambridge), 328. 334–339.

34 Vgl. dazu Bauckham, R., 2005, James, Peter, and the Gentiles. In: B. Chilton/C. Evans (Hg.), The Missions of James, Peter, and Paul (NT.S 115; Leiden/Boston), 91–142.

35 Vgl. hier die Darstellung bei Schlatter, A., 1893, Zur Topographie und Geschichte Palästinas (Calw/Stuttgart), 1–49.

36 Vgl. dazu auch Roloff, 1981 (s. Anm. 17), 165.

37 Vgl. dazu Eisen, 2006 (s. Anm. 27), bes. 170.

38 Vgl. zu diesem Abschnitt Hengel, M., 2008, Der Historiker Lukas und die Geographie Palästinas in der Apostelgeschichte. In: C.-J. Thornton (Hg.), Studien zum Urchristentum. Kleine Schriften VI (WUNT 234; Tübingen), 140–190, bes. 167–175 (zuerst veröffentlicht 1983 in ZDPV 99, 147–183); vgl. zudem Eisen, 2006 (s. Anm. 27), 183–187: Die Autorin arbeitet mit Lotmanns Grenzüberschreitungstheorie und spricht hinsichtlich des Verhaltens des Petrus in der Kornelius-Erzählung von einer Grenzüberschreitung bzw. einer Ordnungstransformation.

Literatur

Anderson, J. C., 1994, Reading Tabitha: A Feminist Reception History. In: E. S. Malbon/E. V. McKnight (Hg.), The New Literary Criticism and the New Testament (JSNT.S 109; Sheffield), 108–144.

Bauckham, R., 2005, James, Peter, and the Gentiles. In: B. Chilton/C. Evans (Hg.), The Missions of James, Peter, and Paul (NT.S 115; Leiden/Boston), 91–142.

Böttrich, C., 2001, Petrus. Fischer, Fels und Funktionär (Biblische Gestalten 2; Leipzig).

Eisen, U. E., 2006, Die Poetik der Apostelgeschichte. Eine narratologische Studie (NTOA 58; Fribourg/Göttingen).

Hengel, M., 2008, Der Historiker Lukas und die Geographie Palästinas in der Apostelgeschichte. In: C.-J. Thornton (Hg.), Martin Hengel, Studien zum Urchristentum. Kleine Schriften VI (WUNT 234; Tübingen), 140–190.

Andromeda und Jaffa

Udo Reinhardt

Das uralte syrisch-phönizische Hafenzentrum Ioppe/Japho/Jaffa, heute Stadtteil von Tel Aviv, spielt traditionell eine Rolle als Schauplatz bzw. Ausgangspunkt von zwei Geschichten, deren Nachwirkung in der späteren europäischen Literatur- und Kunsttradition beachtlich ist:

(1) Ein frühgriechischer Mythos lokalisiert die Rettung der Heroine Andromeda vor einem schrecklichen Meerungeheuer durch den Heros Perseus ursprünglich im Aithioperland, später in Phoinikien an einem bestimmten Felsen der Mittelmeerküste im Bereich dieser Stadt.

(2) Nach einer biblischen Legende bestieg der Prophet Jona in diesem Mittelmeerhafen ein Schiff in Richtung Tharsis = Tarsos/Kilikien, ehe er für drei Tage von einem Meerungeheuer verschlungen wurde und nach seiner Errettung schließlich der Berufung Jachwes folgte.

Beide Geschichten verbindet schon in der Spätantike der Kirchenvater Hieronymus (um 345–420 n. Chr.) in seinem „Kommentar zum Buch Jona" (1,3): „Hier ist der Ort, wo noch heute Küstenfelsen gezeigt werden, an denen einst Andromeda festgebunden und durch ihren Beschützer Perseus befreit wurde. Der gebildete Leser kennt den Mythos *(historia)*; aber entsprechend der Natur der Gegend sagt man auch mit Recht, dass der Prophet dort hinabgestiegen sei, als er aus bergigem steilem Gelände nach Ioppe und in die Ebene kam."

Zur Lokalisierung des Perseus-Andromeda-Mythos in Jaffa

Was die frühesten noch fassbaren Quellen des Perseus-Andromeda-Mythos betrifft, so wurde in der verlorenen Tragödie „Andromeda" des Sophokles (um 450/40 v. Chr.) als mythischer Schauplatz ebenso ein Strand im geheimnisvollen Aithioperland vorausgesetzt wie in der ebenfalls verlorenen Tragödie „Andromeda" des Euripides (412 v. Chr.) eine romantische Steilküste derselben Gegend. Dabei bezeugt Hygin in seiner Schrift „Astronomica" (2,9; 2. Jh. n. Chr.?) zum Sternbild des Kepheus, dass bei Euripides der Vater der Andromeda als König der Aithioper ein Sohn des Phoinix gewesen sei, also des mythischen Ahnherrn der Phoiniker. Für die wohl erst im Hellenismus (3.–1. Jh. v. Chr.) vorgenommene Lokalisierung des mythischen Geschehens in Ioppe = Jaffa (Abb.1) gibt es seit dem 1. Jh. v. Chr. zahlreiche Belege, die jüngst (2011) Ted Kaizer in seinem grundlegenden Beitrag zum Thema zusammengestellt hat.[1]

So berichtet zur Zeit des Kaisers Augustus der Mythograph Konon („Erzählungen", 40)[2], Andromedas Vater Kepheus sei König gewesen über das Land Iopa, das, nach der Hafenstadt Iope benannt, erst später Phoinikien geheißen habe. Der um die gleiche Zeit tätige Geograf Strabon aus Amaseia (um 63 v. – 19 n. Chr.), der in seinem Werk „Geographika" die damals bekannte Welt um das Mittelmeer in 17 Büchern beschreibt, berührt gegen Ende (Buch 16,2,28) auch das Thema dieses Abschnitts: „Dann [kommt man nach] Iope. [...] Hier wurde, so berichten einige Mythenerzähler, Andromeda dem Meerungeheuer *(kētos)* ausgesetzt. Denn der Ort liegt passend auf einer Anhöhe, so dass man von dort angeblich Jerusalem sehen kann, die Metropole der Judäer."

Zur Zeit des Kaisers Claudius äußert der Geograf Pomponius Mela („De chorographia", 1,64): „Iope ist angeblich vor der Sintflut gegründet. Hier soll einst Kepheus als König geherrscht haben, so versichern die Einwohner mit dem Hinweis, dass seinen Namen und den seines Bruders Phineus gewisse alte Altäre bewahren in Verbindung mit intensiver Verehrung *(cum religione plurima)*. Mehr noch, das riesige Gerippe eines Meerungeheuers *(belua marina)* bietet einen eindeutigen Anhaltspunkt *(clarum vestigium)* für die Rettung der Andromeda durch Perseus, ein in Dichtung und Mythos immer wieder dargestelltes Geschehen *(res celebrata carminibus ac fabulis)*." Dazu passt eine Stelle aus der monumentalen „Naturgeschichte", die der ältere Plinius (23–79 n. Chr.) in 37 Büchern vorlegte (9,11): „Das Gerippe des Ungeheuers *(belua)*, dem Andromeda ausgesetzt worden sein soll, wurde aus der Stadt Ioppe in Judäa nach Rom gebracht, wo es M. Scaurus während seiner Tätigkeit als Ädil zusammen mit weiteren Wunderdingen präsentierte, mit einer Länge von 40 Fuß, einer Höhe der Rippen, die indische Elephanten übertraf, und einer Dicke des Rückgrats von eineinhalb Fuß."

Ein interessantes Detail berichtet der jüdische Geschichtsschreiber Flavius Iosephus (37–95 n. Chr.) in seinem Hauptwerk „Der Jüdische Krieg" (3,9,31): „Hier [in Ioppe] werden

Abb. 1 Der Andromeda-Felsen in Jaffa.

auch noch die Abdrücke der Fesseln Andromedas gezeigt zur Beglaubigung für das hohe Alter des Mythos." Der Reiseschriftsteller Pausanias (2. Hälfte des 2. Jh.s n.Chr.) gibt in der „Rundreise in Griechenland" die ergänzende Information (4,35,9): „Rötliches Wasser aber, das völlig der Farbe des Blutes entspricht, bietet das Land der Hebräer bei der Stadt Ioppe. Dieses Wasser findet sich ganz nahe am Meer; von der Quelle erzählen die dortigen Einwohner die Geschichte *(lógos)*, Perseus habe sich an ihr nach der Tötung des Meerungeheuers *(kētos)*, dem die Tochter des Kepheus vorgeworfen worden sei, das Blut abgewaschen."

Einen ursprünglich orientalischen Hintergrund des Mythos legt eine weitere Stelle aus der „Naturgeschichte" des Plinius nahe (5,69): „Iope in Phoinikien, angeblich älter als die Sintflut auf Erden, liegt auf einem Hügel, dessen Spitze ein Felsen bildet, auf dem man die Spuren der Fesseln Andromedas zeigt; dort wird die mythische Keto verehrt *(illic fabulosa Ceto colitur)*." Nun ist diese Gottheit nicht nur fast namensgleich mit dem mythischen Ungeheuer aus dem Perseusmythos (griech. *kētos*), sondern völlig namensgleich mit einer Göttin aus dem frühgriechischen Mythos, Keto, der Tochter der Urgötter Pontos (Meer) und Gaia (Land), die ihrerseits mit dem Meeralten Phorkys die dämonischen Graien, die schlangengestaltige Echidna und die unheimlichen Gorgonen als Nachkommen hatte.[3] Außerdem erscheint ihr Name im zweiten Namensteil der Göttin Derketo, die nach Plinius (5,81) von den Griechen mit Bambyx identifiziert wurde, mit Hierapolis, mit der syrischen Mabog und mit der monströsen Atargatis; diese beschreibt Lukian aus Samosata/Syrien („Über die syrische Göttin", 14) als nereïdenartiges Mischwesen aus Frauenoberleib und fischschwänzigem Unterleib.

Damit könnte sich der griechische Heros Perseus ursprünglich nicht mit einem Meerungeheuer auseinandergesetzt haben, sondern mit einer syrisch-phoinikischen Meergöttin von schrecklicher Erscheinungsform, der, wie im Fall von Andromeda, noch Menschenopfer dargebracht wurden. Dieses Grundschema erinnert z. B. an den Kampf des jungen heldenhaften Solargottes Marduk mit der unheimlichen Urgöttin von Salzwasser und Chaos, Tiamat, von dem unter den kosmologischen Göttermythen der altorientalischen Tradition schon das akkadische Epos „Enûma Elish" (um 2000 v. Chr.) berichtet.[4] Wenn andererseits M. Avi-Yonah vermutete[5], hinter dem Kampf des griechischen Heros mit dem Meerungeheuer könne schon die Auseinandersetzung zwischen den aus dem späteren griechischen Raum kommenden „Seevölkern" und der einheimischen orientalischen Bevölkerung während der sog. dunklen Jahrhunderte (um 1100–900 v. Chr.) stehen, so bleibt das nach meiner Einschätzung eine Hypothese, mehr nicht.[6]

Wegen des grundsätzlichen Spannungsverhältnisses zwischen mythischer Fiktion und ganz realer, mit einem konkreten Ort verbundener Lokalisierung eines Mythos, ist abschließend noch auf eine Stelle aus der Einleitung von Strabons „Geographika" zu verweisen (1,2,35), wo für mangelnde Glaubwürdigkeit *(mē axiópiston)* als Resultat einer Konfusion von Mythos und Realhistorie *(sýngchysis toû mythikoû kaì istorikoû schēmatos)* genau das Thema dieses Beitrags als Musterbeispiel angeführt wird: „Es gibt einige, die auch das Aithioperland ins heutige Phoinikien verlegen und sagen, das Geschehen um Andromeda habe sich in Iope zugetragen, allerdings nicht aus Unkenntnis der Topographie und dieser Überlieferung, sondern eher in einem Vorstellungsschema des Mythos *(en mýthou mâllon schēmati)*."

Daher ist der Kampf von Perseus um Andromeda gegen den Meerdrachen nichts als Fiktion[7] und seine Lokalisierung am Andromeda-Felsen von Ioppe/Jaffa ein reines Phantasieprodukt, so unwiderstehlich auch die Konkretisierung des mythischen Geschehens in seinem räumlichen, zeitlichen und genealogisch-dynastischen Rahmen wirken mag. Aus dieser Konkretheit ergibt sich zugleich jene unglaubliche Suggestivität und Präsenz des Mythischen als scheinbar aktuelle Realität, wie sie schon in der Lebenswirklichkeit des archaischen Griechenlands wahrgenommen wurde.[8] In diesem Sinn äußerte sich auch der große Römer M. Tullius Cicero bei einem Besuch in Athen („De finibus", 5,5): „Denn wo wir auch hergehen, setzen wir den

Fuß auf irgendeine Geschichte *(in aliqua historia vestigium ponimus)*."

Daher sind auch die diversen „Beweismittel" für die „historische Wahrheit" der alten Mythen an bestimmten Orten, z. B. in Ioppe die Spuren von Andromedas Fesseln am Felsen, das rötliche Quellwasser an der Küste als Folge von Perseus' Reinigung vom Blut des Meerungeheuers und als besonderes Überbleibsel dessen riesiges Gerippe, das von hier nach Rom überführt worden sein soll, nicht anders zu bewerten als vergleichbare Relikte anderer mythischer Persönlichkeiten im antiken Heroenkult oder die zahllosen späteren Reliquien christlicher Märtyrer und Heiliger im Rahmen des mittelalterlichen Glaubens.

Zum Perseus-Andromeda-Mythos

Die Geschichte um Perseus und Andromeda[9], bildlich seit etwa 560 v. Chr. belegbar (Abb. 2)[10], literarisch seit dem frühen Mythographen Pherekydes (um 500/480 v. Chr., Erwähnung der Andromeda als Gattin des Perseus)[11] und zwei verlorenen attischen Tragödien, zählte schon in antiker Literatur und Kunst zu den mythischen Standardthemen. Von der „Andromeda" des Sophokles (um 450/40 v. Chr.)[12] sind nur wenige Fragmente und bildliche Reflexe auf attisch rotfigurigen Vasen erhalten. Erheblich mehr Zeugnisse gibt es noch für das gleichnamige Drama des Euripides (uraufgeführt 412 v. Chr.)[13], das wegen der romantischen Eröffnungsszene an der Steilküste des Aithioperlandes und der spektakulären Handlung mit neuartigen Bühnenmaschinen in der Antike hochberühmt blieb. In der augusteischen Zeit schuf dann Ovid, angeregt durch griechische Dichtung und Kunst, ältere römische Stoffversionen sowie gleichzeitige pompeianische Gemälde, in seinem Hauptwerk „Metamorphosen" (4,672–739; 1–8 n. Chr.)[14] mit einer glänzenden Darstellung des nach wie vor im Aithioperland lokalisierten Geschehens den poetischen *locus classicus*, an dem sich nicht nur die spätere Stoffvariante des Marcus Manilius („Astronomica", 5,540–618; um 30 n. Chr.) orientierte, sondern auch die intensive Nachwirkung in der weiteren europäischen Mythentradition.[15] Die Prosareferate der Mythographen Apollodor (2,43–44; 1. Jh. v./n. Chr.), Konon („Erzählungen", 40; um Christi Geburt)[16] und Hygin („Fabulae", 64; 2. Jh. n. Chr.?) bieten wichtige Ergänzungen, auch zum weiteren Fortgang des Geschehens.

Insgesamt erfüllt der Mythos von Perseus und Andromeda alle für die frühgriechische Mythenkonzeption grundlegenden Kategorien.[17] Die Lokalisierung entweder im Aithioperland, das man sich ursprünglich offenbar irgendwo zwischen Kleinasien und Syrien vorstellte (z. B. „Scholien" zu Lykophron, „Alexandra" 836: Iope im Aithioperland!)[18], oder später in Phoinikien legt sogar Verbindungen zur altorientalischen Mythentradition nahe. Zeitlich gehört das Geschehen zu den älteren Heroenmythen; im Blick auf Vorfahren (Zeus als Goldregen bei Danaë) und Nachkommen (Herakles) des Heros Perseus ist die genealogisch-dynastische Vernetzung denkbar eng. Von den Gottheiten ist Zeus als Vater des Helden mittelbar an der Handlung beteiligt, im Hintergrund des Geschehens stehen Athene und Hermes (Flügelschuhe) als Schutzgottheiten des Perseus, schließlich auch der Meergott Poseidon. Denn nach dem spezifisch frühgriechischen Schicksalsdenken hatte sich Andromedas Mutter Kassiopeia in ihrer Hybris gerühmt, sie selbst oder ihre Tochter (Hygin) sei schöner als die fischschwänzigen Meerestöchter, die Nereïden; bildliche Darstellungen dieser mythischen Konkurrenz finden sich noch mehrfach auf römischen Mosaiken der Kaiserzeit aus dem gesamten östlichen Mittelmeerraum (Paphos/Zypern, Palmyra, Apameia).[19] Daraufhin schickte Poseidon zur Strafe einen Tsunami und zusätzlich das Meerungeheuer *(kētos)*. Nach Apollodor (und Ovid) hatte das Orakel des Zeus Ammon dem König vorhergesagt, sein Land werde nur dann vom Unheil befreit, wenn er seine Tochter dem Ungeheuer opfere; daher zwangen ihn die Landsleute, sie an den Felsen einer Steilküste auszusetzen, versehen mit Gaben wie zu ihrer Hochzeit.

Im Vergleich zur Motivvariante um Herakles, Hesione und Telamon (Abschnitt 3a) ist dieser Mythos eindeutig der primäre, in Antike und späterer Mythentradition dominierende Stoff. Das mythenchronologisch frühe Geschehen mit ausgesprochen orientalischem Umfeld hängt als zentraler Bestandteil des Perseusmythos und Basis der späteren Genealogie des Helden eng zusammen mit seiner Haupttat, dem Abenteuer bei den Gorgonen. Dazu kommen auffallend viele märchenartige Elemente (z. B. Tarnkappe, Flügelschuhe, orientalisches Sichelschwert; versteinerndes Haupt der Medusa)[20] sowie die bemerkenswerte Tatsache, dass Perseus, Andromeda, Kepheus und Kassiopeia, aber auch das Ungeheuer (lat. *Cetus*) und der Pegasos (nicht nur wegen seiner Geburt aus dem Leib der geköpften Medusa, sondern wohl auch als Reittier des Perseus: Ovid, „Amores" 3,12,24) den einzigen Komplex mit mehreren mythischen Gestalten unter den antiken Sternbildern darstellen (vgl. z. B. Hygin, „Astronomica" 2,9–12/18/31; 3,8–11/17/30).[21]

Auf mögliche Verbindungen mit kosmologischen Göttermythen der altorientalischen Tradition (z. B. „Enûma Elish": Kampf zwischen Marduk und Tiamat) wurde bereits in Abschnitt 1 hingewiesen. Im Kontext der märchenarti-

Abb. 2 Spätkorinthische Bildfeldamphora um 560. Antikensammlung, Staatliche Museen zu Berlin – Preußischer Kulturbesitz.

Abb. 3 Etruskischer rotfiguriger Stangenkrater (Hesionemaler) 2. H. 4. Jh. Perugia, Museo Archeologico.

gen „Suchreise" des Mythenhelden eröffnet sich aber auch ein Zusammenhang mit männlichen Initiationsriten, wie sie von Naturvölkern bekannt sind.[22] So dürfte dasselbe Grundmotiv im frühgriechischen Mythos ursprünglich hinter dem Geschehen zwischen Ariadne und Theseus bei dessen Kampf gegen den Minotauros im Palast von Knossos gestanden haben, aber auch hinter dem Mythos von Medeia und Iason bei dessen Auseinandersetzung mit dem Wächterdrachen des Goldenen Vlieses im fernen Märchenland Aia, später lokalisiert in Kolchis am Schwarzen Meer.

Zu Motivparallelen im antiken Mythos und im Alten Testament

Die Drei-Figuren-Konstellation aus dem Perseus-Andromeda-Mythos, dass ein junger Held eine bedrohte junge Frau vornehmer Herkunft vor einem schrecklichen Ungeheuer rettet, steht am Anfang einer langen Motivreihe, allein schon, was die weitere europäische Erzähltradition betrifft.[23] Konsequenz der Rettung ist dabei meist die Ehe zwischen dem Retter und der Geretteten, als Ausnahme einfach nur der Abschied des Siegers (z. B. in der späteren Legende vom kappadokischen Tribunen Georg als uneigennützigem christlichen Tugendhelden)[24], in Einzelfällen auch die Verheiratung der geretteten Frau mit einer dritten Person.[25]

a) Herakles befreit Hesione am Hellespont und rettet sie vor einem Meerungeheuer

Die Motivvariante um Herakles und Hesione[26] ist bildlich ebenfalls seit etwa 560 v. Chr. belegt[27], literarisch schon in Homers „Ilias" (20,145–148; um 700/650 v. Chr.) und bei dem Tragiker Sophokles („Aias", 434 f./1299 ff., ohne Nennung der Prinzessin), in der mythographischen Tradition bei Hellanikos (5. Jh. v. Chr.)[28], Diodor (4,42; 1. Jh. v. Chr.), Apollodor (2,103 f.) und Hygin („Fabulae", 89), schließlich in wenigen Versen von Ovids „Metamorphosen" (11,205–217)[29] und erheblich ausführlicher im kaiserzeitlichen Epos „Argonautica" des Valerius Flaccus (2,451–578; 75–85 n. Chr.). Aus diesen Quellen ergibt sich folgender Plot: Nachdem Laomedon, König von Troia, die Götter Apollon und Poseidon schnöde um ihren Lohn für den Bau der Stadtmauern betrogen hatte, schickte der Orakelgott zur Strafe eine Pest über das Land und der Meergott, wie auch nach Kassiopeias Vergehen (s. Abschnitt 2), ein schreckliches Meerungeheuer *(kētos)*, das zusammen mit einem Tsunami die Gegend um die Stadt verheerte. Als sich Laomedon nun um Hilfe bittend an das delphische Orakel wandte, forderte ihn Apollon auf, dem Ungeheuer immer wieder eine troianische Jungfrau zu opfern, um dem Unglück ein Ende zu machen. Schließlich fiel das Los auf Laomedons Tochter Hesione, die, an einen Felsen gefesselt wie auch Andromeda, am nahen Strand des Hellespont dem Meerdrachen ausgesetzt wurde.

Als nun der Superheld Herakles auf der Argonautenfahrt (oder vor seinem Amazonenabenteuer) zufällig vorbeikam, erklärte er sich gegen entsprechende Belohnung zum Kampf gegen das Ungeheuer bereit und tötete es, wie schon Perseus, durch Steinwürfe bzw. ein Sichelschwert, ehe er die am Meeresstrand ausgesetzte Prinzessin befreite. Eine bemerkenswerte Sondervariante (Abb. 3)[30]referieren die „Scholien" (= Kommentierungen) zu dem hellenistischen Dichter Lykophron, „Alexandra" 34 (nach Hellanikos?):[31] „Herakles schüttete einen Wall auf und stellte sich gewappnet an den Zugang. Als das Ungeheuer mit aufgerissenem Maul herankam, da sprang er mit einem Satz in dessen Rachen; nach drei Tagen in seinem Innern schnitt er es auf [= machte ihm den Garaus] und kam wieder heraus, nachdem er alle Haare auf seinem Kopf verloren hatte." Doch Laomedon verweigerte nun auch dem Retter der Tochter die vereinbarte Belohnung. Daraufhin unternahm Herakles später einen Rachefeldzug gegen Troia, tötete den König samt Familie (mit Ausnahme des jungen Priamos) und überließ Hesione als Beutefrau seinem Freund und Kampfgefährten Telamon, dem Sohn des Aiakos und Bruder von Achills Vater Peleus.[32]

Gegenüber dem Perseus-Andromeda-Mythos ist diese Episode am Hellespont trotz der frühen Bezeugung schon in Homers „Ilias" wohl die sekundäre Motivvariante. Das mythenchronologisch jüngere Geschehen mit troianisch-griechischem Umfeld ergibt sich ohne enge Verbindung mit den Haupttaten des als Befreier agierenden Helden eher am Rande; doch steht es als wichtige Verknüpfung an der Nahtstelle verschiedener Mythenkreise (Herakles, Argonauten, Troia) und bietet zugleich den aktuellen Anlass zum ersten Krieg um Troia. Das einzige märchenartige Element ist die ebenso spektakuläre wie mythengenetisch eher frühe Tötung des Ungeheuers von innen, die vom Vorgang her zugleich unmittelbar an männliche Initiationsriten bei Naturvölkern erinnert (z. B. das rituelle Einschließen im Innern eines toten Riesenkrokodils als „Reifeprüfung").[33] Die Aussetzung des Mädchens ergibt sich ebenfalls als schicksalhafte Bestrafung, hier für den Betrug des Vaters an den hilfreichen Göttern. Auffallend ist schließlich der kompliziertere Ausgang, nach dem das befreite Mädchen später als Beutefrau einem Freund des Befreiers zufällt. Im Gegensatz zum Mythos von Perseus und Andromeda wurde dieser Stoff, der in der Antike recht bekannt blieb, in der späteren europäischen Mythentradition nur noch relativ selten herangezogen.[34]

b) Die Legende von Jona und dem „Walfisch" zwischen Jaffa, Tarsos und Ninive

Im Verlauf des Alten Testaments finden sich zunehmend Geschichten, die noch eine gewisse Nähe zum Mythos aufweisen, doch dank ihrem (pseudo-)historischen Grundcharakter eher als Sagen, wegen der kleinen, weitgehend isolierten Erzählkerne eher als Novellen, bei der engen religiösen Anbindung (Jachwes Heilsplan für sein auserwähltes Volk) und dem stark dogmatischen Gehalt auch als Legenden einzuordnen sind.[35] Zu ihnen gehört im „Buch Jona" (Kap. 1–2)[36] die Erzählung von einer (pseudo-)historischen Persönlichkeit, dem Sohn des Amitthai (2. Könige, 14, 25), wohnhaft in Gath-Chefer nördlich von Nazaret, lebend um 780/750 v. Chr. unter König Jerobeam II. von Israel.

Dieser Jona entzog sich nach dem alttestamentlichen Bericht dem dringenden Auftrag Jachwes, die Heiden im assyrischen Ninive zur Buße aufzurufen, indem er stattdessen in die Hafenstadt Japho = Jaffa/Phoinikien reiste und dort ein Schiff nach Tharsis = Tarsos/Kilikien (oder gar dem phönizischen Stützpunkt Tartessos/Südspanien an der Mündung des Guadalquivir) bestieg. Als nun Jachwe zur Strafe einen großen Seesturm schickte, legte sich Jona seelenruhig unter Deck zum Schlafen nieder, während Kapitän, Besatzung und Passagiere vor Angst und Schrecken fast vergingen. Als dann bei der Frage, wer dieses Unglück verschuldet habe, das Los auf Jona fiel, forderte er die Besatzung auf, ihn doch einfach ins Meer zu werfen, um mit diesem Opfer Gott zu versöhnen. Als sie das taten, hörte tatsächlich das Wüten des Sturmes auf; Jona aber wurde von einem riesigen „Walfisch" für drei Tage und Nächte verschlungen. Als er schließlich aus dem Bauch des Untiers zu Jachwe betete, wurde er von dem „Walfisch" wieder ans Land gespien und machte sich nun auf, um die Heiden in Ninive zur Umkehr zu bewegen.

In dieser Geschichte um einen Propheten auf Abwegen, der allein durch seine Anwesenheit Unglück über andere brachte (so heute noch sprichwörtlich im anglo-amerikanischen Raum), ehe ihn Gott wieder auf den rechten Weg zurückführte, gibt es zum Detail des Meerungeheuers (*kētos*) die Mythenparallelen von Perseus im Kampf gegen den Meerdrachen (nach späterer Tradition ausgerechnet bei Ioppe = Jaffa/Phoinikien) und von Herakles, der zur Rettung der troianischen Königstochter Hesione sogar ins aufgerissene Maul des Untiers hineinsprang, es nach drei Ta-

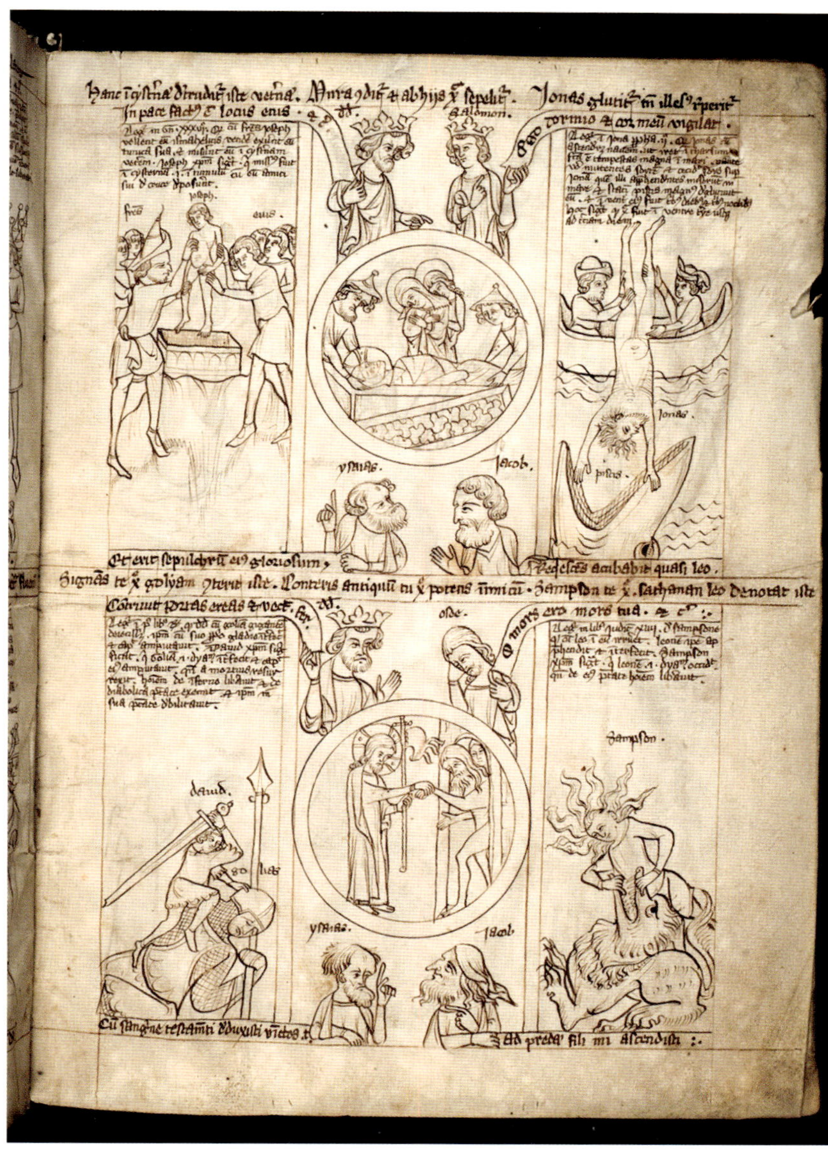

Abb. 4 Biblia pauperum, 3. Viertel 14. Jh., Württembergische Landesbibliothek Cod. theol.et.phil.fol.279, Handschrift auf Pergament [17] 8r.

gen von innen mit dem Schwert erledigte und ebenso kahlköpfig wieder herausstieg wie in der nachbiblischen Tradition auch der Prophet Jona.

Jonas wunderbare Rettung erinnert aber auch an die griechische Novelle um den Sänger Arion, der angeblich zur Zeit des korinthischen Tyrannen Periandros (625–598 v. Chr.) lebte und, durch eine habgierige Besatzung ins Meer geworfen, von einem Delfin sicher an Land getragen worden sein soll (Herodot, „Historien“, 1,23–24 u. a.).[37] Schließlich wurde der dreitägige Aufenthalt des alttestamentlichen Propheten im Walfisch in der späteren christlichen Tradition z. B. der spätgotischen „Armenbibeln“ parallelisiert mit der dreitägigen Höllenfahrt des neutestamentlichen Glaubenshelden Christus zwischen Kreuzigung und Auferstehung (Abb. 4).[38]

Anmerkungen

1 Kaizer (2011), spez. 323–331.
2 Die Fragmente der griechischen Historiker (F GR HIST) von Felix Jacoby. Erster Teil: Genealogie und Mythographie. Leiden 1957, 204 Nr. 26, Fr. 1,40.
3 Reinhardt (2011), 109 mit Anm. 449.
4 Reinhardt (2011), 239 f.
5 Résumé in: Israel Exploration Journal 10, 1960, 53.
6 Zum Problem der Kontinuität in den sog. ‚dunklen Jahrhunderten‘: Reinhardt (2011), 29 f.
7 Zur denkbar weitgehenden Fiktionalität des frühgriechischen Mythos: Reinhardt (2011), 314–318, spez. 316 f.
8 Zu Fiktionalität und Suggestivität des Mythos: Reinhardt (2011), 245 f.
9 Zum Einzelmythos: Reinhardt (2011), 118 f. mit Anm. 475 (Literatur); Reinhardt (2012), 304–307.
10 Lexicon Iconographicum Mythologiae Classicae (LIMC) 1, Zürich/München 1981 s.v. Andromeda, 774–790 (Konrad Schauenburg), spez. 775 f. Nr. 1; Karl Schefold, Götter- und Heldensagen der Griechen in der Früh- und Hocharchaischen Kunst. München 1993, 232 f. (mit Abb. 245).
11 FGrHist, wie Anm. 2, 63 Nr.3, Fr. 12.
12 Fragmente: Tragicorum Graecorum Fragmenta (TrGF) 4. Sophocles. Editor: Stefan Radt. Göttingen 1977, 156–160. Vgl. auch Klimek-Winter (1993), 23–53.
13 Fragmente: TrGF, wie Anm. 12, 5. Euripides. Editor: Richard Kannicht. Göttingen 2004, 233–260. Vgl. auch Klimek-Winter (1993), 54–315.
14 Zu Ovid: Bömer (1976), 198–221 (Kommentar), spez. 198 f. (Stoff); Reinhardt (2012), 305.
15 Reinhardt (1995), 198 ff. (Überblick zur Rezeption).
16 Nähere Angaben schon in Anm. 2.
17 Zu den konstitutiven Grundkategorien: Reinhardt (2011), 88 ff. (‚räumliche Fixierung‘), 106 ff. (‚zeitliche Fixierung‘), 114 ff. (‚personale Fixierung‘), 161 ff. (Gottheiten), 207 ff. (Schicksalsdenken).
18 Zur mythischen Topografie: Bömer (1976), 198 f.; Reinhardt (2011), 99 mit Anm. 410.
19 LIMC, wie Anm. 10, 8 (1997) s.v. Kassiepeia, 666–670 (Jean Ch. Balty), spez. 667 f. Nr. 10–12; Kaizer (2011), 333–337.
20 Reinhardt (2012), 32 f. (auch zum Weiterleben der Elemente in der späteren Märchentradition).
21 Hygin, L'astronomie. Texte établi et traduit par André Le Boeuffle. Paris 1983, 37–38, 55–56 (Pegasus), 73 (Cetus); 91–95, 99 (Pegasus), 107 f.(Cetus).
22 Zu männlichen Initiationsriten: Reinhardt (2011), 294 f., 298 f. (Terminologie); Reinhardt (2012), 306 f.
23 Repräsentativer Überblick zur Motivreihe: Reinhardt (2012), 303 ff. mit Anm. 1495 (Literatur).
24 Reinhardt (2012), 313–315 mit Anm. 1534 (Literatur).
25 Perseus und Andromeda stehen hinter Ruggiero und Angelica (Ariost, „Orlando furioso“, Ende Buch 10), Herakles, Hesione und Telemon hinter Orlando, Olimpia und Oberto (Anfang Buch 11): Reinhardt (2012), 315 f.
26 Zum Einzelmythos: Reinhardt (2012), 229 mit Anm. 856 (Literatur); Reinhardt 2012), 307 f.; ds., Handwörterbuch der antiken Sklaverei (HAS) s.v. Mythos (2013), Abschnitt III (digitale Vorfassung).
27 LIMC, wie Anm. 10, 8 (1997) s.v. Hesione, 623–629 (John H. Oakley), spez. 624–627 Nr. 3–56.
28 FGrHist, wie Anm. 2, 114 Nr. 4, Fr. 26b.
29 Zu Ovid: Bömer (1980), 288–294 (Kommentar), spez. 288–290 (Stoff).
30 LIMC, wie Anm. 10, s.v. Hesione, 624 Nr. 6° = LIMC 5 (1990) s.v. Herakles/Hercle (Shirley J. Schwarz), 226 Nr. 266; Bianchi Bandinelli, R./ Giuliano, A. 1974 Etrusker und Italiker vor der römischen Herrschaft. Die Kunst Italiens von der Frühgeschichte bis zum Bundesgenossenkrieg. (München), 273 Abb. 312.
31 Lycophronis Alexandra. Recensuit Eduardus Scheer. Vol. 2 scholia continens. Berlin 1908 (Ndr. 1958), 29.
32 Reinhardt (2011), 228 f.
33 Zu männlichen Initiationsriten vgl. schon Anm. 22.
34 Reinhardt (1995), 198 ff. (Überblick zur Rezeption).
35 Zur Abgrenzung dieser Teilbereiche: Reinhardt (2012), 150 ff. (Sage), 215 ff. (Legende), 225 ff. (Novelle).
36 Zu Jona: Reinhardt (2012), 156 f. mit Anm. 707 (neuere Literatur).
37 Zu Arion: Reinhardt (2011), 321 f. mit Anm. 1253 (Literatur).
38 Vgl. auch Farbabbildung in: Hans Lülfing/Hans-Erich Teitge, 1981 Handschriften und alte Drucke. Kostbarkeiten aus Bibliotheken der DDR. (Leipzig/Wiesbaden), 86.

Literatur (Auswahl)

Avi-Yonah, M., 1960 Perseus and Andromeda, a Legend of Old Jaffa. [Engl. Referatunter: The Fifteenth Annual Convention of the Israel ExplorationSociety, Tel Aviv, 18–21 October 1959]. In: Israel Exploration Journal 10, 52–53.
Avi-Yonah, M., 1967 Perseus and Andromeda at Joppa [hebr.]. In: Yediot 31, 203–210.
Bömer, F. P., 1976 Ovidius Naso, Metamorphosen. Kommentar. Buch IV-V. (Heidelberg); 1980 Buch X-XI. (Heidelberg)
Brommer, F., 1955 Die Königstochter und das Ungeheuer. (Marburg/Lahn) (Marburger Winckelmann-Programm 1955)
Kaizer, T., 2011 Interpretations of the Myth of Andromeda at Iope. In: Syria 88, 323–339.
Klimek-Winter, R., 1993 Andromedatragödien. Sophokles, Euripides, LiviusAndronicus, Ennius, Accius. Text, Einleitung und Kommentar. (Stuttgart/Leipzig) (Beiträge zur Altertumskunde 21)
Reinhardt, U., 1995 Andromeda und Angelica. Zum Motiv Königstochter – Held – Ungeheuer in der literarischen und bildlichen Tradition des Abendlandes. In: Hermann Walter/Hans Jürgen Horn (Hrsg.), Die Rezeption der Metamorphosen des Ovid in der Neuzeit. Der antike Mythos in Text und Bild. (Berlin)(Ikonographische Repertorien zur Rezeption des antiken Mythos in Europa 1), 193–213.
Reinhardt, U., 2011 Der antike Mythos, Ein systematisches Handbuch. (Freiburg/Br.) (Paradeigmata Bd. 14)
Reinhardt, U., 2012 Mythen – Sagen – Märchen. Eine Einführung mit exemplarischen Motivreihen. (Freiburg/Br.) (Paradeigmata 17)
Schmidt, H., 1907 Jona. Eine Untersuchung zur vergleichenden Religionsgeschichte. (Göttingen) (Forschungen zur Religion und Literatur des Alten und Neuen Testaments 9)
Witzenrath, H., 1978 Das Buch Jona. Eine literaturwissenschaftliche Untersuchung. (St. Ottilien) (Arbeiten zu Text und Sprache im Alten Testament 6)

Jaffa – historische Hafenstadt

Die Geschichte der Stadt Jaffa von den Anfängen bis zur Zeitenwende

Wolfgang Zwickel

Palästina war nie ein Land, das sich durch eine besondere literarische Aktivität in der Antike ausgezeichnet hätte. Eine allgemein akzeptierte, eigene einheimische Schrift wurde erst um das Jahr 1000 v. Chr. entwickelt bzw. von den Phöniziern übernommen. Die biblischen Texte sind allesamt erst aus dem 1. Jtsd. v. Chr. und wurden in ihrer Mehrzahl sogar erst in der Zeit zwischen ca. 600 und 200 v. Chr. verfasst. Aus der Zeit des 3. und 2. Jtsd. v. Chr. gibt es – von wenigen Ausnahmen abgesehen – nur Texte, die außerhalb des Landes verfasst wurden und damit die Region Palästinas aus außenpolitischer Sicht beschreiben. Ägypter, aber auch die Bewohner Mesopotamiens haben – in den Augen eines heutigen Historikers glücklicherweise – diese Region erobert und hierüber Berichte hinterlassen. Derartige schriftliche Zeugnisse sind natürlich nicht völlig wertfrei und unabhängig, sondern wollen die Erfolge des jeweiligen Machthabers glorifizieren. Trotzdem sind sie unsere wichtigsten historischen Quellen, um das Land und seine Geschichte zu verstehen. Man muss sich aber immer wieder vor Augen halten, dass diese außenpolitische Sicht stets die Sicht eines Fremden ist, der die einheimische Kultur und die Lebenspraktiken allenfalls nachvollziehen kann, aber eben nicht selbst in dieser Welt lebt und aufgewachsen ist.

Die Namensnennung eines Ortes ist jedoch eine Innensicht der Bewohnerschaft. Der Name „Jaffa" bedeutet „schön(er Ort)" und zeichnet die so genannte Stadt besonders aus. Das Leben in Jaffa war sicherlich immer angenehm. Die Küste bietet im Sommer frische Winde, im Winter wird es nicht so kalt wie etwa in Jerusalem. Die Lage auf einem kleinen Hügel direkt am Meer dürfte durchaus attraktiv auf die Seefahrer gewirkt haben. Das Leben in dieser Stadt wurde – so lässt es die Namensgebung erschließen – als durchaus angenehm empfunden.

Ein Text der ausgehenden Mittelbronzezeit?

Bei den Ausgrabungen in Gezer wurde 1909 ein Text gefunden, dessen chronologische Einordnung in der Folgezeit heftig diskutiert wurde (Horowitz/Oshima 2006, 53–55). Die zeitlichen Ansetzungen schwanken zwischen der ausgehenden Mittelbronzezeit (ca. 1650–1550 v. Chr.) und der neubabylonischen Zeit (7./6. Jh. v. Chr.). Der Text ist sehr fragmentarisch. Erwähnt werden einerseits eine nicht sicher identifizierbare Stadt namens Kiddim und andererseits Jaffa. Bemerkenswert ist trotz des schlechten Erhaltungszustandes, dass in einer Inschrift aus Gezer Jaffa genannt wird – ein deutlicher Beleg für eine enge Beziehung dieser beiden Ortslagen, wie er sich auch in einem weiteren spätbronzezeitlichen Text findet (s. u.).

Die Zeit ägyptischer Vorherrschaft in der Spätbronzezeit

Die ägyptischen Ortsnamenslisten

Die ältesten sicher datierbaren literarischen Erwähnungen, die wir von Jaffa haben, finden sich in ägyptischen Ortsnamenslisten. Hierbei handelt es sich um Ortsnamen, die in einer Kartusche gefasst auf den Außenwänden der Tempel der jeweiligen Herrscher angebracht wurden. Damit sollten die militärischen Erfolge der Pharaonen verherrlicht werden. Früher nahm man an, dass die Orte von den Pharaonen erobert und damit zerstört wurden. Die zunehmende archäologische Erfassung der einzelnen Ortslagen zeigte jedoch, dass es gar nicht so viele Zerstörungsschichten gibt. Man kann die Ortsnamenslisten der Pharaonen daher eher als eine Art Itinerar auffassen. Die Ägypten ergebenen Ortslagen dürften den Truppen des Pharaos bereitwillig Unterkunft und Nahrung zur Verfügung gestellt haben. Hatte sich jedoch eine Ortslage gegen die Ägypter aufgelehnt, wurde sie sicherlich im Rahmen eines solchen Feldzuges erobert und damit wieder in die ägyptische Oberherrschaft eingegliedert. Ohnehin darf man sich die Vorherrschaft Ägyptens über Palästina und Syrien in der Zeit der 18. und 19. Dynastie nicht in der Art vorstellen, dass diese Regionen Teil des ägyptischen Großreiches waren. Es gab vereinzelte Stationen ägyptischer Truppen, vor allem in Gaza, Bet-Schean, Kumudi/Kamid el-Loz im Libanon und Jaffa als Hafenstadt. Mit diesen Truppen wollte man die Handelswege frei halten und Unruhen im Land kontrollieren. Ansonsten konnten die syrischen und palästinischen Stadtfürsten im Lande weitgehend unbehelligt ihre Territorien verwalten. Syrien und Palästina waren unter ägyptischer Kontrolle, aber nicht Teil Ägyptens!

Jaffa wird in den Feldzugslisten der Pharaonen Thutmosis III. (1479–1426 v. Chr.; Listen I: 62a; I: 62b.c; II, 16; V: 13; Va: A41), Amenhoteps II. (1426–1400 v. Chr.; Liste VIIa: A13) und Ramses II. (1279–1213 v. Chr.; Liste XXVIa: 71) erwähnt (Ahituv 1984, 121). Die Namen machen zumindest deutlich, dass es in dieser Zeit eine besiedelte Ortslage hier gab, die vermutlich Ägypten ergeben war. Mehr erfahren wir aus diesen recht stereotypen Texten nicht.

Die Amarnabriefe

Etwas informativer sind die sog. Amarnabriefe (abgekürzt EA) (Abb. 1, 2). Hierbei handelt es sich um Briefe in akkadischer Schrift, die auswärtige Fürsten aus Palästina, Syrien, Kleinasien und Mesopotamien an die ägyptischen Pharaonen Amenhotep III. (1390–1353 v. Chr.) und seinen Sohn Amenhotep IV./Echnaton (1353–1336 v. Chr.) geschickt haben. Sie berichten von internen Problemen in den jeweiligen Gebieten der Absender. Während EA 138,6.85, ein Brief des Königs Rib-Addi von Gubla/Byblos, keine weitergehenden Fakten enthält, bietet EA 294, ein Brief Addadanis, des Herrschers von Gezer, mehrere interessante Details:

1 Zu dem König, meinem Herrn, meinem Gott,
2 meiner Sonne hat gesprochen
3 folgendermaßen Addadani, dein Diener:
4 Zu den Füßen des Königs, meines Herrn, meines Gottes,
5 meiner Sonne, falle ich siebenmal und (nochmals) siebenmal nieder.
6 Ich habe gehört die Worte
7 des Königs, meines Herrn, die er geschrieben hat
8 an seinen Diener: „Gehorche
9 deinem Vorsteher und schütze
10 die Städte des Königs, deines Herrn,
11 wo auch immer du bist." Wahrlich,
12 ich beobachte das Wort, das
13 der König, mein Herr, gesprochen hat.
14 Möge informiert sein
15 der König, mein Herr, über seinen Diener!
16 Bedenke die Tat Peyas,
17 des Sohnes des Gulatu,
18 gegen mich! Meine Leute,
19 die ich gesandt habe, um
20 Dienst zu leisten in Yapu/Jaffa,
21 und um zu schützen
22 das Haus: die Getreidekammer des Königs, meines Herrn,
23 die hat genommen
24 Peya, der Sohn des Gulatu.
25 Ja, möge der König, mein Herr erfahren
26 diese Worte seines Dieners!
27 Wenn so spräche
28 der König, mein Herr, zu mir:
29 „Verlass deine Stadt
30 vor Peya!",
31 dann würde ich sie verlassen und
32 gehen, und ich werde fürwahr
33 dienen dem König, meinem Herrn,
34 Tag und Nacht bis in
35 Ewigkeit.

Abb. 1 Die in den Amarnabriefen erwähnten Ortslagen in Ägypten.

Zunächst beginnt der Brief mit den umständlichen, aber damals üblichen und in vielen Amarnabriefen anzutreffenden Ergebenheitsformulierungen des jeweiligen lokalen Herrschers gegenüber dem ägyptischen Pharao. Peya scheint der ägyptische Stadthalter in Jaffa in dieser Zeit gewesen zu sein. EA 242, ein weiterer Brief Addadanis an das ägyptische Königshaus, zeigt, dass Peya anscheinend seine Machtbefugnisse sehr zum Leidwesen Addadanis ausgenutzt hat. Gezer war dem Stadthalter in Jaffa unterstellt, insofern die Ägypter für eine Kontrolle der Handelswege und für die Ruhe im Land sorgten. Hierzu hatten die lokalen Stadtfürsten den ägyptischen Statthaltern dem Brief zufolge Militärkontingente zur Verfügung zu stellen. Die Ägypter waren nach allem, was wir wissen, nur mit einer sehr geringen Anzahl von ägyptischen Soldaten im Lande präsent. Im konkreten Fall hat Addadani eine Militäreinheit nach Jaffa abkommandiert, um das dortige Getreidehaus (der akkadische Begriff *schunuti* geht auf ein ägyptisches Wort zurück, vgl. Helck, 1960, 11) des Königs zu schützen. Addadani betont seine absolute Gehorsamkeit gegenüber dem ägyptischen Königshaus und seinen in Palästina wirkenden Vertretern, die – so seine rhetorische Ankündigung – sogar so weit gehen würde, dass er seine eigene Stadt verlassen würde, falls dies von ihm gefordert werden würde.

Zentral für das Verständnis von Jaffa ist aber, dass es in der Stadt ein ägyptisches Getreidehaus gab. Da die wenigen Ägypter in Jaffa selbst kaum Ackerbau betrieben, waren die Bewohner der Umgebung dazu verpflichtet, einen Anteil der Ernte für die Versorgung der ägyptischen Truppen und der ägyptischen Händler, die mit Schiffen auf dem Mittelmeer unterwegs waren, abzuliefern. Das Territorium, das seine Abgaben nach Jaffa liefern musste, ist nicht unbeträchtlich. Gezer ist immerhin 30 km Luftlinie von Jaffa entfernt. Die nächste südlich gelegene ägyptische Residenz war wohl Gaza, das rund 70 km Luftlinie von Jaffa entfernt lag. Damit wird man annehmen dürfen, dass beide Städte Abgaben aus einem Umkreis von ca. 35 km für die Versorgung ihrer Soldaten erhielten. Für eine geringfügig jüngere Zeit sind solche Lieferungen von Abgaben an die ägyptische „Lokalzentrale“ Gaza auch in hieratischen Inschriften von mehreren Orten Palästinas belegt. Jaffa hatte damit eine Zentralfunktion zur Versorgung der Ägypter inne – ein Sachverhalt, der hier erstmals für die Zeit der Mitte des 14. Jh.s v. Chr. belegt ist, der aber auch für das folgende Jahrhundert noch Gültigkeit gehabt haben dürfte.

EA 296 erwähnt gleichfalls Yapu/Jaffa. Der Brief ist von einem gewissen Yahtiru verfasst, dessen Herkunft nicht klar ist. Im Gegensatz zu den meisten Amarnabriefen wurde dieser Text wohl nicht von einem Stadtfürsten geschrieben, sondern von einem palästinischen Söldner, der in Ägypten seine Ausbildung vollzogen hatte. Der Text macht deutlich, dass Yahtiru, der einen semitischen Namen hat (Hess 1993, 79 f.), über ägyptische Truppen verfügen kann. Der ägyptische Statthalter zur Abfassungszeit des Briefes ist nun ein Mann namens Yanhamu. Nach den üblichen Ergebenheitsformulierungen findet sich hier folgender Inhalt:

25 Als ich jung war, da
26 hat er (Yanhamu) mich in Ägypten hineingebracht,
27 und ich habe gedient dem König,
28 meinem Herrn, und ich stand
29 im Stadttor des Königs, meines Herrn.
30 Der König, mein Herr, möge fragen
31 seinen Vorsteher, ob ich schütze
32 das Sadttor von Azzati/Gaza und das Stadttor
33 von Yapu/Jaffa! Und ich, mit
34 den Feldtruppen des Königs, meines Herrn,
35 wo sie hinziehen, werde auch ich hinziehen.
36 Und siehe, und jetzt
37 habe ich gelegt die Unterseite
38 des Joches des Königs, meines Herrn, auf
39 meinen Nacken, und ich trage es.

Abb. 2 Ein Amarnabrief.

Auf Grund dieses Textes dürfen wir annehmen, dass die Stadttore von Gaza und Jaffa von Truppen geschützt wurden. Da der Vorsteher dieser Truppen offenbar ein Semit war, könnte es sich bei den Wachtruppen um Söldner handeln. Yahtiru macht in den letzten Zeilen des Briefes seine völlige Ergebenheit für den ägyptischen Pharao deutlich. Dies war sicherlich keine reine Floskel, sondern eine Notwendigkeit, da Söldnertruppen leicht in den Ruf kamen, bei Gefahr den Auftraggeber zu verlassen und die Seiten zu wechseln, zumal wenn sie gegen ihre kanaanäischen Landsleute kämpfen mussten. Andererseits wissen wir, dass das ägyptische Heer immer wieder auch Söldnertruppen in seine Reihen integriert hat.

Eine letzte Erwähnung Jaffas findet sich in EA 365. Der Text stammt von Birdiya, dem Herrscher von Megiddo. Hier lautet der entscheidende Text nach den einleitenden Ergebenheitsformulierungen:

8 Möge der König, mein Herr zur Kenntnis nehmen
9 bezüglich seines Dieners und bezüglich seiner Stadt [d. h. bezüglich Megiddo].
10 Fürwahr, nur ich
11 bestelle
12 in Schunama.
13 Und nur ich
14 beschaffe Fronarbeiter.

15 Aber siehe!
16 Die Stadtfürsten,
17 die auf meiner Seite stehen,
18 handeln nicht so
19 wie ich. Sie
20 bestellen nicht
21 in Schunama
22 und sie beschaffen nicht
23 Fronarbeiter; und
24 nur ich
25 beschaffe Fronarbeiter.
26 Von Yapu/Jaffa
27 kommen sie, von meinen Verfügungsbereichen,
28 und von
29 Nuribta.
30/31 Möge der König, mein Herr, dies zur Kenntnis nehmen bezüglich seiner Stadt.

Schunama ist das biblische Schunem, nicht weit von Megiddo entfernt. Nuribta ist eine ansonsten nicht in Texten erwähnte Stadt, offenbar gleichfalls in Palästina, vielleicht in der Nähe von Megiddo gelegen. Offenbar wurden Fronarbeiter aus Jaffa nach Megiddo gebracht, um hier Arbeit zu leisten. Dies macht deutlich, dass Jaffa auch über Fronarbeiter verfügte, die gegebenenfalls auch an andere Orte verbracht wurden. Hierbei könnte es sich ebenfalls um Söldner gehandelt haben, die in Friedenszeiten Dienst auf den Äckern verrichteten. Warum gerade Fronarbeiter aus Jaffa bis nach Megiddo gingen, muss allerdings unklar bleiben.

Papyrus Anastasi I.
Der zeitlich nächste ägyptische Text ist der Papyrus Anastasi I (Abb. 3). Der Papyrus ist ein literarischer Text aus den ersten Jahren Ramses II., in dem sich ein ägyptischer Beamter, der über sehr genaue Kenntnisse der Küstenregion des Libanon und Nordsyriens verfügt, humoristisch über das notwendige Wissen eines anderen ägyptischen Beamten lustig macht. Neben diversen Sachfragen (Berechnung einer Ziegelrampe, Transport eines Obelisken, Errichtung einer Kollossalstatue u. a. m.) geht es auch um topografische Kenntnisse. Die meisten der Ortslagen stammen aus Syrien, aber es findet sich auch eine interessante Notiz über Jaffa:

25,2 Du bist hineingegangen nach Joppe.
3 Du fandest die Wiesen blühen zu ihrer Jahreszeit, du machtest eine Durchbohrung wegen des Klagerufes. Du fandest das
4 schöne Mädchen, das die Weingärten bewachte. Sie veranlasste, dass du dich zu ihr als Partner gesellst, und sie zeigte dir die Farbe
5 deines Schosses. Du wurdest entdeckt und musstest ein Geständnis ablegen. Man verurteilte dich zu der Erstattung des Brautpreises, so dass du dein Hemd
6 von gutem dünnen Leinen verkaufen musstest.
(Übersetzung in Anlehnung an Fischer-Elfert, 1986, 212–222)

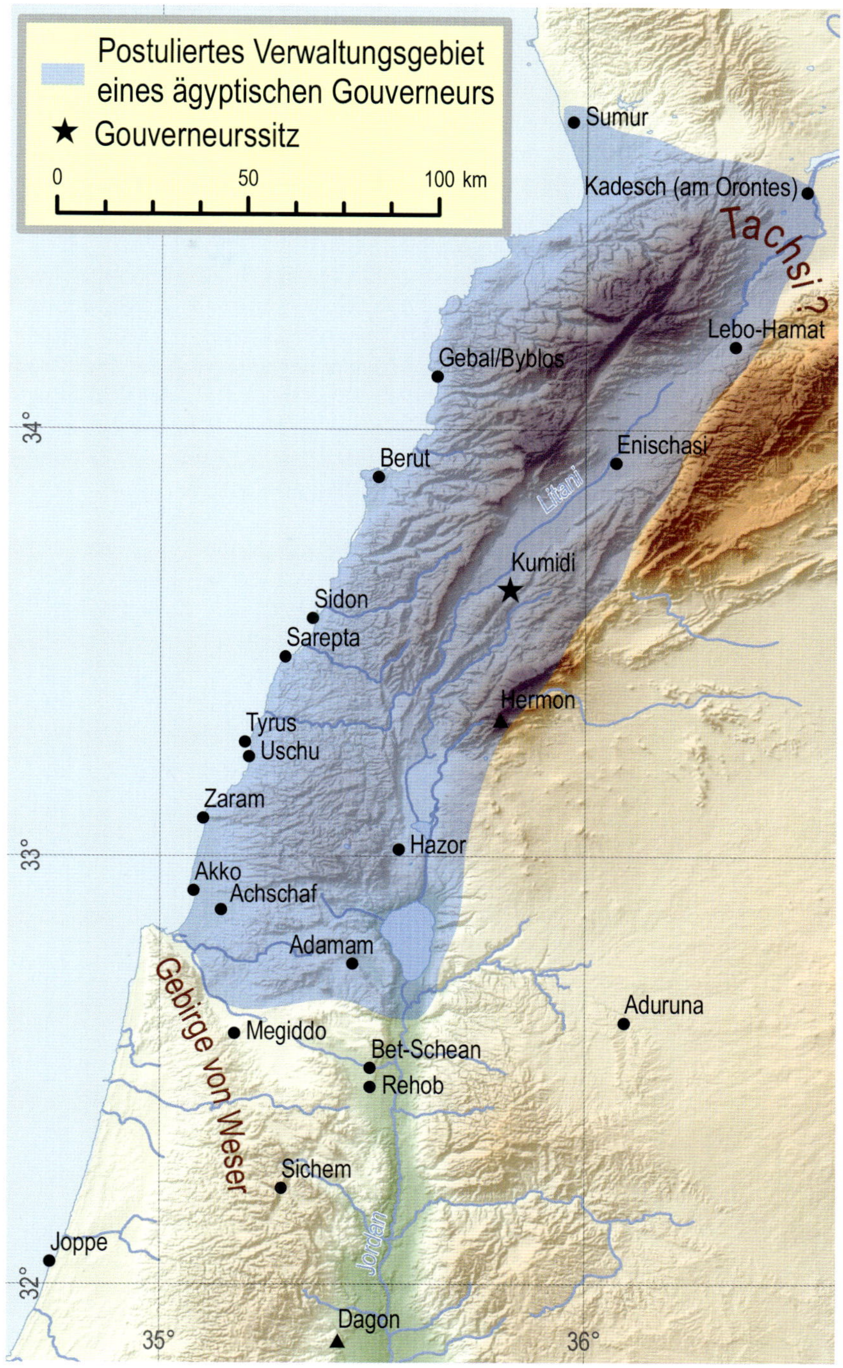

Abb. 3 Karte Papyrus Anastasi I.

Die Erzählung macht deutlich, dass es sich um die Frühlingszeit handelt, denn die Wiesen blühen. Die „Durchbohrung" ist wohl unter Vorwegnahme der nachfolgenden Szene und im Sinne einer erotischen Anspielung als Bildwort für den Beischlaf zu verstehen. Der Liebesakt mit einer einheimischen Frau, die – wie in Hohelied 1,6 – einen Weinberg bewachte, blieb nicht unentdeckt, was zwangsläufig die Bezahlung des Brautpreises an den Brautvater zur Folge hatte. Diese Regelung war auch in späterer Zeit noch in Israel gültig (Ex 22,15 f.). In der satirischen Streitschrift soll wohl deutlich gemacht werden, wie der in diesem Text angesprochene ägyptische Beamte leichtfertig und ohne Kenntnis der palästinischen Gebräuche den Reizen einer Frau aus Joppe erliegt. Sein Handeln zeigt seine Unfähigkeit für das von ihm ausgeführte Amt. Wer sich als ägyptischer Beamter im Ausland aufhält, sollte, so die Botschaft dieses Textes, genaue Kenntnisse der Lebensgewohnheiten der dort ansässigen Menschen haben. Achtet man die Bräuche nicht, kann es, wie in diesem Fall, zum Verlust selbst des letzten Kleidungsstückes führen.

Ein Brief aus Aphek

Bei den Ausgrabungen in Tell Ras el-Ein, aller Wahrscheinlichkeit nach das Aphek der biblischen und ägyptischen Texte und wenige Kilometer nördlich von Jaffa gelegen, wurde ein Text in akkadischer Sprache gefunden (Horowitz/Oshima 2006, 35–38). Zunächst wendet sich der ugaritische Präfekt Takuhlinu an Haya, offenbar ein ägyptischer Repräsentant für das Gebiet Palästinas. Der weitere Text hat ein Handelsgeschäft zum Thema:

13 O Vater, (bezüglich) des Weizens,
14 zweihundertfünfzig *parisu* an Weizen,
15 Adduya gab sie
16 in die Hand des [D]urschimati
17 in der Stadt [Ya]pu.
18 (Aber) mein Vater sagt jetzt:
19 „Zweihundertfünfzig *parisu* Weizen –
20 lass sie ihn (d. h. Durschimati) zurückgeben
21 in die Hand des Ad[duya]."
22 Außerdem, [mein] Vater,
23 den Weizen, den Du erbeten hast,
24 habe ich abgesandt an d[ich].
25 Aber meine Bitte,
26 die ich an meinen Vater [gesandt hast],
27 hast du mir bisher nicht erfü[llt].
28 Also, mein Vater, mein Wunsch,
29 bezüglich meiner Bitte, an mi[ch]
30 [sende sie] und mein [Getrei]de
31 soll [mein] Herr zurückbringen
32 in die Hand des Adduya,
33 des Mannes von [A]kko.
34 Außerdem: Adduyas Bezahlung
35 ...
36 So soll er vor meinen Vater
37 sich hinstellen;
38 mein Vater soll dann über ihn richten.
39 Schließlich, als Geschenk für meinen Vater
40 hundertzwanzig (Schekel) blauer Wolle und zehn (Schekel) roter Wolle namens *tabarru*
41 habe ich dir übersandt.

Adduya, offenbar ein in Akko (Z. 33) ansässiger Repräsentant des ugaritischen Präfekten, hat insgesamt 250 parisu Weizen an Durschimati, anscheinend einen in Jaffa ansässigen ägyptischen Repräsentanten, gesandt. Aus irgendeinem Grund – vielleicht handelte es sich bei dem Weizen nur um eine Leihgabe, um eine Krisenzeit zu überwinden – soll nun der Weizen zurückgegeben werden. Dies jedenfalls fordert der ägyptische Beamte Haya, wohl auf Grund eines entsprechenden Briefes des Takuhlinu (Z. 25–27). Die Rücklieferung scheint jedoch nicht zu erfolgen, sodass Takuhlinu die Rücklieferung reklamiert. Der Brief endet mit der Erwähnung eines Geschenkes, mit dem Takuhlinu offenbar den Haya für seine Sache gewogen machen will. Aphek dürfte der Sitz eines ägyptischen Repräsentanten gewesen sein, der für die südliche Region Palästina zuständig war. Daher wurde der Brief dort gefunden. Der Brief zeigt trotz der Unklarheiten, die er enthält, dass es zwischen den beiden großen Hafenstädten Akko und Jaffa in der Spätbronzezeit einen intensiven Warenaustausch gegeben haben muss.

Papyrus Harris 500

Einen hinsichtlich seiner literarischen Gattung ganz eigenen Text stellt Papyrus Harris 500 dar. Der Text stammt aus der frühen 19. Dynastie (1292–1190 v. Chr.), beschreibt aber die Einnahme von Jaffa unter Thutmosis III. (1479–1426 v. Chr.), also Ereignisse, die rund 150 Jahre zurückliegen. Leider ist der Text nur fragmentarisch erhalten, der Anfang fehlt völlig und kann nur aus dem nachfolgenden Text erschlossen werden. Vorausgesetzt wird, dass die Stadt Joppe/Jaffa von Ägypten abgefallen ist und nun zurückerobert werden muss. Dies könnte eine durchaus historische Erinnerung bewahrt haben. Das ägyptische Heer stand nach diesem Text unter der Führung eines gewissen Dschehutii, eines auch aus anderen Texten bekannten Schreibers zur Zeit Thutmosis III. Die Verteidiger wurden von einem Mann geführt, dessen Name nicht genannt wird, sondern der als „Feind von Jaffa" bezeichnet wird. Hier drückt sich deutlich die ägyptische Sicht aus: Der Heerführer von Jaffa schadet den Interessen der Stadt nach Ansicht Ägyptens und ist damit automatisch ein Feind der Stadt. Schon diese Typisierung zeigt, dass es nicht um einen genauen historischen Bericht geht, sondern um eine Art Kriegsroman, der eine erfolgreiche Kriegslist schildert. Ob sich die Ereignisse bei der Eroberung Jaffas so abgespielt haben, wie hier dargestellt wird, muss angesichts der Gattung „Roman" völlig offen bleiben.

Der Text lautet, untergliedert in Sinnabschnitte (Übersetzung nach Quack in Weippert 2010, 109 f.):

> 120 Mariannu [soziale Klasse der Krieger, wohl Streitwagenführer], während ihr ... in der Art von Körben war ... für Dschehutii. Lass ihm 100 geben von der Garnison des Pharao ... auf ihnen.
>
> Kurz darauf waren sie betrunken und Dschehutii sagte zu ... „... mich und meine Frau und Kinder in der eigenen Stadt! Lass die Mariannu-Krieger die Pferde hineinführen und man soll ihnen Futter geben, oder ein Apiru wird vorbeigehen ... ihre ... und man sicherte die Pferde und gab ihnen Futter, und ... des Königs Men-Heper-Re [Thutmosis III.]. Man kam und meldete es Dschehutii.

Offenbar wird hier vorausgesetzt, dass Dschehutii die Belagerung der Stadt aufgeben will. Für die weitere Klärung scheint es ein großes Fest gegeben zu haben, bei dem sich die Männer von Jaffa betrunken haben.

Bei diesem Fest fordert der Stadtfürst von Jaffa Dschehutii auf, ihm die Keule von Thutmosis III., das Herrschaftszeichen des Pharaos, das er offenbar bei sich hatte, zu zeigen.

> Darauf sagte der Feind von Joppe zu Dschehutii: „Ich wünsche die große Keule des Königs Men-Heper-Re zu sehen. Siehe, diese Sklavin, deren Name Tiut-Neferet ist!

> Beim Ka des Königs Men-Heper-Re! Sie soll dir heute gehören, wenn du mir den Gefallen tust und die Keule mir holst".
> Er handelte genau so und holte die große Keule des Königs Men-Heper-Re aus seinem Mantel, erhob sich in seiner ganzen Höhe und sagte: „Schau auf mich, oh Feind von Joppe! Siehe, König Men-Heper-Re, der grimmige Löwe, der Sohn der Sachmet, nachdem ihm Amun sein ... gegeben hat." Er erhob seine Hand, schlug auf die Schläfe des Feindes von Joppe, und der fiel zu Boden und bildete einen Haufen vor ihm. Er legte ihn in Handschellen durch den Lederriemen. Er ergriff ... Kupferstück, das er hatte machen lassen, und er verdammte den Feind von Joppe, und man setzte das Stück Kupfer von 4 Nemset Gewicht an seine Füße.

In dieser Passage wird deutlich, dass das Fest nur ein Vorwand war, damit der Ägypter den Stadtfürsten von Jaffa ohne große kriegerische Handlung besiegt. Der Stadtfürst ist nun in der Hand des Ägypters Dschehutii.

> Er ließ die 200 Körbe holen, die er hatte machen lassen, und ließ die 200 Soldaten in sie hineingehen. Man gab ihnen Stricke und Handschellen in den Schoß, verschloss sie mit einem Siegel, versah sie mit ihren Sandalen und ihren Tragstangen ... und man ließ jeden guten Soldaten sie tragen, insgesamt 500 Mann. Man sagte ihnen: „Sobald ihr in die Stadt hereinkommt, sollt ihr eure Gefährten freimachen, und ihr sollte alle Leute in dieser Stadt ergreifen und sie sogleich in Fesseln legen."
> Man kam heraus und sagte zu dem Wagenlenker des Feindes von Joppe: „So spricht mein Herr: Geh, sagt deiner Herrin: Sei froh! Seth hat uns Dschehutii, seine Frau und seine Kinder gegeben. Siehe den Anfang seines Tributs – so sollst du zu ihr über die 200 Körbe sagen, die voll von Männern mit Handschellen und Stricken sind!" Da ging er vor ihnen her, um das Herz seiner Herrin mit der Nachricht zu erfreuen: „Wir haben Dschehutii gefangen."

Mit einer Kriegslist wurden ägyptische Soldaten in die Ortschaft gebracht, um diese zu erobern, ohne dass man die Stadtmauern zerstören musste. Dem Wagenführer des Stadtfürsten von Joppe wurde mitgeteilt, dass sich Dschehutii ergeben habe und als Tribut 200 Körbe mit gefesselten Männern den Bewohnern von Jaffa übergeben würden. Derartige Kriegslisten finden sich in der antiken Literatur immer wieder (vgl. Jos 6,8; aber auch die Eroberung von Troia oder Ali Baba und die 40 Räuber). Die Erwähnung eines Streitwagenführers setzt nicht unbedingt voraus, dass in Jaffa ein Streitwagenheer stationiert war. Jaffa war immer eine auf den Hafen ausgerichtete Stadt, deren Stärke in der Verteidigung auf der Seeseite gelegen haben wird. Der Streitwagen kann auch nur ein einzelner Streitwagen gewesen sein, wie er für die Herrschaftspräsentation eines Stadtfürsten benötigt wurde. Ebenso hatte sich auch Absalom, als er die Königswürde anstrebte, einen Streitwagen mit Pferden angeschafft, um entsprechend repräsentieren zu können (2 Sam 15,1). Der Wagenführer war damit der engste militärische Mitarbeiter des Stadtfürsten.

> Man öffnete die Festungen der Stadt vor den Soldaten, sie betraten die Stadt und machten ihre Gefährten frei und ergriffen die Stadt vom Kleinsten bis zum Größten. Sie legten sie sogleich in Fesseln und Handschellen. Der starke Arm des Pharao eroberte die Stadt.

Der Plan Dschehutiis gelang. Anstatt sich zu ergeben, kletterten die Soldaten aus ihren Körben und nahmen die offenbar verdutzten Stadtbewohner von Jaffa gefangen. So konnte die Stadt ohne großen Aufwand und ohne Blutvergießen eingenommen werden.

> Dschehutii verbrachte die Nacht, nachdem er nach Ägypten zum König Men-Heper-Re, seinen Herrn, geschickt hatte mit den Worten: „Sei froh! Amun, dein guter Vater, hat dir den Feind von Joppe und alle seine Leute gegeben, ebenso seine Stadt. Lass Leute aus Ägypten kommen, um sie als Beute mitzunehmen, so dass du das Haus deines Vaters Amun-Re, König der Götter, mit Sklaven und Sklavinnen füllst, die in alle Ewigkeit unter deine Füße gefallen sind!".

Dschehutii überlieferte die Nachricht von der erfolgreichen Kriegslist an den Pharao. Damit war der Kriegszug beendet und Jaffa wieder eine Stadt in ägyptischer Hand.

> Es ist gut zu Ende gekommen für den Ka des Schreibers mit trefflichen Fingern, des Armeeschreibers.

Dies ist eine Schlussbemerkung aus der Hand des Armeeschreibers.

Abb. 4 Das Ramsestor in Jaffa. Rekonstruktion nach den Originalfragmenten.

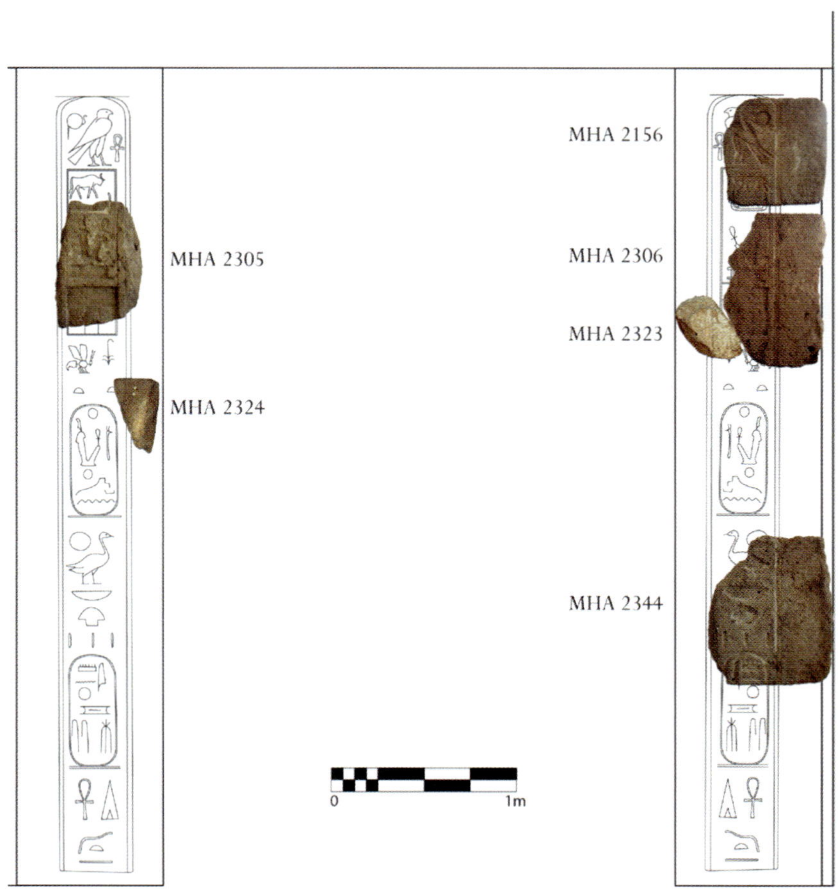

Der „Roman" nimmt auf den durch die Ortsnamenslisten verbürgten Sachverhalt Bezug, dass Jaffa tatsächlich unter Thutmosis III. unter ägyptischer Kontrolle stand. Man sollte diesen Text als Quelle für die historische Entwicklung jedoch nicht weiter heranziehen. Zu groß ist der Abstand zwischen den berichteten Ereignissen und der Niederschrift des Textes. Deutlich macht der Text jedoch, dass Jaffa zu Beginn der 19. Dynastie durchaus ein bei gebildeten ägyptischen Kreisen bekannter Ort in Palästina war. Andernfalls wäre er sicherlich nicht in einem derartigen Text, der zur immer wiederkehrenden Lektüre gedacht war und der nicht als Archivtext verstanden werden darf, genannt worden.

Die Inschrift am Ramses-Tor von Jaffa
Bei Kaplans Ausgrabungen wurde eine fragmentarische ägyptische Inschrift (Abb. 4) gefunden, die ursprünglich wohl am Eingang der Toranlage von Jaffa aufgestellt war. Die Inschrift lautet:

> *Rechter Torpfosten*: Horus-Falke, Starker Stier, geliebt von Maat, Sohn des Re, Herr der Kronen, Ramses II.
> *Linker Torpfosten*: [Horus-Falke], Starker [Stier], geliebt von Maat, [König von Ober- und Unterägypten, Herr der beiden Länder, Unsimare Setepenre]

Hierbei handelt es sich um eine Variante der in vielfältigen Abweichungen überlieferten Titulatur von Ramses II. Der Bau kann daher mit Sicherheit auf Ramses II. zurückgeführt werden. Allerdings wurden bei den bisherigen Grabungen die weiteren Bauelemente der Festung noch nicht freigelegt. Die Rekonstruktion der Gesamtanlage ist eine Aufgabe zukünftiger Forschungen in Jaffa.

Abb. 5 Großer Skarabäus aus den Grabungen des JCHP 2012.

Skarabäenfunde aus Jaffa
Unabhängig von literarischen Texten lässt sich der ägyptische Einfluss auf eine spätbronzezeitliche Ortslage auch durch die Funde ägyptischer Skarabäen (Abb. 5) überprüfen, die zumindest tendenziell Schwerpunkte der Siedlungsaktivitäten aufzeigen. In Jaffa hat man bislang (die Funde der Kampagnen 2012 und 2013 noch nicht berücksichtigt) 14 Siegel gefunden, wobei fünf aus dem Antikenhandel stammen und die Herkunft aus Jaffa damit nicht sichergestellt ist. Eines der Siegel aus dem Antikenhandel ist zudem nicht näher datierbar. Die geringe Zahl der Siegel verwundert angesichts der ägyptischen Präsenz vor Ort. Die folgende Grafik zeigt die Datierung der Siegel auf Grund einer Untersuchung von O. Keel (unpubliziert): (siehe Diagramm).

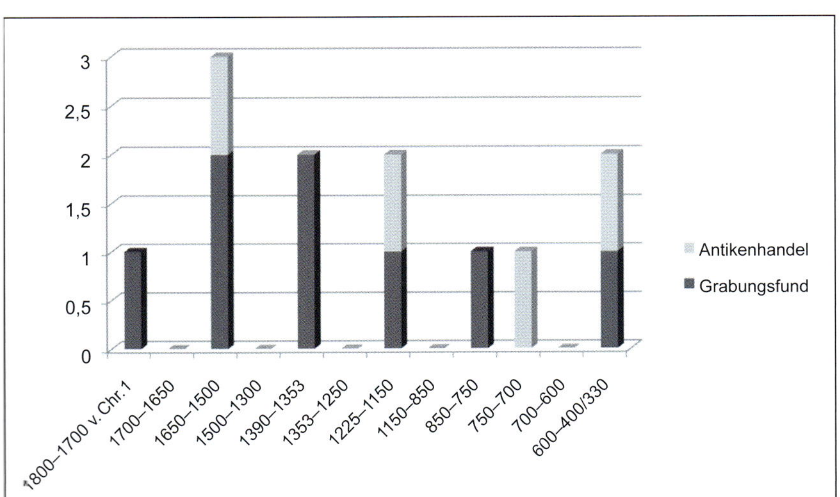

Trotz der geringen Fundausbeute im Bereich der Siegel bestätigt die Fundverteilung weitgehend die Ergebnisse der historischen Auswertung, wonach eine ägyptische Präsenz vor Ort vor allem in der Spätbronzezeit zu beobachten ist und nach einer Unterbrechung erst wieder im 9./8. Jh. v. Chr. signifikant zu beobachten ist.

Ein Siegelfund ist besonders interessant: Er wurde beim Löwentempel (Miller 2012) gefunden und trägt die Inschrift der ägyptischen Königin Teje, der Gattin von Amenhotep III. (1379–1340 oder 1390–1353 v. Chr.). Der Tempel wurde auf Grund der Keramik wohl im 14. Jh. v. Chr. erbaut (Miller 2012, 35), was der Regierungszeit Amenhoteps gut entsprechen würde.

Zusammenfassung: Spätbronzezeit
Jaffa war in der Spätbronzezeit auf Grund der literarischen Belege eine bedeutende Hafenstadt mit der Präsenz von ägyptischen Beamten. Die Stadt wurde anscheinend durch palästinische Söldnertruppen geschützt. Der zuständige Statthalter residierte vielleicht in Aphek, das etwa 17 km nordöstlich von Jaffa liegt (Kochavi 1990). In Jaffa scheint es ein Lagerhaus zur Versorgung der ägyptischen Händler und Truppen gegeben zu haben. Eine enge wirtschaftliche und politische Beziehung existierte offenbar mit Gezer, aber auch mit Akko. Papyrus Harris 500 erinnert möglicherweise an eine Eroberung der Stadt durch ägyptische Truppen mittels einer Kriegslist in der Zeit von Thutmosis III. Höchst bemerkenswert ist, dass kein einziger ägypti-

scher Text den Ausbau der Stadt zu einer Festung unter Ramses II. belegt, obwohl wir dies durch den Fund der Reste der ramessidischen Toranlage annehmen müssen.

Beginn der philistäischen Vorherrschaft

Über die folgenden Jahrhunderte sind wir leider nur sehr schlecht unterrichtet. Dies hängt mit dem Ende der ägyptischen Oberherrschaft über die Region zusammen, die gleichzeitig das Ende einer blühenden Kultur mit literarischen Bezeugungen bedeutete. Die nächsten Jahrhunderte musste erst wieder eine neue Gesellschaft und eine neue Kultur aufgebaut werden, und deren dringendste Aufgabe war nicht das schriftliche Fixieren von historischen Ereignissen.

Das Ende der Spätbronzezeit wurde eingeleitet durch eine beträchtliche Verringerung der Niederschläge im gesamten östlichen Mittelmeerraum, beginnend etwa mit Albanien. Die bäuerlich strukturierte Gesellschaft in den Küstenregionen war vom ausbleibenden Regen besonders stark betroffen, aber auch z. B. das mächtige und gut strukturierte Hetiterreich. Um das Überleben zu sichern, suchten die Menschen Möglichkeiten für neue Existenzen. Diverse Meeranrainerländer, die wir heute allgemein als Seevölker bezeichnen, machten sich auf, um eine neue Heimat zu suchen. Ein Ziel einzelner Gruppen, aber sicherlich nicht der Gesamtheit dieser nur lose miteinander verbundenen Völker, war es, sich in Ägypten niederzulassen, da Ägypten nicht vom Regen im Mittelmeerraum, sondern vom Regen im zentralen Afrika und damit verbunden vom Nilhochwasser abhängig war. Als im 8. Regierungsjahr von Pharao Ramses III. (1187–1156 v. Chr.), demnach im Jahr 1179 v. Chr., diverse Seevölkergruppen in einer Land- und einer Seeschlacht gegen die Ägypter kämpften und verloren, wurden Teile der besiegten Seevölker von den Ägyptern in den von ihnen kontrollierten Gebieten an der palästinischen Küste angesiedelt. Die Philister kontrollierten das Gebiet südlich von Jaffa mit den Hauptstädten Gaza, Aschkelon, Aschdod, Gat und Ekron (Abb. 6). Im Norden mit dem Zentrum um Dor hatte sich eine andere Seevölkergruppe, die Tschekker, angesiedelt. Für das Gebiet um Jaffa herum kann nur vermutet werden, dass es gleichfalls im 12. Jh. v. Chr. zu den philistäischen Territorien gehörte. In Tel Qasile wenige Kilometer nördlich von Jaffa hat man jedenfalls eine völlig unkanaanäische Kultur gefunden, die aus guten Gründen mit den Seevölkern in Verbindung gebracht wird. Daher nimmt man an, dass der gesamte Küstenstreifen Südpalästinas unter Kontrolle der Seevölker war, obgleich die nächsten philistäischen Hauptstädte Aschdod und Ekron auffallend weit südlich von Jaffa liegen. Möglicherweise siedelte in diesem Raum eine andere Seevölkergruppe. Die Philister scheinen im Verlauf der kommenden Jahrhunderte die dominanteste Gruppe unter den Seevölkern gewesen zu sein. In den Augen der Judäer wurden die Bewohner des Küstenstreifens zwischen Tel Aviv und Gaza dann pauschal als Philister angesehen, auch wenn sich die Bewohnerschaft ursprünglich aus ganz verschiedenen Bevölkerungsgruppen zusammengesetzt haben dürfte.

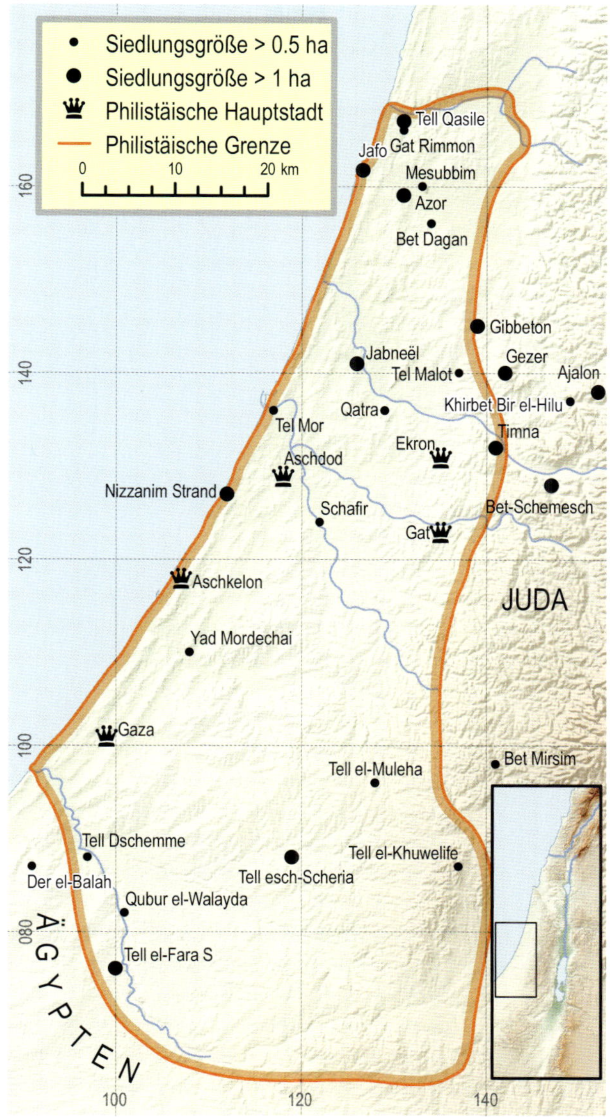

Abb. 6 Die Philistergebiete.

Jaffa unter assyrischer Herrschaft

Eine Zugehörigkeit der Stadt Jaffa zum philistäischen Territorium, aber auch eine assyrische Eroberung ist dann für das ausgehende 8. Jh. v. Chr. bezeugt. Der Assyrerkönig Sanherib bekämpfte in seinem 3. Feldzug im Jahre 701 v. Chr. die philistäischen Territorien und das Gebiet Judas. In seinem Feldzugsbericht überliefert er (Chicago-Taylor-Prisma II, 60–72; Abb. 7).

> Was aber Sidqa, den König von Aschkelon, angeht, der sich meinem Joch nicht unterworfen hatte: Ich deportierte die Götter seiner Familie, ihn selbst, seine Frau, seine Söhne, seine Töchter, seine Brüder, seine Familienangehörigen und brachte ihn in das Land Assyrien. Scharruludari, den Sohn des Rukibtu, ihren früheren König, setzte ich über die Leute der Stadt Aschkelon ein und legte ihm die Ableistung von Tributen als Geschenk an meine Herrschaft auf. Und er ging in meinem Geschirr [d. h. er gehorchte mir]. Im Verlauf meines Feldzuges belagerte und eroberte ich die Städte Bet Dagon, Japho/Jaffa, Bene Beraq und Azor, alles Städte Sidqas, die

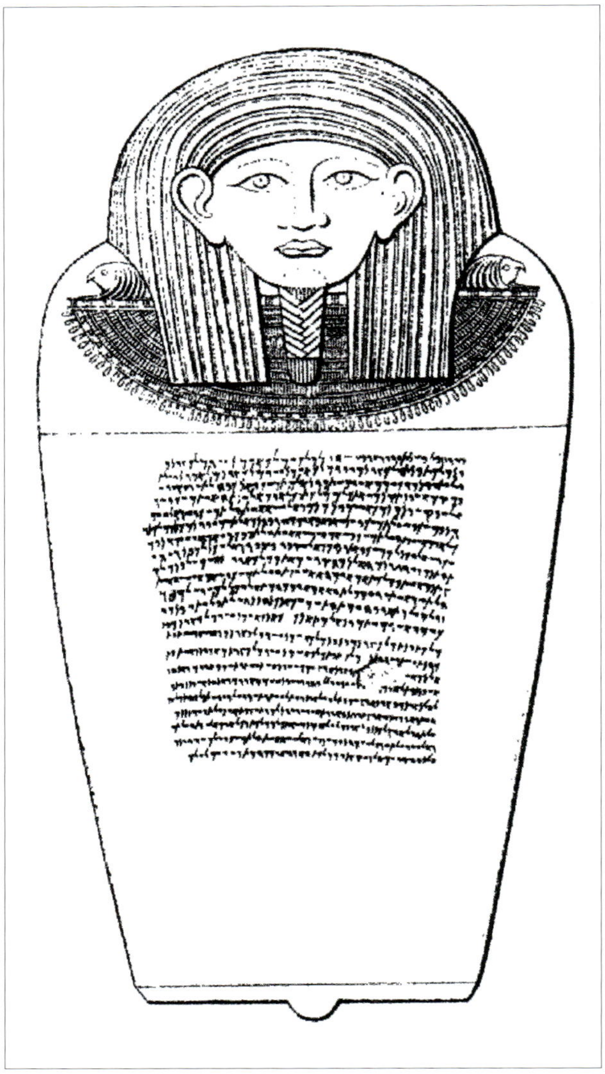

Abb. 7 links
Bild des Chicago-Taylor-Prismas.

Abb. 8 rechts
Eschmunazar-Sarkophag.

> sich meinen Füßen nicht eilends unterworfen hatten, und ich plünderte sie.

Bet-Dagon, Bene Beraq und Azor sind allesamt Städte am heutigen südöstlichen Stadtrand von Tel Aviv. Wenn Sanherib hier die konkreten Territoriumsabgrenzungen richtig wiedergibt, gehörte dieses Gebiet zum Reich von Aschkelon und nicht Aschdod, was eigentlich eher zu erwarten wäre.

Jaffa in alttestamentlichen Texten aus vorexilischer Zeit

In Jos 19,46 wird Joppe/Jaffa dem Gebiet des Stammes Dan zugerechnet. Die Angaben zum Stamm Dan unterscheiden sich von denen anderer Stämme erheblich. Üblicherweise wird eine relativ alte, wohl aus dem 10. Jh. v. Chr. stammende Grenzortliste verbunden mit einer jüngeren, am ehesten in das 8./7. Jh. v. Chr. zu datierenden Liste von Ortsnamen im Inneren eines Stammesgebietes angenommen. In Jos 19,40–46 findet sich nur eine Liste von Ortslagen, jedoch keine Grenzortliste. Schon dies kann als Hinweis auf eine relativ späte Entstehungszeit der Ortsnamensliste gewertet werden. Die Nennung Ekrons in 19,43, das nach unseren Kenntnissen während der gesamten Frühzeit eine philistäische Hauptstadt war, zeigt gleichfalls an, dass der Text relativ jung sein muss. Zumindest zur Zeit Sanheribs war Ekron noch ein eigenständiges philistäisches Königtum. Allenfalls gegen Ende der assyrischen Epoche um 630 v. Chr. kann Ekron zu Juda gehört haben, sodass die Ortsnamensliste frühestens in dieser Zeit erstellt worden sein dürfte (Fritz 1994, 199). Spiegelt die Ortsnamensliste Dans somit reale Fakten und ist kein rein fiktiver Text, gehörte Jaffa erst in den letzten Jahren des Königsreiches Juda zu dessen Einflussgebiet. Damit hätte Juda erstmals in dieser Zeit einen unmittelbaren Zugang zum Mittelmeer und damit auch zum Mittelmeerhandel gehabt.

Die Kontrolle über Jaffa konnte Juda nicht lange bewahren. 597 und 587 v. Chr. wurde das Land zweimal von Nebukadnezar erobert und teilweise verwüstet. Viele Menschen flohen, und nur ein relativ geringer Anteil der Bevölkerung verblieb im Lande. Immerhin scheint Jaffa weiterhin bewohnt gewesen zu sein. Wie die Babylonier den Bereich Palästinas neu gliederten, ist leider nicht bekannt.

Jaffa im 6. Jh. v. Chr.
Eine wichtige Inschrift über die politischen Verhältnisse in der Zeit des ausgehenden 6. Jh.s v. Chr. vermittelt die Sarkophaginschrift des sidonischen Königs Eschmunazar II. (Abb. 8). Nach einer Aufzählung seiner Bauten heißt es dort (Zeile 18–20):

> Darüber hinaus gab uns der Herr der Könige [gemeint ist der Perserkönig] Dor und Joppe/Jaffa, die hervorragenden Getreideflächen im Gefilde von Scharon, entsprechend der Großtaten, die ich vollbracht hatte. Wir aber fügten sie dem Gebiet des Landes hinzu, damit sie den Sidoniern auf immer gehörten.

Jaffa und sicherlich auch das unmittelbare Umland, das zur Versorgung der Stadt benötigt wurde, gehörte demnach bald nach der Eroberung des Nahen Ostens durch die Perser im Jahre 539 v. Chr. zum Territorium Sidons. Der Text ist wohl nur in dem Sinne zu verstehen, dass der ganze Küstenstreifen südlich des Karmel unter sidonischer Kontrolle war. Wie weit deren Gebiet ins Landesinnere reichte, ist unklar. Da die Städte ein Hinterland benötigten, um sich mit landwirtschaftlichen Produkten zu versorgen, dürfte im 6. Jh. v. Chr. das Gebiet von Jaffa nach Osten hin vermutlich bis zum Aufstieg ins Bergland gereicht haben. Ortslagen wie Ono, Lod, Hadid und Neballat dürften damit auch noch zum Hinterland von Jaffa und damit zum sidonischen Territorium gehört haben. Sidon kontrollierte nach der Eschmunazar-Inschrift alle wichtigen Hafenanlagen der südlichen Levante. Dor und Jaffa waren neben Akko die wichtigsten Häfen südlich des phönizischen Kernlandes. Südlich schloss sich die persische Provinz Aschdod an.

Jaffa im Jonabuch
Das Jonabuch wird als eine fiktive Prophetenerzählung angesehen, die um 400 v. Chr. entstanden sein dürfte. Fiktive Erzählungen sind aber nur dann nachvollziehbar, wenn sie reale Fakten für ihre Darstellung zu Grunde legen. In Jon 1,3 wird Japho/Jaffa als Ausgangshafen für die Flucht des Jona genannt, um von dort nach Tarschisch, d. h. in den Bereich des westlichen Mittelmeeres nach Spanien zu gelangen. Die Phönizier hatten schon in der ersten Hälfte des 1. Jt.s v. Chr. Fahrten bis nach Spanien unternommen. Geändert hat sich aber gegenüber der Seefahrt in der damaligen Zeit, dass man nun dank einer neuen Technik mit den Schiffen kreuzen konnte und keine Küstenschifffahrt mehr betreiben musste. Jaffa als Ausgangsort für weitreichende Schiffsfahrten ist ein durchaus glaubwürdiges Faktum. Die Möglichkeit, auf die hohe See hinauszufahren, wurde Jona jedoch zum Verhängnis, denn dort war man den Stürmen ausgesetzt, während man in früheren Zeiten bei ungünstiger Wetterlage im Hafen blieb.

Jaffa in der hellenistischen und frührömischen Zeit

Joppe/Jaffa in der griechischen Textüberlieferung
Durch den Sieg der Griechen über die Perser unter Alexander d. Gr. änderte sich die politische Situation im Orient erheblich. Nach dem Tod Alexanders wurde sein Reich unter seinen Heerführern aufgeteilt, wobei die genaue Gebietsaufteilung zunächst stark umkämpft war. Die einzelnen lokalen Königtümer verbündeten sich, entsprechend der eigenen Vorteile, jeweils mit den Diadochen, sodass es in den kommenden Jahrhunderten der hellenistischen Herrschaft immer wieder kriegerische Auseinandersetzungen mit dem Ziel einer Gebietserweiterung gab. Diodorus (Bibliotheca Historica XIX, 59, 1–2) berichtet von einer Einnahme Jaffas im Jahr 315 v. Chr. durch die Truppen des makedonischen Diadochen Antigonos I. Monophthalmus (323–301 v. Chr.) gegen Ptolemäus I. (323-–283 v. Chr.), mit der er seinen Einfluss an der levantinischen Küste ausdehnen wollte:

1 Kön 5,22–26	2 Chr 2,15
22 Und Hiram sandte zu Salomo und ließ ihm sagen: Ich habe die Botschaft gehört, die du mir zugesandt hast. Ich will all deine Wünsche nach Zedern- und Zypressenholz erfüllen.	14 Mein Herr sende nun seinen Leuten, wie er gesagt hat, Weizen, Gerste, Öl und Wein,
23 Meine Leute sollen die Stämme vom Libanon hinabbringen ans Meer, und ich will sie in Flöße zusammenlegen lassen auf dem Meer bis an den Ort, den du mir sagen lassen wirst, und will sie dort zerlegen, und du sollst sie holen lassen. Aber du sollst auch meine Wünsche erfüllen und Speise geben für meinen Hof.	15 so wollen wir das Holz hauen auf dem Libanon, soviel du bedarfst, und wollen es auf Flößen übers Meer nach Jafo/Jaffa bringen. Von da musst du es hinauf nach Jerusalem schaffen.
24 So gab Hiram Salomo Zedern- und Zypressenholz nach allen seinen Wünschen.	
25 Salomo aber gab Hiram 20.000 Sack Weizen zum Unterhalt für seinen Hof und 20.000 Eimer gepresstes Öl. Das gab Salomo jährlich dem Hiram.	

> Agesilaus, der Gesandte [des Antigonos], den er nach Zypern gesandt hatte, kam zurück mit der Nachricht, dass Nicocreon und die mächtigsten der anderen Könige ein Bündnis mit Ptolemäus eingegangen seien, aber dass die Könige von Kition, Lapithus, Marion und Ceryneia den Freundschaftsvertrag mit ihm beschlossen hätten. Antigonos ließ daraufhin 3000 Soldaten unter der Leitung des Andronicus zurück, um die Belagerung fortzusetzen, er selbst begab sich aber mit der Armee weg, um im Sturm Joppe/Jaffa und Gaza zu nehmen, beides Städte, die ihm den Gehorsam verweigert hatten. Die Soldaten des Ptolemäus, die er gefangennahm, verteilte er. In jeder Stadt richtete er eine Garnison ein, die die Bewohner anhalten sollte, ihm zu gehorchen.

In nachfolgenden Jahrzehnten dürfte dann Jaffa aber zum ptolemäischen Reich gehört haben, bis nach der Schlacht bei Banyas 198 v. Chr. die Region an die in Nordsyrien beheimateten Seleukiden fiel. Die Gebiete wurden dann jeweils neu aufgeteilt und in einzelne Verwaltungsterritorien eingeteilt.

Jaffo in der biblischen Textüberlieferung der nachexilischen Zeit

Auch biblische Texte, die in dieser Zeit verfasst wurden, bieten uns einige Informationen, wobei aus der lokalen Sicht der biblischen Autoren weniger die überregionale Zugehörigkeit als vielmehr die regionale Bedeutung der Stadt im Zentrum der Darstellungen lag. Die Chronikbücher erzählen die Geschichte Israels im 4. –2. Jh. v. Chr. neu und ändern dabei teilweise die in den Samuel- und in den Königsbüchern überlieferte Geschichtsdarstellung entsprechend der zeitgenössischen Verhältnisse ab. So findet sich auch für 2 Chr 2,14f. eine etwas andere Darstellung als in dem Paralleltext 1 Kön 5,22–26 (siehe Tabelle S. 93).

Deutlich hat der Chronist hier gegenüber dem Text der Königsbücher gekürzt, aber auch ein wesentliches Detail neu ergänzt: Der Hafen, an dem die Flöße angelandet wurden, war nun Jaffa. Der Autor der Königsbücher hatte offenbar kein Interesse an einer genauen Notiz bezüglich des Hafens, über den das Holz nach Jerusalem geliefert werden sollte. Juda hatte keinen eigenen Meereszugang. Nun, in nachexilischer Zeit, war Jaffa der zentrale Hafen, der auch von den Bewohnern Jerusalems für den Mittelmeerhandel benutzt wurde. In Esr 3,7, einem etwa zur selben Zeit entstandenen Text, wird berichtet, dass für den nachexilischen Tempelbau, der im Jahr 515 v. Chr. abgeschlossen wurde, gleichfalls Jaffa der Hafen war, über den die Hölzer aus dem Libanon nach Jerusalem gebracht wurden. Vermutlich wurden die realen Verhältnisse der nachexilischen Zeit, die sich in Esr 3,7 widerspiegeln, auf die Beschreibung der Tempelbaumaßnahmen Salomos in den Chronikbüchern rückprojiziert.

Der Aristeasbrief (115), der in der Mitte des 2. Jh.s v. Chr. verfasst wurde, erwähnt die Häfen Aschkelon, Joppe/Jaffa, Gaza und Akko/Ptolemäis als die zu Jerusalem gehörenden Hafenanlagen. Dies waren die drei großen Hafenanlagen der hellenistischen Zeit in Palästina, wobei zumindest Gaza und Akko nur in geringem Maße für Handelsprodukte, die nach Jerusalem geliefert werden sollten, relevant gewesen sein dürften. Jaffa findet sich auch mehrfach in den Zenonpapyri aus dem 3. Jh. v. Chr. erwähnt (PLond Zen 2086,9; PCairo Zen 59011,11; 59093, 7; PSI 406). Dies zeigt an, dass der Ort als Handels- und Hafenstadt nun eine zentrale Bedeutung innehatte.

Jaffa in späthellenistischer Zeit: die Makkabäerbücher und Flavius Josephus

Über die wechselvolle und umstrittene Geschichte Jaffas in der späthellenistischen Zeit sind wir dank einer recht umfangreichen Textüberlieferung verhältnismäßig gut unterrichtet. Vor allem Flavius Josephus und die Makkabäerbücher informieren uns recht umfangreich über die Ereignisse jener Zeit. Für das Jahr 163 v. Chr., dem Jahr der erneuten Thronbesteigung des Ptolemäers Ptolemäus VI. Philometor, wird Jaffa kurz als der Hafen genannt, wo man anlandete, um nach Jerusalem zu kommen (2 Makk 4,21). Wohl im selben Jahr kam es zu einer Schandtat. In Jaffa lebten Juden und hellenistisch ausgerichtete Menschen nebeneinander. Die Hellenisten luden die Juden, angeblich immerhin 200 Personen, in vermeintlich friedlicher Absicht, auf ein Schiff, um auf die hohe See zu fahren; dort versenkten sie das Boot, sodass die Juden Jaffas ertranken (2 Makk 12, 3f.). Judas Makkabäus verübte daraufhin einen Racheakt: Der Hafen wurde in Brand gesteckt, die dortigen Boote wurden angezündet und die dorthin geflüchteten Menschen getötet. Die Stadt selbst konnte er aber nicht angreifen, weil sie gut geschützt war (2 Makk 12,5–8).

Als 148/147 v. Chr. Appolonias, der von dem späteren Seleukidenherrscher Demetrius II. als Statthalter für Zölesyrien eingesetzt worden war, den Makkabäerführer Jonatan (160–142 v. Chr.) zum Kampf herausforderte, sammelte Jonatan 10.000 Mann und schlug sein Lager vor Joppe/Jaffa auf. In der Stadt lagerten Truppen des Appolonias. Nach einer Belagerung öffneten die Stadtbewohner jedoch die Tore, sodass Jaffa judäisch wurde (1 Makk 10,74–76; Josephus, Ant. XIII,91f.). Der Erfolg scheint jedoch nur kurzzeitig gewesen zu sein. Der Ptolemäerkönig Ptolemäus VI. (165–145 v. Chr.) marschierte schon kurz danach nach Palästina und die Städte öffneten ihm ihre Tore. Darunter scheint auch Joppe/Jaffa gewesen zu sein. Jonatan ging daraufhin nach Joppe und begrüßte den Ptolemäerkönig (1 Makk 11,6; Josephus, Ant. XIII, 105). Doch schon kurze Zeit später wurde die Stadt wieder judäisch, als sie von Simon, zu diesem Zeitpunkt nur einer der Makkabäersöhne, wenige Jahre später aber Nachfolger Jonatans als Makkabäerkönig (142–134 v. Chr.), erobert wurde (1 Makk 12,33f.; Josephus, Ant. XIII, 180). Doch auch dieses Mal scheint die judäische Kontrolle über die Stadt nicht von Dauer gewesen zu sein. Schon bald nach seiner Machtübernahme schickte Simon einen gewissen Jonatan als Heerführer eines jüdischen Heeres nach Joppe, um die Stadt einzunehmen und deren Bewohner zu vertreiben (1 Makk 13,11; Josephus, Ant. XIII, 202; Bell. I, 50). In 1 Makk 14,5 wird dieser Sieg noch einmal als einer der wichtigsten Erfolge der Regierungszeit Simons gerühmt; damit war der Zugang zum Mittelmeer und zum internationalen Handel endgültig geschaffen, und eine Blütezeit für die Stadt, die nun judäisch wurde, begann (Josephus, Ant. XIII, 215). Die Stadt wurde von Simon befestigt (1 Makk 14,34). Der Seleukidenherrscher Antiochus VII. (138–127 v. Chr.) erkannte diesen militärischen Übergriff nicht an und forderte die Rückgabe Joppes, Gesers und der Akra in Jerusalem (1 Makk 15,28). Simon antwortete ihm ganz traditionalistisch (1 Makk 15,33–35):

> „Das Land, das wir wieder erobert haben, ist unser väterliches Erbe und gehört sonst niemand. Unsere Feinde haben es aber eine Zeitlang mit Gewalt und Unrecht besetzt gehalten. Wir aber haben das Unsere wieder an uns gebracht, weil die Zeit für uns günstig war, und haben niemand das Seine genommen. Wenn du aber darüber Klage führst, dass wir Joppe und Geser eingenommen haben, so war der Grund für unser Handeln dieser: Man richtete von dort unserem Volk und unserm Lande großen Schaden an. Doch wollen wir für beide Städte hundert Zentner bezahlen."

Der Seleukidenherrscher wollte diesem Vorschlag, der mit einer Zahlung die militärische Eroberung der Stadt sanktioniert hätte, jedoch nicht zustimmen, sondern schickte ein Heer zur Zerstörung der jüdischen Truppen. Simons Söhne und ihre jüdischen Gefolgsleute schlugen aber die seleukidischen Truppen zurück (1 Makk 16,1–10). Der Seleukidenherrscher Antiochus VII. eroberte im Jahr 134, dem ersten Regierungsjahr von Johannes Hyrkan I. (134–104 v. Chr.), weite Teile Judäas (Josephus, Ant. XIII, 236). Jerusalem ließ er belagern, beendete die Belagerung jedoch, nachdem ihm Johannes Hyrkan zusagte, dass die Abgaben Joppes und anderer Städte an die Seleukiden wieder entrichtet würden, zudem die Jerusalemer ihre Waffen abgäben und in Jerusalem eine seleukidische Truppe stationiert würde (Josephus, Ant. XIII, 246). Joppe blieb damit offenbar in jüdischer Hand, musste aber an die Seleukiden Tribut entrichten.

Nach dem Tod des Antiochus VII. im Jahr 129 unternahm Johannes Hyrkan einen Feldzug gegen seleukidische Städte, um die unsichere Lage auszunutzen (Josephus, Ant. XIII, 254). Nun versuchte er auch Kontakt zu den Römern aufzunehmen, die als neue große Macht im Orient auftraten. In einem Schreiben bat Johannes Hyrkan darum, dass Joppe/Jaffa, Gezer und andere Orte, die Antiochus VII. den Juden abgenommen hatte, von den Römern als judäischer Besitz anerkannt werden (Josephus, Ant. XIII, 261).

Über die Geschicke Jaffas erfahren wir erst wieder etwas aus der Zeit des Alexander Jannäus (103–76 v. Chr.). Dieser errichtete zum Schutz gegen die seleukidischen Truppen des Antiochus XII. (87–84 v. Chr.) einen Holzwall nördlich von Jaffa, um so ein Übergreifen der Feinde auf das Stadtgebiet zu verhindern (Josephus, Ant. XIII, 390; Bell. I, 99). Allerdings wurde dieser Grenzzaun von Antiochus in Brand gesteckt. Jaffa blieb trotzdem weiter in judäischer Hand, wenngleich noch immer das Bewusstsein vorhanden war, dass es sich um eine ursprünglich hellenistisch (syrisch) ausgerichtete Stadt handelte (Josephus, Ant. XIII, 395).

Jaffa in frührömischer Zeit

63 v. Chr. wandelte der römische Hauptmann Pompeius den eroberten Rest des Seleukidenreiches in die Provinz Syria um und erklärte die an der Küste gelegenen Städte Gaza, Joppe/Jaffa, Dor und Stratonsturm/Caesarea Maritima zu selbstständigen Städten der Provinz Syrien (Josephus, Ant. XIV, 76; Bell. I,156 f.). Gaius Julius Cäsar verpflichtete die Juden zwar, jährliche Tribute an die Römer zu zahlen, befreite aber die Stadt Joppe/Jaffa davon und anerkannte, dass Jaffa sich schon in früheren Zeiten in jüdischem Besitz befand und dass dies auch in Zukunft so sein solle. Das Schreiben Johannes Hyrkans hatte damit Jahrzehnte nach seiner Abfassung zu Sonderrechten für Jaffa geführt. Die Hasmonäer sollten von den Ackerbauern Jaffas zudem eine jährliche Abgabe erhalten (Josephus, Ant. XIV, 202.205.206). Trotz der Zugehörigkeit Jaffas zum jüdischen Territorium gab es eine römische Besatzungstruppe in Jaffa, wohl um den Handelsplatz zu sichern und den Mittelmeerhandel sicherzustellen. Die Bewohner Pergamons forderten jedoch, dass diese Truppen abgezogen werden sollen (Josephus, Ant. XIV, 249).

40 v. Chr. wurde Herodes der Große von den Römern zum neuen König über Judäa ernannt. Diese Herrschaft musste er jedoch erst noch umsetzen. Um Jerusalem einzunehmen, musste er das offenbar gut befestigte Jaffa erst noch erobern, da er keinen Zweifrontenkrieg führen wollte (Josephus, Ant. XIV, 396.397; Bell. I, 292,293). Matthias Antigonos, der letzte Hasmonäerherrscher und damit der Gegner des Herodes, hatte Jaffa noch unter seiner Kontrolle. Gleichzeitig war die Stadt offiziell noch weiter unter römischer Oberherrschaft. Als Octavian 30 v. Chr. Syrien und Palästina durchzog, versorgte ihn Herodes großzügig mit Nahrungsmitteln. Als Dank dafür erhielt er nun endgültig die Städte Gadara, Hippos, Samaria, Gaza Anthedon, Joppe/Jaffa und Stratonsturm (Josephus, Ant. XV, 217; Bell. I, 396). Nach dem Tode des Herodes fielen von diesen Orten Joppe/Jaffa und Stratonsturm dem Gebiet des Herodessohnes Archelaus zu (Josephus, Ant. XVII, 320; Bell. II, 97). (Abb. 9)

Im Jahre 6 n. Chr. wurde das Gebiet des Archelaus in eine römische Provinz umgewandelt, da sein Regierungsstil zu großen Unruhen geführt hatte und er des Amtes enthoben wurde. Damit kam Jaffa unter römische Kontrolle, wobei die Römer sicherlich diesen wichtigen Hafen trotz der dominanten Rolle von Caesarea Maritima für sich wirtschaftlich und politisch nutzten. Wir müssen nun von einer gemischt jüdisch-römischen Besiedlung Jaffas ausgehen.

Im Kontext des 1. Jüdischen Krieges eroberten Truppen des römischen Statthalters Cestius im Jahr 66 n. Chr. Jaffa, plünderten die Stadt und brannten sie nieder. Insgesamt 8.400 Bewohner sollen damals gefallen sein (Josephus, Bell. II, 507–509). Die Juden organisierten nun den Widerstand und teilten die Regionen auf, denen jeweils jüdische Militärbefehlshaber vorstanden. Ein gewisser Johannes erhielt die Toparchie Thamna sowie Lydda/Lod, Joppe/Jaffa und Emmaus, also die Großregion an der Küste (Josephus, Bell. II, 567). Obwohl Jaffa offenbar stark in Mitleidenschaft gezogen worden war durch die Brandschatzung des Cestius, hatten sich hier Juden verschanzt, um den Römern, die nun von Vespasian geleitet wurden, zu widerstehen. Mit

Abb. 9 Palästina zur Zeit des Herodes.

Hilfe der Flotte von Jaffa machten sie das Meer unsicher und gewannen so eine gewisse Übermacht zur See. Dies hatte allerdings auch zur Folge, dass wegen der Piratenzüge der Juden der Mittelmeerhandel an der palästinischen Küste zusammenbrach. Um diesen Umtrieben ein Ende zu machen, ließ Vespasian die Stadt erobern. Allerdings hatten die Bewohner davon Nachricht erhalten und sich auf die Schiffe geflüchtet, sodass die Römer die Stadt kampflos einnehmen konnten. Ein heftiger Nordwind erhob sich jedoch, sodass ein Teil der Schiffe an den Klippen vor der Stadt zerschellte. Wer sich ans Land retten wollte, wurde von den Römern getötet. Angeblich sollen 4.200 Juden bei dieser Aktion gestorben sein. Die Stadt wurde nun endgültig niedergebrannt. Um neuerliche Ansiedelungen von Seeräubern zu verhindern, ließ Vespasian auf der Anhöhe ein Truppenlager errichten, in dem er Reiter und Fußsoldaten stationierte (Josephus, Bell. III, 414–431). Damit endet die frührömische Geschichte der Stadt, aber auch die jüdische Stadt Jaffa.

Die judenchristliche Gemeinde von Jaffa

Die Erzählungen der Apostelgeschichte bieten noch einen weiteren interessanten Aspekt. Einerseits zeigt Apg 9–11 deutlich auf, dass es eine jüdische bzw. judenchristliche Besiedlung in Jaffa gab. Tabitha (Apg 9,36–41) und Simon (Apg 9,43) sind eindeutig jüdische Namen. Andererseits wird auch die Präsenz römischen Militärs in Jaffa bestätigt. Kornelius (Apg 10) war Hauptmann der sog. Italischen Kohorte, wobei der Name möglicherweise damit erklärt werden kann, dass sie größtenteils aus in Italien angeworbenen Soldaten bestand. Apg 10 bestätigt somit, dass es ab 6 n. Chr. einen römischen Bevölkerungsanteil in Jaffa gab. Möglicherweise war dort sogar die Italische Kohorte stationiert. Der unterschiedliche Lebensstil von Juden einerseits und Römern andererseits dürfte zu großen Konflikten innerhalb der Bevölkerung geführt haben, was schließlich zu der Zerstörung der Stadt durch den römischen Statthalter Cestius im Jahr 66 n. Chr. führte. Die Auseinandersetzungen bezüglich der verschiedenen Kulte und Bräuche spiegeln sich auch in Apg 10 wider. Wie stark die Einwohnerschaft von Jaffa von einer hellenistisch und sicherlich auch von einer römisch geprägten Welt beeinflusst war, zeigt die Lokalisierung des hellenistischen Andromeda-Mythos in Jaffa deutlich. Jaffa als wichtige Hafenstadt dürfte im 1. Jh. n. Chr. stark multikulturell und weltoffen geprägt gewesen sein, auch wenn der traditionell jüdische Einfluss durchaus vertreten war.

Die Hafenstadt Jaffa und der Andromeda-Mythos

Unter der angeblichen Autorschaft des Skylax von Karyanda (5. Jh. v. Chr.) wurde in der zweiten Hälfte des 4. Jh.s v. Chr. eine exakte Küstenbeschreibung des Mittelmeeres veröffentlicht, die uns genaue Kenntnisse über die damals besiedelten Orte an der syrisch-palästinischen Küste bietet. Darunter findet sich auch die Nennung Jaffas, übrigens erstmals verbunden mit dem Andromeda-Mythos, der nun hier lokalisiert wurde. Der die palästinische Küste betreffende Text des Pseudo-Skylax, der teilweise sehr schlecht überliefert ist, lautet:

> Eine andere Stadt ist Tyrus, das einen von einer Mauer umgebenen Hafen besitzt. Diese Insel ist die Burg der Tyrer und vom Land drei Stadien entfernt. (Es folgen) Paläatyrus, eine Stadt und ein mitten hindurchfließender Fluß, die Stadt der Ekdipper, und ein Fluß und Ake, und nach außen hin an der Bucht Sykamionpolis, der Karmelberg mit dem Zeusheiligtum, Arados – eine Stadt der Sidonier, [Doros, eine Stadt der Sidonier, Krokodilonpolis und der Fluß der Tyrer,] Joppe, wo, wie man sagt, die Andromeda dem Ungeheuer preisgegeben sei, (schließlich) Askalon – eine tyrische Stadt und Burg. Hier ist die Grenze von Zölesyrien. Die Küstenfahrt entlang Zölesyriens vom Thapsakusflus bis zur Stadt Askalon beträgt 1700 Stadien.“ (Abb. 10)

Der Text macht mit der Nennung Jaffas deutlich, welche wichtige Funktion der Hafen in dieser Zeit hatte. Noch etwas ausführlicher ist die Beschreibung der palästinischen Küste bei Strabo (63 v. – 23 n. Chr.), einem griechischen Geograf und Geschichtsschreiber (XVI, 2,27–28):

> Nach Ake [= Akko] folgt Stratonsturm [= Caesarea Maritima] mit einer Reede. Zwischen beiden liegen der Karmelberg und die nur dem Namen nach, sonst aber weiter

> nicht bekannten Städte Sykaminonpolis [= Schiqmona], Bukolonpolis, Krokodilonpolis und andere dergleichen. Dann folgt ein großer Wald. Dann Joppe/Jaffa, bei welcher sich die vorher von Ägypten aus gegen Osten gerichtete Küste merklich nach Norden krümmt. Hier wurde, wie einige fabeln, Andromeda dem Walfisch ausgesetzt. Der Ort liegt aber auf einer bedeutenden Anhöhe, so dass man von ihm aus Hierosolyma [= Jerusalem], die Hauptstadt der Judäer, erblicken soll. Und in der Tat benutzen auch die bis zur See hinabreichenden Judäer diesen Ort als Hafenplatz; die Hafenstädter der Räuber aber sind natürlich Raubnester.

Ähnlich ist auch die Küstenbeschreibung bei Plinius (23–79 n. Chr.), einem lateinischen Wissenschaftler, der das antike Wissen in seiner Naturgeschichte festgehalten hat (NH V, 68 f.):

> Der Küstenstrich Samaria; die freie Stadt Aschkelon, Aschdod, die beiden Städte Janneia [= Javne und Javne-Yam], von denen eine im Inneren des Landes liegt. Joppe, eine Stadt der Phönizier, die älter als die große Sintflut sein soll. Sie liegt auf einem Hügel, vor welchem sich ein Felsen befindet, an dem man noch Spuren der Fesseln der Andromeda zeigt. Hier wird auch die fabelhafte Ceto verehrt. Nun folgt Appolonia, der vom König Herodes erbaute Stratonsturm, auch Caesarea genannt. …

Neben dem Andromeda-Mythos gibt es nun im 1. Jh. n. Chr. einen weiteren Mythos, der mit Jaffa verbunden wird. Ceto oder Derceto ist eine Göttin, die man als Fischfrau abbildete (Herodot I, 105). Plinius erwähnt später den Andromeda-Mythos noch einmal (NH V, 128):

> Dann folgt im Phönizischen Meer vor Joppe/Jaffa die Insel Paria, die eigentlich nur eine Stadt (!) bildet und auf welcher Andromeda dem Seeungeheuer vorgeworfen sein soll.

Hier erfahren wir nun erstmals den Namen der Jaffa vorgelagerten Insel, die mit dem Andromeda-Mythos verbunden wurde. Die Angabe, dass hier eine Stadt gelegen haben soll, zeigt deutlich, dass Plinius den Felsen nicht aus eigener Anschauung kannte. Noch einmal geht Plinius auf diesen Mythos ein. In NH IX, 11 findet sich folgende Notiz:

> Von dem Seeungeheuer, welchem die Andromeda ausgesetzt gewesen sein soll, wurde das Gerippe aus der Stadt Joppe in Judäa nach Rom gebracht, und nebst anderen Merkwürdigkeiten von M. Scaurus während seines Ädilamts gezeigt. Seine Länge betrug 40 Fuß, die Rippen übertrafen an Höhe noch die Indischen Elefanten, und das Rückgrat war 1 ½ Fuß dick.

Diese Überlieferung kann einigermaßen datiert werden. M. Scaurus hatte im Jahr 58 v. Chr. das Ädilamt inne und war zuvor während des 3. Mithridatischen Krieges (74–63 v. Chr.) als römischer Militärtribun verantwortlich für Judäa. Daher hatte er gute Beziehungen nach Jaffa. Bei dem Skelett dürfte es sich um das eines Finnwals handeln, der immerhin bis zu 24 m lang werden kann und gelegentlich schon im Mittelmeer beobachtet wurde. Die von Plinius überlieferten Maße (rund 13 m Länge) würden jedenfalls denen eines Finnwals entsprechen.

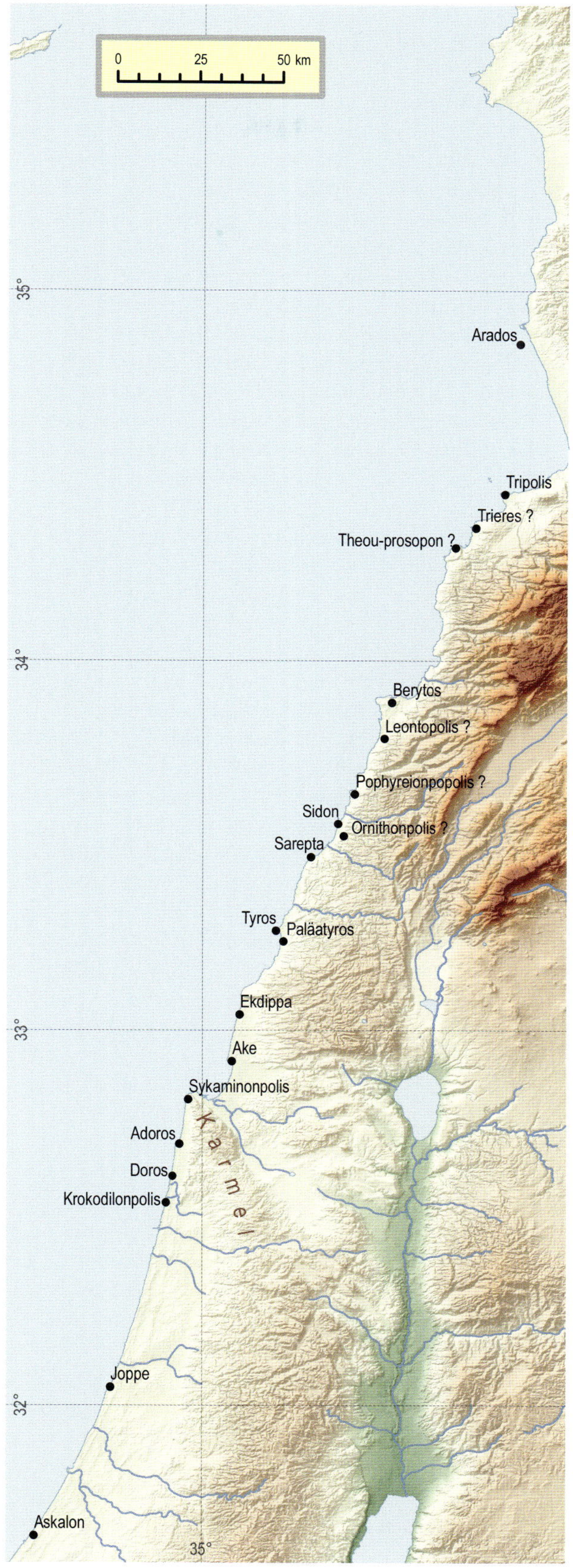

Abb. 10 Karte Pseudo-Skylax.

Um 40 n. Chr. erwähnt auch Pomponius Mela, ein lateinischer Schriftsteller, kurz Jaffa (Chorographia I, 11,64):

> In Palästina gibt es Gaza, eine große und sehr gut befestigte Stadt. Das ist der persische Name für „Schatz". Der Name rührt daher, dass Kambyses, als er Vorbereitungen für eine Invasion in Ägypten machte, hier den Schatz und sein Geld zusammenlegte. Aschkelon ist nicht kleiner [als Gaza]. Dann gibt es noch Joppe/Jaffa, das, wie es heißt, vor der Sintflut gegründet wurde. Die Bewohner begründen ihre Ansicht, dass Kepheus hier König war, mit dem Argument, einige alte Altäre würden in äußerster Verehrung seinen Titel und den seiner Brüder nennen. Darüber hinaus würden die riesigen Knochen eines Seemonsters eine Bestätigung für die Auslieferung der Andromeda durch Perseus sein – eine Erzählung, die gleichsam in Poesie und Mythos überliefert ist.

Die Behauptung, Jaffa sei schon vor der Sintflut gegründet worden, kann nur schwer sachlich begründet werden. Allerdings gibt es diese These auch möglicherweise in der jüdischen Tradition (ySheq 6,2; par. BerR 23,7). Zumindest wird in diesem Text erwähnt, dass sich die Sintflut bis Jaffa und einige andere Orte hin ausgedehnt haben soll, woraus man schließen kann, dass Jaffa schon vorher existierte. Kepheus ist in der griechischen Mythologie der Vater der Andromeda und König von Äthiopien. Wegen der Lokalisierung des Andromeda-Mythos in Jaffa wurde auch der Königssitz von Kepheus hierher verlagert. Die sprachliche Nähe von (Äth)iopien und Ioppe/Jaffa mag für diese Umlokalisierung der Legende förderlich gewesen sein. Für eine historische Gestalt namens Kepheus gibt es bislang jedoch keinerlei gesicherte Belege. Die Knochen des Wals scheinen aber auch rund 100 Jahre nach seiner Auffindung noch im Bewusstsein der Gelehrten gewesen zu sein.

Eine anschauliche Beschreibung der Stadt Joppe/Jaffa bietet gegen Ende des 1. Jh.s n. Chr. auch der jüdische Schriftsteller Josephus (Bell. III, 419–421), der die Hafenstadt sicherlich aus eigener Anschauung kannte:

> Joppe hat von Natur keinen Hafen, ist vielmehr von einer zerklüfteten, steil abfallenden Küste begrenzt, die an den beiden Enden der Stadt sich ein wenig ausbiegt; aber auch diese kurzen Ausläufer bestehen nur aus schroffen Felswänden und ins Meer hineinragenden Klippen. Hier zeigt man heute noch Spuren von den Fesseln der Andromeda, welche das hohe Alter dieser Sage beweisen. Der Nordwind, der gegen das Ufer stürmt und an den entgegenstehenden Felsen eine gewaltige Brandung erzeugt, macht die Reede noch gefährlicher als die offene See.

Wohl keine eigenen Kenntnisse der Stadt, aber ein Wissen um die Mythologie findet sich bei dem griechischen Geografen Pausanias (115–180) in seiner Graeciae Descriptio (IV, 35,9):

> Das blaueste Wasser, das ich aus eigener Erfahrung kenne, ist das bei den Thermopylen; zwar nicht alles Wasser dort, aber jenes, welches in die Schwimmbecken fließt, die vor Ort als Frauentöpfe bezeichnet werden. Rotes Wasser, das die Farbe von Blut hat, wird im Land der Hebräer nahe bei der Stadt Ioppe gefunden. Das Wasser ist nahe am Meer, und der Bericht, den die Einheimischen überliefern, ist, dass Perseus, nachdem er das Seeungeheuer vernichtet hat, dem die Tochter des Kepheus ausgesetzt war, in dieser Quelle das Blut abgewaschen habe.

Die Überlieferung eines rot gefärbten Quellwassers bei Jaffa, aber auch die Tradition, dass sich hier Perseus gereinigt haben soll, ist einzigartig in der griechischen Literatur. Welche Quelle hier gemeint ist, lässt sich nicht sicher bestimmen. Es ist gut möglich, dass Pausanias hier eine Lokaltradition überliefert hat, die mit einer der Quellen in der Umgebung von Jaffa in Verbindung steht, deren Wasser durch den Dünensand rötlich gefärbt wurde.

Der griechische Geograf Dionysius Periegetes wirkte zwar im frühen 2. Jh. n. Chr., scheint aber nur auf ältere Quellen aus hellenistischer Zeit zur levantinischen Küste zurückgegriffen zu haben und bietet keinerlei neue Informationen. Seine Jaffa betreffende Notiz lautet (Orbis Descriptio II,910–912:

> [Die Phönizier] bewohnten Jaffa und Gaza, ebenso wie Elais [Lokalisierung unbekannt] und das alte Tyrus sowie das liebliche Land von Berytus, das nahe der Küste gelegene Byblos und das blühende Sidon.

Die mythologischen Vorstellungen wurde im 3./4. Jh. n. Chr. bei dem lateinisch schreibenden Grammatiker und Kompilator antiker Quellen Solinus, noch weiter ausgebaut, der die ägyptisch-palästinische Küste folgendermaßen beschreibt (Solinus, Collectanea Rerum Memorabilium 34,1–2):

> Nach Pelusium kommt der Mons Cassius und der Tempel des Jupiter Cassius. Dann folgt Ostracine, ein berühmter Platz wegen des Grabmals von Pompeius dem Großen. Dann beginnt Idumäa, das reich an Palmen ist. Als nächstes kommt Joppe/Jaffa, die älteste Stadt der Welt, weil sie vor der Sintflut gegründet wurde. Hinzuweisen ist bei der Stadt auf einen Felsen, der bis heute die Spuren der Ketten der Andromeda aufweist, über die das nicht unberechtigte Gerücht zirkuliert, dass sie von einem Monster ausgeliefert wurde. In der Tat: Marcus Scaurus zeigte während seines Ädilamtes in Rom die Knochen des Monsters und die Reste des Wunders. Diese Überlieferung findet sich bei den Schreibern der Geschichtstexte. Sogar die Maße sind in den Büchern exakt wiedergegeben. Die Länge der Rippen betrug 40 Fuß, während die Höhe größer war als die eines Indischen Elefanten. Darüber hinaus war das Rückgrat mehr als 1 ½ Fuß dick.

Die Beschreibung beginnt am Sirbonischen See, der den nördlichen Rand der Sinaihalbinsel bildet. Dort liegt der Mons Cassius. Aus der Tatsache, dass Jaffa schon vor der Flut gegründet worden sein soll, wird nun die älteste Stadt der Welt. Der mythologische Charakter der Stadt wurde demnach immer weiter ausgebaut.

In seinem „Onomastikon" verhält sich der Kirchenvater Eusebius dagegen erstaunlich nüchtern, wenn er Jaffa behandelt. Onom. 108,29–31 bezieht sich auf den in Jos 19,12 genannten Ort Jafia/Jafet, der seinen Angaben zufolge auf Ioppe genannt wird; diese Notiz ist hier daher belanglos. Unter dem Haupteintrag (110,24 f.) schreibt er lediglich:

> Ioppe (Jona 1,3). Eine palästinische Stadt an der Küste. Zum Gebiet Dans gehörig.

Die auffallend kurze Information über eine Stadt, die Eusebius, der im gleichfalls an der Küste liegenden Caesarea lebte, sicherlich bestens bekannt war (vgl. die nochmalige Nennung Ioppes als südlicher Grenzpunkt der Scharon-Ebene in 162,5), überrascht angesichts der breiten Informationen, die sonstige westliche Schriftsteller überliefern. Auch Hieronymus beschränkt sich in seiner lateinischen Übersetzung des „Onomastikons" auf diese kurzen Angaben. Offensichtlich wollten sich beide nur auf die biblische Überlieferung stützen und keine weiteren Informationen zu der Ortschaft bieten.

Die aus dem 12. Jh. stammende Tabula Peutingeriana ist eine Kopie einer Kopie einer Karte, die wohl aus dem 4. Jh. n. Chr. stammt und von Spanien bis Indien reicht. Auf Karte IX findet sich Ioppe als eine der Hafenstädte an der levantinischen Küste.

Bei dem griechischen Grammatiker Stephan von Byzanz, der im frühen 6. Jh. in Konstantinopel wirkte, findet sich schließlich in seiner „Geographie" (72) eine weitere neue und interessante Angabe: Nun wird der Stadtname Ioppe von einer Frau namens Iope hergeleitet, die die Tochter des Aiolos und die Frau des Kepheus gewesen sein soll. Die Legendenbildung hat damit einen neues Element erhalten: Der Stadtname, der sich ursprünglich wohl auf die besondere Lage der Stadt bezog, wurde nun zu einem Frauennamen, wobei die Schönheit der Frau von Stephan von Byzanz überhaupt nicht erwähnt wird. Es scheint sich um eine lokale Ätiologie des Namens zu handeln.

Zusammenfassend kann festgehalten werden, dass die frühen Quellen der christlichen Zeit zwar Jaffa durchaus kennen und erwähnen, aber auffallend wenige historische Informationen enthalten. Vielmehr spielt die mythologische Bedeutung der Stadt eine immer größer gewordene Bedeutung.

Jaffa in den ersten Jahrhunderten nach der Zeitenwende
Bei der Freilegung des Friedhofes von Jaffa in Abu Kabir aus der byzantinischen Zeit wurde eine bemerkenswerte Steinplatte gefunden, die ein wenig Aufschluss über die Bevölkerung der Stadt bietet. Auf einer Marmorplatte fand sich die Inschrift:

> Dies ist zum Gedächtnis für Marounios und Megalos

Die Namen und auch die Schrift auf dieser Marmorplatte sind griechisch und zeigen damit eine Verbindung zum Mittelmeerraum an. Unter den Namen sind aber eine Menora, ein Schofarhorn und eine Räucherschaufel eingraviert – typisch jüdische Symbole. Man wird daher davon ausgehen dürfen, dass hier Juden mit griechischen Namen bestattet wurden, wie es in der damaligen Zeit durchaus üblich war (Levy 1993).

Literatur

Ahituv, Sh., 1984 Canaanite Toponyms in Ancient Egyptian Documents. (Jerusalem/Leiden)

Fischer-Elfert, H.-W., 1986 Die satirische Streitschrift des Papyrus Anastasi I. Übersetzung und Kommentar. (ÄA 44; Wiesbaden), 212–222.

Fritz, V., 1994 Das Buch Josua. (HAT I/7; Tübingen)

W. Helck, 1960 Die ägyptische Verwaltung in den syrischen Besitzungen. MDOG 92, 1–13.

Hess, R.S., 1993 Amarna Personal Names (ASOR Dissertation Series 9). (Winona Lake)

Horowitz, W./Oshima, T., 2006 Cuneiform in Canaan. Cuneiform Sources from the Land of Israel in Ancient Times. (Jerusalem)

Kochavi, M., 1990 Aphek in Canaan. The Egyptian Governor's Residence and Its Finds. (Israel Museum Catalogue 312; Jerusalem)

Levi, Y., 1993 Yafo, Abu Kabir, ESI 12, 46 f.

Miller, St. J., 2012 The Lion Temple of Jaffa: Archaeological Investigations of the Late Bronze Age Egyptian Occumpation in Canaan, Honors Thesis UCLA.

M. Weippert (Hrsg.). 2010, Historisches Textbuch zum Alten Testament. (GAT 10; Göttingen)

Ägypter im spätbronzezeitlichen Jaffa

Aaron A. Burke & Martin Peilstöcker

Im Anschluss an die Überwindung der asiatischen Fremdherrschaft, bekannt unter dem Namen „Hyksos“, im Nildelta in der Mitte des 16. Jh.s v. Chr., führten die Pharaonen der 18. Dynastie regelmäßig militärische Aktionen gegen Orte in Kanaan durch. Sie begrenzten die Gefahr asiatischer Einfälle in Ägypten erfolgreich und die ägyptische Expansion gelang sofort.[1] Daraufhin suchten innerhalb weniger Generationen die kanaanäischen Herrscher Unterstützung bei ihren Alliierten im Norden, um sich dieser Vereinnahmung zu widersetzen. Dies führte zur Schlacht von Megiddo (ca. 1456 v. Chr.), bei der Pharao Thutmosis III. auf eine asiatische Koalition, geführt vom König von Kadesh am Orontes[2], traf. Im Zuge seines Sieges wurden zahlreiche unterworfene Städte aufgelistet, deren Truppen wahrscheinlich unter der geschlagenen Koalition bei Megiddo waren. Die südlichste unter diesen Städten war die Küstenstadt Jaffa.[3] Außer dieser Liste gibt es keine Daten, die über die historischen Umstände der Umwandlung Jaffas von einer kanaanäischen Stadt in eine ägyptische Festung Auskunft geben können. Neue archäologische Daten, kombiniert mit bekannten historischen Texten der Spätbronzezeit, werfen nun ein neues Licht auf die Art der Interaktion der kanaanäischen Bewohner von Jaffa und Umgebung mit den ägyptischen Bewohnern der Festung. Das daraus resultierende Bild erscheint als eine Abfolge von Gewalt und friedlicher sozialer Interaktion in Jaffa über einen Zeitraum von mehr als 300 Jahren, ab ca. 1460 bis 1130 v. Chr., hinweg.

Frühere Ausgrabungen in Jaffa bezeugen eine Reihe spätbronzezeitlicher Schichten, die eine kontinuierliche Besiedlung vom Ende der mittleren Bronzezeit bis zum Anfang der ägyptischen Herrschaft anzeigen. Bisher konnte keine Zerstörungsschicht dem Anfang der ägyptischen Herrschaft während der Regierungszeit von Thutmosis III. zugeordnet werden, obwohl er von Wissenschaftlern als verantwortlich für die Gründung der frühesten ägyptischen Festung in Jaffa gilt. Jaffas hervorragende strategische Lage – nicht nur an der Küste, sondern wahrscheinlich auch an der damaligen Mündung des Flusses Ayalon – und der Nachweis für die ägyptische Besiedlung in der zweiten Hälfte der Spätbronzezeit liefern bedeutende Hinweise auf die früheste Phase der ägyptischen Siedlung.

Ein beeindruckendes Monument des alten Jaffa, das seine Identifizierung als Festung rechtfertigt, ist der massive ägyptische Tor-Komplex, der aus Lehmziegeln gebaut und mit rechteckigen Türmen von mehr als 18 m Länge und 5 m Breite versehen war. Dazwischen wurde eine Passage festgestellt, die 4 m breit war. Tore von vergleichbarer Bauart und Dimension sind nur aus den ägyptischen Orten dieser Zeit bezeugt, während bei den kanaanäischen Toren die Passagen schmaler waren und sie traditionell drei Pfeiler auf jeder Seite der Passage aufwiesen. Erhalten geblieben sind auch Reste der Festungsmauern aus Lehmziegeln, welche die vordere Seite des Torkomplexes flankierten. An einigen Stellen sind sie mehr als 2 m hoch. Auf der Grundlage von ägyptischen Parallelen können sie ursprünglich bis zu 10 m hoch gewesen sein. Vom Toreingang folgte die Straße dem Hügel des antiken Tels hangabwärts, vorbei an einem kanaanäischen Gräberfeld[4] in Richtung der Siedlungen in der Küstenebene.

Trotz des völligen Stillschweigens der ägyptischen Quellen über die Sicherheitslage Jaffas war die Festung in den Jahren unmittelbar nach ihrer Gründung kein Ort des Friedens. Davon berichtet die „Erzählung der Eroberung Jaffas“, die in der Regel als Sage gilt. Sie entsteht mehr als ein Jahrhundert später während der ramessidischen Periode und erzählt von einer Rückeroberung Jaffas durch ägyptische Truppen, die in Körben in die Stadt geschmuggelt wurden. Der ägyptische Befehlshaber der Truppen trägt einen Namen, der für das 15. Jh. v. Chr. sehr gut bezeugt ist. Dieser Name ist einer der Gründe für die Datierung des Ursprungs der Geschichte in diese Periode. Eine große Menge ägyptischer Keramik stützt diese Datierung zudem. Sie wurde in einer frühen spätbronzezeitlichen Zerstörungsschicht gefunden und kann auf der Grundlage der spezifisch ägyptischen Formen bis Ende des 16. Jh.s v. Chr. (LB-IB) datiert werden. Das weist darauf hin, dass die frühe Festung von Jaffa das Ziel des lokalen Widerstands gegen die ägyptischen Truppen war. Obwohl diese Zerstörungsschicht nicht die Ereignisse der ägyptischen Erzählung belegen kann, ist sie Hinweis darauf, dass die Stadt in der Tat in dieser Zeit von den Ägyptern zurückerobert werden musste. Obwohl wir nicht sicher sein können, dass die ägyptische Rückeroberung von Jaffa in der Weise erfolgte, die in dieser Geschichte erzählt wird, zeigt die Zerstörung der ägyptischen Festung den Erfolg der kanaanäischen Aufstände. Der Widerstand galt also den stärksten Stellungen der ägyptischen Herrschaft – und das nach mehr als einem Jh. ägyptischer Militäraktivität in Kanaan.

Der größte Teil der archäologischen Funde von der Zerstörung Jaffas im späten 15. Jh. v. Chr. besteht aus den Überresten dessen, was als „Küchen-Komplex" innerhalb der Festung bezeichnet werden könnte. Mehr als 70 komplette oder restaurierbare Gefäße wurden hier gefunden. Sie gehören zu Typen lokal produzierter und importierter Ware ägyptischer Art. Ägyptische Vorratsbehälter verschiedener Größen, Ring- und Sockel-Topfständer, Schalen, Schüsseln, Sieb-Schüsseln (Abb. 1) und Bierkrüge (Abb. 2) weisen darauf hin, dass der Schwerpunkt in diesem Bereich auf Brot- und Bierherstellung lag. Beides ist vom Speiseplan der Ägypter[5] bekannt. Eine Feuerungsgrube mit mehr als 20 Bier-Gefäßen, Produktionsabfällen, eine Töpferscheibe und eine Scherbe zum Polieren unfertiger Gefäße fanden sich alle innerhalb dieses Komplexes. Sie illustrieren die enge Verbindung zwischen der Zubereitung von Speisen und der Keramikproduktion in der ägyptischen Kultur im Gegensatz zu den kanaanäischen Gebräuchen, bei denen diese Aspekte in der Regel getrennt wurden. Das fast völlige Fehlen kanaanäischer Keramik in der frühesten Assemblage steht im Kontrast zu den Mengen der kanaanäischen Formen, die während der späteren letzten Phase der Spätbronzezeit vorhanden sind. In der zweiten Hälfte des 15. Jh.s v. Chr. agierten die Ägypter in Jaffa angesichts der offensichtlich angespannten Beziehungen zu den Kanaanitern in der Umgebung unabhängiger. Soweit das aufgrund des relativen Verhältnisses der kanaanäischen zur ägyptischen Keramik in Jaffa beurteilt werden kann, scheint die schrittweise Erhöhung des Anteils der kanaanäischen Keramik im Laufe der Zeit darauf hinzuweisen, dass die Kanaaniter zunehmend in die Vorgänge in der Festung integriert wurden.

Der Nachweis für eine frühe Zerstörung der Festung von Jaffa könnte als ein einmaliges Vorkommen abgetan werden, gäbe es nicht Beweise für die wiederholten, heftigen Auseinandersetzungen zwischen Ägyptern und Kanaaniter in Jaffa bis zum Ende der ägyptischen Herrschaft. Während der folgenden Amarna-Zeit (ca. 1400–1300 v. Chr.) zeigen die archäologischen Reste des ägyptischen Tores verschiedene Episoden von Reparatur und Wiederaufbau. Dabei handelt es sich um deutliche Hinweise auf mehrere Kriege und Konflikte in jener Epoche. Ausgrabungen dieser Zerstörung ergaben, dass der Einsturz des südlichen Turms des Torkomplexes den Durchgang mit 20 Lagen Lehmziegel füllte. Verbrannte Lehmziegel mit Holzresten zeigen, dass für den Bau Balken verwendet wurden, wahrscheinlich aus Zedernholz.[6] Diese befanden sich überall im Torgebäude und zeigen durch die Intensität ihrer Verbrennung, dass erhebliche Anstrengungen erforderlich waren, um diese Strukturen erfolgreich zu zerstören (Abb. 3).

In den Überresten des Südturms fanden sich ein übergroßer Skarabäus von Amenophis III. (Objekt 217 in dieser Ausstellung), eine Kette bestehend aus mehr als 500 Perlen, ein weiterer kleiner Skarabäus mit dem Namen desselben Pharaos und verschiedene Fragmente von Tierhörnern. Dieser seltene epigraphische Befund legt es nahe, die Zerstö-

Abb. 1 Eine ägyptische Siebschüssel (MHA 5145) aus der frühen Zerstörungsphase der ägyptischen Festung.

Abb. 2 Ein ägyptischer „Blumentopf" oder Bierkrug (MHA 2221) aus der frühen Zerstörungsphase der ägyptischen Festung.

Abb. 3 Luftbild von der Zerstörung des Torkomplexes der Amarnazeit durch ein Feuer. Blick nach Nordost. Mit freundlicher Genehmigung von Hai Ashkenazi.

rung in den Übergang zwischen Amenophis III. und Echnaton (Amenophis IV.) zu datieren. Auch dass es keine Hinweise auf eine Besiedlungslücke gibt, lässt es plausibel erscheinen, dass diese Zerstörung in die Übergangszeit (um 1350 v. Chr.) fiel, da solche Übergänge oft von Aufständen begleitet wurden, um die Stärke des neuen Pharaos zu testen. Die Entdeckung eines Löwen-Jagd-Skarabäus', der ebenfalls Amenophis III. nennt, untermauert die Vermutung, dass Echnaton für den Wiederaufbau verantwortlich gewesen sein könnte. Dies erhellt wiederum eine der wenig bekannten Tätigkeiten dieses Pharaos während des 14. Jh.s in Kanaan.

Über dem Zerstörungsschutt des früheren Tores der Amarna-Periode weisen planierte Schichten auf den Wiederaufbauprozess. Zwischen diesen Schichten sind Massen von Flugsand nachgewiesen. Das neue Tor entstand also nicht unter idealen Wetterbedingungen, wie sie im Sommer herrschen, sondern vielmehr im Herbst oder Frühjahr. Da es wahrscheinlich ist, dass die Aufständischen versuchten, den Rückzug der ägyptischen Truppen am Ende des Sommers zu nutzen, ist der wahrscheinlichste Zeitpunkt für den Angriff auf die Festung der Spätsommer oder Frühherbst. Der Wiederaufbau, der kurz danach von den Ägyptern ausgeführt wurde, deutet daraufhin, dass es ihnen offensichtlich gelang, die Festung innerhalb kürzester Zeit zurückzuerobern.

Zusammen mit dem jüngsten archäologischen Nachweis einer zeitgleichen Zerstörung von Beth Shemesh, südöstlich von Jaffa, entsteht eine neue Sicht auf den historischen Kontext der Amarna-Briefe. In dieser Korrespondenz bitten kanaanäische Vasallen ihre ägyptischen Herrscher um militärische Verstärkung zur Unterdrückung politischer und militärischer Aufstände anderer kanaanäischer Heerführer (Moran 1992). Die Zerstörung von Jaffa legt nahe, dass die in den Amarna-Briefen erwähnten Konflikte nicht nur kanaanäische Gemeinschaften betrafen, die möglicherweise als Aufständische gegen Ägypten angesehen wurden, sondern, dass die Gewalt auch eine substantielle Bedrohung für imperiale ägyptische Ambitionen während des 14. Jh.s v. Chr. darstellte. Es entstehen auch Zweifel an der Vorstellung, es habe eine Pax Aegyptiaca in der Folge der Kampagnen von Thutmosis III. geherrscht. Die Wiederherstellung der Festung kurz nach ihrer Zerstörung zeigt insbesondere die wichtige Rolle, die Jaffa für die ägyptische Verwaltung und ihre militärischen Ziele spielte. Die Amarna-Briefe erwähnen auch die Existenz ägyptischer Speicher für Getreide in Jaffa. Dieses wurde in der Küstenebene an Standorten wie Aphek für die ägyptischen Armeen angebaut, die sich von Jaffa ins Landesinnere und nordwärts bewegten.

Das Ausmaß der Zerstörung des Tores verdeutlicht die Durchschlagskraft des kanaanäischen Aufstands. Die sofortige Rekonstruktion des Tores, das nach einem identischen Plan 2 m oberhalb des früheren Tors errichtet wurde, zeigt die Entschlossenheit der ägyptischen Pharaonen, ihre Herrschaft über Jaffa beizubehalten. Die restaurierten Teile des neuen Tors wurden aus grauen Ziegeln (45 x 20 x 12 cm) gebaut, während für den übrigen Teil des Tores die Reste der Türme der frühesten Phase wiederverwendet wurden, die aus großen gelb-orangen, mit einem hohen Anteil an Sand gemagerten Ziegeln (45 x 45 x 12 cm) gebaut worden waren. Die beeindruckende Beibehaltung des ursprünglichen Plans ist ein Beweis für die Kontinuität der ägyptischen Präsenz, die trotz der Unruhen, die sie erlebte, nie von einer Wiederbelebung der kanaanäischen Stadt während der Spätbronzezeit absah. Das neue Tor hat wiederum einen 18 m langen und 4 m breiten Durchgang, aber diesmal verstärkt durch dicke Felsbrocken, sowie eine Pflasterung mit Kieseln von der Meeresküste, bedeckt mit einer kompakten Schicht Erde. Nur wenige Artefakte fanden sich in den Fundamenten, darunter ein kleiner Skarabäus. Eingebaut in die grauen Bauteile dieses Tors war auch das Fragment einer Statuette der Göttin Qadesh (Abb. 4). Die Art dieser Figur zeigt kanaanäische und ägyptische Einflüsse auf die religiöse Ikonografie. Sie bezeugt die Verwobenheit der ägyptisch-kanaanäischen Beziehungen in Jaffa während dieser Periode.

Abb. 4 Fragment einer „Qadesh" Figurine, Kaplan Archiv, Field Foto 6208.

Die erste Hälfte des 13. Jh.s v. Chr. ist weniger unstet. Es fehlen Hinweise für eine weitere Zerstörung des Tores. Als es zu Beginn der Regierungszeit Ramses' II. (um 1266 v. Chr.) renoviert und mit einer monumentalen Steinfassade, die seinen Namen trägt, verziert wurde (Abb. 5), scheint es bereits Jahrzehnte alt gewesen zu sein. Hergestellt aus lokalem Kurkar-Sandstein mit eingemeißelter Schrift und mit Kalk verputzt und bemalt sind diese Blöcke die auffälligsten Merkmale des ägyptischen Jaffa in den bisherigen Ausgrabungen. Die Fragmente wurden jedoch nicht an Ort und Stelle gefunden. Sie wurden in der folgenden Bauphase des Tores, lange nach Ramses' Herrschaft, wiederverwendet. Es ist nicht ganz klar, ob das Tor Ramses' II. durch einen Angriff zerstört wurde. In jedem Fall wurden die erodierenden Wände der Öffnung nachträglich verstärkt, was zu einem schmaleren Durchgang führte. Die Fragmente der Fassade Ramses' II. wurden dann als Orthostaten entlang den Wänden der Passage wiederverwendet und einige als Fundament in den leicht erhöhten Boden eingebaut. Es ist unwahrscheinlich, dass die Stücke noch zu Lebzeiten Ramses' II. so verwendet wurden. Es handelte sich wahrscheinlich vielmehr um die Arbeit seines Nachfolgers Merenptah, der das Tor nach seiner Thronbesteigung wiederherrichtete, und zwar offensichtlich nach weiteren Aufständen, die nicht in historischen Aufzeichnungen er-

Abb.5 Fragmente der Torfassade des Tors Ramses' II., heute im archäologischen Museum von Jaffa (von links nach rechts MHA 2306, 2156, 2305 und 2344).

Abb. 6 Tor-Scharnier aus Bronze (MHA 5229) gefunden im Zerstörungsschutt des 12. Jh.s v. Chr., Kaplan Archiv, nicht registriertes Foto.

wähnt werden (um 1200 v. Chr.), aber Zerstörungen zur Folge hatten.

Bleiben die Gründe für die Zerstörung des Ramses-Tors unklar, so sind die Ursachen für die Zerstörung des Tores von Merenptah hingegen deutlicher. Bereits als man den Eingang des Tores während der Grabung Jacob Kaplans 1956 freilegte, wurden beeindruckende Hinweise auf eine Feuersbrunst, der die Festung des 12. Jh.s ausgesetzt war, gefunden. In der Asche auf der Schwelle lag ein 30 kg schweres Bronze-Scharnier. Es war so ausgerichtet, als ob das Tor geschlossen gewesen war und sich dann mit den verkohlten Überresten vom Holz der verbrannten Torflügel füllte. Die Nägel, mit denen das Scharnier im Holz verankert worden war, ragten noch aus dem Gehäuse heraus (Abb. 6). Obwohl verbranntes Material verbunden mit dieser Phase des Tores auch während den jüngsten Ausgrabungen gefunden wurde, werden Zweifel an der Natur der Zerstörung schon durch den Befund der früheren Ausgrabungen zerstreut. Ist diese Zerstörung Teil einer Revolte während der Herrschaft von Merenptah? Das könnte der Hintergrund für die Situation sein, die auf dessen Stele in poetischer Art erwähnt wird. Ganz gleich, es steht fest, dass im 12. Jh. v. Chr. die ägyptische Festung in Jaffa nicht weniger im Mittelpunkt der wiederholten Angriffe von Kanaanäern stand als zuvor. Solche Beobachtungen laden ein, die Art der Kontrolle der ägyptischen Besitzungen während des Neuen Reichs zu überprüfen, da dies, vor dem Hintergrund von Jaffa, wesentlich vielschichtiger erscheint, als die Inschriften auf den Denkmälern in Ägypten vermuten lassen.

Während Gewalt ein Hinweis auf die Art der Beziehungen zwischen Ägyptern und Kanaanäern in Jaffa ist, können lokal produzierte Keramik oder andere Funde weiteren Aufschluss über die Art der gewaltfreien Interaktion geben und den Grad an Integration der Kanaaniter in das Leben der Festung offenbaren. Wie so oft, wenn fremde Truppen im Ausland stationiert sind, entstehen Beziehungen der Interaktion und Abhängigkeit neben denen der Gewalt, sodass Bräuche vermischt werden und oft neue, hybride Gewohnheiten entstehen. Jaffa ist beispielsweise bisher der einzige Ort nördlich des Sinais, an dem ägyptische Keramikproduktion, die mit der ägyptischen Garnisonsküche der frühesten Phase der Festung verbunden war, nachgewiesen wurde. Die Einflüsse dieser Produktionsmethoden hatten spürbare Einflüsse auf die Entwicklung der lokalen kanaanäischen Keramik. Umgekehrt weist der erhöhte Anteil der kanaanäischen Keramik in Jaffa im Laufe der Zeit auf einen steigenden Grad der sozialen Kontakte, möglicherweise einschließlich Mischehen mit kanaanäischen Frauen in Jaffa und Umgebung, hin. Es mag zu früh sein, dies zu behaupten. Die neuen archäologischen Forschungen zu Jaffa tragen das Potenzial, auch solche sozialen Kontakte zu untersuchen, wie nur wenige andere archäologische Projekte.

Anmerkungen

1 Burke 2010.
2 Goedicke 2000.
3 Simons 1937, 109–122.
4 Peilstöcker 2011.
5 Burke and Lords 2010.
6 Für eine Parallele aus Amarna siehe Kemp 2000, fig.3.4c.

Literatur

Burke, A. A., 2010 Canaan under Siege: The History and Archaeology of Egypt's War in Canaan during the Early Eighteenth Dynasty. Studies on War in the Ancient Near East: Collected Essays on Military History, edited by J. Vidal, 43–66, Alter Orient und Altes Testament 372, Ugarit-Verlag. (Münster)

2011 Early Jaffa: From the Bronze Age to the Persian Period. In: M. Peilstöcker and A. A. Burke (eds), The History and Archaeology of Jaffa 1, 63–78. The Jaffa Cultural Heritage Project, 1. Monumenta Archaeologica, 26, A. A. Burke and M. Peilstöcker, (eds), the Cotsen Institute of Archaeology. (Los Angeles)

Burke, A. A./Lords, K. V., 2010 Egyptians in Jaffa: A Portrait of Egyptian Presence in Jaffa during the Late Bronze Age. Near Eastern Archaeology 73(1), 2–30.

Burke, A. A./Mandell, A. R., 2011 Egyptian "Flowerpots" from Kaplan's Area A Excavations: Cultural and Historical Implications. In: M. Peilstöcker and A. A. Burke (eds), The History and Archaeology of Jaffa 1, 261–270. The Jaffa Cultural Heritage Project, 1. Monumenta Archaeologica, 26, A. A. Burke and M. Peilstöcker, (eds), the Cotsen Institute of Archaeology. (Los Angeles)

Gadot, Y., 2005 Aphek in the Sharon and the Philistine Northern Frontier. Bulletin of the American Schools of Oriental Research 341, 21–36.

Goedicke, H., 2000 The Battle of Megiddo. Halgo. (Baltimore)

Kemp, B. J., 2000 Soil (including mud-brick architecture). In: Ancient Egyptian Materials and Technology, edited by P. T. Nicholson and I. Shaw, 78–103, Cambridge University. (Cambridge)

Kitchen, K. A., 1993 Ramesside Inscriptions, 3: Translated and Annotated. Blackwell. (Oxford)

Martin, M. A. S., 2011 Egyptian-type Pottery in the Late Bronze Age Southern Levant. Contributions to the Chronology of the Eastern Mediterranean, 29. Denkschriften der Gesamtakademie 69. Österreichische Akademie der Wissenschaften. (Vienna)

Moran, W. L., 1992 The Amarna Letters. Johns Hopkins University. (Baltimore)

Peilstöcker, M., 2011 A Group of Late Bronze Age Tombs from the Ganor Compound. In: M. Peilstöcker and A. A. Burke (eds), The History and Archaeology of Jaffa 1, 183–186. The Jaffa Cultural Heritage Project, 1. Monumenta Archaeologica, 26, A. A. Burke and M. Peilstöcker (eds), the Cotsen Institute of Archaeology. (Los Angeles)

Simons, J. J., 1937 Handbook for the Study of Egyptian Topographical Lists Relating to Western Asia. Brill. (Leiden)

Sweeney, D., 2003 A Lion-Hunt Scarab and Other Egyptian Objects from the Late Bronze Fortress at Jaffa. Tel Aviv 30(1), 54–65.

Handelsbeziehungen im Hellenismus und die Bedeutung der gestempelten Amphorenhenkel

Ulrich Hofeditz

In Folge des Feldzuges Alexanders des Großen und der Errichtung der hellenistischen Reiche von Griechenland über Ägypten bis nach Mesopotamien gehörte auch Palästina zu einem immer stärker global wirkenden Wirtschaftssystem. Die neue, erheblich effektivere Wirtschaftsweise basierte auf einem monetären Handel und der griechischen Sprache als Kulturträger.

Die beiden rhodischen Amphorenhenkel, die in der Ausstellung des Frankfurter Bibelhauses gezeigt werden, sind nur ein kleiner Teil, der in Jaffa gefundenen Henkel. Leider fehlt bisher eine abschließende Publikation samt Auswertung der mindestens 109 bekannten Henkel, davon 57 von Rhodos (Finkielsztejn 1993, 183).

Die ausgestellten Amphorenhenkel datieren beide um das Jahr 200 v. Chr. Eine Zeit des Umbruchs für Palästina und speziell auch Jaffa, denn nach dem 5. syrischen Krieg (198 v. Chr.) gehörte dieser Landstrich nicht mehr zum ptolemäischen Ägypten, sondern zum Reich der Seleukiden, die große Teile Asiens beherrschten.

Das Münzrecht bekam Jaffa unter den Ptolemäern zugesprochen, nachdem es zum Freihafen erklärt worden war (Kuhnen 1990, 33), denn für die Ptolemäer war der Handel im Mittelmeer von größter Wichtigkeit. Neben den anderen hellenistischen Häfen, wie Aschkelon und Gaza, ist Jaffa eine Handelsstation für Ware nach und von Ägypten, was sich auch in den Ausgrabungen der Stadt eindrucksvoll nachweisen lässt (Notley 2011, 97 f.).

Aber nachdem der Landstrich von den Seleukiden übernommen worden war, änderte sich die Struktur der Provinz merklich. Jaffa gehörte nun wahrscheinlich zum Gebiet Samarias (Notley 2011, 98 f.) und diente dieser Unterprovinz als Hafen. Auch mit der späteren Eroberung durch die judäischen Hasmonäer bekam Jaffa seinen alten Status als freie Stadt nicht zurück, sondern gehörte nun zu einem Königreich, dass sich mit dem Außenhandel schwer tat, was Untersuchungen zur Jerusalemer Importkeramik nachweisen (Rosenthal-Hegingbottom 2006).

Mit textlichen Quellen lässt sich die wirtschaftliche Bedeutung Jaffas nur bedingt nachweisen. Erheblich aussagekräftiger sind dagegen die gestempelten Amphorenhenkel. Auch wenn sich allein aus zweien dieser Exemplare keine Wirtschaftsgeschichte schreiben lässt, so lohnt es sich doch, die Gattung zu betrachten und darzustellen, in was für ein wirtschaftliches System Jaffa während der hellenistischen Epoche eingebunden war.

Die meisten dieser Amphoren, die wir aufgrund ihrer Stempelung zurückverfolgen können, stammen von der Insel Rhodos. Aber nicht allein auf Rhodos wurden Amphoren hergestellt und in großen Mengen exportiert. So fanden sich in den Grabungen von Jerusalem, über die bereits wesentlich mehr publiziert wurde, auch Amphoren von Knidos, Chios und Kos; pamphylische Amphoren, eine weitere wichtige Gruppe, fehlen jedoch (Ariel 1990; Gunneweg/Yellin 1990) (Abb. 1).

Die meisten Orte der südlichen Levante zeigen einen ausgeprägten Anteil rhodischer Amphorenstempel, teilweise weit über 90 %, so in Jerusalem, Gezer, Marissa und Samaria. Auch in den großen griechischen Städten, wie Antiochia und Alexandria, findet sich ein ähnliches Verhältnis, dagegen stammt von den in Athen und Delos gefundenen Henkeln nur etwa jeder fünfte von Rhodos, während über 50 % der Henkel aus Knidos stammen (Ariel 1990, 17).

Die Abweichung der Verteilung der Funde mit leicht über 50 % in Jaffa wird wohl am ehesten auf einen statistischen Fehler zurückzuführen sein, da die Fundmenge in Jaffa relativ niedrig ist. So wurden in Jerusalem 1506, in Gezer 653, in Marissa 308 und in Samaria sogar 2.077 Henkel gefunden (Ariel 1990, 17; Finkielsztejn 1993, 182 ff.).

Es ist bei diesen Zahlen zudem darauf hinzuweisen, dass die Art der Stempelung an den verschiedenen Produktionsstandorten unterschiedlich war und mitunter wechseln konnte. So lässt sich für die Mitte des 2. Jhs. v. Chr. nachweisen, dass rhodische Amphoren auf beiden Henkeln gestempelt waren, während zur selben Zeit die Amphoren von Kos eher selten und, wenn, nur auf einem Henkel eine Stempelung aufwiesen (Ariel 1990, 16).

Dies führt zu zwei grundsätzlichen Bedeutungen der Amphorenhenkel für die Geschichte der wirtschaftlichen Beziehungen zwischen Jaffa und dem Kleinasiatischen Bereich. 1. Aufgrund der verschiedenen Gepflogenheiten der Stempelung lässt sich kaum ein Vergleich des Volumens der Handelsströme durchführen. 2. Aufgrund der Menge und guten Analysemöglichkeiten sind gerade die gestempelten Amphoren aus Rhodos ideal, um verschiedene Aspekte der Handelsgeschichte näher zu beleuchten. Die Details hierzu werden nun im Folgenden behandelt.

Abb. 1 Kartenausschnitt mit den wichtigen Produktions- und Fundorten im östlichen Mittelmeer.

Für die Analyse der Herkunft und Datierung von Amphorenhenkeln gibt es zwei Anhaltspunkte:

1. Die Typologie der Amphoren. Die Veränderungen der Amphorenhenkel sind so signifikant, dass mittlerweile ausführliche chronologische Reihen aufgestellt werden konnten (Monachov 2005). Ebenfalls lassen sich die Amphoren aufgrund der Unterschiede verschiedenen Produktionsgebieten zuordnen. (Abb. 2)

2. Die Stempelungen auf den Amphorenhenkeln. Hier lassen sich noch weitere Kriterien unterscheiden.

(a) Die Eponyme in den Stempelsiegeln sind der wichtigste Anhaltspunkt für eine zumeist jahrgenaue Datierung. Die Namen dieser Jahresbeamten sind wahrscheinlich mit den jährlichen Hauptpriestern des Helios, dessen Tempel das Haupttheiligtum von Rhodos war, zu verbinden (Grace/Savvatianou-Petropoulakou 1970, 299).

Die Rekonstruktion der exakten Reihenfolge und Datierung beschäftigt die Wissenschaft schon seit über 100 Jahren und dabei sind die Amphorenhenkel die wichtigste Quelle. In vielen Fällen können die archäologischen Fundumstände hierbei hilfreiche Informationen liefern. So datieren alle Henkel, die in der Zerstörungsschicht von Samaria gefunden wurden, vor das Jahr 108 v. Chr. und die Henkel aus den Zerstörungsschichten von Korinth und Karthago vor 146 v. Chr. (Finkielsztejn 2001, 43). Daneben zeigte die Formentwicklung der Amphoren in Korrelation mit den Eponymen, dass Beamte mit gleichem Namen nicht unterschieden wurden, sodass man diese aufgrund der Keramiktypologie in verschiedene Epochen einordnen konnte. Das Eponym wird meist mit einem vorangestellten ἐπί (epi) kenntlich gemacht. Neben den rhodischen tragen auch die knidischen Amphorenhenkel ein Eponym.

(b) Nahezu jede rhodische Amphore hat zwei Stempel, jeweils auf jedem Henkel einen: Auf dem einen findet sich das Eponym, auf dem anderen ein Name, der mit dem Namen des Fabrikanten identifiziert wird. Dies kann sehr hilfreich sein, wenn das Eponym und der Fabrikantenname im archäologischen Zusammenhang gefunden werden. Da die Fabrikantennamen nicht jährlich gewechselt haben und sie gemeinsam mit unterschiedlichen Eponymen vorkommen, lassen sich die Zweitgenannten in einen engeren chronologischen Zusammenhang bringen.

(c) Daneben findet sich noch eine weitere Angabe auf den Henkeln mit einem Eponym: die Monatsangabe. Diese Angabe zählt nach dem rhodischen Kalender (zuletzt Börker 1978). Dies bedeutet für die Fabrikation der Amphoren, dass jeden Monat ein neuer Stempel mit Eponym und Monatsangabe hergestellt werden musste. Vergleichende Studien machen es darüber hinaus sehr wahrscheinlich, dass auch die Fabrikantenstempel zu diesem Zeitpunkt ausgetauscht wurden (Grace/Savvatianou-Petropoulakou 1970, 294).

Die Monatsangabe und die Präposition ἐπί finden sich nicht in der frühesten Gruppe der Stempel, entsprechende Auslassungen können aber noch in späteren Gruppen auftauchen (Grace/Savvatianou-Petropoulakou 1970, 292 f.).

(d) Eine Information, die sich nicht auf Amphoren aus Rhodos befindet, ist ein sog. Ethnikum. Diese Herkunftsbezeichnung findet sich häufig auf Amphoren aus Knidos oder von Thasos, dort heißt es dann **Knidion** bzw. **Thasion**.

(e) Neben den epigrafischen Informationen, also den „inschriftlichen" Informationen, enthält ein Großteil der Stempelsiegel auch ikonografisches (bildliches) Material. So findet sich auf den Henkeln aus Rhodos eine Rose oder ein Helioskopf. Ein Bullenkopf ist dagegen nur auf Henkeln von Knidos zu finden. Das Repertoire der Ikonografie entspricht größten Teils zeitgenössischen Münzprägungen[1] (Abb. 3 vgl. hierzu die Anmerkungen zu c oder e).

(f) Die rhodischen Stempelsiegel sind in ihrer Grundform rund oder rechteckig. Diese Typen treten weitgehend zeitgleich auf und liefern somit für sich genommen noch keinen Anhaltspunkt zur Datierung. Eine Ausnahme bilden hier herzförmige Siegel, die nur aus der zweiten Hälfte des 3. Jh.s v. Chr. bekannt sind und nur den Monatsnamen tragen (Ariel 1990, 37); mittlerweile ist aber dazu eine Ausnahme bekannt (Ariel 2009, 278).

Aufgrund dieser Breite an Informationen ist die Zuordnung der jeweiligen Stempelungen zu ihrer Herkunft mit großer Sicherheit geklärt und es konnte ein chronologisches System entwickelt werden, insbesondere für die rhodischen Amphoren, das zwar noch viele Details offen lässt, aber in den Grundfragen feststeht.[2]

Der Beginn der Stempelung ist schwer zu fassen. Für Rhodos lässt sich aber eine recht schlüssige Überlegung aufzeigen. Möglicherweise wurden mit der Eroberung Rhodos' durch Alexander den Großen (332 v. Chr.) und der Errichtung einer makedonischen Garnison erste Stempelungen vorgenommen (Grace/Savvatianou-Petropoulakou 1970, 300). Nach dem Tode Alexanders wurde die Garnison allerdings fortgeschickt. Anschließend versuchte Rhodos in den Diadochenkriegen weitgehend unabhängig zu bleiben. Schon zu dieser Zeit müssen die Beziehungen der Rhodier zu dem in Ägypten regierenden Ptolemäus sehr gut gewesen sein, denn als Demetrios sie 307/6 v. Chr. zur Teilnahme am Feldzug gegen Ptolemäus aufforderte, lehnten sie ab. Nach dem Seesieg bei Salamis 306 v. Chr. begann Demetrios 304 v. Chr. die Belagerung von Rhodos. Durch Verhandlungen konnte die Belagerung schließlich beendet werden. Die Bedingungen waren für beide Seiten gesichtswahrend, aber gerade aus politischer Sicht für Rhodos ein großer Erfolg. Auch wenn sie ein Bündnis mit Demetrios eingehen mussten, welches keine Gültigkeit bei Konflikten mit Ptolemäus hatte, war Rhodos alles in allem nun offiziell unabhängig. Dies war die Voraussetzung für Rhodos' Prosperieren in den nächsten Jahrhunderten. Den Beginn der Stempelungen in Zusammenhang mit dem politischen Aufblühen der Insel zu sehen, scheint durchaus wahrscheinlich (Finkielsztejn 2001, 54).

In diesen Kontext lässt sich auch die vermutete Funktion dieser Stempelungen gut einordnen. Die Amphoren wurden schon vor dem Brand gestempelt, was ein Hinweis darauf ist, dass sich die Datierung und der Fabrikant nicht auf das zu transportierende Produkt, sondern auf die Amphore selbst bezogen (Grace 1949, 177). Die massenhafte Produktion von Amphoren, die ein einheitliches Maß aufwiesen, war darüber hinaus vorteilhaft für Handel und Besteuerung (Grace 1979, 15). Der Inhalt der Amphoren wird hauptsächlich Wein gewesen sein, so wie es für die in Jerusalem gefundenen Amphoren angenommen wird, aber auch viele andere Lebensmittel konnten in der Antike so befördert werden. Ebenso wird erwogen, dass die Amphoren selbst als Handelsgut transportiert und gehandelt wurden, um sie dann als Transport- oder Lagergefäß zu nutzen (Ariel 1990, 16 ff.).

Nicht nur politisch war die Beziehung zwischen Rhodos und Ägypten eng, sondern auch programmatisch: So ist die vorgelagerte Hafeninsel schon bei der Gründung Alexandrias durch Alexander Antirhodos genannt worden (Hiller v. Gaertringen 1932, 732). In Alexandria wurden auch die mit Abstand meisten rhodischen Amphorenhenkel gefunden, über 90.000.

Die Handelsroute von Rhodos nach Ägypten verlief über Zypern und anschließend entlang der levantinischen Küste

Abb. 2 Eine typische rhodische Amphore aus dem 2. Jh. v. Chr., siehe Ausstellungsobjekt 240.

Abb. 3 Die Stempelung auf einer Amphore, siehe Ausstellungsobjekt 234.

bis nach Ägypten. Diese Gebiete waren bis zum 5. Syrischen Krieg durchgängig in ptolemäischen Besitz. Nach dem Verlust der Gebiete brach der Handelskontakt zwischen Rhodos und Ägypten nicht ab, doch zeigen die stark abnehmenden Funde in Palästina, so auch in Jerusalem-Davidsstadt (Ariel 1990) und Bethsaida (Ariel 2009), dass diese erheblich weniger an diesem Handel teilnahmen. Neben den geänderten politischen Rahmenbedingungen wird als weiterer Grund die erstarkende Gebotsobservanz in den jüdischen Gebieten seit dem Makkabäeraufstand diskutiert (Ariel/Strikovsky 1990).

Mit der Angliederung ans Römische Reich, zunächst unter dem Klientelkönig Herodes dem Großen, wurde die Partizipation am Mittelmeerhandel immens gesteigert. Da Herodes aber gleichzeitig den alten Hafen Stratonos Pyrgos zum neuen Caesarea Maritima ausbaute, welche später sogar zur Hauptstadt der römischen Provinz werden sollte, blieb Jaffas Bedeutung als Hafenstadt Palästinas bis in arabische Zeit hinter diesem zurück.

Anmerkungen

1 Einen Überblick der ikonografischen Breite der Davidsstadt in Jerusalem bietet Ariel 1990, 30, sowie Grace/Savvatianou-Petropoulakou 1970, 379 f. zu dem Maison des Comédiens in Delos.

2 Die Stempelungen konnten insgesamt sieben Zeitabschnitten zugeordnet werden. Eine Übersicht der wichtigsten Details und Unterschiede der aktuellen Chronologien findet sich bei Finkielsztejn 2001, 196 f. Für die wichtigsten konstituierenden Fundgruppen s. Grace/Savvatianou-Petropoulakou 1970, 286.

Literatur

Ariel, D.T., 1990 Excavations at the City of David 1978–1985, 2. (Qedem 30/Jerusalem)
2009 Stamped Amphora Handles from Bethsaida. In: R. Arav Bethsaida, A City by the North Shore of the Sea of Galilee 4. (Kirksville), 267–292.

Ariel, D.T./Strikovsky A., 1990 Appendix. In: D.T. Ariel, Excavations at the City of David 1978–1985, 2. (Qedem 30/Jerusalem), 25–28.

Börker, C., 1978 Der rhodische Kalender. In: Zeitschrift für Papyrologie und Epigrafik 31, 193–218.

Finkielsztejn, G., 1993 Amphores et Timbres d'Amphores importés en Palestine à l'Époque hellènistique. (Paris)
2001 Chronologie détaillée et révisée des éponymes amphoriques rhodiens, de 270 à 108 av. J.-C. environ. (BAR International Series 990/Oxford)

Grace, V., 1949 Standard Pottery Containers of the Ancient Greek World, Hesperia Supplement, 8, 175–189; 455–456.
1979, Amphoras and the Ancient Wine Trade. (Excavations of the Athenian Agora. Picture Book 6/Princeton)

Grace, V./Savvatianou-Pétropoulakou, M., 1970, Les Timbres Amphoriques grecs, in P. Bruneau et al., L'Îlat de la maison des comédiens. (Exploration archéologique de Délos faite par l'école française d'Athènes 27/Paris), 277–382.

Gunneweg, J./Yellin J., 1990 The Origin of Hellenistic and Roman Stamped Handles from the City of David, Jerusalem. In: D.T. Ariel, Excavations at the City of David 1978–1985, 2. (Qedem 30/Jerusalem), 89–93.

Hiller v. Gaertringen, F., 1931 Rhodos, in Paulys Realencyclopädie der classischen Altertumswissenschaft, Supplement 5. (Stuttgart), 731–840.

Kuhnen, H.-P., 1990 Palästina in griechisch-römischen Zeit. (Handbuch der Archäologie Vorderasien II 2/München)

Notley, R. S., 2011 Greco-Roman Joppa and Its Historical Background. In: M. Peilstöcker/A. A. Burke, History and Archaeology of Jaffa. (Los Angeles), 95–108.

Rosenthal-Hegingbottom, R., 2006 Late Hellenistic and Early Roman Lamps and Fine Ware. In: H. Geva, Jewish Quarter Excavations in the Old City of Jerusalem III. (Jerusalem), 144–167.

Zur Christianisierung Jaffas im Spiegel seiner archäologischen Zeugnisse

Christine Hofmann

Das byzantinische Jaffa – historisch gesehen

Die byzantinische Zeit umfasst das 4. bis 7. Jh. n. Chr. und endet mit der Übernahme Jaffas durch die Muslime im Zuge der arabischen Expansion im Jahre 634. Nachdem das Christentum unter Konstantin dem Großen 313 mit dem Toleranzedikt von Mailand als Religion offiziell geduldet und anerkannt wurde, erfuhr es einen enormen Aufschwung und wurde schließlich 380 unter Theodosius I. zur Staatsreligion ernannt. Erste Kirchenbauten entstanden, gerade unter Konstantin dem Großen kam es zu einer regen Bautätigkeit. Durch die Verlegung der Hauptstadt von Rom nach Konstantinopel verlagerte sich auch der Bedeutungsschwerpunkt in den Osten des byzantinischen Reiches. Es kam zu einer sich durchsetzenden Christianisierung und der Ausbreitung des Christentums. Gefördert und vorangetrieben vom Kaiser, wurde nun das Heilige Land nicht nur als Wirkungsstätte des Heilsgeschehens, sondern auch als Ort der Verehrung von Märtyrern und Heiligen erkannt und erschlossen. Bereits im Jahre 325 reiste Helena, die Mutter Konstantins, als Pilgerin ins Heilige Land, um die Heiligen Stätten aufzusuchen und bedeutende Reliquien zu finden, darunter auch die des wahren Kreuzes (Abb. 1). Daraufhin wuchs die Bedeutung Palästinas mehr und mehr. Auf den Spuren der *loca sancta* des Alten und Neuen Testaments machten sich Pilger aus allen Teilen des Reiches auf den Weg ins Heilige Land. Es begann eine Zeit des Friedens und Wohlstands in Palästina. Erste Reiseführer zu den bedeutendsten Pilgerzielen entstanden – darunter auch zu Jaffa. Von den Pilgern wurden vor allem die Orte des Wirkens von Petrus im Haus des Gerbers Simon und der Ort der Auferweckung der Tabitha, aber auch die Stelle, an der Jona zu seiner Reise nach Tarsos aufbrach, aufgesucht. Die Stadt erlebte einen Aufschwung und wuchs, gleichzeitig wurde Jaffa zur Bischofsstadt erhoben, was durch die Akten des Konzils von Ephesos 431 belegt ist, in denen erstmals ein Bischof Phidius von Jaffa genannt wird (Tolkowsky 1924, 74). Der zunehmende Pilgerstrom wird wohl auch das Stadtbild verändert haben, das durch immer mehr öffentliche Gebäude sowie einen Bischofsitz geprägt worden sein wird. Der stetige Warenaustausch und die günstige Lage des Hafens als Zwischenstopp an der Küste der Levante zwischen der heutigen Türkei und Ägypten begünstigten den wirtschaftlichen Aufstieg Jaffas, vor allem seine Funktion als Pilgerhafen für Jerusalem. Unter der Herrschaft Kaiser Justinians I. brach auch in Jaffa das Goldene Zeitalter an und die Stadt erlebte wohl ihre größte Ausdehnung. Justinian, der vor allem für sein ehrgeiziges Bauprogramm im gesamten Reich bekannt war, stiftete auch im Heiligen Land zahllose Kirchen, besonders in Jerusalem (Krautheimer 1986, 266). Der Wandel Jaffas in byzantinischer Zeit ist durch zahlreiche Berichte von Pilgern belegt, die Jaffa besuchten und somit einen guten Eindruck über die Größe und Bedeutung der Stadt wiedergeben konnten (Foran 2011, 110). Neben Pilgerunterkünften gab es vermutlich einen regen Handel mit Pilgerandenken. Eulogien oder Medaillons sowie Votivgaben zur Darbringung an den Heiligen Stätten

Abb. 1 Bild der Heiligen Helena bei „Ausgrabungen". Darstellung vom Nonnenaltar in der Kirche des Klosters zum Heiligen Kreuz in Rostock.

Abb. 2 Luftaufnahme der Ausgrabungen „Ganor“, Areal E, 2007.

waren beliebte Souvenirs. Mit Ende der Herrschaft Justinians I. geriet das byzantinische Reich ins Wanken und sah sich mit immer mehr Auseinandersetzungen mit den angrenzenden Nachbarstaaten konfrontiert. Bereits 614 gelang es dem sassanidischen König Chosroe I., Palästina in seinen Feldzügen gegen das byzantinische Reich einzunehmen. Unter Heraklios I. konnte das Land zwar 628 noch einmal zurückerobert werden, trotzdem fiel Jaffa 634 an die Muslime, die die Stadt während der arabischen Expansion einnahmen. Es begann die islamische Zeit Jaffas.

Das byzantinische Jaffa – archäologisch gesehen

Durch die seit Mitte des 20. Jh.s andauernde Grabungsarbeit in Jaffa lässt sich anhand der erhaltenen archäologischen Zeugnisse nun auch ein archäologisches Bild des byzantinischen Jaffa zeichnen. Da viele der zahlreichen Ausgrabungen in Jaffa jedoch im Zuge von Rettungsgrabungen durchgeführt wurden, lässt sich das byzantinische Jaffa jeweils nur in kleinen „Spots“ darstellen. Einige der größeren Rettungsgrabungen sind derzeit in der Vorbereitung ihrer Publikation, wie z. B. die Untersuchungen des „Ganor Compound“ (Abb. 2) in der östlichen Unterstadt

Abb. 3 Panoramaaufnahme des modernen Fischereihafens von Jaffa.

oder des sog. „Andromeda-Friedhofs“, südlich der Altstadt (Avner-Levy 1996). Bei den von Kaplan durchgeführten großflächigen Ausgrabungen auf dem Tel standen insbesondere die frühen Perioden im Vordergrund und viele der Grabungsergebnisse der späteren Schichten sind bis heute nur in kurzen Berichten veröffentlicht.

Der Hafen

Der byzantinische Hafen lag vermutlich im Bereich des heutigen Fischerhafens (Abb. 3). Darauf weisen die Ergebnisse eines Unterwasser-Surveys hin (Sharvit und Galili 2002). Rings um den Hafen werden sich Warenhäuser und Herbergen (Xenodochien) für die Pilger befunden haben. Archäologisch ist der Hafen bisher jedoch nicht fassbar. Dies hängt auch damit zusammen, dass in der Zeit des britischen Mandats das Hafenbecken ausgebaggert und vergrößert wurde. Auch Teile des „Andromeda-Felsens“ wurden dabei gesprengt. Untersuchungen in Hafennähe z. B. im armenischen Kloster weisen auf byzantinische Vorgängerbauten hin (Arbel 2010).

Die Oberstadt

Der Stadtkern wird sich auf und direkt am schon seit der Frühzeit besiedelten Tel von Jaffa befunden haben. Während der Ausgrabungen von 1970 stieß man dort in Areal C auf Reste größerer Gebäude (Kaplan/Ritter-Kaplan 1993, 658). Diese waren einst mit verzierten Fußbodenmosaiken geschmückt, die geometrische Muster wiedergeben. Ihre Dimensionen legen den Schluss nahe, dass es sich um vermeintlich öffentliche Gebäude gehandelt haben könnte. Es ist naheliegend, dass die Anordnung der Gebäude dem seit der hellenistischen Zeit bestehenden Stadtplan folgt. Neben den Resten von Wohnhäusern lassen auch die Keramikfunde auf ein dicht besiedeltes Stadtgebiet schließen (Peilstöcker 2006). In der Oberstadt werden sich neben den Wohngebäuden auch alle öffentlichen Gebäude, wie Badeanlagen und Verwaltungsgebäude befunden haben, die jedoch bisher nicht genauer lokalisiert und als solche identifiziert werden konnten.

Die Unterstadt

Unterhalb des Tels erstreckte sich die Unterstadt nach Norden, Osten und Süden. Grabungen belegen, dass sich dort neben Wohnanlagen auch der industrielle Teil der Stadt befand (Feldstein 1996, Peilstöcker 2000a, 48, Peilstöcker 2006). Neben einem Werkstattgebäude, das aller Wahrscheinlichkeit als eine Färberei diente (Arbel 2008), ist insbesondere der Fund einer großen Weinpresse interessant (Abb. 4). Grabungen konnten aufzeigen, dass deren Größe und Ausmaß für eine außerordentlich große und organisierte Weinherstellung sprechen und belegen somit einen starken Handel bzw. Export von Wein (Peilstöcker 2006). Auffällig ist hierbei, dass die Anlage bis in die islamische Zeit hinein genutzt wurde. Weitere Weinpressen in der näheren

Umgebung legen die Vermutung nahe, dass es sich hier um ein Viertel gehandelt hat, in dem die Weinherstellung konzentriert war. In Analogie steht zu vermuten, dass es weitere solche Viertel gegeben hat, in denen andere Produkte hergestellt wurden oder Dienstleistungen ausgeführt wurden.

Weiter südlich wurde während Grabungsarbeiten am sog. Ganor-Komplex beim Bau einer Wohnanlage sukzessiv ein besonders interessanter Gebäudekomplex aus byzantinischer Zeit freigelegt (Peilstöcker und Burke 2009). Mauerreste lassen auf eine Anlage mit Höfen und einen angegliederten apsidialen Bau schließen. Die einst prächtige Ausstattung des Baus spiegelt sich nicht nur in den noch zu großen Teilen erhaltenen Fußbodenmosaiken wieder (Abb. 5). Diese zeigen neben einfacheren mit ornamentalen Bändern geschmückten Feldern auch kleine Vögel und vegetabiles Rankenwerk mit Blüten (Abb. 6). Weiterhin wurden Reste der einstigen Wanddekoration gefunden: Im Versturz gefundene Reste von Wand- und Gewölbemosaiken sowie zahlreiche *tesserae* aus buntem Glas, Gold und womöglich Silber belegen die prächtige Ausstattung des Baus. Zudem wurden im Ausgrabungsareal aufwendig gearbeitete Ausstattungsstücke aus Marmor, wie Säulen, Kapitelle, Becken und Teile von Marmorinkrustationen (Abb. 7) gefunden, die eine Deutung des Baus als Kirche nahe legen (Peilstöcker und Burke 2009). Womöglich fanden die Marmorstücke jedoch ihren Weg später dorthin, als dort in der Kreuzfahrerzeit ein Brennofen errichtet wurde, in dem der Marmor zu Kalk gebrannt wurde. Fakt ist jedoch, dass es sich bei den erhaltenen Marmorstücken um Teile einer Kirchenausstattung handelt. Interessant ist weiterhin, dass südöstlich des Gebäudekomplexes eine Badeanlage aus römischer Zeit entdeckt wurde, die bis in die byzantinische Zeit in Benutzung war. Die genaue Funktion und Deutung des Komplexes, insbesondere der Zusammenhang mit der Badeanlage, muss noch in einer Auswertung der Grabungsergebnisse geklärt werden. Würde es sich hierbei tatsächlich bei dem apsidialen Gebäude um einen Sakralbau handeln, so wäre dies die erste in Jaffa belegte Kirche aus byzantinischer Zeit.

Die Friedhöfe

Die Grenze der byzantinischen Stadt bzw. deren Ausbreitung lässt sich anhand der Gräberfunde und Friedhöfe, die sich rings um die Stadt befinden, eingrenzen, da auch in byzantinischer Zeit stets *extra muros*, d. h. außerhalb der Stadtmauern bestattet wurde. Dabei können uns die Gräber und die teilweise erhaltenen Grabinschriften Aufschluss über die Bewohner geben, die nicht nur christlichen, sondern auch jüdischen Glaubens waren. Es gab einen großen Friedhof im Süden der Stadt sowie einen weiteren östlich der Stadt in Abu Kabir (Ginzburg 2000, 42, Levy 1993, 46–47). Auf dem Gelände in Abu Kabir fanden sich Felsengräber aus byzantinischer Zeit, die wohl in einem engen Zusammenhang mit der Verehrungsstätte der Wiedererweckung der Tabitha stehen (Clermont-Ganneau 1896, 3–5). Dies weist auf den Wunsch der Verstorbenen hin, *ad sanctos*, d. h. so nahe wie möglich an einer Heiligen Stätte oder dem Grab einer/s Heiligen, beerdigt zu werden.

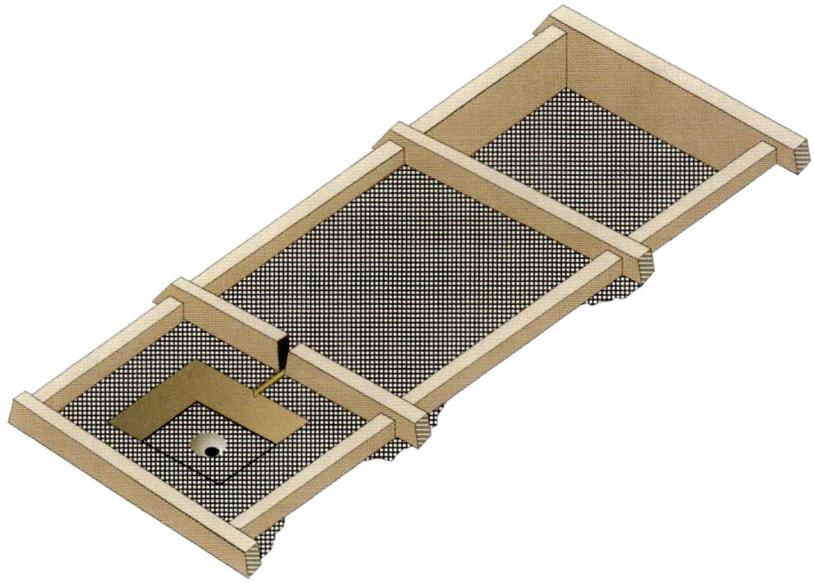

Abb. 4 Rekonstruktion der Weinpresse: Die gesamte Anlage bestand aus mindestens sieben solcher Einheiten.

Infrastruktur und Landwirtschaft

Jenseits der Stadtmauern, ebenfalls *extra muros* gelegen, fanden sich Reste der byzantinischen Zufahrtsstraßen und Wege von Caesarea und nach Jerusalem (Jakoel 2011). Das Areal außerhalb der Stadt diente einst landwirtschaftlichen Zwecken, vor allem dem Anbau von Wein. Vereinzelt haben sich kleinere Höfe, die wohl als *villae rusticae* zu bezeichnen sind, im Osten der Stadt gefunden (Barkan, Diego/ Buchennino Aviva 2012). Da das Umland Jaffas auch in späterer Zeit intensiv landwirtschaftlich genutzt wurde, lässt sich das Fehlen weiterer archäologischer Funde wohl durch das Abräumen der Landflächen zur Nutzung als Ackerland begründen. Die wenigen erhaltenen Reste des einstigen Straßensystems lassen jedoch auf eine gut ausgebaute Infrastruktur schließen (Arbel 2012).

Das byzantinische Jaffa – ein Vergleich historischer und archäologischer Zeugnisse

Über das byzantinische Jaffa geben uns nicht nur die schriftlichen Quellen Auskunft. Vergleicht man das historische Bild Jaffas mit den bisher archäologisch greifbaren Funden, so bleiben jedoch noch wesentliche Fragen ungeklärt. Obwohl wir heute einen annähernden Eindruck der Ausbreitung der byzantinischen Stadt besitzen, sind der Verlauf der Stadtgrenzen sowie das Aussehen des Hafens noch immer unklar. Auch die Frage, ob die Stadt durch eine Wehranlage befestigt war, konnte noch nicht geklärt werden, da bisher noch kein Festungsbau aus byzantinischer Zeit nachgewiesen werden konnte. Gleichzeitig fehlen Anhaltspunkte über weitere wesentliche Bestandteile der Stadt, wie die öffentlichen Bäder und Pilgerherbergen. Obwohl wir wissen, dass die Stadt Anlaufpunkt für Pilger war, fehlen Hinweise auf deren Unterbringung und Versorgung. Da Jaffa spätestens seit dem 5. Jh. Bischofssitz wurde, stellt sich ebenso die Frage, wo der jeweilige Bi-

Abb. 5 Arbeiten zur Freilegung eines byzantinischen Fußbodenmosaiks.

Abb. 6 Detail des Fußbodenmosaiks während der Konservierungsarbeiten.

Abb. 7 Fragment einer byzantinischen Marmorsäule.

schof residierte. Außerdem ist weiterhin unklar, wo sich die Kirchen der Stadt befanden und ob es ein Baptisterium gab, wie es üblicherweise in den meisten Bischofssitzen zu finden ist.

Auch wenn die bisherigen archäologischen Zeugnisse ein ungefähres Bild des byzantinischen Jaffas skizzieren konnten, so bleiben dennoch viele Fragen offen. Die Geschichte und Archäologie des byzantinischen Jaffa wurde in der Vergangenheit oftmals vernachlässigt und wesentliche Grundlagen hierzu fehlen bisher. Doch seit Kurzem rückt nun auch diese Epoche Jaffas in den Blickpunkt der Forschung. Neben neueren Studien zur byzantinischen Keramik und der Aufarbeitung älterer Grabungsergebnisse sowie deren Publikation soll eine Arbeit zur Aufarbeitung der Frage nach einem möglichen Kirchenbau in Jaffa folgen. Diese aktuellen und auch die zukünftigen Studien werden es hoffentlich ermöglichen, die noch bestehenden Lücken zur Geschichte und Archäologie des byzantinischen Jaffa schließen zu können.

Literatur

Ajami, M., 2006 Yafo, Qibbutz Galuyot Street. In: Hadashot Arkhaeologiyot-Excavations and Surveys in Israel 118 (http://www.hadashot-esi.org.il/report_detail_eng.asp?id=334&mag_id=111).

Arbel, Y., 2008 Yafo, the flea market compound. In: Hadashot Arkhaeologiyot-Excavations and Surveys in Israel 120 (http://www.hadashot-esi.org.il/report_detail_eng.asp?id=900&mag_id=114).

2010 Yafo, the Armenian Monastery, Preliminary Report. In: Hadashot Arkhaeologiyot-Excavations and Surveys in Israel 117 (http://www.hadashot-esi.org.il/report_detail_eng.asp?id=143&mag_id=117).

2012 Yafo, Yehuda Ha-Yamit Street. In: Hadashot Arkhaeologiyot-Excavations and Surveys in Israel 124 (http://www.hadashot-esi.org.il/report_detail_eng.asp?id=2150&mag_id=119).

Avner-Levi, R., 1996 Yafo, Yefet Street. In: Excavations and Surveys in Israel 18, S. 55–56.

Barkan, D./Buchennino, A. 2012 Yafo. In: Hadashot Arkhaeologiyot-Excavations and Surveys in Israel 124 (http://www.hadashot-esi.org.il/report_detail_eng.asp?id=2161&mag_id=119).

Clermont-Ganneau, C., 1896 Archeological Researches in Palestine during the Years 1873–1874. (Jerusalem)

Feldstein, A., 1996 Yafo. In: Excavations and Surveys in Israel 18, S. 56–57.

Foran, D., 2011 Byzantina and Early Islamic Jaffa. In: Peilstöcker, Martin and Aaron A. Burke Studies on the History and Archaeology of Jaffa 1. The Jaffa Cultural Heritage Project 1. Los Angeles: Cotsen Institute of Archaeology: Monumenta Archaeologica 26, S. 109–120.

Ginzburg, A., 2000 Yafo, 3022 Street. In: Hadashot Arkhaeologiyot-Excavations and Surveys in Israel 111, S. 42*.

Jakoel, E., 2011 Yafo, Jerusalem Boulevard. In: Hadashot Arkhaeologiyot-Excavations and Surveys in Israel 123 (http://www.hadashot-esi.org.il/report_detail_eng.asp?id=1714&mag_id=118).

Kaplan, J./ Ritter-Kaplan, H., 1993 Jaffa. In: The New Encyclopedia of Archeological Excavations in the Holy Land, S. 655–659.

Krautheimer, R., 1986 Early Christian and Byzantine Architecture. (New York)

Levy, Y., 1993 Yafo, Abu Kabir. In: Excavations and Surveys in Israel 12, S. 46–47.

Peilstöcker, M., 1999 Yafo, R. Hanina and R. Yehuda Me-Raguza Street. In: Hadashot Arkhaeologiyot-Excavations and Surveys in Israel 110, S. 46–47*.

2000a Yafo. In: Hadashot Arkhaeologiyot-Excavations and Surveys in Israel 111, S. 47–49*.

2000b Yafo, Rabbi Yehuda Me-Raguza Street. In: Hadashot Arkhaeologiyot-Excavations and Surveys in Israel 111, S. 49*.

2006 Yafo, Flea Market Complex. In: Hadashot Arkhaeologiyot-Excavations and Surveys in Israel 118 (http://www.hadashot-esi.org.il/report_detail_eng.asp?id=431&mag_id=111).

Peilstöcker, M./ Burke, A. A., 2009 Yafo, Ganor Compound. In: Hadashot Arkhaeologiyot-Excavations and Surveys in Israel 121 (http://www.hadashot-esi.org.il/report_detail_eng.asp?id=1049&mag_id=115).

Sharvit, J/Galili, E., 2002 Yafo Harbor, Underwater Surveys. Hadashot Arkhaeologiyot—Excavations and Surveys in Israel 114,54*–55*.

Schick, B., 1893 Tabitha Ground at Jaffa. In: Palestine Exploration Fund Quaterly Statemant, S. 286–293.

Tolkowsky, S., 1924 The Gateway to Palestine: A History of Jaffa. (London)

Das frühislamische Jaffa

Hans-Peter Kuhnen

Als Hafenstadt und „Tor zum Heiligen Land" war Jaffa seit der Bronzezeit ein wichtiger Stützpunkt für alle Mächte, die das Mittelmeer beherrschten. Dies änderte sich im späten 7. Jh. n. Chr., als das Heilige Land unter islamische Herrschaft kam. Die frühen Khalifen aus der Dynastie der Omajaden (651–750 n. Chr.) und der Abbassiden (750/751–940 n. Chr.) verlagerten das Zentrum der politischen Macht vom Mittelmeer in den fruchtbaren Halbmond. Statt der Seewege entlang der Mittelmeerküsten wurden für die nächsten drei Jahrhunderte die Karawanenrouten an den Rändern der großen Arabischen Wüste Hauptachsen der Kommunikation und die Hafenstädte an der Mittelmeerküste verloren vorübergehend an Bedeutung, was auch für Jaffa gilt.

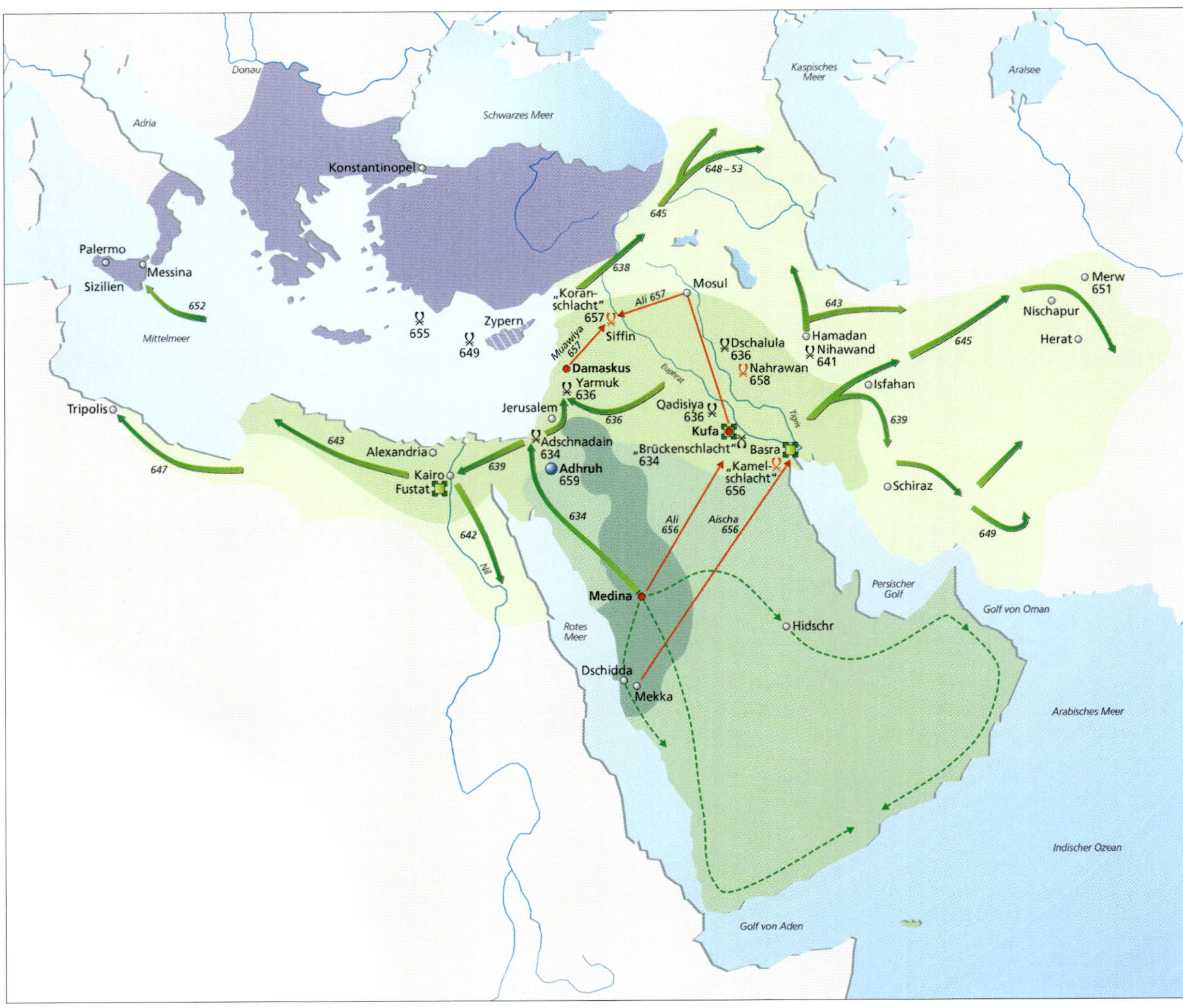

Abb. 1 Die Ausbreitung des Islam im Nahen Osten.

Byzanz verliert die Kontrolle: die politischen Ereignisse

Dass Byzanz das Kulturland zwischen Mittelmeer und der großen Arabischen Wüste nicht mehr wie unter Kaiser Justinian I. (527–565 n. Chr.) fest im Griff hatte, wurde im Heiligen Land erstmalig 614 n. Chr. spürbar, als sich ein Heer des persischen Großreichs der Sassaniden innerhalb weniger Monate der östlichen Provinzen des byzantinischen Reichs bemächtigte und unter anderem Jerusalem und Damaskus besetzte. Die Provinzbevölkerung leistete den Invasoren nur geringen Widerstand, sodass die Perser die Besetzung erst beendeten, als der byzantinische Kaiser Heraklius 628 n. Chr. seinerseits mit einem Heer in Persien einfiel, Niniveh eroberte und der Perserkönig Khosroes zu Tode kam. Die Wiedererrichtung byzantinischer Herrschaft in Jerusalem war jedoch nicht von langer Dauer, denn schon 634 n. Chr. fielen die Krieger Mohammeds in das Heilige Land ein, eroberten 638 n. Chr. Jerusalem und vertrieben den byzantinischen Patriarchen Sophronius aus dem Land. 636 n. Chr. fiel Damaskus, die Hauptstadt der Provinz Syria, in islamische Hand, 640 n. Chr. Caesarea als Provinzhauptstadt von Iudaea-Palaestina. Diese Ereignisse markieren das Ende byzantinischer Herrschaft im Heiligen Land und den Beginn des islamischen Mittelalters (Abb. 1).

Bei näherer Betrachtung zeichnet sich der Herrschaftswechsel weniger scharf ab, als es die jahrgenauen Daten der literarischen Überlieferung glauben machen: Hauptquellen auf arabischer Seite sind Geschichtsschreiber und Geografen wie Baladhuri, Tabari, Yaqubi und Ibn Batuta, deren Werke zwischen dem späten 8. und 10. Jh. n. Chr. am Hof der Khalifen in Bagdad entstanden, also zur selben Zeit wie die „Märchen aus 1001 Nacht". Die Gewährsleute von byzantinischer Seite waren Mönche und Chronisten des 9. und 10. Jh. n. Chr. am Hof von Byzanz und mussten ihre Leserschaft über den Verlust der byzantinischen Ostprovinzen hinweg trösten. Sowohl die arabischen als auch die byzantinischen Autoren lebten also rund 150 bis 200 Jahre nach den Ereignissen, die sie überlieferten; lediglich Sophronius war als letzter byzantinischer Patriarch von Jerusalem ein Zeitzeuge der Eroberung, schrieb aber kein Geschichtswerk, sondern Predigten und Gedichte. Konkret über Jaffa teilen diese Autoren kaum etwas mit. Der arabische Geograf Baladhuri (869–892 n. Chr.) berichtet in seiner Beschreibung der islamischen Eroberungen, dass Jaffa 634 n. Chr. laut einem seiner Gewährsleute durch den arabischen Kommandeur Amr ibn al-As, nach einem anderen durch den späteren Khalifen Muawiya (661–680 n. Chr.) erobert wurde. Weitere mittelalterliche arabische Autoren nennen Jaffa unter den Städten des frühislamischen Militärbezirks „Jund Filastin", ohne weitere Einzelheiten anzugeben (Le Strange 1890; Foran 2011). Eine frühchristliche Quelle weiß noch von einem Bischof Sergius, der in Jaffa nach der islamischen Eroberung residierte. Westliche Pilger konnten trotz der islamischen Herrschaft weiter über Jaffa in das Heilige Land einreisen. 878 n. Chr. sagte sich Ibn Tulun, der abbasidische Statthalter Ägyptens, vom Khalifat in Bagdad los. Er befestigte als Außenposten Jaffa, das bis zur Rückeroberung Palästinas durch die Abbasiden 906 n. Chr. zu seinem Herrschaftsbereich gehörte (Le Strange 1890; Foran 2011).

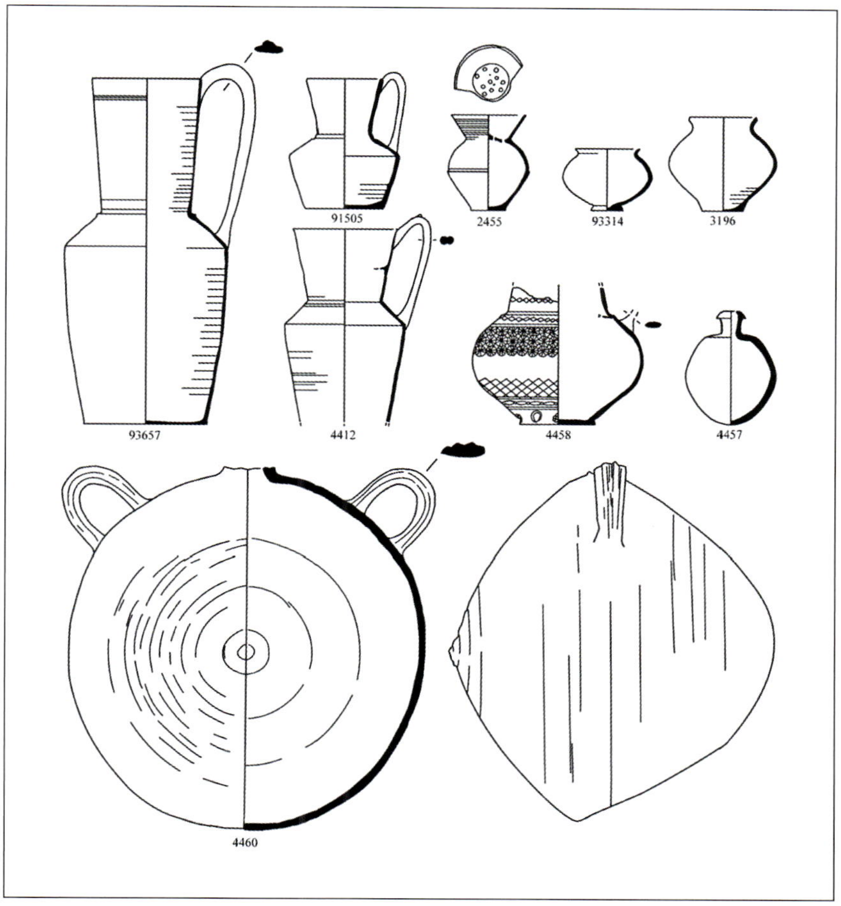

Abb. 2 Frühislamische Keramik aus den Grabungen auf dem Ganor Gelände.

Sanfter Wandel: die Anfänge des Islam im Licht der Archäologie

Ein weniger kriegerisches Bild des Übergangs von byzantinischer zu islamischer Herrschaft zeichnet die archäologische Landesforschung, die in Israel und Jordanien heute ein hohes Niveau erreicht: Spuren gewaltsamer Zerstörung sind in den Siedlungen des 7. Jh. n. Chr. nicht auszumachen. Gerade die bedeutenden byzantinischen Städte überstanden die Eroberungen 634 bis 640 n. Chr. ohne erkennbaren Einschnitt. Erst um die Mitte des 8. Jh.s sind in größerem Umfang Zerstörungsspuren zu beobachten, die allerdings mit dem großen Erdbeben von 749 n. Chr. zusammenhängen und nicht mit arabischen Gewaltmaßnahmen. Auch Schatzfunde von Münzen und anderen Wertgegenständen kommen in den Jahren 636 bis 640 n. Chr. nicht in den Boden, sondern erst gegen 690 n. Chr., als der große Omajadenkhalif Abd el-Malik (685–705 n. Chr.) im Heiligen Land eine Münzreform einführte, durch die das alte byzantinische Geld seinen Wert verlor. Erst nach diesem Herrscher entstanden die frühesten Moscheen, deren Gesamtzahl im Jund Filastin selbst im 10. Jh. erst bei etwa 20 lag (Le Strange 1890). Gleichzeitig bestehen die meisten Kirchen bis in das 8. oder 9. Jh. fort, teilweise werden sogar neue christliche Gotteshäuser errichtet. Nur auf den Bestattungsplätzen Zentral- und Nordpalästinas kommt es zu einem radikalen Wandel, als die Bevölkerung die über 1000-jährige Sitte felsgehauener oder gemauerter, mehrfach genutzter Kollektivgräber aufgab und stattdessen zu Einzelbestattungen in unantastbaren Flachgräbern überging. Diese Bestattungsform kam allerdings in den semiariden Randzonen des Negev und Transjordaniens schon im 2./3. Jh. n. Chr. auf, was interessante Fragen zur Entstehung und Ausbreitung des neuen Glaubens aufwirft (Kuhnen 2011).

Jaffa in frühislamischer Zeit: Ergebnisse der Stadtarchäologie

Dass auch Jaffa den Übergang von byzantinisch-christlicher zu arabisch-islamischer Herrschaft als allmählichen Prozess erlebte, ließ sich lange Zeit nur in Analogie zu besser erforschten städtischen Zentren vergleichbarer Lage wie Caesarea Maritima oder Bet-Shean erschließen. Erst die neuen israelischen Stadtgrabungen der letzten 10–15 Jahre bringen mehr Licht in die Stadtentwicklung dieser Zeit: So zeigt exemplarisch das Keramikinventar aus den neuen israelisch-amerikanischen Grabungen im sog. Ganor-Anwesen (Strange Burke 2010; dies. 2011), dass Jaffa eingebunden war in den Kosmos frühislamischer Handels- und Handwerkstraditionen des Nahen Ostens. Neben charakteristischen Keramikgattungen spätbyzantinischer Zeit wie der sog. Feinen Byzantinischen Ware, den sackförmigen Vorratskrügen und karottenförmigen Weinamphoren des sog. Gaza-Typs umfasste das Spektrum die charakteristische abbasidenzeitliche sog. Hirbet Mefjer Ware aus feinem weißem Ton mit modelgepressten und aufgesetzten Verzierungen, dazu die verschiedenen Arten frühislamischer glasierter Feinkeramik, bis hin zu den metallisch hart gebrannten, scharf profilierten Zweihenkelpfannen und -kochtöpfen, die für das Zeitalter der Kreuzfahrer typisch sind (Abb. 2).

Gebäudereste oder Gräber des frühislamischen Jaffa wurden aufgrund der dichten innerstädtischen Bebauung in Mittelalter und Neuzeit erst durch die neueren Rettungsgrabungen der israelischen Antikenverwaltung bekannt. Zumeist handelt es sich um eng begrenzte Grabungsflächen in Baugruben: Unter der Kirche des Armenischen Klosters am Nordwestrand von Tel Yafo dokumentierten die Ausgräber ein Stück einer frühislamischen Wehrmauer. Mit ihren massiven Substruktionen erweiterte sie die Innenfläche der Oberstadt und schützte diese zur See hin. Unmittelbar hinter ihr lag eine Freifläche, die Spuren handwerklicher Tätigkeiten aufwies. Die Aufschüttungen hinter der Wehrmauer enthielten Keramik des 8. bis 10. Jh. n. Chr. (Arbel 2010). Möglicherweise handelt es sich um eine der Befestigungen („riba'at“), mit denen die Abbasiden nach einem Bericht des Mukadassi um 985 n. Chr. die Städte der Levanteküste gegen die byzantinische Kriegsflotte schützten (Le Strange 1890; Foran 2011). Auf dem Tel selbst fehlt eine frühislamische Siedlungsschicht, vielleicht weil sie durch die dichte Bautätigkeit der Kreuzfahrerzeit und der osmanischen Zeit abgetragen wurde. Weitere frühislamische Siedlungsreste konzentrieren sich demgegenüber in den neuen Grabungsflächen der Unterstadt östlich unterhalb des Tel, zur Sharonebene hin (Re'em 2010): Nahe des Glockenturms (clock tower square) kamen die Reste von Häusern aus Trockenziegeln in Stampflehmbauweise (sog. terre-pisée- Technik) zum Vorschein (Peilstöcker 2009), wie sie in frühislamischen Städten auch östlich des Jordan beobachtet wurde

Abb. 3 Moschee Sidne Ali im heutigen Herzeliya.

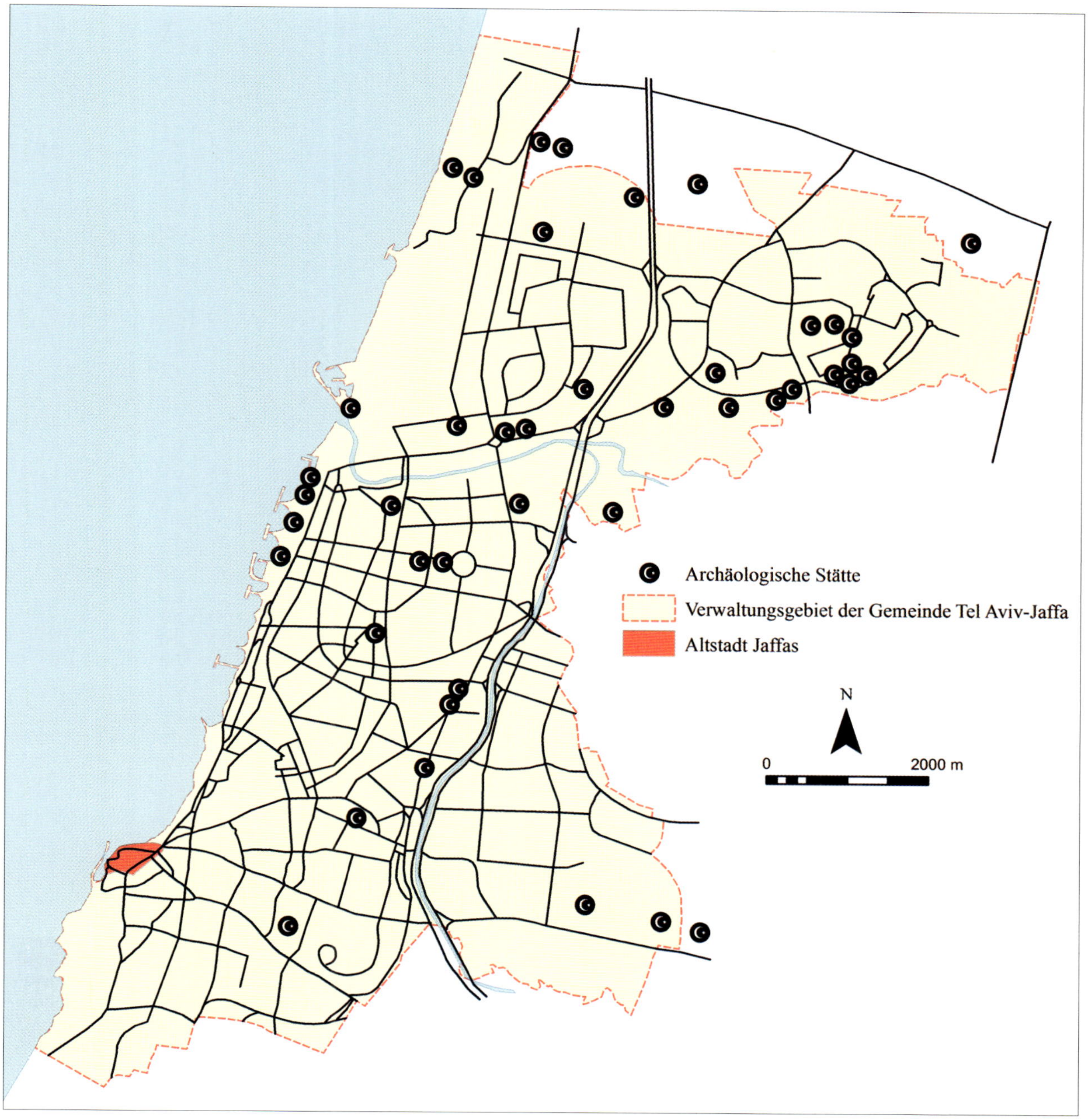

Abb. 4 Karte der frühislamischen Siedlungen auf dem Gebiet von Tel-Aviv.

(Walmsley 2007). Auf dem Gelände des osmanischen Flohmarkts (flea market) befanden sich Becken einer Gerberei des 8. bis 9. Jh. n. Chr. (Arbel 2008; Barkan/Buchennino 2012). Weitere isolierte Gebäudereste derselben Zeit lagen im Umfeld des französischen Hospitals (Re'em 2010) und der Mahmoudiya-Moschee. Die Moschee selbst entstand jedoch erst im frühen 19. Jh., ungeachtet der zahlreichen antiken Säulen- und Kapitellreste, die in ihren Mauern verbaut sind (Arbel und Ederi 2008).

Alle diese Fundstellen lassen sich aufgrund der Zusammensetzung ihres Fundmaterials dem frühislamischen „Stratum V" zuordnen, das die Geschichte der Stadt zwischen dem 7. und 10. Jh. n. Chr. umfasst. Wie die Stadt damals aussah, lässt sich aufgrund der Zerrissenheit der Grabungsbefunde nicht sicher rekonstruieren. Eine gewisse Vorstellung vermitteln Ausgrabungsstätten wie beispielsweise Caesarea am Meer, Tiberias am See Genezareth, Pella im Jordantal oder Gadara und Gerasa in Jordanien, wo die frühislamischen Siedlungsschichten nicht durch spätere Bebauung zerstört wurden. An allen diesen Orten besetzten kleinteilige Handwerker- und Gewerbebauten die monumentalen Platzanlagen und Säulenhallen der einstigen römisch-byzantinischen Stadtzentren. Kirchen und öffentliche Thermen der byzantinischen Stadtanlage blieben erhalten und wurden bedarfsweise erneuert, ebenso die herrschaftlichen Wohnhäuser, die normalerweise aus einem gewerblich genutzten Erdgeschoss mit Innenhof und einem geräumigen Wohntrakt im Obergeschoss bestanden und Grundflächen von 400 bis 500 m^2 erreichten. Bestimmte Areale des Stadtgebiets wurden dem Verfall preisgegeben wie etwa der Palast des byzantinischen Statthalters von Caesarea; in den Ruinen bestattete die islamische Bevölkerung ihre Toten.

Spuren des frühen Islam im Umland von Jaffa

Die dichte gewerbliche Bebauung der Unterstadt östlich von Tel Yafo macht deutlich, dass städtisches Leben in der Stadt auch nach der islamischen Eroberung fortbestand. Von intensiver landwirtschaftlicher und gewerblicher Nutzung in dieser Zeit zeugt auch das engmaschige Netz ländlicher Siedlungen auf den Küstensandsteinrücken der Sharonebene, das Tel Jaffa im Norden, Osten und Süden umgab: An Nachbarorten folgen nach Norden Tell Qasile am Nordrand von Tel Aviv und Hirbet Hadra, etwa 4 km nordöstlich von Tel Qasile, ebenfalls am Yarkon. Auf Tel Qasile entstanden in spätbyzantinischer Zeit des 6. bis 7. Jh. n. Chr. mehrere Wohnhäuser, eine Therme und drei Traubenkeltern. Zwei von diesen kamen in frühislamischer Zeit außer Gebrauch und wurden in der Omajadenzeit des 8. Jh. n. Chr. durch ein großes zweiphasiges Gebäude mit Innenhof in der Art eines Khan (Karavanenstation) oder eines landwirtschaftlichen Gehöfts ersetzt. Im 9. bis 11. Jh. n. Chr. ging die Ausdehnung dieser Siedlung zurück und die Gebäude im Umfeld des Khans verfielen (Museion Ha'aretz (Hsg.), 2009, 120–127, Abb. 5–11). In Hirbet Hadra bauten die Bewohner in frühislamischer Zeit ein Mausoleum der Römerzeit zu einer Glashütte um und erzeugten darin modelgeblasene verzierte Glasfläschchen (Museion Ha'aretz (Hsg.), 2009, 127–131). Eine frühislamische Töpferei und Siedlungsreste kamen am Derekh Tayasim („Pilotenstraße") ca. 5 km östlich von Tel Yafo an der Stadtgrenze zwischen Tel Aviv und Ramat Gan zum Vorschein (Museion Ha'aretz (Hsg.), 2009, 131 Fst. 99) (Abb. 4).

Weitere frühislamische Siedlungen folgen in nördlicher Richtung mit Apollonia-Arsuf und Caesarea. Nach Süden weichen die Siedlungen vor dem breiten Dünengürtel weiter landeinwärts zurück. Nächste bedeutende Nachbarstädte sind Ashdod und Ashqelon, welches wie Jaffa und Apollonia besonders unter den Kreuzfahrern erblühte. Die bedeutendste frühislamische Siedlung in der Nachbarschaft von Jaffa ist jedoch Ramle, ca. 18 km landeinwärts. Ramle wurde nach Baladhuri (869–892 n. Chr.) durch den Khalifen Sulaiman 715 n. Chr. als neue Residenz anstelle des pestverseuchten Lydda-Lod gegründet. Berühmt wurde der Ort durch seine frühe Moschee, die sog. Weiße Moschee, die nach dem Zeugnis der Grabungsbefunde wohl im späteren 8. Jh. n. Chr. erbaut wurde (Gutfeld 2010). Als weitere frühe Moschee kann Sidne Ali bei Apollonia-Tel Arsuf gelten, wo Moslems noch heute das Grab von Sultan Ibn Ali, einem legendären Nachkommen des Propheten Mohammed, aus dem 11. Jh. n. Chr. verehren (Abb. 3).

Das früheste Zeugnis des Islam aus Jaffa selbst ist ein Amulettring aus Bronze mit der arabischen Inschrift „hasbi Allah" („Allah genügt mir"). Er stammt aus Schuttschichten des 5. bis 15. Jh. n. Chr., die außerhalb des frühislamischen Siedlungskerns in der Yehuda HaYamit Street abgelagert wurden (Arbel 2012). Aus der Stadt selbst sind Moscheen aus frühislamischer Zeit noch nicht bekannt. Ebenso liegen die meisten frühislamischen Gräber noch im Boden versteckt. Die Grabhöhlen der großen römisch-byzantinischen Nekropolen des Stadtteils Abu Kabir (Reh. Kibutz Galuyot) südöstlich des Tel und der Shimon Ben Shetah Street nordöstlich davon wurden von den Moslems gemieden (Kaplan 1959; Jakoel 2012). Wie in den Nachbarorten Ramle, Kefar Sava und Bet Dagan kommen nach dem 7. Jh. statt der Grabhöhlen Einzelbestattungen in annähernd rechteckigen Senkgräbern auf, bei denen die Toten durch Seitenlage mit Blick nach Mekka ihre Zugehörigkeit zum Glauben des Propheten ausdrücken. Einzelne solcher Grabfunde aus der Yehuda HaYamit Street und vom Gelände des ehemaligen französischen Hospitals in der Yefet Street in Jaffa lassen erkennen, dass auch die Bevölkerung Jaffas nach dem 7. Jh. die neuen islamischen Bestattungssitten übernahm (Arbel 2012; Dayan/Levy 2012). Die Masse der Gräber dieser Zeit wartet indes darauf, dass eines Tages Archäologen den Spaten ansetzen, um dem antiken Jaffa auch diesen Teil seiner Geschichte zurückzugeben.

Literatur

Arbel, Y., 2012 Yafo. Yehuda HaYamit St. ESI 124, 31.12.2012.
Arbel, Y., 2010 Yafo. Armenian Monastery. ESI 122, 25.7.2010.
Arbel, Y., 2008 Yafo. The flea market compound. ESI 120, 8.9.2008.
Arbel, Y./Ederi, K., 2008 Yafo. Roslan Street. ESI 120, 29.5.2008.
Barkan, D./Buchennino, A., 2012 Yafo. Final report. ESI 124, 19.12.2012.
Dayan, A./Levy, Y., 2012 Yafo. Eden Hotel. ESI 124, 5.8.2012.
Foran, D., 2011 Byzantine and Early Islamic Jaffa. In: M. Peilstöcker/A. Burke (Hsg.), The History and Archaeology of Jaffa 1. The Jaffa Cultural Heritage Project. (Los Angeles), 109–120.
Gutfeld, O., 2010 Ramla. Final Report on the Excavations North of the White Mosque. Qedem 51. (Jerusalem)
Jakoel, E., 2012 Yafo, Shimon Ben Shetah Street. Preliminary Report. ESI 124, 31.12.2012.
Kaplan, Y., 1959 The archaeology and history of Tel-Aviv – Jaffa. (Tel-Aviv)
Kuhnen, H.-P., 2011 Grenzen der Romanisierung: Massebenkulte und die Entstehung islamischer Kultbauten im Vorfeld des Limes Arabiae et Palaestinae. In: A. Lykke/F. Schipper (Hsg.), Kult und Macht. Religion und Herrschaft im syro-palästinischen Raum. Studien zu ihrer Wechselbeziehung in hellenistisch-römischer Zeit. Wissenschaftliche Untersuchungen zum Neuen Testament. (Tübingen), 69–110.
Le Strange, G., 1890 Palestine under the Moslems. A description of Syria and the Holy Land from A.D. 650 to 1500.
Museion Ha'aretz (Hsg.), 2009 Ha-historia ha-sodit shel Tel-Aviv: ma qara kan be-meshek 20000 shana? (Die geheime Geschichte von Tel-Aviv: Was geschah hier in zwanzigtausend Jahren? (Ausstellungskatalog Ha-Aretz Museum). (Tel-Aviv)
Peilstöcker, M., 2009 Yafo. Clock Tower Square. ESI 121, 27.1.2009.
Re'em, A., 2010 Yafo. The French Hospital, 2007 – 2008. ESI (Excavations and Surveys in Israel) 122, 24.11.2010
Strange Burke, K., 2011 Islamic and Crusader Pottery from Jaffa: A collection of Whole and Reconstructed Vessels. In: M. Peilstöcker/A. Burke (Hsg.), The History and Archaeology of Jaffa 1. The Jaffa Cultural Heritage Project (Los Angeles), 197–210.
Walmsley, A., 2007 The Excavation Of An Umayyad Period House At Pella In Jordan. In: Luke Lavan; Lale Özgenel; Alexander Sarantis (Hsg.), Housing in Late Antiquity – Volume 3.2. (Leiden), 515–522.

Die arabische Inschrift Friedrich II. aus Jaffa (ShaykhMurād)[1]

Moshe Sharon & Ami Schrager

Die hier vorgestellte arabische Inschrift, die am Heiligtum von ShaykhMurād östlich von Jaffa gefunden wurde, ist ohne Zweifel die Zwillings-Inschrift von einer Lateinischen, entdeckt Ende des 19. Jh.s von Clermont-Ganneau. Beide gedenken der Werke von Kaiser Friedrich II. in Jaffa Anfang 1229. Sie wurden von zwei verschiedenen Steinmetzen auf zwei Platten aus Marmor angebracht und über dem Tor der Zitadelle von Jaffa platziert oder in einer der Mauern eingebaut. Der Diskussion über das lateinische Fragment wird eine detaillierte Studie über das Arabische folgen.

Ein weiteres Stück der lateinischen Inschrift wurde möglicher Weise im 19. Jh. irgendwo in der Nähe der Mauern von Jaffa von einem Unbekannten erkannt, denn in einem Schreiben über eine „angebliche Inschrift“ bemerkte der französische Orientalist und Archäologe Clermont-Ganneau:

> „I was told of another fragment of an inscription built into the wall of the town, and from the description given me, I suspect it also to be mediaeval. Unluckily, however, I could not manage to test the truth of this statement. It may perhaps be a fragment that I found in 1881, referring to the King of England.“ (Clermont-Ganneau 1896, 2, 156)

Jedenfalls scheint klar, dass die arabische Inschrift Shaykh Murād mit anderem Baumaterial erreichte, das in den Ruinen von Jaffa gesammelt wurde. Auf diese Weise erreichte ein Fragment einer Platte geaderten weißen Marmors (0,70 x 0,5 m., Dicke nur 0,05 m.) dieses lokale Heiligtum zusammen mit einer anderen kreuzritterzeitlichen, lateinischen Inschrift, die eine gehauene Basrelief-Darstellung eines „Abts oder Bischofs mit Mitra“ und andere dekorative Elemente umgibt. Dies war zweifelslos die obere Abdeckung des Grabs eines Geistlichen gewesen. Clermont-Ganneau las das Datum von 1258 in der lateinischen Inschrift, die rund um das zentrale Bild stand. Die Rückseite des gleichen Fragments wurde für eine weitere arabische Inschrift zum Ge-

Abb. 1 Shaykh Murād 1932: die auf dem Kopf stehende Inschrift, in der Westmauer sekundär verbaut.

Abb. 2 Die Inschrift verbaut in der südlichen Mauer des westlichen Hofes nach der Restaurierung etwa 1949.

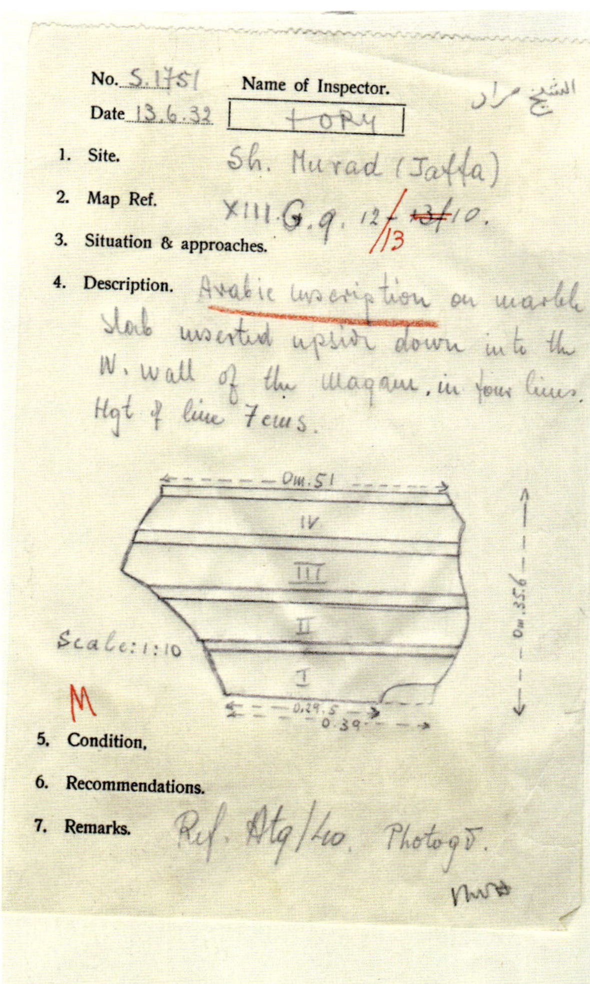

No. S.1751 Name of Inspector.
Date 13.6.32 J. ORY
الشيخ مراد

1. Site. Sh. Murad (Jaffa)
2. Map Ref. XIII.G.q. 12/13 10.
3. Situation & approaches.
4. Description. Arabic inscription on marble slab inserted upside down into the W. wall of the maqam, in four lines. Hgt of line 7cms.

5. Condition.
6. Recommendations.
7. Remarks. Ref. Atq/40. Photogr.

Abb. 3 Reproduktion aus J. Orys Bericht.

denken an den Bau einer Moschee verwendet und von Clermont-Ganneau in das Jahr 736/1335–6 datiert. Das Stück wurde von Baron Ustinov irgendwann vor 1881 für seine Sammlung gekauft (Sharon 2007, 113ff).

ShaykhMurād und die Inschriften

ShaykhMurād ist ein kleines Heiligtum eines lokalen muslimischen, ansonsten unbekannten Heiligen (Walīy, colloq. Wilī, Welī), gebaut auf einem Hügel etwa 2,5 km östlich von Jaffa. Das Datum seiner Gründung hat nichts zu tun mit der eben erwähnten arabischen Inschrift, die zum Gedenken an den Bau einer Moschee von Amīr Jamāl Ad-Dīn irgendwo im Bereich Jaffa angefertigt wurde. Das mit einem Doppelgewölbe versehene Zweiraum-Gebäude von ShaykhMurād, von einem Typ, den man überall im Land und anderswo im Nahen Osten findet, wird nicht in „Saints and Sanctuaries in Palestine" (Heilige und Heiligtümer in Palästina (1927)) von Tewfik Canaan erwähnt. Die muslimischen Bauherren des Heiligtums hielten die arabische Inschrift wohl für einen heiligen muslimischen Text und brachten sie zuerst verkehrt herum an der westlichen Wand (Abb. 1) an. Dies wurde dann, als das Heiligtum zweimal in der Mitte des 20. Jh.s repariert wurde (einmal kurz vor 1949 und noch einmal etwa 30 Jahre später), berichtigt (Abb. 2).

Die Inschrift wird zum ersten Mal in einem Bericht (Detailinformationen: Ref. Atq/40 Nr. S 1751) vom 13. Juni 1932 von Jacob Ory, Inspektor des „Department of Antiquities" der britischen Mandats-Regierung, erwähnt. Wie in der beigefügten Reproduktion des Berichts zu sehen, fügte Ory seiner kurzen Beschreibung der Inschrift eine genaue Zeichnung ihrer Form und der notwendigen Abmessungen mit der Angabe „Maßstab 1:10" hinzu (Abb. 3). In seinem Bericht steht:

> „Arabic inscription on marble slab inserted upside down into the W. wall of the maqam, in four lines. Height ofline 7 cms."

Dem Bericht sind Fotografien hinzugefügt, welche zeigen, wie die Inschrift ursprünglich an das Gebäude des Heiligtums, vor dessen moderner Renovierung, angebracht war. Man sieht, dass die Inschrift rechts unter den Resten eines Bogens, teilweise blockiert, in der Mauer verbaut war.

Im Archiv der IAA gibt es einen weiteren Bericht über die Inspektion des Ortes durch Jacob Ory und Shmuel Yevin im Jahr 1949. Am 6. und 13. März 1949 besuchte Ory das Heiligtum erneut und suchte die Inschrift, die in Clermont-Ganneaus Bericht im „Survey of Western Palestine II" (Conder and Kitchener 1882, 275–278) erwähnt wird. Er vergaß die Tatsache, dass sie das Land mit der Sammlung von Baron Ustinov in Richtung Oslo verlassen hatte. Er berichtete, dass die Mamlūkische Inschrift nicht gefunden worden war und ergriff die Gelegenheit, den Ort zu beschreiben, den er 17 Jahre zuvor besucht hatte:

> „... the maqām contains two chambers. It has a domed roof and a small uncovered yard. One of the chambers

contains a tomb and in the other one a recent tomb. The entrance to the maqām is through the yard. The height of the walls is 1.5 m. At the western wall next to the corner, inserted into the wall is a slab of marble stone 0.34 X 0.6 m., bearing an Arabic inscription with 4 lines. It seems like an epitaph and it is not the Mamlūk inscription mentioned above ..."

Es war der Archäologe L. A. Mayer, der sich über die Inschrift erkundigt hatte, aber die Angelegenheit nicht weiter verfolgte, wahrscheinlich weil er Orys Bemerkung akzeptierte, dass die Inschrift ein nicht-Mamlūkisches Epitaph zu sein „schien", und Yevins Feststellung, dass die Inschrift „völlig rezent" sei, also von geringem Interesse.

Es ist klar, dass die Inschrift, die zuerst 1932 entdeckt und dokumentiert worden war, im späten 19. Jh., als Clermont-Ganneau einen intensiven Survey der Gegend auf der Suche nach Inschriften durchführte, nicht dort war. Er hätte sie nicht verpassen können, war sie doch an prominenter Stelle an dem Gebäude des Heiligtums befestigt. Sie wurde wieder von Barukh Sapir, irgendwann vor 1970 fotografiert. Er beschrieb sie als „eine arabische Inschrift von Shaykh Murād"(Sapir 1970, 41, fig.50). Der Mörtel, der verwendet wurde, um sie an der Wand zu befestigen, ist modern, was bedeutet, dass die Inschrift an ihrem dortigen Platz nicht lange bevor Sapir sie sah angebracht wurde, als das Gebäude zum zweiten Mal renoviert wurde. Es ist gut möglich, dass bei diesen späteren Reparaturen die Inschrift nicht verschoben wurde, sondern nur die Wand drum herum teilweise mit frischem Zement repariert wurde.

Als Clermont-Ganneau 1874 und 1881 die Umgebung von Shaykh Murād untersuchte, beschrieb er seine Beobachtungen im Detail (Clermont-Ganneau 1896, 130ff). Er wies darauf hin, dass die Bewohner des kleinen Weilers genannt Suknet Abū Kabīr, etwa einen Kilometer westlich von Shaykh Murād, meist Steinbrucharbeiter, Baumaterialien aus antiken Stätten und Ruinen um Jaffa ausgruben. Diese und andere Steine mit Reliefs, Bruchstücken von Skulpturen und Inschriften erreichten auf diese Weise das Dorf und dessen Umgebung, das relativ weit von ihrem Ursprungsort entfernt war (Abb. 4).

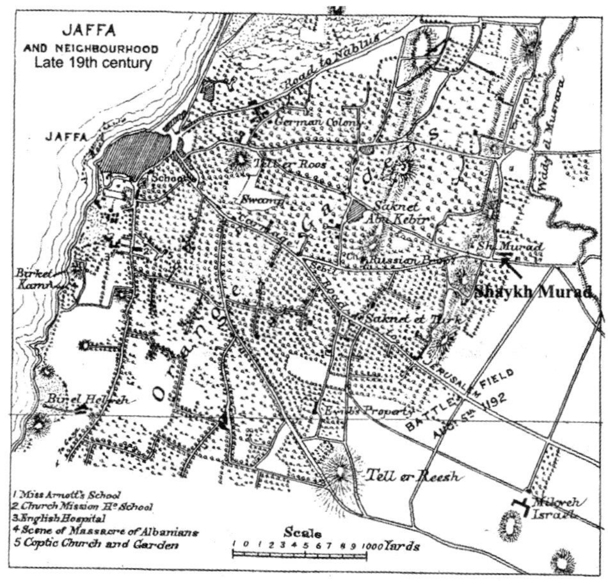

Abb. 4 Landkarte von Jaffa und Umgebung im späten 19. Jh., Shaykh Murād im Osten.

Die hier diskutierte arabische Inschrift, ebenso wie andere von Clermont-Ganneau gefundene antike Fragmente, waren ohne Zweifel nur dürftige Reste dessen, was von den Dorfbewohnern von Abū Kabīr und anderen Ausgräbern geborgen und entweder als Baumaterial wiederverwendet, nachdem es in kleine Stücke gebrochen und mit Mörtel vermischt worden war, um im Mauerwerk verwendet zu werden, oder direkt in den Kalk-Öfen verbrannt worden war. Die vorliegende arabische Inschrift fand auf fast wundersame Weise ihren Weg in die Welī von Shaykh Murād. Sie

Abb. 5 Arabische Inschrift Friedrich II. 1229.

wurde gerettet, jedoch nicht, bevor sie so bearbeitet worden war, dass sie einer unbekannten vorherigen Funktion dienen konnte. Was geblieben ist, ist etwa die Hälfte der ursprünglichen Inschrift.

Es ist gut möglich, dass das Fragment der lateinischen Inschrift von Friedrich II., das unten besprochen wird (Abb. 6) und ebenfalls von Clermont-Ganneau rekonstruiert und studiert wurde, auch von Shaykh Murād kam, oder von den Ausgräbern in Abū Kabīr, die es dem russischen Archimandrit verkauften, dessen Kirche in der Nähe gebaut wurde (Clermont-Ganneau 1896, 155f.). Es ist ziemlich sicher, dass sowohl die große Platte mit der arabischen Inschrift als auch das kleine lateinische Fragment aus den Ruinen des mittelalterlichen Jaffa stammten und wahrscheinlich während des Wiederaufbaus der modernen Mauern im frühen 19. Jh. ausgegraben wurden.

Das große Fragment einer Platte grauen Marmors (0,356 x 0,51 m, 0,56 m max.), auf allen Seiten abgebrochen, mit größeren Schäden links und oben rechts, war an der südlichen Wand des offenen Hofes vor dem Tor des Heiligtums im Westen (Abb. 2) angebracht. Vier Zeilen in einem einzigartigen Stil bestehend aus Naskhī, Punkten, einigen Vokalen und Zeichen waren als Relief ausgeführt (Abb. 5, 7).

١( ]قيصر المعـ[ظم امبراطور رومية فر]دريك المنصور بالله مالك ألما٢(ني-[ـة ولمبردية
وتسقانة وإيطالية وا]نكبردة وقلورية وصقلية ومملكة ٣(الشا[م القدسية معز إمام رومية
الناصر للملة]المسيحية بشهر فـورارو)؟(سنة ألف ٤(ومـ[ـاتين وتسع وعشرين لتجسُّد
سيدنا يسوع المسيـح...

... Caesar Augustus, der römische Kaiser (lit. Kaiser von Rom) Frie(drich), siegreich durch Gottes Gnade, Herrscher von Deutschland (*Almāniyah*) und der Lombardei und der Toskana und Italien (Langobardia (*Ankubardah*), Calabrien (*Qalawriyah*) und Sizilien) und des syrischen Königreichs von Jerusalem; Unterstützer des römische Pontifex (*Imām*) der Beschützer der christlichen Gemeinschaft (im Monat Februar (?) des Jahres Tausend) zwei hundert und neunundzwanzig der Menschwerdung unseres Herrn Jesus Christus ...

Glücklicherweise ist es möglich, diese Inschrift fast auf den Buchstaben genau zu rekonstruieren, und zwar durch einen Vergleich mit der Präambel eines Schreibens, das Friedrich II. im August 1229 an seinen arabischen Freund, Fakhr Ad-Din Yusuf B. Sadr Ad-Dīn S.haykh Asche-Shuyūkh, den leitenden Verhandlungsführer des al-Malik al-Kamil Muhammad, des ayyūbidischen Sultans von Ägypten, der für die Gestaltung des (Friedens-) Vertrags von Jaffa wenige Monate zuvor verantwortlich gewesen war, geschrieben hatte. Im Folgenden werden wir dieses Schreiben als „den Brief" und die Inschrift als „die Inschrift" bezeichnen. Die Eröffnung des Briefes enthält die Titel und die Besitzungen des Kaisers in derselben Reihenfolge wie auf der Inschrift und sie beide gleichen dem Wortlaut ähnlicher Texte der normannischen Korrespondenz in Sizilien seit der Zeit Rogers II., die Jeremy Johns (2006a, 2006b) untersuchte. Der Text des Briefes Fakhr Ad-Dīns enthält die Genealogie von Friedrich II. bis zu seinem Großvater Barbarossa (Friedrich I.). Dieser Teil konnte nicht in die Inschrift aufgenommen werden, weil kein Platz mehr für so viel Text in der ersten Zeile ist.

Die Rekonstruktion der Inschrift basiert auf der Prämisse, dass der meiste Text am Ende jeder Zeile fehlt, während am Anfang der Zeilen, mit Ausnahme der ersten Zeile, nur zwei bis fünf Buchstaben fehlen. Am Anfang der ersten Zeile fehlen sechs Buchstaben. Am Ende der Linien fehlen 24 bis 25 Buchstaben. Mit anderen Worten: Die ursprüngliche Inschrift war doppelt so groß wie das vorliegende Fragment. Da wir aber die genaue Parallele in at-Ta،rīkh al-Manṣūrī und andere Parallelen von ähnlichen Dokumenten aus Sizilien kennen, ist der Verlust zwar bedauerlich, aber dennoch kann das Original rekonstruiert werden. Der einzige ernsthafte Zweifel kann bezüglich der Monatsangabe angebracht werden und der dafür verwendeten genauen Transkription, die wir weiter unten behandeln werden. Die parallele Passage im al-Ta،rīkh al-Manṣūrī präsentiert das vollständige Schreiben von Friedrich II., in dem er seinen Freund Fakhr Ad-DīnibnShaykh Asche-Shuyūkh über die Situation informiert, die ihn in Sizilien und seinen übrigen italienischen Gebieten nach seiner Rückkehr aus dem Heiligen Land erwartet hatte (hauptsächlich die Invasion der Armee des Papstes unter dem Kommando von Friedrichs Schwiegervater, Jean von Brienne) und über seinen Erfolg, alle seine Feinde besiegt zu haben. Der Brief beginnt mit der notwendigen Präambel aus starren Formeln sowohl nach der islamischen als auch der normannischen Korrespondenz.

ثم دخلت سنة سبع وعشرين وستمائة
وفيها وصل بحران رسول الامبراطور إلى الكامل وعلى يده كتاب إلى فخر الدين بن شيخ الشيوخ بما نسخته:
بسم الله الرحمن الرحيم عنوانه ترجمته قيصر المعظم امبراطور رومية فردريك بن الامبراطور هنريك بن الامبراطور فردريك المنصور بالله المقتدر بقدرته المستعلي بعزته مالك ألمانية ولمبردية وتسقانة وإيطالية وانكبردة وقلورية وصقلية ومملكة الشام القدسية معز إمام رومية الناصر للملة المسيحية... (Brieftext) كتب]بـ[ـبرلت)!(المَصُونَة بتأريخ الثالث والعشرين من شهر أوسو ألأندقس الثاني [8]

(al-Ḥamawī 1960,187b–188a, 190a)

In einem Brief des Kaisers an Fakhr as-Din, den Sohn des Shaykh ash-Shuyukh ist zu lesen:

Im Namen Allahs des Barmherzigen des Barmherzigen. (Überschrift und Widmung:) Caesar, Augustus, römische Kaiser (lit. Kaiser von Rom), Friedrich, Sohn Kaiser Heinrichs (Henrīk, eher wie Heinrich MS), Sohn von Kaiser Friedrich, siegreich durch Gottes Gnade, mächtig in seiner Macht, seiner Herrlichkeit, Herrscher von Deutschland (Almāniyah) und Lombardei, Toskana und Italien, Langobardia (Ankubardah) und Calabria (Qalawriyah) und Sizilien und dem syrischen Königreich von Jerusalem, Unterstützer des römischen Pontifex (Imām) der Beschützer der christlichen Gemeinschaft der Allmächtige ... (Hauptteil des Briefes) ... Geschrieben in Barletta 23 August der zweite Indiktion (1229). (Gabrieli 1988, 197, Abulafia 1988,197).

Abgesehen von der Liste einiger Titel zu Beginn des Briefes und der Nennung des Vater des Kaisers Heinrich VI. und seines Großvaters Friedrich I. ist das Schreiben völlig identisch mit der Inschrift. Jedoch enthielt die Inschrift höchstwahrscheinlich nicht die Basmalah, den ersten Vers des Koran, die zweimal in Friedrichs Brief erscheint (es sei denn, es handelt sich um einen Zusatz von al-Ḥamawī, was wir bezweifeln). Dieser Vers, der 113 Suren im Koran eröffnet (außer Sure 9), wurde in der normannischen Kanzlei direkt aus dem faṭimidisch-muslimischen Diwān eingegeben und erscheint auch in Inschriften (Johns 2006a, 51, Johns 2006b, 326.). Die Möglichkeit, dass eine Zeile vom oberen Rand der Inschrift fehlt, scheint sehr unwahrscheinlich, vor allem, weil die Buchstaben in der ersten Zeile größer als die Buchstaben im Rest der Inschrift sind und den Eindruck einer Anfangszeile der Inschrift vermitteln, die mit genau den ersten Worten des Briefes beginnt: „Der Caesar Augustus". Die Einbeziehung der Basmalah in das Schreiben, ausgestellt von Friedrichs Kanzlei an einen muslimischen Freund, überrascht in einem Schreiben an einen muslimischen Adressaten nicht. Diese wäre aber unangemessen in einer Inschrift, die an der Mauer der Zitadelle von Jaffa zum Gedenken an die Werke eines christlichen Monarchen befestigt und explizit mit christlichem Datum datiert war (siehe unten).

Bemerkungen zum Text der Inschrift

Z. 1: قيصر المعظم. . *Der Verherrlichte, Augustus, herrlicher, strahlender etc. Caesar*. Die obere rechte Ecke der Inschrift ist stärker als der Rest dieser Seite beschädigt. Wie erwähnt, fehlen sechs Buchstaben; dies sind die vier Buchstaben des qayṣar zusammen mit den drei ersten Buchstaben des al-mu῾aẓẓam. Das Wort qayṣar ist ein definitives Substantiv, wie ein Eigenname, und braucht daher – nach der Einleitung des Briefes – keinen Artikel. Unwahrscheinlicher ist, dass die Inschrift mit al-malikal-mu῾aẓẓam – der verherrlichte König – begann, ein Titel, der von den normannischen Königen und Friedrich II. (Johns 2006a, 49, Johns 2006b, 325) verwendet wurde, aber für diesen Fall haben wir den Brief an Fakhr Ad-Dīn zur Unterstützung unserer Wahl.

المنصور بالله «Die Anzahl der fehlenden Buchstaben am Ende der Zeile erlaubt es, diesen Titel, der auch in ähnlichen Beispielen aus der normannischen Kanzlei gefunden wird, einzusetzen. Idrīsī bezieht sich auf König Roger II., nach den Titeln als *“al-malikal-mu῾aẓẓamRujaral-mu῾tazz bi-Allah al-muqtadir bi-qudratihi“*– der Augustus König, der mächtig ist durch Gott und gestärkt durch seine Allmacht – bezeichnet wird (al-Idrīsī 1994, 1.4.).[2]

Z. 2: لبردية، تسقانة، إيطالية... صقلية - Die Namen dieser vier Regionen sind perfekt transliteriert (al-Idrīsī 1994, 1.4.). Fremdsprachige Namen erhielten oft seltsame Übersetzungen in den arabischen Quellen. So zum Beispiel transkribiert Qalqashandī unter Bezugnahme auf Lombardia seinen Namen in al-Lunbardiyyah (richtig) „und es wird auch (*wayuqāllahā*) an-Nūbaridiyyahwa-al-Anbaridiyyah genannt"[3].

انكبردة، قلورية - Dies ist die übliche Schreibweise der Namen der Langobardia und Kalabrien (al-Idrīsī 1994, 1.4., Amari 1879, 2.87, 91) in arabischer Sprache (Idrīsī, ebd.; Amarī, 1879, 2:87, 91). Qalqashandī transliteriert Calabria als Qalafriyah, das ganz in der Nähe ist (Qalqashandī 1985, 5.410.).

Z. 2–3: مملكة الشام القدسية. *Das syrische Königreich von Jerusalem*. Der Titel **Ierusalem et Sicile Rex** war sehr wichtig für Friedrich. Auch als exkommunizierter Kaiser stünde er schließlich an der Spitze des Kreuzzugs und er wünschte dies als der rechtmäßige König von Jerusalem zu tun. Die Ehe mit der Kind-Königin von Jerusalem, Yolanda von Brienne – Isabella II. – gab ihm den gewünschten Titel. Die Ehe wurde von Papst Honorius III., dem Kaiser und Johann von Brienne, Yolandas Vater, bei ihrem Treffen im März 1223 in Frentino arrangiert, als die Braut kaum 11 Jahre alt war. Die sog. Handschuhehe fand im August 1225 in der Kathedrale von Akko statt und wenige Tage später wurde Isabella in der Kathedrale von Tyros auch als Königin von Jerusalem gekrönt. Die 13 Jahre alte Königin wurde nach Italien geschickt. Dort erklärte Friedrich sich am 9. November nach der Trauung in der Kirche in Brindisi sofort zum König von Jerusalem. Er schob die Erfüllung seines Kreuzzugsversprechens bis 1228 auf. In der Zwischenzeit starb am 8. Mai 1228 die Königin, die er in seinem Harem in Palermo gehalten hatte, bald nach der Geburt ihres Sohnes Konrad IV. (ihr erstes Kind Margaret war ein Jahr zuvor gestorben), und als er schließlich Ende 1228 auf den Kreuzzug ging, war er nur als Hüter ihres kleinen Sohnes König von Jerusalem (Mayer 1988, 237; Mayer 1996, 1.312–315, 332–333; 2.715, 743.). Aber dies hielt ihn nicht davon ab, am Sonntag, dem 18. März 1229, „unter der Krone von Jerusalem zu gehen", einen Tag bevor Peter, Erzbischof von Caesarea, nach Jerusalem kam, um das Interdikt Gerolds, des Patriarchen von Jerusalem, über die Stadt zu verhängen (Runciman 1951, 190; Prawar 1984, 2.162 ff., 195 f.; Abulafia 1907, 185–189; Grousset 1934–36, 3.312–313). „Er trug seine Krone als katholischer Kaiser bewusst der Gnade, dass der allmächtige Gotts ihn zum Herrscher gewählt hatte" (Abulafia 1907,186; Mayer 1988,237). Diesen Status spiegelt sein lateinischer Titel seither wieder: *Fredericus secundus, divina favente clementia Romanorum imperator semper augustus, Ierusalem et Sicilie rex*.

Z. 3: الناصر للملة المسيحية معز إمام رومية. *Der Verteidiger, (der) den Papst von Rom (stärkt), der Beschützer der christlichen Gemeinschaft*. Dieser explizit christliche Titel erscheint seit Anfang der Herrschaft von König Roger II. im Jahre 1130, als der Diwān, das Büro der Kanzlei, in vollem Umfang von den Fatimiden importiert wurde. „Es gibt gute Gründe für die Annahme, dass diese Formeln an den normannischen König von einer islamischen Kanzlei vergeben wurden, vermutlich der des fatimidischen Kairo" (Johns 2006b, 326). Diese und ähnliche Bezeichnungen blieben in der muslimischen Kanzlei über viele Generationen Standardtitel. Sie zeigen, dass die Muslime verstanden, dass der Papst „der Kalif der Christen" (*al-bābākhalīfat al-ifranj*) ist. Er war daher der *Imām* der Christen. Sie wussten, dass er in Rom residierte und nannten ihn deshalb „den Meister von Rom" (*sāḥibRūmiyah*) oder den *Imām*[4]. Außerdem kannten sie das Wort Papa, das von den „Ifranj" verwendet wurde, und übersetzten es ins Arabische als Bāba und Pāpā (mit persischen Pa) sowie Bāb. Qalqashandī führt in seinem enormen Buch zur Ausbildung der perfekten Schreiber detaillierte Listen der Titel und Ehrennamen auf, die in der muslimischen Korrespondenz mit dem christlichen Herrscher verwendet wurden. Diese Titel waren besonders für Christen erstellt und verwiesen sowohl auf den Papst, als auch auf die christliche Gemeinschaft. Die Europäer achteten ihrerseits im Schriftverkehr mit den Moslems und bei den Übersetzungen der muslimischen Briefe darauf, auch die richtigen Formeln zu verwenden, selbst wenn sich der missionarische Unterton manchmal in ihre Präambeln einschlich. Allerdings erreichten sie nie den Einfallsreichtum der moslemischen Gegenseite und in vielen Fällen konnten sie eine abfällige Terminologie und Respektlosigkeit nicht verschleiern (Kedar 2008, 409–410, 414).

Die Vielseitigkeit der Maßnahmen der muslimischen Bürokraten in ihrem Diwān ist bemerkenswert (Qalqashandī 1985,6.77 ff.). Neben dem standardmäßigen *mu ̦izzimām-rūmiyah* in Sizilien (wie in der Inschrift und dem Brief) haben wir zum Beispiel: *mu ̦izz al-bābā; ẓahīr al-bābbābārūmiya*– „Der Verstärker des Papstes", „Der Befürworter des Bāb, Papst in Rom." Es ist klar, dass *bāb* (Tor) hier versucht, dem Wort *bābā* eine arabische Bedeutung zuzuschreiben (Qalqashandī 1985, 6.89, 176, 178). Viele Titel wurden mit Bezug auf die christliche Gemeinschaft erstellt, ähnlich wie in der Inschrift und im Brief. So finden wir einfallsreiche Titel wie: *mu ̓ayyid al-millah al-masīḥiyyah*– „die Unterstützung der christlichen Gemeinschaft" –; *dhukhr al-millah an-naṣrāniyyah* – „Schatz der christlichen Gemeinschaft" – und ein Synonym für Letzteres: *kanzaṭ-ṭa,ifahaṣ-ṣalībiyyah* – „der Schatz der Gemeinschaft des Kreuzes" – sowie *jamālaṭ-ṭā,ifahaṣ-ṣalībiyyah* – „die Schönheit der Gemeinschaft des Kreuzes" –; *nāṣir al-millah al-masīḥiyyah* – „Beschützer der christlichen Gemeinschaft" – und so weiter. Die Titel wurden sorgfältig geordnet, sodass jeder christliche Herrscher mit seinem ordnungsgemäß ausgewiesenen Titel angesprochen wurde (Qalqashandī 1985, 6.94, 174–178). Es sei jedoch darauf hingewiesen, dass die Verwendung der Adjektive *an-naṣrāniyyah* und *aṣ-ṣalībiyyah*, übersetzt: „der Nazarener" und „des Kreuzes" –, eine abfällige Bedeutung hat und, zumindest in den Augen der Muslime, sicherlich weniger höflich ist als die Verwendung der Adjektive *masīḥī*, *masīḥiyyah* – „Christen". Allerdings erscheint der Verweis *al-millah an-naṣrāniyyah* auf der christlichen Seite sowohl in den Inschriften Rogers II. (1130–1154) als auch auf der Albe (Johns 2006, 49– 50., Johns 2006, 325–326, Amari 1879, 2.87, 91) Williams II. (1166–1189), was bedeutet, dass in der sizilianischen Kanzlei auf dem muslimischen Modell aufbauend der Begriff *naṣrāniyyah* als integraler Bestandteil der königlichen Titularien importiert wurde. In unserer Inschrift und dem parallelen Brief wurde *an-naṣrāniyyah* vermieden.

Alle diese Titel, ob in Ägypten oder Sizilien, vertreten die starren Formeln des Protokolls und konnten nicht geändert werden, auch wenn eine bestimmte politische Situation für eine derartige Änderung sprechen würde. Daher scheint der Titel „der Verteidiger des Papstes von Rom" auf der Inschrift und in dem Brief für den exkommunizierten Friedrich II., der im Kampf mit den Papst stand, völlig fehl am Platz, und Gabrieli bemerkte zu recht, dass dieser Ausdruck in dem Brief „eine der Ironien des Protokolls" ist (Gabrieli 1988, 280 n.5.). In der Realität war es nicht ironisch gedacht. Der Titel sollte keine Fakten darstellen, sondern er war eine starre, obligatorische Formel, die durch die Schreiber streng befolgt werden musste.

...بشهر فورارو)؟(سنة ألف In dieser Zeile fehlen etwa 24 Buchstaben, was die Rekonstruktion des Endes der Zeile 3 mit dem vorgeschlagenen Text erfordert. Nach dem sicheren Wort *al-masīḥiyyah*, das aus dem Brief kopiert werden kann, gibt es Platz für den Namen des Monats, wahrscheinlich Februar, obwohl wir nicht sicher sind, wie er von den sizilianischen Schriftgelehrten in arabische Buchstaben transkribiert wurde. Tentativ haben wir den sizilianischen Namen für Februar – *Fivraru* – verwendet und schlagen sehr zögerlich diese Transkription vor. Ein paralleler Text aus Sizilien mit einem Datum im Februar, dem Monat, in dem die Befestigung von Jaffa beendet wurde, konnte nicht gefunden werden. Die Inschrift hätte allerdings nicht hergestellt und angebracht werden können, nachdem der Kaiser das Land verlassen hatte.

Z. 4 Das Datum in dieser Zeile ist sehr klar und vertritt die arabische Übersetzung von *anno dominice incarnationis* ..., was wir in der lateinischen Inschrift (siehe unten) lesen. In den Dokumenten und Inschriften aus Sizilien finden wir die Verwendung einiger Kalender: nach dem System der Indiktion (wie in dem Brief), laut des jüdisch-rabbinischen Kalenders das Datum seit der Schöpfung (z. B. das Jahr 4908 für AD1148, Amari 1879, 2.87 f.), nach dem üblichen christlichen Kalender seit der Geburt Christi (wie in diesen Dokumenten) und nach dem muslimischen Kalender seit der Hijrah (Johns 2006a, 326; Johns 2006, 51; Amari 1879, 2.91–92). Das Datum nach dem christlichen Kalender erfolgte durch die Formel: *wa-li-as-sayyid al-masīḥ* – „und dem Herrn dem Messias (Jahr)" (Johns 2006a, 326; Johns 2006b, 51).

Das Hijrī-Datum wurde offiziell seit der Zeit von Roger II. verwendet. Er besaß einen aufwendigen königlichen Mantel mit einer *ṭirāz*, einer arabischen Stickerei mit dem Datum Hijrī 528/1133–34. Da er als König von Sizilien am Weihnachtstag 1130 gekrönt wurde, kann er ihn nicht für seine Krönungszeremonie getragen haben, aber dieser wurde bei der Krönung der Heiligen Römischen Kaiser verwendet (Bauer 2004, 115 ff.; Bauer 2004,85 ff.; Johns 2006a, 53; Johns 2006b, 327). Auf der anderen Seite lautet die auf die Alba William II. (1166–1189) gewebte Schrift: „... *sanatalfwa-mi,ahwa-ahadwa-thamānīnli-ta,rīkhsayyidin-āyasū ̦ al-masīḥ* – „das Jahr tausend und einhundert und achtzig (laut) des Datums unseres Herrn Jesus, des Messias" (Jones 2006a, 50, fig.4).

Das Datum in unserer Inschrift ist ähnlich, aber unter besonderer Berücksichtigung „**der Menschwerdung** unseres Herrn Jesus des Messias", die seinen rein christlichen Charakter betont. Damit passt die Inschrift zur Stimmung der Zeit: der Kaiser an der Spitze des Kreuzzugs und der hohe christliche Geist der Kreuzfahrer, der theoretisch ihn, die Armee, die Pilger und die militärischen Befehle umkreist haben sollte.

Die Schrift

Die arabische Schrift dieser Inschrift ist einzigartig. Sie ist in Naskhī gehalten, aber es ist nicht das Naskhī der Zeit in Syrien und Ägypten, von dem es zahlreiche Beispiele gibt, wie die mannigfaltigen Inschriften von Saladin und al-Muʿaẓẓam ʿĪsā (M. van Berchem 1922, pls. Xxxiii–xxxviii). Es gibt jedoch einige Anzeichen für den Übergang von der Quadratschrift (fälschlicherweise *kūfī* genannt) in die runde Ayyūbische, die bereits etwa ein Jh. zuvor im Osten auftritt, aber in westlichen islamischen Gebieten erst mit Verzögerung erscheint. Es besteht kein Zweifel, dass die Inschrift in der kaiserlichen Kanzlei von den Schriftgelehrten, die ihn begleiteten, entworfen und komponiert wurde. Sie musste rasch gefertigt und irgendwann im Februar 1229 an der Mauer der Zitadelle angebracht werden, als das Gebäude fertig und der Kaiser vor seiner Abreise nach Jerusalem Mitte März immer noch in der Stadt war.

Die Inschrift war monumental, ca. 1,20 m lang und fast 0,50 m breit. Der Text war eingraviert in ein flaches Relief in versenkten Feldern, welche durch breite Reliefbänder erzeugt wurden, die die Linien unterteilten. Die vom Künstler gewählte Schrift hat einen unregelmäßigen Stil. Die Dicke der Buchstaben ist nicht einheitlich. Die vertikalen Linien des Buchstaben wie Alif oder Lām oder als Teile der Buchstaben z. B. ṭā, und ẓā, sind ziemlich dick, während alle Linien der anderen Buchstaben viel dünner sind (außer einige in der ersten Zeile). In fast allen runden Buchstaben findet sich ein Loch in der Mitte. Manchmal wurde ein solches Loch an unerwarteten Orten gebohrt, wie in einem diakritischen Punkt unter dem Yā, in Iṭāliyah (Z. 2) oder in der ʿayn des ʿishrīn (Z. 4) und des Yasūʿ. Die Löcher befinden sich überall auf der Inschrift und es besteht kein Zweifel, dass sie ein dekoratives Element sein sollten, was uns von anderen Inschriften aber unbekannt ist. In vielen Fällen wurden Buchstaben hochgeschoben und ohne Grund kleiner als der Rest der Buchstaben in der gleichen Zeile geschrieben, wie Tusqānah in Z. 2 und Rūmiyah in Z. 2 und Z. 3. Bei genauerem Hinsehen wird deutlich, dass dies notwendig war, um Platz für sehr ausgeprägte diakritische Punkte unter dem Yā, zu schaffen. Eine seltsame Erscheinung ist das Schadda-Zeichen als dekoratives Element. Es ist nur einmal in dem Wort al-Qudsiyyah (Z. 3) an der richtigen Stelle. Es ist schwierig zu sagen, ob der Künstler ortsansässig war oder ein sizilianischer Handwerker, der den Kaiser begleitete. Jedenfalls schuf er eine Inschrift uneinheitlicher Qualität. Es gibt wunderschön hergestellte Buchstaben, wie z. B. in Zeile 4, und es gibt einfache Buchstaben im Rest der Inschrift. In einigen Fällen wurden Buchstaben fast von anderen, die mit ihnen verbunden waren, „verschluckt." So verschwindet im Wort wa-ʿishrīn (Z. 4) das Yā, fast im Nūn und in Lumbardia verschwindet das Mīm fast im vorherigen Lām. Es muss jedoch berücksichtigt werden, dass die Inschrift über Jahrhunderte unter falscher Behandlung gelitten hat und neu und in voller Länge sehr beeindruckend gewesen sein muss.

Das Lateinische Fragment

Folgendermaßen wurde es von Clermont-Ganneau beschrieben:

> A fragment of a marble block 0.77 x 0.27 m., thickness, 0.15 m, which was used to cover a sewer in one of the street at Jaffa. „The original was acquired by the Russian archimandrite. The characters are of the 12th 13th century and splendidly cut." (Clermont-Ganneau 1896, 2.155) Judging by the length of this small fragment, 77cm, the original inscription was very large at least as large as the Arabic one if not much larger, since it contained at least 80–85 letters out of which we have only 23.

Die Inschrift Abb. 6 analysierend schrieb er:

„All that is left consists of two imperfect lines and the remains of the third. The upper line, to judge from a fragment of border must have been the very first of this monumental inscription."

.... [? semp]er Augustus I[mperator]
... [anno domin]ice incarnati[onis]...
...ti?...

Das Wort nach Augustus in der ersten Zeile sollte I[erusalem] nicht I[mperator] sein, da Clermont-Ganneau die Inschrift zu Recht Friedrich II. zuschreibt und eine überzeugende Rekonstruktion der beiden Zeilen bietet („suggestedtomeby M. Schlumberger"): [*Fridericus Romanorum imperator semp]er augustus Ie[rusalem rex*] etc. Auf Grundlage der Dokumente von Friedrich II. selbst kann am Anfang der Zeile eingefügt werden: *Dei Gratia* nach *Fridericus*, und am Ende der Zeile können wir sicherlich hinzufügen *„et Sicile,"*, um dann zu lesen: *Ierusalem et Sicile Rex*.

Clermont-Ganneau sagt, seine Rekonstruktion beruhe auf der Formel, die auf Medaillen des Kaisers gefunden wurde (*Fridericus Romanorum Imperator semper Augustus*), aber wie wir wissen, erscheint diese auch auf Inschriften seines Vorgängers Roger II. und in anderen Dokumenten über ihn und seine Mutter, die Kaiserin Konstanze, die den Titel Constantia *Dei Gratia Romanorum Imperatrix et Regina Sicile Semper Augusta* trug (Külzer 1990,3.3 ff.). Zu dieser Zeit waren die offiziellen Titel Friedrich II.: *Fridericus Dei Gratia Romanorum Imperator Semper Augustus Ierusalem et Sicile Rex* – Friedrich durch die Gnade Gottes, Kaiser der Römer für immer Augustus, König von Jerusalem und Sizilien. Diese Titel erscheinen in der Einleitung des Briefes von Friederich II. an König Heinrich III. vom 17. März 1229, in dem er den englischen König über die großen

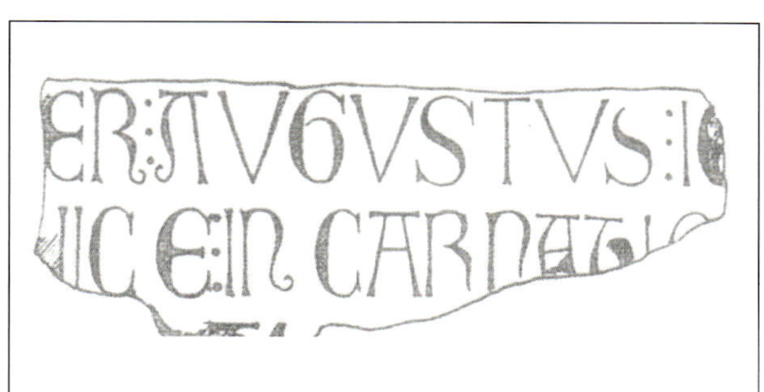

Abb. 6 Friedrich II.: Lateinische Inschrift.

Errungenschaften bei seinem Kreuzzug, insbesondere die Eroberung Jerusalems, informiert (Matthew Paris 1872–1873, 3.173–176).

Es ist daher nicht nur möglich, Clermont-Ganneaus Rekonstruktion zu bestätigen, sondern auch ihr hinzuzufügen: *[Anno domin] Eis Incarnatio [Nis Millesimo Ducentisimo Vigin] Ti [Novem]* – Jahr der Fleischwerdung des Herrn 1229.

Es ist die arabische Inschrift, die den Zusatz der genauen Jahresangabe zu dieser Inschrift zulässt: 1229, zu dem Christen, einschließlich der Kreuzfahrer, die Formel „Jahr der Menschwerdung Jesu Christi" hinzufügten, wie wir es hier finden (Clermont-Ganneau 1896, 2.155).

1229 oder 1230, nach der Abreise des Kaisers aus dem Heiligen Land am 1. Mai 1229, verstärkte Gerold Lausanne, Patriarch von Jerusalem (1225–1226 nominiert; gestorben 1239), die Verteidigungsanlagen von Jaffa weiter durch den Bau von zwei Türmen in der Westmauer der Festung in Richtung Askalon. Es ist jedoch unwahrscheinlich, dass die lateinische Inschrift von Gerold zum Gedenken an die Arbeit des Kaisers an diese oder an andere Teile der neuen Befestigungsanlagen der Stadt angebracht wurde, da er sich nach dessen Exkommunikation durch den Papst erbittert gegen den Kaiser auflehnte und gegen das Interdikt über Jerusalem, das er selbst aussprach. Die lateinischen und arabischen Inschriften wurden von Friedrich II. selbst an die neue Stadtbefestigung angebracht. Nach dem Vorbild des normannischen Siziliens, wo mehrsprachige Inschriften üblich waren, gefiel es Friedrich, zwei solch monumentale Inschriften, in denen seine Herrlichkeit als „Kaiser der Römer und König von Jerusalem" hervorgehoben wird, anzubringen. Matthäus von Paris (und andere) gab Friederich II. den Titel *Stupor Mundi*, das „Wunder (oder Erstaunen) der Welt", was bedeutet, dass er als Herrscher Karl dem Großen gleichsteht, und er beschreibt ihn als *Principum Mundi Maximus*, *Stupor Quoque Mundi et Immutator Mirabilis*, als „größten der Fürsten der Erde, das Weltwunder und das wunderbare regulierende Genie [Erneuerer] seiner Angelegenheiten (Schaff 1907, 5.108, n. 265)."

Friedrich II.

Es besteht keine Absicht, hier die Biografie von Friedrich II. zu erläutern. Es gibt kaum eine Persönlichkeit in der Geschichte des Mittelalters, der so viel Aufmerksamkeit der Historiker, Schriftsteller und Dichter zuteil wurde. Während er von Einigen als *Stupor Mundi* bewundert wurde, hassten ihn die Kirche und ihre Leitung und bezeichneten ihn als Antichrist:

> „He honoured serfs and baseborn, he exalted and defended thieves and murderers and others ... he was cruel beyond measure, so that he had no pity in him. He was treacherous and evil and no confidence could be placed for any oath or promise which he made ... In the matter of lechery he went contrary to nature so that in his lust he surpassed Nero: beyond number were his adulteries, his fornications, and with it all he was a sodomist" (La Monte 1949, 428).

Auf der anderen Seite schrieb der Franziskaner-Mönch Salimbene von Parma (Salimbene di Adam, 1221–c1290), der ihn hätte hassen sollen:

> In faith of God he had none: he was crafty, witty, avaricious, lustful, malicious, wrathful ... And yet a gallant man at times, when he would show his kindness or courtesy; full of solace, jocund, delightful, fertile in devices. He knew to read, write, sing and make songs and music. He was a comely man and well-made although of middle stature. I have seen him once and loved him ... Moreover he knew how to speak many and varied tongues; and to be brief, if he had been rightly Catholic, and had loved God and his Church, he would have had a few emperors his equal in the world" (La Monte 1949, 428).

Moderne Biografien über Friedrich II., entweder nur ihm gewidmet oder Teile größerer Arbeiten zum mittelalterlichen Europa oder den Kreuzzügen, zeigen einige Formen dieser Ambivalenz (siehe z. B. Scott 1969, 261 f.). Auf der einen Seite gibt es diejenigen, die seine Größe als Politiker, Stratege, Administrator und Gelehrter hervorheben, der um sich Wissenschaftler, Philosophen und Dichter sammelte. Sie betonen seine großen Verdienste, Papst Gregor IX. zu trotzen und zwei Exkommunizierungen zu überwinden (Brem 1911). Er erreichte wichtige territoriale Eroberungen im sechsten Kreuzzug, einschließlich Jerusalem, die Vereinigung des Heiligen Römischen Reiches und eine solide Verwaltung mit strikten Gesetzen im Königreich Sizilien. Des Weiteren gehen auch viele andere Leistungen auf ihn zurück, was ihm den Titel des *Stupor Mundi* einbrachte. James Bryce, John La Monte, René Grousset, Reinhold Röhricht, um nur ein paar zu nennen, vertreten diese Ansicht. Auf der anderen Seite präsentieren David Abulafia, Joshua Prawer, Steven Runicman und vor allem Wolfgang Stüner und Hans Eberhard Mayer ein ausgewogeneres und manchmal weniger positives Bild von ihm. Niemand konnte jedoch seine schillernde Persönlichkeit ignorieren und es ist zweifelhaft, ob es einen anderen mittelalterlichen Monarchen gab, der so viel Aufmerksamkeit erregte auf seinem Weg direkt in das Inferno von Dante (X, 119: „*Quàentro è losecondo Federico*"). Nicht nur, dass sein Bekenntnis zum Christentum oder vielmehr seine religiöse Überzeugung im Allgemeinen schwach war, auch war er besonders den Muslimen zugetan (zumindest dachten Moslems und Christen seiner Zeit so) und sein „verdächtiger Charakter" war von Averroës infiziert, der mit den großen Philosophen der Antike in dem gleichen Inferno seinen Platz verdiente (Haskins 1976, 348). Seine Höflinge und viele von den Administratoren waren Muslime und die Stadt von Lucera, die er an den Grenzen des Kirchenstaates erbaut hatte, war eine muslimische Kolonie (bewohnt von Moslems, die aus Sizilien vertrieben worden waren), aus der er Soldaten für seine Kriege gegen Rom rekrutierte. Seine engen Beziehungen zum Hof des Sultans in Kairo setzten eine Tradition fort, die seit der Zeit der Hautevilles bestand. Ihm halfen diese Beziehungen zweifellos bei den Verhandlungen über den Frieden von Jaffa im Jahre 1229 und es entwickelte sich beinahe eine Freundschaft mit Austausch von teuren und ungewöhnlichen Geschenken, einschließlich exotischer Tiere für Friedrichs Menagerie, dem ersten richtigen Zoo der Welt, den der Kaiser über Sizilien nach Italien und sogar bis nach Deutschland mit sich führte (Haskins 1976, 348). Nach muslimischem Vorbild hatte er einen Harem, der von Eunuchen geführt wurde. „Das", schreibt La Monte, „könnte man übersehen, aber dass in ihm muslimische Frauen waren, ist eine Straftat für alle guten Christen." Seine Skepsis und intellektuelle Neugier beeindruckte die Muslime und verärgerte den Papst, der ihm, wohl fälschlicherweise, die Autorschaft des Buches „De Tribus Impostoribus" (die drei Schwindler) zuschrieb, in dem er erklärte: „die Welt ist durch drei große Schwindler, Moses, Christus und Muhammad, getäuscht worden." Die Anwesenheit der jüdischen, muslimischen und griechischen Minister an seinem Hof, die gemeinsam mit den lateinischen arbeiteten, macht es allerdings höchst unwahrscheinlich, dass diese Aussage tatsächlich von ihm stammt (La Monte 1949, 427). In den arabischen Quellen gibt es viel Sympathie für seine Person und sein Verhalten, insbesondere wo Muslime betroffen waren. Bei seinem Besuch in Jerusalem (17.–19. März 1229), nachdem er die Stadt von al-Malik al-Kamil nach Abschluss des Vertrages von Jaffa einen Monat früher erhalten hatte, soll er Shams Ad-Dīn, Qadi von Nablus, der ihn begleitet hatte, getadelt haben, da dieser verhindert hatte, dass die Muʾadhdhin als ein Zeichen des Respekts für ihn zum Gebet aufriefen. Der muslimische Chronist Sibṭ Ibn al-Jawzī, zitiert den Qadi, der ihm die Geschichte erzählte, folgendermaßen: Friedrich habe als Reaktion gesagt: „das war falsch, Qadi. Würdest due deine Riten, Recht und Glauben um meinetwillen ändern? Wenn du in meinem Land wärst, würde ich die Glocken, um deinetwillen zum Schweigen bringen?"(Maalouf 1984,229)

Die Muslime schätzten auch das Interesse des Kaisers an Wissenschaft, Logik und Medizin (*muḥibban li-al-ḥikmahwa-al-manṭiqwa-aṭ-ṭibb*) und die arabischen Quellen erwähnen die Tatsache, dass er Fragen bezüglich Mathematik und Philosophie an den Hof in Kairo sandte, die vom Sultan den besten Gelehrten in Ägypten gestellt und deren Antworten dann an den Kaiser zurückgesendet wurden. Ibn Wāṣil erwähnt zum Beispiel, dass „er gebildet war und lernte (fāḍil) ... den Muslimen günstig gesonnen war, weil er ursprünglich in Sizilien aufwuchs und er, sein Vater und sein Großvater dort Könige waren, und die Bewohner der Insel zumeist Moslems sind" (IbnWāṣil 1953, 234). Doch war das Interesse an der Wissenschaft, das die Muslime beeindruckte, oft mit schrecklichen Experimente verbunden, die er an lebenden Menschen durchführte.

Auf der anderen Seite waren die Muslime, die mit ihm in Berührung kamen, nicht beeindruckt durch sein Aussehen und Sibṭ Ibn al-Jawzī, der die Kapitulation Jerusalems an den Kaiser bitter bekämpfte, bemerkte eher sarkastisch, dass der „Kaiser ... eine rote Haut hatte und kahl und kurzsichtig war. Wäre er ein Sklave gewesen, wäre er nicht 200 Dirham wert gewesen." Unter Bezugnahme auf Friedrichs Überzeugungen, meint der Chronist, dass er materialistisch eingestellt (Dahrī) und sein Bekenntnis zum Christentum wie ein Spiel für ihn gewesen sei (Gabrieli 1988,275.).

قالوا وكان الإنبرطور أشقر أمعط في عينيه ضعف، لو كان عبداً ما يساوي مائتي درهم. قالوا والظاهر من كلامه أنه كان دهرياً وأنه كان يتلاعب بالنصرانية.[5]

Abulafia glaubt, dass ein Großteil dieser Berichte übertrieben sind und dass die Muslime, die Kreuzfahrer gewohnt waren, die völlig ignorant gegenüber dem Islam und seinen Anhängern eingestellt waren, nicht wussten, was sie mit einem christlichen König, der ihrer Religion freundlich gesonnen war, anfangen sollten.

Am 18. März 1229 setzte der exkommunizierte Kaiser sich selbst die Krone des Königs von Jerusalem auf und erließ ein an alle Völker der Erde gerichtetes Manifest:

> „In it the Emperor had himself raised up to a more than earthly position. He stood between God and mankind; in his nearness to God he was like the angels. What he had done, God had done through him. Then he was placed in the context of the tradition of the kingdom of David. In the medieval thought David was both king and prophet, a prefiguration of Christ to whom he was occasionally likened." Thus was born „the Hohenshaufen conception of the Last Emperor," who ushers in the End of Days, „the long awaited Messiah ... No-one doubted that he marked the end of an era" (Mayer 1988, 237–238).

Die muslimischen Quellen erkannten natürlich nicht die messianische Aura, die sich in Europa um Friedrich II. entwickelte, aber sie blickten mit Ehrfurcht auf seine Leistungen. „In der Tat, keiner in der Christenheit, von der Zeit Alexanders bis heute, hat ein Königreich so wie seines regiert, besonders wenn man seine Macht, sein Verhalten zu ihrem Kalifen, dem Papst, und seine Kühnheit in ihn anzugreifen und zu vertreiben, betrachtet" (Gabrieli 1984, 283. Der letzte Satz bezieht sich auf den Sieg des Kaisers über die Armee des Papsts im Herbst 1229).

Der Verweis der muslimischen Quelle auf die riesigen Landstriche unter Friedrichs Herrschaft spiegelt sich in der Aufzählung aller dieser Länder in den zwei Briefen des Kaisers an Fakhr Ad-Dīn wieder. Dieselbe Liste von Gebieten, die am Anfang der Briefe auftaucht, erscheint auch in unserer Inschrift. Die Aufzählung der kaiserlichen Besitzungen erscheint selbst auf der Höhe seiner Macht nicht in den lateinischen Titeln des Kaisers, aber in den arabischen Dokumenten und dieser Inschrift. Der Einfluss der muslimischen Kanzlei ist sehr offensichtlich. Wie wir oben andeuteten, begann dieser Einfluss mit dem Anfang der normannischen Herrschaft König Rogers II. (1130–1154), als die normannische Verwaltung mit Gründung des königlichen Dīwān – importiert aus dem fatimidischen Ägypten, zusammen mit einem kompletten System von Titulaturien, welche die Auflistung der territorialen Besitzungen der Herrscher enthalten – blühte. Der zeremonielle Stil und die festen formalen Teile in jeder Korrespondenz, wie auch die Präambeln in jedem arabischen Dokument, ausgestellt durch den Dīwān, folgten einem sehr starren Muster, das der wichtigste Teil der Ausbildung der Schreiber war (siehe oben).

Abb. 7 Replik der Inschrift von 2011.

Die Stadtbefestigung von Jaffa

Was jetzt bleibt, ist, einige Details über den Kreuzzug Friedrichs II. und die Befestigung von Jaffa zu diskutieren.

Jaffa war ein wichtiger Hafen an der Küste des östlichen Mittelmeers schon vor der Kreuzfahrerzeit und bis 1187. Die arabischen Geografen beschreiben ihn als Hafen von Ramlah und bewundern die Schönheit und die Stärke der Befestigungsanlagen (Le Strange 1890, 550–551). Nur Yāqūt zitiert die negative Sicht einer seiner Quellen, Ibn Buṭlans, 442/1050–51, der schreibt, dass Jaffa von Dürre und Hungersnot geplagt sei, sowie von Epidemien, welche die Kinder der Stadt töteten, sodass niemand einen Lehrer für die Kinder finden könne.[6] Dies ist zweifellos eine Übertreibung oder sogar die Unwahrheit. Etwa hundert Jahre früher ließen Muqaddasī und andere Quellen Jaffa in besserem Licht erscheinen (Muqaddasī 1906, 174). Idrīsī, beschreibt Jaffa im Jahre 548/1154 als Seehafen (Furḍah) von Jerusalem und äußert sich über Jaffa sowie die anderen Küstenstädte, positiv (al-Idrīsī 1994, 358, 364, 376).

ʿIzz Ad-Dīn Ibn Shaddād (684/1285) schrieb 674/1275 ein Buch über die Herrscher der ash-Shām und al-Jazīrah und widmete Jaffa eine kurze Beschreibung seiner Geschichte. Er sagt, dass die Stadt seines Wissens nach nicht unter den Orten, die von den muslimischen Invasionsarmeen in der Zeit des zweiten Kalifen ʿUmar (634–644) erobert wurden, erwähnt werde. Es sei einst eine dicht besiedelte Stadt gewesen, geschützt durch die starken Mauern und ein Schloss, das „hoch in der Luft" gewesen sei. Er beschreibt dann das Auf und Ab in der Geschichte der Stadt unter den Fatimiden und anderen lokalen muslimischen Herrschern, bis sie von Gottfried von Bouillon (Kandufrī) „dem Herrscher von Jerusalem" 492/1099 eingenommen wurde. „Er befestigte sie, baute sie aus und gab sie Tankred von Antiochia (wa-SallamhāIlāṭankrīdṣāḥibAnṭākiyah)". „Sie blieb in seinen Händen, bis al-Malik an-NāṣirSalāḥ Ad-Dīn(Saladin) sie im Jahre 588/1192 gewaltsam eroberte." Von hier an macht Ibn Shaddād einige Fehler. Er fährt mit den Ereignissen des Dritten Kreuzzugs fort und lässt die Ereignisse nach Saladins Sieg in der Schlacht von Ḥiṭṭṭīn 583/1187 aus. Es war Saladins Bruder, al-Malik al- ʿĀdil von Ägypten, der Jaffa besetzte, und später befahl Saladin die Zerstörung. Jaffa lag bis 1191 in Ruinen, dann wurde es von Richard I. (Löwenherz) eingenommen, im September und Oktober desselben Jahres befestigt und anschließend wieder aufgebaut und bevölkert. Der Versuch von Saladin, die Stadt mit einem plötzlichen Angriff (22. Juli 1192) einzunehmen, schlug fehl, woraufhin der Vertrag von Jaffa am 2. September 1192 unterzeichnet wurde. Jaffa blieb in den Händen der Kreuzfahrer, bis al-Malik al- ʿĀdil im September 1197 vom Eintreffen der deutschen Truppen in Akkon hörte, die Teil eines neuen Kreuzzugs waren. Er attackierte Jaffa, das von einer kleinen Garnison mit etwa vierzig Reitern verteidigt wurde. Die Stadt, die keine Stadtmauer hatte, fiel schnell und nach einer kurzen Belagerung auch die Zitadelle. Die Garnisonbesatzung und die Bevölkerung wurden massakriert, die Stadt und die Zitadelle wurden zerstört und der Schutt ins Meer geworfen (Prawer 1984, 76–78; 82, 91–92). Die Befestigungen der wichtigsten Städte an der Küste war, so sehr es die Muslime beunruhigte, immer das Bestreben der Kreuzfahrer besonders seit Beginn des 13. Jh.s. Nach intensiver Bautätigkeit im Norden kam die Zeit für den Wiederaufbau von Jaffa, als Friedrich II. in Akkon landete. Die Kreuzfahrer vor ihm erbauten Monfort (die Burg, die eine Hochburg des Deutschen Ordens werden würde), Sidon und Caesarea (Prawer 1984, 182f.). Als der Kaiser den Wunsch äußerte, Jaffa wieder aufzubauen, wurde dies mit großer Begeisterung aufgenommen. Schon immer meinten die Kreuzfahrer, dass die Befestigung Jaffas ein notwendiger Schritt auf dem Weg zum großen Ziel, nämlich nach Jerusalem zurückzukehren, war. Sie wussten nichts von den Verhandlungen zwischen dem Kaiser und al-Malik al-Kamil. Die Befestigung von Jaffa sollte auch den notwendigen Druck auf den Sultan ausüben, die Verhandlungen nicht abzubrechen (Grousset 1934, 304–305).

Die Ankündigung des Kaisers über seine Absicht, Jaffa zu befestigen, wurde Anfang November 1228, kurz nach seiner Ankunft im Heiligen Land, bekannt gemacht. Die gesamte Armee, nun unter der Leitung des Kaisers, zog nach Süden und erreichte Jaffa am 15. November. Am Anfang litten die Kreuzfahrer an einem Mangel an Proviant, da der Nachschub, der über das Meer gekommen war, wegen schlechten Wetters und hoher See nicht entladen werden konnte. Irgendwann war die Situation so zum Verzweifeln, dass einige der Kreuzfahrer muslimische Dörfer angriffen und plünderten, eine Tatsache, die die Verhandlungen unnötig erschwerte. Eine Wetteränderung ermöglichte das Entladen der Frachtschiffe und die Lieferungen verbesserten die Stimmung im Lager der Kreuzfahrer. Entschädigungen für die ausgeplünderten muslimischen Dorfbewohner beseitigten die Hindernisse in den Verhandlungen, die, zusammen mit dem Austausch von Geschenken (al-Kamil schickte einen Elefanten für den Zoo des Kaisers) und Briefwechseln über mathematische Probleme und philosophische Fragen, fortgesetzt wurden (IbnWāṣil *1953–1975*, 4.242). Die Befestigung von Jaffa wurde mit großer Begeisterung angenommen und die Stadt, die, wie bereits erwähnt, 1197 zerstört worden war, begann aus den Bergen von Schutt, welche die Fundamente überdeckten, neu zu entstehen. Die Mauern der Festung wurden auf die alten Fundamente gebaut und mit Türmen verstärkt. Der Burggraben wurde gereinigt und gepflastert und Jaffa wieder durch eine neue, starke Burg geschützt (Röhricht 1898, 782–783). Die Arbeiten wurden am 18. Februar 1229 beendet und am selben Tag wurde der Waffenstillstand (Hudnah) zwischen Friedrich II. und al-Malik al-Kamil in der Stadt für die Dauer von zehn Jahren, fünf Monaten und vierzig Tagen unterzeichnet (Abulafia, 1988, 186–187). Jerusalem, ohne den Tempelberg, wurde den Christen zurückgegeben und der Kaiser konnte die Krone des Königs von Jerusalem in der Kirche des Heiligen Grabes auf seinen Kopf setzen.

Neben dem Friedensvertrag, in dem den Kreuzfahrern erhebliche Gebiete zugesprochen wurden, war die Wiederbefestigung von Jaffa, welcher der Patriarch Gerold etwas später die beiden oben genannten Türme hinzugefügte, ein großer Erfolg für Friedrich. Während er die Grabeskirche nutzte, um sein kaiserliches Manifest in die Welt zu tragen, meinte er, mit dem Wiederaufbau von Jaffa ein Denkmal für die Nachwelt gesetzt zu haben.[7]

Die beiden Inschriften, die arabische und die lateinische, die seinen Namen tragen und seinen Besitz auflisten, sollten an sein Schaffen sowie an seinen Namen im Heiligen Land in einer Weise erinnern, die in Sizilien üblich, aber im Kreuzfahrerland jenseits des Meeres ziemlich einzigartig war. Die muslimischen Schriftgelehrten seiner Kanzlei erstellten den Text der arabische Inschrift mit nur wenigen erforderlichen Änderungen, folgten einer bekannten Formel und einem bekannten Stil und arbeiteten mit der Werkstatt zusammen, in der die Inschriften angefertigt wurden. Unglücklicherweise wurde Friedrich, der bei seiner Ankunft in Akkon begeistert aufgenommen worden war, als er die Stadt und das Heilige Land für immer (1. Mai 1229) verließ, gehasst und gedemütigt und von den Fleischern auf dem Markt, über den er aus der Stadt schlich, um seine Galeere zu erreichen, mit Innereien beworfen (Röhricht 1898, 191).

Zusammenfassung: der epigrafische Kontext

Die zwei Jahrhunderte der Präsenz der Kreuzfahrer in Palästina sind sehr arm an epigrafischem Material. Zu diesem Umstand schrieb Clermont-Ganneau 1874: „Ich habe in all den Jahren, in denen ich Inschriften auf diesem undankbaren Boden gejagt habe, nur fünf oder sechs Texte dieser Zeit gefunden, und auch diese waren größtenteils fragmentarisch[8]". Seine Worte beziehen sich auf die Seltenheit der Inschriften im Allgemeinen, das epigrafische Material der Kreuzfahrer auf Arabisch ist noch ärmer. Bis jetzt bezeugen nur drei arabische Inschriften die westlichen Aktivitäten im Land, aber nur eine, die Inschrift oben, enthält einen Text, der von einem Europäer geschrieben wurde, der niemand anderes als der Kaiser selbst war. Es ist eine einzigartige Inschrift, welche die Kreuzzüge-Forschung zum ersten Mal direkt mit einem Text in Kontakt bringt, der sozusagen die Fingerabdrücke eines westlichen Monarchen, dessen Leben und Taten vollständig dokumentiert sind, trägt. Trotz der Tatsache, dass ein identischer Text dieser Inschrift in einem arabischen Manuskript vorhanden ist, ist es immer noch eine wunderbare Gelegenheit, ihn in Stein gehauen überprüfen zu können.

Die anderen beiden Inschriften geben nur indirekte Hinweise auf die Kreuzfahrer und so wichtig, wie diese beiden Inschriften sein mögen, sie sind weit entfernt von der Bedeutung der einzigen direkten arabischen Inschrift, die, gesichert durch eine lateinische Version, die kurze und erlebnisreiche Präsenz einer der großen Persönlichkeiten der europäischen Geschichte im Heiligen Land dokumentiert.

Anmerkungen

1 Wir danken vielmals Professor Jeremy Johns, Direktor des Khalili Research Centre; Professor of the Art & Archaeology of the Islamic Mediterranean, Oxford, für die große Hilfe bei der Arbeit an diesem Aufsatz. Dank geht auch an unseren Kollegen Professor Benjamin Z. Kedar von der Hebrew University für seine Hinweise auf das umfangreiche Quellenmaterial und an die IAA für die Hilfe bei der Feldarbeit und die Erlaubnis zur Einsicht und Nutzung von Archivmaterial und einer Replik. Die Forschungsarbeit ist Teil der Studien der arabischen Inschriften in Palästina, gefördert durch die „Israel Academy of Sciences and Humanities", die in der Reihe „Corpus InscriptionumArabicarumPalaestinae" (E.J Brill, Leiden) veröffentlicht wird.

2 Für weitere Beispiele siehe auch Johns 2006a,50; 2006b,325.

3 al-Qalqashandī, Abū al-ʿAbbāsAḥmad b. ʿAlī, *Ṣubuḥal-Aʿshāfī-Ṣināʿat al-Inshā,.* (Cairo, 1305/1985), 5.415; Abū al-Fidā,, ʿImād ad-DīnIsmāʿīl,*.Al-MukhtaṣarfīAkhbār al-Bashar* (Cairo 1325/1907), 3.141.

4 IbnWāṣil, Jamāl ad-DīnMuḥammad b. Sālim, *Mufarrij al-KurūbfīAkhbārBanīAyyūb* (Kairo, 1372–1395/1953–1975), 4.248.

5 Maalouf, 1984,229–230; *cf.* Mayer, 1988,235, der die ursprünglichen 200 *dirhams* des arabischen Originals auf 20 reduziert.

6 Yāqūt, Shihāb ad-Dīn b. ʿAbd Allah al-Ḥamawī, *Mu jam al-Buldān* (Beirut, Dār Ṣādir,1374–1376/ 1955–1957), 5.426, *s.v.* „Yāfā".

7 Es gibt eine große Zahl an Studien zu den Befestigungen von Jaffa z. B.: Röhricht, 1898,782–783; Grousset, 1934,315, (über Friedrich: „Frederick II is too complex a personality to enable forming an absolute judgment of him"); 312–315, (Gerold); 304–306 (Befestigung von Jaffa); Runciman, 1951,171ff, 186, 187; Prawer, 1984 (Hebrew) 2.184–185, Abulafia, (1988) 185–191.

8 Charles Clermont-Ganneau, in Palestine Exploration Fund Quarterly Statement, (PEFQ), *(London),* 1874,269.

Literatur

Abulafia, D., 1988 Frederick II, A Medieval Emperor. (London)

Amari, M., 1879 *Le Epigrafi Arabiche di Scilia.* (Palermo)

Bauer, R., 2004 Zur Geschichte der Sizilischen Gewänder, später Krönungsgewänder der Könige und Kaiser des Heiligen Römischen Reiches. In: Wilfried Seipel, *Nobiles officinae. Die Königlichen Hofwerkstätten zu Palermo zur Zeit der Normannen und Staufer im 12. und 13. Jahrhundert.* (Mailand)

van Berchem, M., 1922 *Matériauxpourun CorpusInscriptionumArabicarum (CIA),*Deuxièmepartie, *Syriedu Sud, Jérusalem, "plancehes".* (Kairo), (Reprint Geneva, 2001)

Brem, E. E., 1911 *Papst Gregor IX als Kardinal bis zur Kaiserkrönung Friedrich II.* (Heidelberg)

Clermont-Ganneau, C., 1896 *Archaeological Researches in Palestine during the years 1873–1874.* 2 Vols. (London)

Conder, C. R./Kitchener, H.H., 1882 *The Survey of Western Palestine (SWP),* vol. II. (London)

al-Ḥamawī, Abūal-Faḍā ·ilMuḥammad b. ʿAlī 1960 *at-Ta,rīkh al-Manṣūrī.* Ed. P.A. Griaznevitch. (Moskau)

Gabrieli, F., 1984 *Arab Historians of the Crusades.* (Berkeley and Los Angeles)

Grousset, R., 1934 *Histoire des Croisades et du Royaume Franc de Jerusalem,* 3 Vols. (Paris)

Haskins, C. H., *1976 The Renaissance of the Twelfth Century.* Cambridge Massachusetts. (6. Auflage)

Johns, J., 2006a 'L'iscrizioniarabedei re normanni di Sicilia: unarilettura'. In: Maria Andaloro (ed.), *Nobiles Officinae: perle, filigrane e trame di seta dal Palazzo Reale di Palermo.* (Catania)
2006b 'The Arabic inscriptions of the Norman kings of Sicily: a reinterpretation'. In: Maria Andaloro (ed.), *The Royal Workshops in Palermo during the Reigns of the Norman and Hohenstaufen Kings of Sicily in the 12th and 13th century.* (Catania)

Kedar, B. Z., 2008 Religion in Catholic-Muslim Correspondence and Treaties. In: *Diplomatics in the Eastern Mediterranean 1000–1500.* Ed. Alexander D. Beihammer, Maria G. Parani and Christopher D. Schabel. (Leiden)

Külzer, T., 1990 Die Urkunden der Kaiserin Konstanze. *Monumenta Germanae Historica (MGH)* XI. (Hannover)

Maalouf, A., 1984 *The Crusades through Arab Eyes.* Translated by J. Rothschild. (London)

Mayer, H. E., 1988. *The Crusades.* Oxford. *1996. Die Kanzlei der lateinischen Könige von Jerusalem* I-II. *Monumenta Germaniae Historica (MGH),* Band 40. (Hannover)

Paris, M.=Matthaei Parisiensis, 1872–1873 Monachi Sancti Albani, *Chronica Majora,* ed. H.R. Luard. (London)

La Monte, J. L., *1949 The World of the Middle Ages. (*New York)

Muqaddasī, M., 1906 *Aḥsan at-TaqāsīmfīMaʿrifat al-Aqālīm.* (Leiden)

Powel, J. M., 1999 Patriarch Gerold and Frederick II: the Matthew Paris letter. In: *Journal of Medieval History,* 25,19–26.

Prawar, J., 1984 *A History of the Latin Kingdom of Jerusalem* (Hebrew). (Jerusalem)

al-Qalqashandī, A., 1985 *Ṣubuḥ al-Aʿshā fī Ṣināʿat al-Inshā,.* (Kairo, 1305/1985)

Röhricht, R., 1898 *Geschichte des Königreichs Jerusalem (1100–1291).* (Innsbruck)

Runciman, S., 1951 *A History of the Crusades. Vol. III, The Kingdom of Acre.* (Cambridge)

Sapir, B., 1970 *The Development of Building and Town Planning in Jaffa in the Crusader Period.* Unpublished M.A. thesis in sciences, submitted to the Technion, Israel Institute of Technology (Hebrew). (Haifa)

Schaff, D.S. 1907 *History of the Christian Church.* Grand Rapids, (Michigan)

Scott, M., 1969 *Medieval Europe. (*London and Harlow)

Sharon, M., 2005 Vassal and Faṣal: The evidence of the Farkhah inscription from 608 (correct to 606)/1210. *Crusades* 4, 127–140.
2007 *Corpus Inscriptionum Arabicarum Palaestinae,* Addendum. (Leiden)

Stern, S. M., 1962 Fāṭimid Decrees. Original Documents from the Fāṭimid Chancery (London), passim.

Le Strange, G., 1890 *Palestine under the Moslems, a Description of Syria and the Holy Land from AD 650 to 1500.* (Boston)

Ibn Wāṣil, J., 1953–1975. *Mufarrij al-Kurūb fī Akhbār Banī Ayyūb.* Kairo. (1372–1395/1953–1975).

Ein fatimidischer Goldhort des frühen 12. Jh.s aus der Kreuzfahrerfestung des 13. Jh.s in Arsur

(Apollonia-Arsuf)

R. Kool, O. Tal & I. Baidoun

108 Gold-Dinare und Fragmente. Gefunden in einem Keramikgefäß. Ausgrabung in Apollonia-Arsuf 2012. Ca. 300 Gramm Gold

Im Sommer 2012 machten Archäologen der Universität Tel Aviv eine außergewöhnliche Entdeckung mitten in der Kreuzfahrerfestung von Arsur, die in das 13. Jh. datiert (Abb. 1). Bei Grabungen an den Fundamenten des Haupttors wurde an der Westmauer ein kleiner Krug gefunden, der mit Erde und 108 Goldmünzen gefüllt war. Der Hort datiert in das frühe 12. Jh. und ist der erste Gold-Hortfund aus einer kreuzfahrerzeitlichen Festung, gefunden bei einer regulären archäologischen Ausgrabung und daher von großer historischer und wissenschaftlicher Bedeutung. Arsuf wird derzeit in einem gemeinsamen Projekt der Universitäten Tel Aviv und Tübingen ausgegraben.

Das kreuzfahrerzeitliche Arsur: Geschichte und Archäologie

Arsur/Arsuf (auch bekannt als Apollonia) befindet sich etwa 20 km nördlich von Jaffa und ist strategisch günstig auf einer Kurkar-Klippe an der Seeroute nach Caesarea gelegen. Der vormals islamische Ort wurde von Balduin I. von Jerusalem 1101 erobert und in das expandierende Territorium des „Königreichs von Jerusalem" integriert, das in der Folge des ersten Kreuzzuges (1096–1099) entstanden war. Wie auch Jaffa und andere Küstenorte sicherte die Eroberung Arsufs dem Königreich den wichtigen Zugang zum Mittelmeer. Für die kommenden 160 Jahre war Arsuf ein sich über die südliche Sharonebene ausdehnender Sitz eines unabhängigen Feudalherrn. Diese Feudalherren waren enge Verbündete und Unterstützer der Könige von Jerusalem. Als eine bedeutende fränkische Siedlung von Pilgern, Kreuzfahrern und Kolonisten bewohnt, besaß sie einen eigenen ‚Burgess' Gerichtshof. Im Jahre 1187 fiel Arsur kurz an Saladins Truppen, gelangte aber schon 1192 durch einen Friedensvertrag wieder in die Hände der Kreuzfahrer. Im 13. Jh. wurden die Herren der mächtigen fränkischen Ibelin-Dynastie Herrscher von Arsur. Sie bauten die Stadtmauern und begannen 1241 den Bau einer massiven, konzentrischen Burg, deren Reste bei umfangreichen Ausgrabungen seit 1998 im ummauerten nord-westlichen Teil des Ortes entdeckt wurden.

Als die Bedrohung durch das Sultanat der ägyptischen Mameluken nach 1260 zunahm, wurde die Stationierung einer starken und gut organisierten Truppe wichtig für Arsur. Daher wurden in 1261 die Rechte über das Schloss, die Stadt und das gesamte Lehen von Arsur (*castellum, civitatem et dominium de Arsur)* an den mächtigen Johanniterorden für 4.000 Gold-Bezanten pro Jahr verpachtet.[1] im Jahr 1262 erhielten die Johanniter die Einnahmen der Justiz in Arsur und begannen muslimischen Quellen zufolge offenbar im selben Jahr, eine Festung in der Stadt zu bauen. Der Mamluken-Sultan Baibars (1260–1277) sah in diesem Akt einen Verstoß gegen den Vertrag, den er nur mit den Führern der Kreuzfahrer geschlossen hatte, an.

Am 21. März 1265 begann eine große und gut ausgestattete muslimische Armee unter dem persönlichen Kommando von Baibars Arsur zu belagern. Arsur war relativ gut vorbereitet. Die Stadt und die Burg waren stark befestigt, gut ausgerüstet und verteidigungsbereit. Am 26. April, nach 35 Tagen der Belagerung, wurde ein gewaltiger Angriff durchgeführt und die Stadt wurde im Sturm genommen. Die überlebenden Verteidiger suchten Zuflucht in der Burg und kämpften weiter. Nach drei Tagen heftiger Auseinandersetzungen, nahmen muslimische Krieger einen Teil der

Abb. 1 In den Ruinen von Apollonia Arsuf.

Befestigungsanlagen des Schlosses ein und waren in der Lage, die Banner des Islam über den Mauern zu hissen. Die Johanniter verloren etwa 1.000 Krieger, darunter 90 Ritter, boten die Kapitulation an, unter der Bedingung, dass die Überlebenden frei zu lassen wären. Baibars stimmte zunächst zu, brach dann aber sein Versprechen und die Überlebenden wurden in die Sklaverei verbracht und gezwungen beim systematischen Abriss der eigenen Festung mitzuhelfen.[2] Arsur war geschliffen, lag in Schutt und Asche und wurde nie wieder richtig bewohnt. Diese endgültige Zerstörung ist belegt in einer dicken Zerstörungsschicht und Ruinen, die insbesondere in den ausgegrabenen Bereichen des Schlosses entdeckt wurden. Kontrollierte archäologische Ausgrabungen in Arsur und seiner Burgruine ergaben eindeutige Beweise für die heftigen Kämpfe, die hier stattfanden.[3] Tausende von Pfeilspitzen und Ballista-Steinen sind klare Beweise für die Schwere der Kämpfe.[4] Besonders hervorzuheben ist, dass archäologische Nachweise der Belagerung von 1265 im Schloss entdeckt wurden, darunter eine Sickergrube, gefüllt mit seltenen Stücken von importierter Luxus-Keramik und vergoldeten Glasgefäßen. Diese wurden mit einer großen Anzahl von lokalem Küchengeschirr vermischt gefunden und mit großen Mengen von Tierknochen, ein faszinierender Beweis für die Speisepläne der belagerten Johanniter in der Burg.[5] Einer der wichtigsten Beiträge der jahrelangen Grabungstätigkeit in Apollonia-Arsuf (21 Grabungskampagnen zwischen 1977–2012) soll zeigen, dass die tatsächliche Zeit der Kämpfe, vor allem die um die Burg viel länger als die drei Tage dauerte, die die historischen Quellen (26–29. April 1265) erwähnen.[6]

Der Goldhort: Entdeckung, Inhalt und Datierung

Der Goldschatz (Abb. 2), der hier zum ersten Mal präsentiert wird, wurde mit Hilfe eines modernen Metalldetektors gefunden. Er war in einem Keramik-Krug ca. 10 cm unter dem Fußboden der Halle des Torkomplexes vergraben. Nach Ansicht der Archäologen war diese Halle, die in den 1240ern erbaut worden war, noch in den 1260er-Jahren in Gebrauch und hatte einen besonderen Status in der Burg, wie die hohe Qualität der Konstruktion und Dekoration der Halle zeigt.[7] Der Zeitpunkt, zu dem der Schatz vergraben wurde, ist somit sicher in die kurze Zeit der Existenz (1241–1265) der Burg zu datieren und zeigt eindeutig seine Verbindung zu den Einwohnern der Burg in der Mitte des 13. Jh.s.

Der archäologische Befund scheint auf eine Verbindung des Schatzes in der Halle mit den letzten Bewohnern, den Johannitern, die die Burg verteidigten, hinzuweisen. Möglicherweise wurde er hier mit der Absicht vergraben, nach der Schlacht gegen die Mamluken wieder ausgegraben zu werden. Dies würde auch erklären, warum der Krug zerbrochen und absichtlich mit Erde gefüllt worden war: Man wollte wohl vom beträchtlichen Wert seines Inhalts ablenken. Die Kapitulation der Johanniter vor Baibars Truppen im Gegenzug für ihre Freiheit – die sich als eine List erwies – ermutigte vermutlich die Überlebenden, Wertsachen zu verstecken, bevor sie durch die Mamluken entwaffnet wurden.

Überraschenderweise zeigte eine ausführliche Lesung der gut erhaltenen Münzen jedoch, dass keine von ihnen in die Zeit des Kreuzfahrer-Königreichs oder, wie man erwartet hätte, in das 13. Jh. datiert. Vielmehr ist es so, dass es sich um islamische Dinare und kleinere Gold-Brüche (halbe/viertel/achtel Dinar) handelt, die wesentlich früher im benachbarten schiitischen Fatimiden-Staat Nordafrikas, dem mittelalterlichen Ägypten und Syrien, zwischen dem 10. und 12. Jh. geprägt worden waren: Die ersten Münzen wurden unter dem Kalif der Fatimiden al-Mansûr (AH 334–41 /AD 946–53) geprägt, die Mehrzahl der Münzen gehört in die Zeit der langen Herrschaft von al-Mustanṣir (AH 427–87/AD 1036–94), während die jüngsten Münzen al-Mustaʿlī gehören (AH 489/AD 1095–1101), in dessen Regierungszeit die ersten Kreuzfahrer ankamen. Auch der extrem hohe Goldgehalt der Münzen zwischen 96 % und 99 % zeigt, dass dies ein typischer Hort der fatimidischen Periode ist. Die jüngste Münze zeigt daher, dass dieser Schatz nicht später als im ersten Jahrzehnt des 12. Jh.s vergraben wurde.

Wir sind daher mit einem wissenschaftlich-historischen Rätsel konfrontiert: wie erklären wir uns einen Schatz, der sicher aus dem frühen 12. Jh. stammt, in einem archäologischen Kontext, der ebenso sicher etwa 160–170 Jahre später datiert, in die 60er-Jahre des 13. Jh.s? Es gibt zwei mögliche Szenarien: erstens, dass die Münzen für etwa 170 Jahren kontinuierlich eingesetzt wurden. Dies scheint sehr unwahrscheinlich, zumal es in dem Hort keine späteren islamischen und kreuzfahrerzeitlichen Münzen des 12–13. Jh.s gibt. Das realistischere Szenario ist, dass die Münzen von ihren ursprünglichen Besitzern in der Stadt von Arsuf während der fatimidischen Periode versteckt wurden. Das muss zu einer Zeit geschehen sein, in der die Herrscher des im Entstehen begriffenen Kreuzfahrer-Königreichs von Jerusalem versucht haben, Arsuf Ende des 11. oder Anfang des 12. Jh.s zu erobern. Das Datum für das Vergraben des Schatzes zeigt, dass dies bereits während der erfolglosen Belagerung von Arsuf von Gottfried von Bouillon vier Monate nach der Eroberung von Jerusalem, im Dezember 1099 vonstatten ging. Plausibler aber ist, dass dieses Ereignis mit der Eroberung der fatimidischen Stadt durch Balduin I. in 1101 verknüpft ist, bei der ein großer Teil der Bewohner vertrieben wurde. Anschließend blieb der Schatz begraben und vergessen in der fränkisch bewohnten Stadt bis er irgendwie nach 1261, während der massiven Bauarbeiten an der Stadtbefestigung, durch die Johanniter „wiederentdeckt“ wurde.[8] Entweder in ihrem ursprünglichen Gefäß oder in einem „neuen“ wurde er von den fränkischen Belagerten in der Burg zum zweiten Mal im Boden begraben.

Der Hort und Umlauf von Goldmünzen im Kreuzfahrer Königreich des 13 Jh.s

„Die Ägypter brachten ausländischen Reichtum und seltsame Gebräuche in das Reich, die uns bisher unbekannt waren ... Außerdem bereichert eine immense Einnahme aus jährlichem Tribut das Finanzministerium und erhöht die Privatvermögen der Höflinge ...“, so schrieb Wilhelm von Tyrus um 1180 in seiner Geschichte des lateinischen

Abb. 2 Der Goldhort und der Krug.

Königreiches und erzählt, wie ägyptische Goldmünzen die Kassen der königlichen Schatzkammer und der fränkischen Führungselite füllten.[9] Juristische Verträge, Händler-Handbücher und Eigentumslisten des Königreichs erwähnen immer wieder das gesamte 13. Jh. hindurch „Sarazenen Bezants" („Bisantiis Saracenatiis/Bisantii Saracenatii"). Sicher blieben Gold-Dinare die Standardwährung (sowohl in bar als auch für die Kontoführung) des Königreichs Jerusalem bis zu seinen Untergang im Jahr 1291. Die Dinare von Arsur – immerhin ca. 390 g fast reines Gold, das Äquivalent von ca. 97 fatimidischen Dinaren oder 140–150 Crusader Imitations-Dinare des 13. Jh. – stellten eine beträchtliche Summe Geld dar, auch noch 1265, als es zum zweiten Mal von einem der letzten Verteidiger der Burg versteckt wurde.

Anmerkungen

1 Delaville le Roulx, J. (ed) 1883 *Les Archives, la Bibliothèque et le trésor de l'ordre de Saint-Jean de Jérusalem à Malte* (Bibliothèque des Ecoles françaises d'Athènes et de Rome, I, 32; Paris), pp. 194–95, no. 88.

2 Amitai, R. 2005 'The conquest of Arsūf by Baybars: political and military aspects', *Mamlūk Studies Review* 9/1, pp. 61–83. Für archäologische Nachweise siehe Tal, O. / Roll, I. 'Arsur: the site, settlement and Crusader castle, and the material manifestation of their destruction', in Tal, O. (ed), 2011 *The Last Supper at Apollonia: The Final Days of the Crusader Castle in Herzliya* (Tel Aviv), pp. [8–51] (bilingual Hebräisch und Englisch).

3 Eine Rettungsgrabung im *Donjon* der Festung fand bereits 1981 statt, aber erste umfangreiche Grabungen erst von 1998 bis 2000. Diese Ausgrabungen wurden alle vom kürzlich verstorbenen Prof. Israel Roll (Universität Tel Aviv) geleitet. Ausgrabungen in der Burg, seit 2009 von O. Tal geleitet, konzentrieren sich in erster Linie auf die westliche Fassade und dienen Restaurations- und Konsolidierungsarbeiten.

4 Raphael, K./ Tepper, Y. 2005 'The archaeological evidence from the Mamluk siege of Arsūf', *Mamlūk Studies Review* 9/1, pp. 85–100; and Ashkenazi, D./ Golan, O./Tal, O. 2013 'An archaeometallurgical study of 13th-century arrowheads and bolts from the Crusader castle of Arsuf/Arsur', *Archaeometry* 55/2, pp. 235–57.

5 Am stärksten vertreten sind Kochgeschirr wie glasierte Kochtöpfe (ca. 300) und glasierte Pfannen/Backtabletts (ca. 170). Diese und der Fund mehrerer Herde und Öfen weist darauf hin, dass die Verteidiger sich mit der Essensproduktion auch in den letzten Tagen der Festung beschäftigten. Die archäozoologische Analyse der Tierknochen zeigt eine Dominanz von Federvieh, insbesondere Huhn.

6 Nachweis einer langwierigen Belagerung sind eine große Zahl von Ballista, Steine und Pfeilspitzen, die vorsätzliche Vernichtung von Hunderten von kompletten (oder fast kompletten) Keramik- und Glas-Gefäßen und die Umwandlung der vorhandenen Räume innerhalb der Burg in Großküchen zum Kochen, Backen und Spülen.

7 Dies belegen eiserne Haken eingebettet in die Wände, die offenbar Möbel- oder Wandbehänge zu halten hatten, eine monumentale Schwelle und ein aufwendig konstruierter Boden mit mehreren Schichten von Putz und Mörtel überzogen.

8 Die Johanniter führten umfangreiche Bauarbeiten an den Verteidigungsanlagen der Stadt durch, um sich vor der wachsenden Bedrohung durch die Mamluken zu schützen. Diese Bemühungen führten offenbar zur Evakuierung der Bewohner von Wohnungen entlang der südlichen Stadtmauer, die mit Erde und Steinen verfüllt wurden, umso die vorhandenen Mauern zu verstärken und Schwachstellen in der Stadtmauer auszugleichen.

9 Willelmi Tyrensis, 1986 Archiepiscopi Chronicon, ed. R.B.C. Huygens (= *Corpus Christianorum Continuatio Mediaevalis*, 63a) (Turnhout), 20, 10. Die ägyptische Wirtschaft stellte alles in den Schatten, was den fränkischen Herrschern von Jerusalem bekannt war: Der Jahresumsatz zusammengestellt durch ein effizientes staatliches Sammelsystem belief sich auf vier bis fünf Millionen Dinar pro Jahr während des gesamten 12. Jh.s, siehe Y. Lev, 'Saladin's economic policies and the economy of Ayyubid Egypt', in Vermeulen, U. / d'Hulster, K. (eds), 2007 *Egypt and Syria in the Fatimid, Ayyubid and Mamluk Eras: Proceedings of the 11th, 12th and 13th International Colloquium organized at the Katholieke Universiteit Leuven in May 2001, 2002 and 2003* (Leuven), pp. 307–48, esp. pp. 310–21. Während der fränkischen Versuche, ein christliches Protektorat in Ägypten zu errichten, fanden hunderttausende der Gold Dinare, bezahlt von den fatimidischen Herrschern als Bestechungsgelder und Lösegelder, ihren Weg in die Kassen der Könige von Jerusalem, siehe Kool, R. 2013 *The Circulation and Use of Coins in the Kingdom of Jerusalem 1099–1291 CE* (Dissertation, Hebrew University of Jerusalem), pp. 221–23.

Das osmanische Jaffa

Yoav Arbel

Sobald das Heilige Land von den Mamluken 1517 erobert worden war, übernahmen die Osmanen die Politik der Mamluken, die Wiederbesiedlung der Küstenstädte aus Angst vor erneuten Einfällen der Kreuzfahrer zu verhindern. Diese Städte dienten dem Königreich Jerusalem als wichtige militärische und wirtschaftliche Verbindungspunkte mit Europa und wurden in den zwei Jh. seines Bestehens heftig umkämpft. Jaffa blieb damit für eineinhalb Jh. nahezu unbewohnt. Abgesehen von wenigen Fischern und Nomaden, die in den Ruinen der Kreuzritter hausten, fand die einzige Aktivität auf dem Gelände der historischen Stadt in ihrem Hafen statt, der durch eine osmanische Einheit, die in einer befestigten Anlage auf dem alten Hügel stationiert war, überwacht wurde. Auch der archäologische Nachweis für diesen Zeitraum ist mit wenig mehr als einer Handvoll von Keramikscherben und Münzen an Orten, die reich an Funden aus älterer und neuerer Zeit sind, entsprechend knapp. Bis heute sind keine architektonischen Reste oder Friedhöfe, die sicher in diese Phase datiert werden können, ausgegraben worden, mit Ausnahme von Gräbern im nordöstlichen Teil der Stadt, die in die mamelukische und/oder die osmanische Zeit zu datieren sind (Peilstöcker et al. 2006; Nagar 2011).

Historische Quellen zeigen uns, dass sich in der zweiten Hälfte des 17. Jh.s die osmanischen Behörden dem politi-

Abb. 1 Das armenische Kloster an der Uferpromenade.

schen und diplomatischen Druck der Zeit ergaben und, nicht ohne Schwierigkeiten und Hindernisse, den Bau von christlichen Pilgerhospizen erlaubten. Solche Institutionen begleitender Kirchen wurden durch die Franziskaner, die Armenier und die Griechen gegründet. Einige Quellen bezeugen auch, dass zudem ein jüdisches Hospiz im gleichen Zeitraum geöffnet wurde. Sobald diese Gebäude standen, steigerte sich der Pilgerverkehr nach Jaffa erheblich. Europäische Pilger, die bis dahin unter dem Fehlen angemessener Unterkünfte und der Belästigung durch Zollbeamte und Hafenwachen litten, genossen nun sowohl die Sicherheit, Versorgung und Unterstützung durch die Hospize, als auch eine komfortable und ungestörte Umgebung für ihre Gottesdienste. Der Anstieg der Pilgerzahlen in Jaffa führte zu einer steigenden Nachfrage nach Nahrung, Kleidung, Lasttieren, Führern, Übersetzern sowie Karawanen-Führern und Wachen für die Reise nach Jerusalem und zu anderen Heiligen Stätten. Der florierende Handel, der sich infolgedessen entwickelte, zog Siedler in die Stadt und führte praktisch zur Aufhebung des Verbots, sich in Jaffa anzusiedeln. Einige Küstenstädte, wie Akko und Askalon, erlebten eine ähnliche Wiederbelebung während der osmanischen Periode, während andere, wie Caesarea und Apollonia, nicht wieder aufgebaut wurden.

Eine noch unveröffentlichte armenische Inschrift, gefunden in Zweitnutzung in einem Gebäude des osmanischen Hafens, ist das früheste bekannte Objekt, das diese wichtigen Änderungen in der Stadt belegt. Andere archäologische Objekte erschienen bisher nur bei zwei Ausgrabungen und datieren überwiegend nicht früher als in den ersten Teil des 18. Jh.s. Die frühesten architektonischen Reste, die den Jahrzehnten der Neuansiedlung von Jaffa zugeordnet werden können, kamen im sog. „Studio House“ ans Licht, das sich in einem Seitengebäude des Hafens befindet, und in einem kleinen Raum im armenischen Kloster (Abb. 1, Arbel 2010; Abb. 2). Die Keramik-Assemblagen zei-

links: Abb. 2
Ein Raum über der Kirche des Klosters, der in eine frühe Phase des Komplexes datiert.

rechts oben: Abb. 3
Fragment einer Kaffeetasse aus „weichem“ Porzellan aus dem türkischen Küthaya.

rechts unten: Abb. 4
Tabakpfeifenkopf aus dem 17. bis 18. Jh.

Abb. 5 Turm und gewölbte Fundamente einer Mauer aus dem 18. Jh. in der ehem. Polizeistation (Kishle).

gen lokale und importierte Gegenstände, einschließlich solcher von hohem typologischen Wert wie osmanische Pfeifenköpfe von Tabak-Pfeifen (Abb. 4) oder Kaffeegeschirr aus Porzellan (Abb. 3). Im Studio House fand man auch sehr große Kanonenkugeln aus Marmor-Elementen, die wahrscheinlich aus Säulenresten hergestellt waren. Für die mageren materiellen Überreste gibt es mehrere Erklärungen:

(1) Der Neuansiedlungs-Prozess war in Umfang und Ausdehnung begrenzt und auf einige Gebäude in der Nähe des Hafens beschränkt. Von diesen Gebäuden wurde nur das armenische Kloster archäologisch untersucht.

(2) In den früheren Phasen der Wiederbesiedlung fanden die vorhandenen kreuzfahrerzeitlichen Ruinen Verwendung und nur wenige neue, dauerhafte Gebäude wurden errichtet, abgesehen von den Einrichtungen zur Beherbergung der Pilger.

Abb. 6 Karte Jaffas nach Skyring (1842): Die Festung des Kishle ist am nordöstlichen Kartenrand zu sehen.

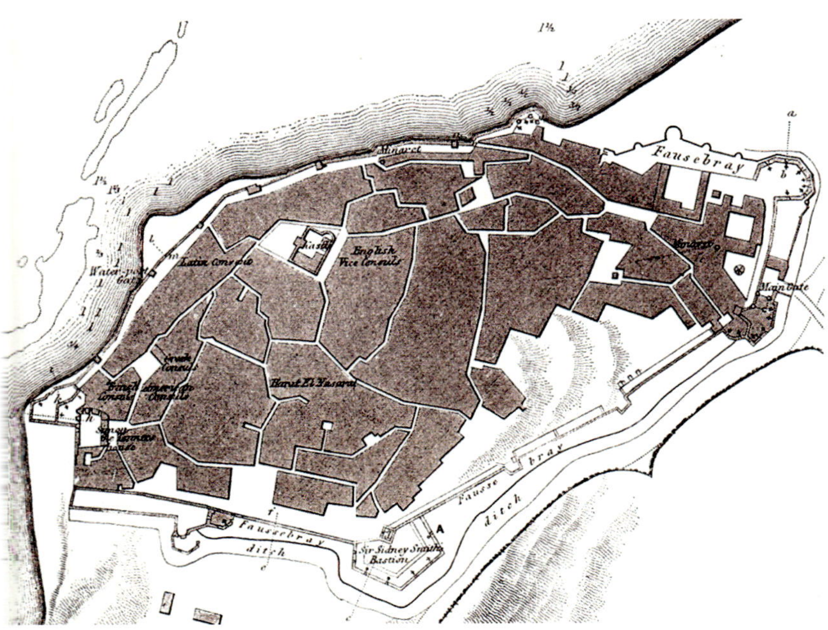

(3) Der umfangreiche Bau, der stattfand, als Jaffa wuchs und sich während des späteren 18. und 19. Jh.s entwickelte, muss einen Großteil der bescheidenen Siedlung, die dort in den frühen Phasen der Neuansiedlung entstanden war, zerstört haben.

Tatsächlich hätte der Prozess der Neubesiedlung nur durch staatliche Maßnahmen wirkungsvoll gestoppt werden können, doch da es nicht mehr im osmanischen Interesse lag, wurden solche nie angewandt. Kreuzzüge wurden nicht mehr erwartet und außerdem flossen die benötigten Einnahmen aus Handel und Zoll in die türkischen Kassen. Jaffa blühte auf und entwickelte sich schnell, grundlegend und irreversibel. In der zweiten Hälfte des 18. Jh.s war es schon eine Stadt, um die es sich inmitten der Turbulenzen der Zeit, bedingt durch einen allmählichen Rückgang des politischen Einflusses und der militärischen Macht der Osmanen, zu kämpfen lohnte. 1776 endete eine Belagerung durch die ägyptischen Truppen Abu el-Dahabs mit einem Blutbad in der Stadt. Ein noch schlimmeres Gemetzel fand Anfang März 1799 statt. Nachdem Napoleons Truppen die Stadtverteidigung an zwei Stellen durchbrochen hatten, verursachten sie schlimme Zerstörungen mit großen Verlusten in der Bevölkerung. Auch viele der französischen Soldaten starben an Epidemien, die in der Stadt ausbrachen. Französische und britische Militärkarten aus den Jahren 1799 bis 1800, gezeichnet von Pierre Jacotin und von George Fink, sind die frühesten bekannten kartografischen Darstellungen von Jaffa (Shacham 2011, figs. 13.7–8).

Archäologisch sind die materiellen Überreste des 18. Jh.s oft nur schwer zu erkennen und von späteren Elementen zu unterscheiden. Dies gilt vor allem für die unzähligen und einheitlichen Keramik-Typen aus grobem Ton, die im häuslichen Gebrauch während der späten osmanischen Periode weit verbreitet waren. Die Trennlinie ist leichter zu ziehen, wenn es sich um importierte Gegenstände handelt, so bei bestimmten Keramiktypen. Die Anzahl der Münzen, die gefunden wurden, ist im Vergleich zu jener der Münzen des 19. Jh.s sehr gering. Ein ähnliches Bild ergibt sich bezüglich der Baudenkmäler Jaffas. Es ist wahrscheinlich, dass einige der noch heute existierenden und teils noch genutzten Gebäude ihren Ursprung noch Ende des 18. Jh.s haben, allerdings ist es praktisch unmöglich, die Teile der ursprünglichen Strukturen, die in späteren Gebäuden aufgegangen sind, klar zu datieren. Ziemlich sicher kann eine Datierung in das 18. Jh. den Befestigungssegmenten zugeschrieben werden, die zum einen auf dem Gelände der osmanischen Polizei Station (Kishle) entdeckt wurden (Arbel 2009) und bei denen, die zum anderen auf dem Gelände des ehemaligen französischen Krankenhauses (Re'em 2010) freigelegt wurden: Beide datieren in das späte 19. Jh. Beide Objekte werden jetzt zu Hotels umgebaut und wurden im Rahmen von Rettungsgrabungen untersucht. Die hier gefundenen Segmente können von den Verteidigungswällen unterschieden werden, die nach Napoleons Rückzug errichtet wurden. Während sie „Garten Mauern“, so die Worte von Graf Constantine F. De Volney, der Jaffa 1783 besuchte, nur entfernt ähneln, waren diese Mauern nicht besonders robust und der Grund für ihr Versagen bei der Abwehr von Napoleons Artillerie für länger als einen Tag oder zwei ist leicht vorstellbar (Abb. 5).

Abb. 7 Kishle: Fundamente des nordöstlichen Turms, frühes 19. Jh.

Im 19. Jh. kam es, als Resultat in- und ausländischer Einflüsse, zu umfangreichen Änderungen in Jaffa. Dabei schien es sich so zunächst nicht zu entwickeln. Napoleons Rückzug hinterließ ein Vakuum, welches einige ehrgeizige starke Männer, einige von der osmanischen Regierung gestützt, andere von ihr unabhängig handelnd, nutzten, um kleinere Episoden von Krieg und Belagerung durchzuführen. Der Aufstieg von Mohammed Agha zum Gouverneur stabilisierte schließlich die Situation. In der Geschichte Jaffas ist er auch als „Abu Nabbut" („Vater der des Knüppels") bekannt. Einen Namen, den er erhielt, da er Übeltäter mit einer Keule zu (er-)schlagen pflegte. Abu Nabbut war beides, ein militärischer Befehlshaber und ein begeisterter Bauherr, eine Kombination, die in Jaffa nach den umfangreichen Schäden, welche die jüngste längere Serie von Schlachten, die in und um die Stadt stattgefunden hatten, hinterlassen hatte, dringend benötigt wurde. Britische Aktivitäten unter Admiral Sidney Smith leisteten ihren eigenen, wesentlichen Beitrag zur Wiederherstellung der Stadt. Das erste Jahrzehnt des 19. Jh.s sah den Wiederaufbau der Stadtmauern (Kark 1990, 17), die Errichtung einer zentralen Moschee, benannt nach Abu Nabbut, den Bau eines großen Marktes und die Verschönerung Jaffas mit mehreren Brunnen (Kana'an 2001a; Kark 1990, 29) vor. Da die Bevölkerung rasch wuchs und die Bewohner Jaffas ihre Häuser, Läden und Werkstätten renovierten, ausbauten und erweiterten, gewann die Stadt ihren Status als **der** Hafen von Jerusalem und Tor zum Heiligen Land zurück. Eine britische Karte, gezeichnet im Jahre 1842 von Lieutenant G.F. Skyring, zeigt eine dicht bebaute Stadt – mit Ausnahme des nordöstlichen Teils – umgeben von Befestigungsanlagen, die auf der Karte auch im Schnittprofil gezeigt werden (Abb. 6). Zu diesem Zeitpunkt gab es nur einige wenige Gebäude außerhalb der Stadtmauern, vor allem die große Quarantänestation, die sich südlich der Stadt befand.

Die wichtigsten archäologischen Überreste aus dieser Zeit sind die Befestigungen selbst. Während heute nur wenige, schlecht erhaltene Reste des Kerns im südlichen Abschnitt der Mauer zu sehen sind, wurden bei groß angelegtenRettungsgrabungen in den letzten 20 Jahren wesentliche Teile der Stadtbefestigungen und der aus ihr herausragenden Türme und Bastionen gefunden. Segmente der Mauer entlang des Meeres wurden sowohl unter der heutigen Promenade als auch am Hafen selbst entdeckt (Haddad 2009, Peilstöcker/Priel 2000; Priel 2002). Überreste des nordöstlichen, oktogonalen Turms wurden auf dem Gelände der ehemaligen Polizeistation freigelegt (Arbel 2009) (Abb. 7). Beeindruckende Überreste des größten Turms von Jaffas Stadtbefestigung des 19. Jh.s, benannt nach Sidney Smith, wurden auf dem Gelände des ehemaligen französischen Krankenhauses gefunden (Re'em 2010).

Von besonderem Interesse ist das Jerusalem-Tor, das Gegenstück zu dem bekannteren Jaffa-Tor in Jerusalem (Kark 1981; 100, Arbel/Rauchberger 2011, Arbel/Rauchberger forthcoming), das der einzige größere Zugang zu Jaffa innerhalb der Stadtmauer war. Das Tor wird auf Skyring's Karte detailliert dargestellt und erscheint, in vereinfachter Form, auch auf späteren Stadtplänen von Jaffa.

Abb. 8 links
Das Jerusalemtor in Jaffa heute.

Abb. 9 rechts
Jerusalemtor: eine runde Stütze in ein modernes Geschäft integriert.

Die Karte zeigt, dass nach Jaffa Reisende eine Brücke überqueren mussten, die sich über den Graben erstreckte, der außerhalb entlang der Stadtmauer verlief. Sie erreichten dann einen zentralen Vorhof, auf welchem sie Richtung Westen auf eine große und undurchdringliche Mauer stießen. Rechts von ihnen lag ein aufwendig verzierter Brunnen (Kana'an 2001b) und das Tor selbst, unter einem Turm mit vier Halbrund-Strebepfeilern an den Ecken, befand sich linker Hand an der südlichen Seite des Hofes. Der Komplex wurde so geplant, dass auch im Falle des Eindringens von Angreifern in den Hof, ein direkter Zugang zur Stadt verhindert wurde. Dieses System war in Israel bereits seit der Eisenzeit bekannt (Mazar 1997, 113–121; Ussishkin 2004, 514–523) und es gibt anschauliche Parallelen aus verschiedenen Phasen der osmanischen Periode in Akko und Jerusalem. Das Tor selbst existiert noch, obwohl leider von Unmengen moderner Ergänzungen und Verblendungen verdeckt (Abb. 8). Auch drei Strebepfeiler des Turms sind noch sichtbar, obwohl sie heute in jüngeren Gebäuden verbaut sind (Abb. 9). Der Brunnen ist vollständig erhalten und wird voraussichtlich in naher Zukunft einer grundlegenden Restaurierung unterzogen werden (Abb. 10). Reste der Brücke (Abb. 11) sowie der westlichen Mauer des inneren Hofes und auch der Abfluss des Brunnens wurden unter dem modernen Straßenniveau gefunden. Die Entdeckung der Brücke, die auf zwei Steinbögen stand und eine gepflasterte Oberfläche besaß, war überraschend, weil im modernen Straßenbild nichts mehr darauf hinwies. Ein weiteres wichtiges Gebäude aus dieser Zeit, das bei den jüngsten archäologischen Untersuchungen gefunden wurde, ist das kleinere der beiden öffentlichen Bäder, die neben dem Tor existierten. Das Gebäude selbst ist 1936 bei der Operation Anker (siehe Gavish in diesem Band) völlig zerstört worden, aber ein Fußboden aus Marmor und Sandstein sowie ein achteckiger Brunnen in dessen Mitte gehörten wahrscheinlich zu der zentralen Halle des Bades (Abb. 12).

In die zweite Hälfte des 19. Jh.s datieren die bedeutendsten Entwicklungen in der Stadtgeschichte Jaffas seit der Zeit der Kreuzritter. Das Wachstum der bebauten Fläche und der Bevölkerung zeigt sich auf Bedfords Karte von 1863 (Abb. 13), auf welcher der nordöstliche Stadtbereich, auf Skyrings Karte noch als frei von Bebauung gekenn-

Abb. 10 Sabil (Trinkbrunnen) im Torbereich, frühes 19. Jh.

Abb. 11 Bogen der Brücke, die über den Graben zum Jerusalemtor führte.

zeichnet, als vollständig von Gebäuden bedeckt markiert wird. Unglücklicherweise führte diese Bebauung auch zur Zerstörung der Überreste der frühen und frühesten Perioden (Kaplan 1964, 276). Die wichtigste Entwicklung der Stadt war die Expansion über ihre traditionellen Grenzen hinaus, die durch den Abriss der Stadtmauern erleichtert wurde. Der Abriss dauerte fast zwei Jahrzehnte und erreichte seinen Abschluss in den 1880er-Jahren. Die Stadtmauern wurden aus zwei Gründen überflüssig: Zum einen waren, durch die Verbesserung der Artillerie, die Mauern zu schwach geworden und zum anderen schloss die Stabilisierung der politischen Situation in diesen Jahren, welche die Bedrohung durch Nomaden und deren Stammes-Häuptlinge minimierte, die Gefahr eines feindlichen Angriffs auf die Stadt praktisch aus. In der Mitte des 19. Jh.s dehnte sich der muslimische Friedhof im Norden der Stadt auf das Gelände der ehemaligen Nordostfestung aus (Arbel 2009; Arbel/Talmi 2009). Diese Festung war die Grenze der Stadt gewesen, innerhalb derer es keine Begräbnisse geben durfte. Etwa zur selben Zeit dehnte sich die Besiedlung nach Süden und Osten aus. Die Ansiedlung außerhalb der Mauern fand zunächst in Form von „Gartenhäusern" statt. Residenzen, die von wohlhabenden Landbesitzern Jaffas in der ausgeprägten landwirtschaftlichen Zone, die sich im Osten und Süden der Stadt entwickelt hatte, gebaut wurden. Die Obstgärten, berühmt geworden durch die lokal angebaute Shamouti Orange, besser bekannt als Jaffa-Orange, waren auch die Heimat für eine Vielzahl anderer Obst-und Gemüsekulturen und wurden durch ein weitverzweigtes, aus Brunnen gespeistes Bewässerungssystem bewässert (Kark 1990, 240–242; Arbel 2008). Dies war die

Abb. 12 Spätosmanisches Brunnenbecken, entdeckt in einer Schuttschicht des frühen 20. Jh.s.

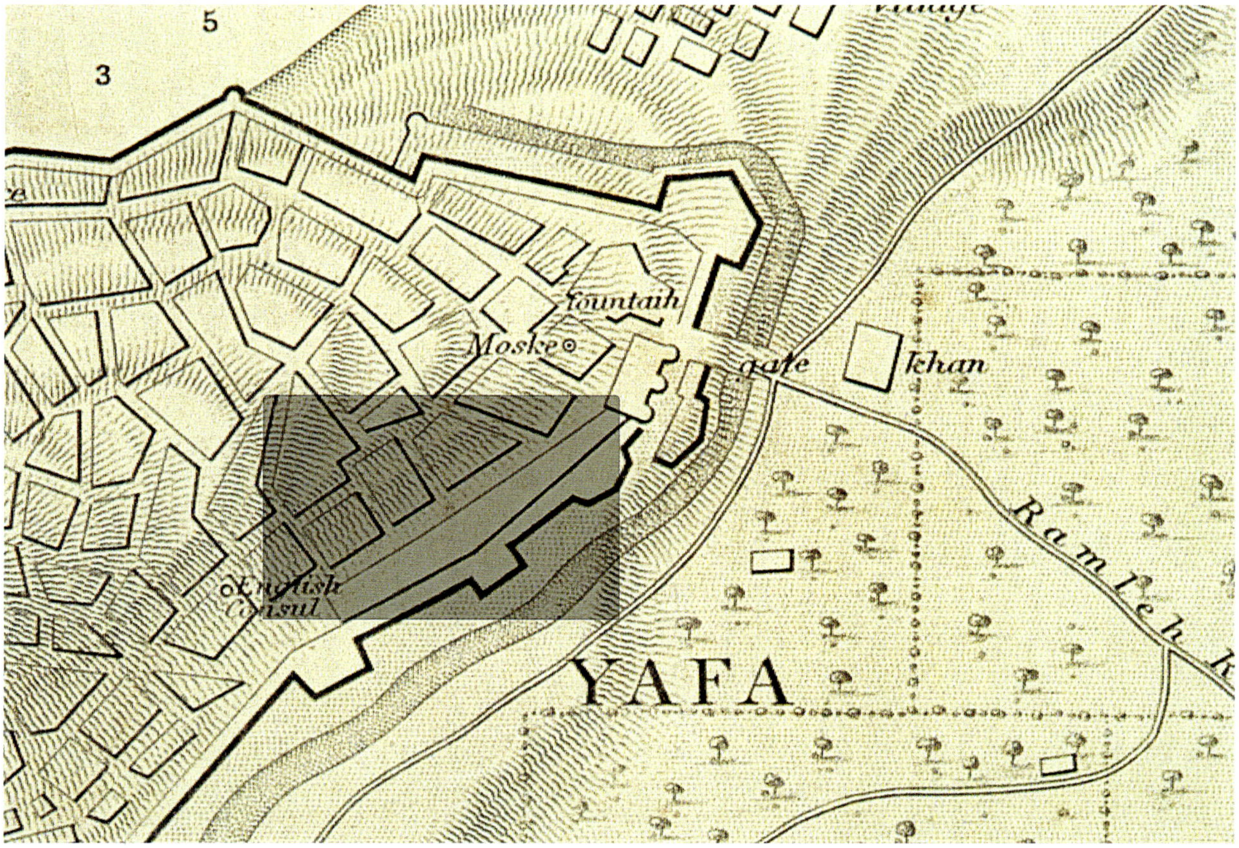

Abb. 13 Bedfords Karte von 1863.

Abb. 14 Das ehemalige französische Hospital, gegründet 1879 in den verlassenen osmanischen Befestigungsanlagen.

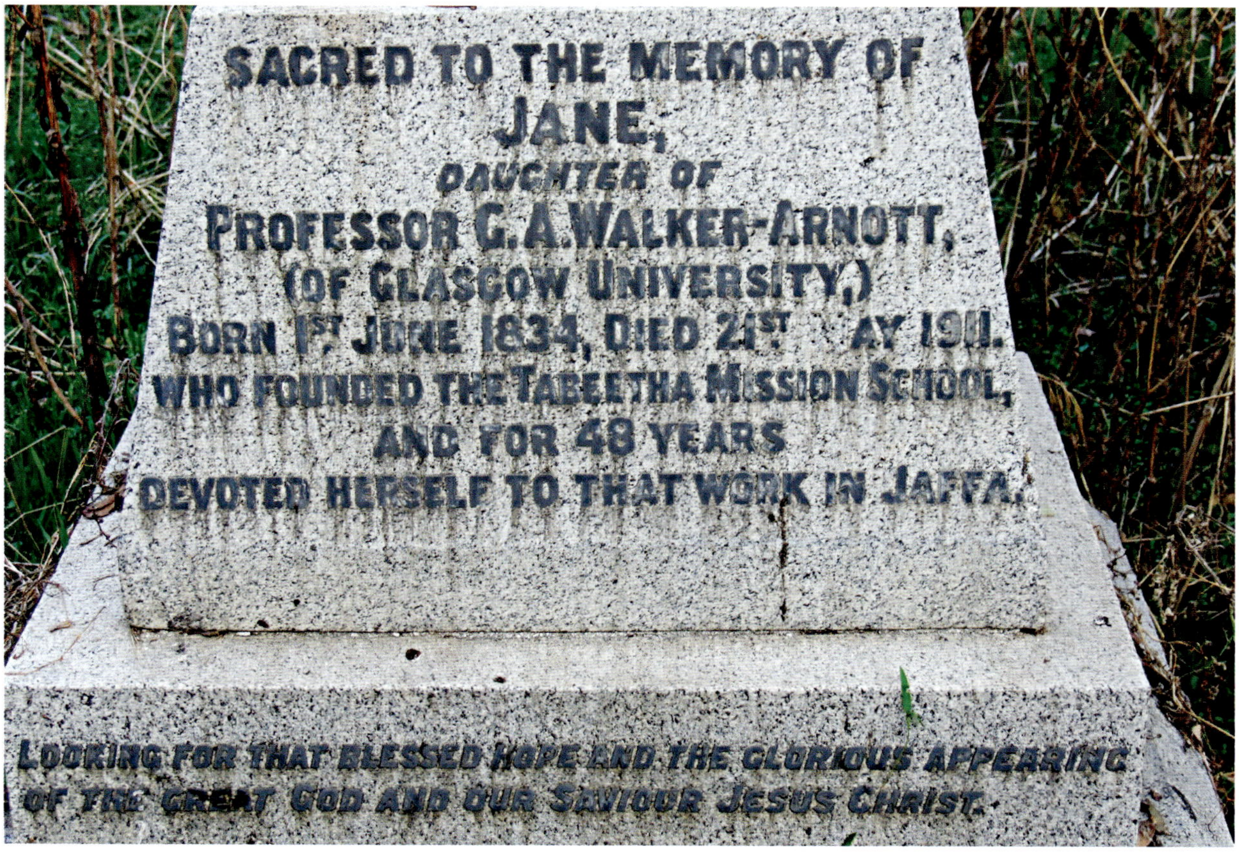

Abb. 15 Grab von Miss Jane Arnott-Walker, Gründerin und Rektorin der Tabitha Girls' School, erbaut 1875.

Abb. 16 und 17 Steingepflasterte Straße und Kanal-System aus dem späten 19. Jh., unter den modernen Asphalt-Straßen gefunden.

Abb. 18 und 19 Fliesenboden eines Privathauses im Fundzustand und nach der Restaurierung

Abb. 20–22 Pseudo-Porzellan Schale mit türkischem Halbmond und Stern, hergestellt in Sarreguemines (Frankreich) für den osmanischen Markt (links), und Agra-Ware Schale (rechts) von J & M.P. Bell, Glasgow, mit Produzentenstempel auf der Vorderseite (rechts darunter).

wirtschaftliche Basis Jaffas während der spät-osmanischen Periode neben kleineren Fabriken, z. B. zur Seifenproduktion, und den Einnahmen aus dem Hafenverkehr. Das Ackerland wich allmählich Gebäuden, unter ihnen die wichtigsten Einrichtungen der lokalen Regierung (Kark 1990, 246–247). In den ersten Jahren des 20. Jh.s wurden außerhalb der ehemaligen Befestungslinien nicht nur die zentrale Moschee, sondern auch das Regierungsgebäude (Saraya), die Residenz des Gouverneurs und die wichtigsten Polizei- und Armee-Gebäude sowie auch Schulen, Krankenhäuser, Märkte und viele Privathäuser neu gebaut (Abb. 14 und 15). Dieser Prozess erreichte in den Jahren Anfang des 20. Jh.s einen neuen Höhepunkt, als der alte Markt von Abu Nabbut dem Erdboden gleichgemacht und der nördliche (muslimischen) Friedhof aufgegeben wurde, um eine Expansion der Stadt zu ermöglichen, und die Straßen der Stadt gepflastert und mit einem Abwassersystem versehen wurden (Abb. 16 und 17). Ein europäisch geprägter Boulevard im Osten der Stadt wurde angelegt und die zentrale Moschee ausgebaut und erweitert (Kark 1990, 207, 297; Kana'an 2001b; Jakoel 2011a, b; Arbel 2009; Arbel et al. 2012). Europäischer Einfluss und Aktivität zeigt sich nicht nur beim Aufbau von modernen medizinischen und pädagogischen Einrichtungen sowie in zahlreichen Kirchenbauten. Auch in der Architektur der Häuser (Abb. 18 und 19) und in der Zunahme des Imports europäischer Güter, von Tafelgeschirr (Abb. 20–22), Dachziegeln (Kletter 2004, 201; Kark 1998, 535–6) bis zu Waffen von vor und während des ersten Weltkriegs (Abb. 23), ist er deutlich zu erkennen. Importiere Waren finden sich in spätosmanischem Kontext zusammen mit türkischen und einheimischen Produkten (Abb. 24 und 25). Die Bevölkerungszahl von Jaffa stieg von weniger als 2.000 im Jahr 1800 auf ca. 35.000 ein Jh. später an und die Ausdehnung der Stadt wurde mehr als verdoppelt (Kark 1990, 146–151).

Das 19. Jh. ist noch in zahlreichen Gebäude sichtbar, die noch heute genutzt werden und von denen viele noch an ihre ursprüngliche Pracht erinnern, aber auch im Stadtplan

Abb. 23 Ein Mauser-Gewehr produziert in Deutschland für die osmanische Armee.

Jaffas. Die Archäologie trägt unter anderem dazu bei, die internationalen wirtschaftlichen Aktivitäten dieser Zeit zu verdeutlichen, die sich in den reichen Assemblagen der Artefakte (Abb. 23–25), die in diesen relativ jungen Schichten gefunden werden, widerspiegeln. Zum Beispiel wurden Münzen aus verschiedenen europäischen Ländern wie Frankreich, Italien, Österreich und Russland neben einem großen Repertoire an osmanischen Prägungen aus den Zentren der Türkei selbst und denen Nordafrikas gefunden. Ebenso wurden importierte Keramik-, Porzellan- und Pseudoporzellangegenstände zu prominenten Produktionszentren in Großbritannien, Frankreich und Deutschland zurückverfolgt. Die wichtige Modernisierung des Hafens, der Bau der Jaffa-Jerusalem-Eisenbahn und die Sanierung der alten Straßen trugen viel zur drastischen Ausweitung des Handels bei. Beweise für den Verfall von Jaffas Befestigungen können in den Dutzenden von redundanten, verstreut gefundenen Kanonenkugeln, die in verschiedenen Teilen der Stadt gefunden worden sind, gesehen werden und in der ausrangierten Kanone, die unter dem Asphalt der modernen Straße im Bereich des Flohmarkts von Jaffa entdeckt worden ist. Die dramatischsten Zeugnisse der raschen städtebaulichen Veränderungen sind die vor kurzem entdeckten Fotografien aus den 1860er- und 1870er-Jahren von Jaffas Jerusalem-Tor und den östlichen Befestigungen: Sie stehen intakt da, lediglich zwei Jahrzehnte vor ihrem Verschwinden.

Im November 1917 beenden die australischen Anzac-Einheiten der britischen Armee vier Jh. osmanischer Herrschaft in Jaffa. Große Umwälzungen und Gewalt gepaart mit tief einschneidenden Entwicklungen und Modernisierungen prägten die folgenden 30 Jahre der britischen Herrschaft, die mit der Gründung des Staates Israel endete. Die konstruktiven und die destruktiven Auswirkungen der aufkommenden modernen Technologien verändert erneut das Gesicht von Jaffa. Dennoch würde gründliche Analyse und sorgfältige Beobachtung zeigen, dass die heutige Stadt in Wahrheit das Ergebnis der 400-jährigen osmanischen Herrschaft ist, während der sich Jaffa aus Trümmern auf einem alten Hügel zu einem wichtigen Zentrum an der Küste des Landes entwickelt hat.

Literatur

Ben-Arieh, Y., 2007 The Rediscovery of the Holy Land in the Nineteenth Century. Magness Press. (Jerusalem)

De Volney, C. .F., Travels Through Syria and Egypt in the Years 1783, 1784, and1785, Vol. I. (London)

Haddad, E., 2009 Yafo, Harbor, http://www.hadashot-esi.org.il/report_detail_eng.asp?id=1184&mag_id=115 March 8, 2013.

Jakoel, E., 2011a Yafo, Jerusalem Boulevard, Final Report, http://www.hadashot esi.org.il/report_detail_eng.asp?id=1714&mag_id=118, March, 8 2013.

2011b Yafo, Jerusalem Boulevard (East), Final Report, http://www.hadashot-esi.org.il/report_detail_eng.asp?id=1652&mag_id=118, March, 8 2013.

Kana'an, R., 2001a Waqf, Architecture, and Political Self-Fashioning: The Construction of the Great Mosque of Jaffa by Muhammmad Aga Abu Nabbut. Muqarnas 18,120–40.

2001b Two Ottoman Sabils in Jaffa (c.1810–1815): an architectural and Epigraphic Analysis). Levant 33,189–204.

Kaplan, J., 1964 Jaffa's History Revealed by the Spade. Archaeology 270–276.

Kark, R., 1981 The Traditional Middle Eastern City, The Cases of Jerusalem and Jaffa During The Nineteenth Century. Zeitschrift des Deutschen Palästina-Vereins 97, 93–108.

1990 Jaffa, A City in Evolution 1799–1917. (Jerusalem)

1998 The Introduction of Modern Technology into the Holy Land (1800–1914 CE). In: The Archaeology of Society in the Holy Land, pp. 524–541. Leicester University Press. (London)

2011 Ottoman Jaffa: From Ruin to Central City in Palestine. In:

Abb. 24 und 25 Spätosmanische, glasierte Schale aus Çanakkale, Türkei, und Krug der Gaza Ware.

The History and Archaeology of Jaffa 1, Edited by M. Peilstöcker and A. A. Burke, pp. 129–136. Monumenta Archaeologica 26. Cotsen Institute of Archaeology Press. (Los Angeles)

Kletter, R., 2004 Jaffa, Roslan Street. 'Atiqot 47, 193–207.

Mazar, A., 1997 Timna (Tel Batash) I. Qedem 37. (Jerusalem)

Nagar, Y., 2011 Mamluk-Period Skeletal Remains from the Excavations on the Eastern Slopes of Jaffa. In: The History and Archaeology of Jaffa 1, Edited by M. Peilstöcker and A. A. Burke, pp. 219–222. Monumenta Archaeologica 26. Cotsen Institute of Archaeology Press. (Los Angeles)

Peilstöcker, M./Priel, M., 2000 Yafo, Razif Ha-'Aliyya Ha-Sheniyya. Hadashot Arkhaeologiyot 111, 40–41.

Peilstöcker, M./Re'em, A./Haddad, E./Gendelman, P., 2006 Yafo. Flea Market Complex. Hadashot Arkhaeologiyot – Excavations and Surveys in Israel 118. Electronic document http://www.hadashot-esi.org.il/reports_eng.asp?id=111. September 10, 2012.

Priel, M., 2002 Yafo, Razif Ha-'Aliya Ha-Sheniya. Hadashot Arkhaeologiyot 114,53.

Re'em, A., 2010 Yafo, The French Hospital 2007–2008, Preliminary Report. Hadashot Arkhaeologiyot – Excavations and Surveys in Israel 122. Electronic document http://www.hadashot- esi.org.il/report_detail_eng.asp?id=1566&mag_id=117 September 10, 2012.

Shacham, T., 2011 Jaffa in Historical Maps (1799–1948). In: The History and Archaeology of Jaffa 1, Edited by M. Peilstöcker and A. A. Burke, pp. 177–186. Monumenta Archaeologica 26. Cotsen Institute of Archaeology Press. (Los Angeles)

Ussishkin, D., 2004 The Renewed Archaeological Excavations at Lachish (1973–1994). Volume II. Monograph Series 22. (Tel Aviv University)

„Operation Anker“: die Zerstörung Jaffas 1936

Dov Gavish

Der Zeitpunkt und das Ausmaß des palästinensischen Aufstandes im Jahr 1936 trafen die Britische Regierung und ihr Armee-Hauptquartier in Palästina überraschend. Der Ausbruch der Unruhen untergrub die öffentliche Sicherheit und die Ressourcen, die der Regierung zur Verfügung standen, waren zu gering, um die Kontrolle der öffentlichen Ordnung aufrecht zu erhalten.

Der 19. April 1936 wird allgemein als Datum für den Beginn der Unruhen, den „arabischen Aufstand“, wie die Briten und die Araber es nannten, angenommen. In den folgenden Tagen organisierten sich die arabischen Kräfte und verliehen ihren Forderungen eindrucksvoll kollektiven Ausdruck, indem die arabischen Parteien am 22. April einen allgemeinen, landesweiten Streik erklärten und am 25. April das Higher-Arab-Committee (Hohen Arabischen Rat)

Abb. 1 Luftaufnahme der Altstadt von Jaffa vom 30. Mai 1936. Die verwinkelten Gassen sind gut zu erkennen.

einrichteten. Die arabische Führung hatte die Absicht, das wirtschaftliche Leben zum Erliegen zu bringen, um die Regierung zu zwingen, die jüdische Einwanderung sofort zu stoppen. Ruhe und Ordnung wurden sowohl auf dem Lande als auch in den Städten untergraben, allerdings war der bedeutendste Schlag für die britische Moral die Lähmung des Hafens von Jaffa für die 175 Tage des Streiks bis zum 12. Oktober. Der Hafen wurde zum Symbol des arabischen Widerstands, denn dort war es, wo der Streik zuerst ausbrach. So beabsichtigten die Behörden, Jaffa unter Kontrolle zu bringen, um den Streik im Hafen zu brechen und den Unruhen ein Ende zu bereiten. Die Altstadt von Jaffa bot den Aufständischen eine Reihe von Vorteilen. Die Stadt befindet sich hoch auf einem Hügel, der auf der einen Seite an das Meer grenzt und den Hafen absolut dominiert. Auf der Landseite hatte die Altstadt eine Lage, von der aus Kontrolle über die Polizeistation und die Büros des Bezirksgouverneurs in der Neustadt ausgeübt werden konnte. Die Anordnung der Häuser in der Altstadt ergab ein verwinkeltes Labyrinth von gewundenen Gassen, die durch ein kompliziertes System von Tunneln und Gräben verbunden schnell zu einer geschützten Zuflucht gemacht werden konnten (Abb. 1). In diese Festung flüchteten sich die Randalierer, nachdem Polizei und Militär nach dem ersten Schlag des Mobs am 19. April in die Stadt einrückten. Die Araber begannen sofort, sich in einem regelrechten Feldzug gegen die Gesetzeshüter zu organisieren. Sie blockierten die schmalen Gassen mit Barrikaden und Barrieren, streuten Glasscherben und Nägel auf die Zufahrtswege und starteten eine Welle von Anschlägen durch Heckenschützen und Beschuss von Zielen auf der gegnerischen Seite. Zu Beginn des Monats Mai wurden alle kommunalen Dienste in der Altstadt und ihrer unmittelbaren Umgebung eingestellt und schnell füllten sich alle Straßen mit Müll und Unrat. Kein Polizist oder Regierungsbeamter wagte es aus Angst vor Anschlägen, die Straßen der Altstadt zu betreten, und dies allein war Grund genug, die Souveränität in irgendeiner Form wiederherzustellen. In dieser Situation war die Regierung davon überzeugt, sofort und aggressiv handeln zu müssen, um so schnell wie möglich die anhaltende Verschlechterung und den Kontrollverlust zu verhindern. Es war die Absicht der Regierung, das Herzstück der Rebellion zu zerschlagen, um die Kontrolle der Randalierer über den Hafen zu beenden, ihn wieder in Betrieb zu nehmen und vielleicht sogar den Generalstreik zu brechen. Allerdings war der Hafen topografisch unzugänglich gelegen. Er befand sich unter der Kontrolle der „Stadt-Festung“, und so war nicht zu erwarten, dass jüdische oder ägyptische Arbeiter zurückkehren würden, um dort zu arbeiten, solange die Altstadt nicht frei von Heckenschützen war. Nachdem alle diplomatischen Bemühungen keinen Erfolg bei der arabischen Führung erbrachten, wandte sich die Regierung an die Armee und suchte nach Vorschlägen für eine militärische Lösung. Mit der Planung wurde der Brigadier F. K. Simmons, Kommandeur der Süd-Brigade, die erst kurz zuvor eingerichtet worden war, beauftragt. Seinem Plan nach sollte es eine kombinierte Aktion von Land-, See- und Lufteinheiten geben, an der Kräfte des Militärs und der Polizei gemeinsam teilnehmen sollten.

Die Operation sollte in vier Phasen durchgeführt werden:

Abb. 2 oben Luftaufnahme vom 18. Juni 1936 zu Beginn der Sprengungen.

Abb. 3 unten Luftaufnahme vom 18. Juni 1936 gegen Abschluss der Sprengungen: Eine Schneise ist bereits deutlich zu erkennen.

Abb. 4 und 5
Britische Soldaten posieren stolz vor zerstörten Gebäuden (1936).

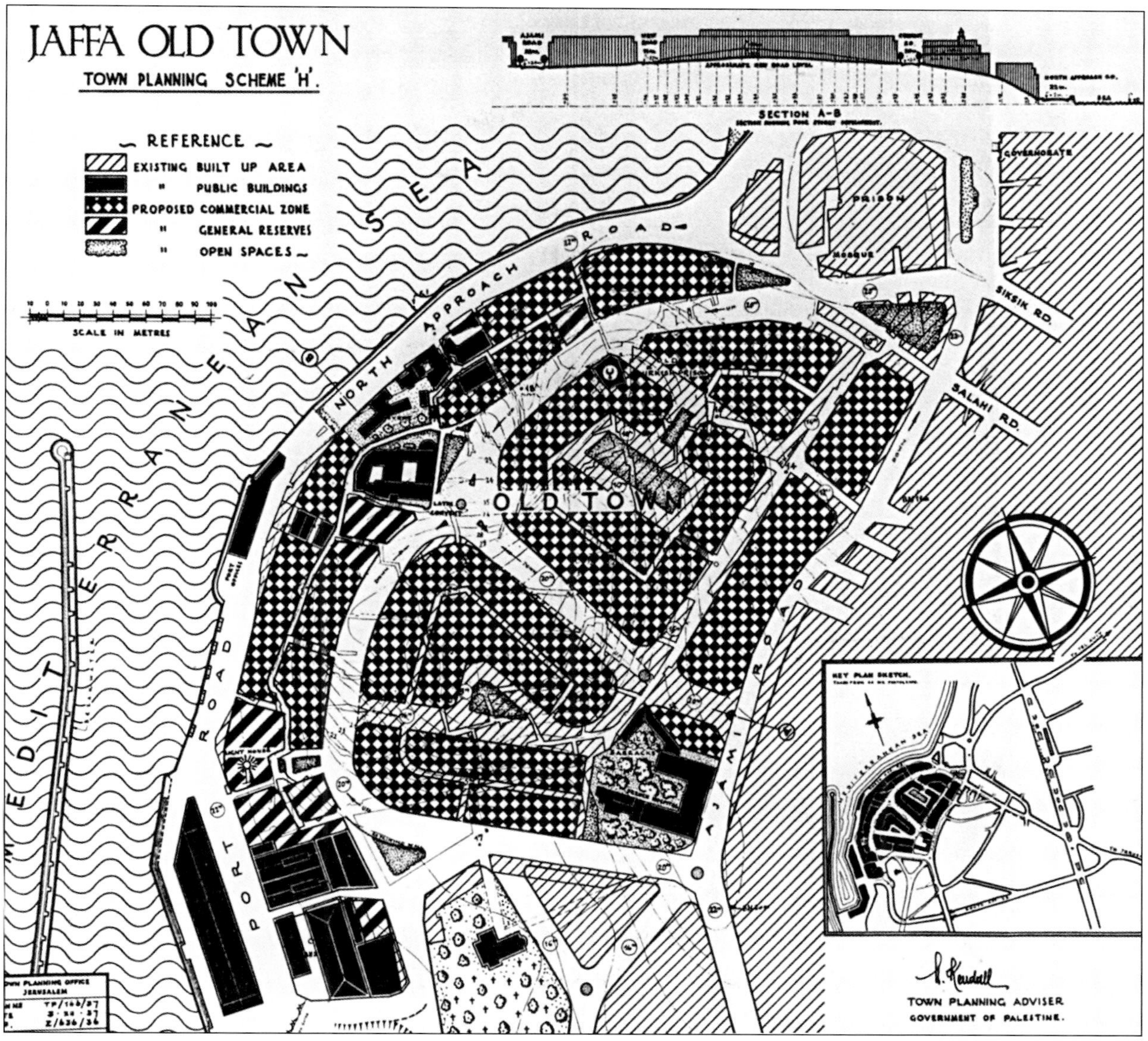

Abb. 6 Nachgereichter Entwicklungsplan („Plan H“) zur Straßenführung in der Altstadt.

Phase 1: nächtliche Vergeltungsmaßnahmen in Form von Beschuss der Altstadt, um den Beschuss aus der Altstadt zu beenden;

Phase 2: Reinigung der Stadt und ihrer Zufahrtsstraßen mit Hilfe von Zwangsarbeit;

Phase 3: Anlegen einer Schneise durch die Altstadt, von Ost nach West, durch den Abriss von Häusern;

Phase 4: Anlage einer Schneise in Nord-Süd-Richtung in der Form eines Halbmonds, wie durch die Topografie vorgegeben, um den Hafen zu kontrollieren.

Der Plan wurde vom obersten Militärrat gebilligt und unverzüglich begannen die Vorbereitungen zur Durchführung der ersten Phase. Unter großer Vorsicht und ohne öffentliche Ankündigung errichteten Militär und Polizei ein System von Beobachtungsposten um die Altstadt herum. Die Luftwaffe half, indem sie die Stadt aus der Luft fotografierte, um Kenntnis über den Verlauf der Gassen zu erlangen und Daten für die militärische Planung bereitzustellen. Die Häuser, aus denen die Heckenschützen agierten, wurden markiert und ihnen gegenüber wurden, gut getarnt, Sicherheitskräfte positioniert.

Am 28. Mai des Jahres wurden die Bewohner aufgefordert, den Beschuss zu beenden; sollten sie dies nicht tun, werde die Armee mit einem Angriff antworten. In der Nacht auf den 30. Mai wurden die Vorbereitungen abgeschlossen. Da die nächtlichen Schießereien andauerten, antwortete die Armee mit massivem Geschütz- und Granatenbeschuss. Die Gegenwehr war von kurzer Dauer und flaute rasch ab. Die Überraschung war gelungen. Obwohl der Armee nicht bekannt war, wie viele Menschen bei dem Beschuss in dieser Nacht verletzt worden waren, entstand aber der Eindruck, dass der Gegenbeschuss große Wirkung auf die Lage in Jaffa hatte.

Unter dem Eindruck des Erfolges wurde sofort mit der zweiten Phase begonnen. Armee und Polizei versammelten die Efendis, Kaufleute und Hausbesitzer der betroffenen Gebiete und zwangen sie zusammen mit städtischen Arbeitern, den Müll und die Barrikaden zu beseitigen. So wurde also ohne Widerstand und mit vollem Erfolg die Ordnung wiederhergestellt, und während den Vorbereitungen zur dritten Phase der Operation wurde die Ruhe durch die Randalierer, die sich versteckt hielten, kaum gestört. In der Zeit zwischen der zweiten und dritten Phase wurden auch die übrigen Pläne abgeschlossen. Die fieberhaften Vorbereitungen umfassten die Planung des Durchbruchs und der Art und Weise des Abrisses, die Verteilung der Kräfte, die Einbindung der Verstärkungen, die Vorbereitung einer rechtlichen Grundlage und die Anwendung psychologischer Kriegsführung. Erst gegen Ende der Vorbereitungen am 12. Juni berichtete der Hohe Kommissar dem Colonial Office in London von dem Plan, im Herzen der Altstadt Schneisen zu sprengen, die mit gepanzerten Fahrzeugen von Polizei und Militär würden passiert werden können, um in der Altstadt Recht und Ordnung zu schaffen. Am Morgen des 16. Juni 1936 wurde das Startsignal gegeben. Im Morgengrauen weckte ein Alarm die Bewohner von Jaffa und zu den Motorgeräuschen eines Aufklärungsflugzeugs wurden 72 Patronen, die ungefähr 2.000 Flugblätter enthielten, vom Himmel aus über der Altstadt verstreut. Laut dem Eindruck des Piloten gab es am Boden großes Interesse für den Inhalt der Pamphlete, in denen die Bewohner aufgefordert wurden, „für die Verbesserung der Situation in der Altstadt" an eben diesem Tag bis sieben Uhr am Abend ihre Häuser zu verlassen, da der Abriss einiger Gebäude notwendig sei. Im letzten Moment jedoch waren die Behörden gezwungen, die Aktion um einen Tag zu verzögern, weil klar wurde, dass die geplante Trasse möglicherweise eine Moschee beschädigen könnte, wodurch eine Änderung nötig wurde. Eine große Aufregung entstand daraufhin in Jaffa und die empörte arabische Führung versuchte verständlicherweise, die Absichten des Dekrets zu verhindern, aber die Warnung war zu kurzfristig und ließ keine Zeit für Beratungen zu. Die Bewohner waren in den Wirren gefangen und erfüllten so die Forderungen. Am Vorabend des 17. Juni zog die südliche Kommando-Brigade, verstärkt durch Infanterie und Panzer-Einheiten, nach Jaffa. Eine halbe Stunde nach Mitternacht bekam der Marinezerstörer H. M. Active den Befehl, Haifa zu verlassen und sich in Vorbereitung des militärischen Einsatzes, der in der Dämmerung beginnen sollte, in Richtung Jaffa zu bewegen. Die Fliegerstaffel Nr. 6 in Ramla, die als einzige zu dieser Zeit im Land war, wurde in Alarmbereitschaft versetzt, damit man die Wirkung des Einsatzes in der Stadt fortwährend aus der Luft beobachten konnte. In den frühen Morgenstunden von Donnerstag, dem 18. Juni, war der Truppenaufzug komplett. Eine Absperrung wurde um die „Zitadelle" gelegt, indem die südliche Brigade die Stadt auf dem Festland abschnitt, bereit jeglichen Widerstand innerhalb der Stadt oder arabische Verstärkung von außerhalb zu verhindern. Der Zerstörer belagerte die Stadt von der Meerseite aus, bereit, jedes Boot abzufangen, das versuchen sollte, den Hafen zu erreichen. Ab vier Uhr am Morgen kreiste ein Aufklärungsflugzeug über der Stadt und ihrer Umgebung, um zu beobachten und, falls sich arabischer Widerstand gegen die Operation organisieren sollte, zu berichten sowie die Entwicklung der Maßnahmen durch eine Reihe von Luftaufnahmen zu dokumentieren. Zur selben Zeit begannen die ersten Soldaten aus Richtung der Polizeistation in die Altstadt einzudringen. In ihrem Gefolge kamen Such- und Zerstörungstrupps, ohne auf größeren Widerstand zu stoßen. Um 5.15 Uhr begann das Royal Corps of Engineers, Teile der Altstadt zu zerstören. Die Ersten, die in die Stadt kamen, fanden eine (bis auf ein paar kranke und alte Menschen, die von ihren Verwandten zurückgelassen worden waren) verlassene Stadt vor. Die Arbeitstrupps arbeiteten systematisch und sorgfältig: Sie begannen mit der Besetzung der Gebäudedächer und überprüften dann das Innere der Häuser. Schließlich kam die Abriss-Crew. Im Laufe des Tages waren Echos von Sprengungen zu hören, Scherben und Gebäudeteile flogen hier und dort, Staubwolken stiegen auf und bedeckten die Stadt (Abb. 2). Gegen 6 Uhr abends verkündete der Kommandant der Operation den Abschluss des Einsatzes und bei Einbruch der Dunkelheit zogen sich die Kräfte dann auch aus der Stadt zurück. Sie hinterließen einen von jeglichen Hindernissen geräumten Weg von zehn bis dreißig Metern Breite, der das Herz der Stadt durchzog (Abb. 3). Am 29. Juni kehrten die Sicherheitskräfte in die verlassene Stadt zurück und sprengten ohne jeglichen Widerstand die zweite, gekrümmte Route von Norden nach Süden frei, eine Maßnahme, die zur Aufrechterhaltung der Kontrolle über den Hafen diente. Laut des Berichts der britischen Mandatsregierung an den Völkerbund wurden im Rahmen der Aktion 237 Gebäude (Abb. 4 und 5) zerstört.[1] Somit wurde nach zwei weiteren Tagen die vierte Stufe des Einsatzes in Jaffa abgeschlossen, die laut Luftwaffengeneral Peirse, dem kommandierenden Offizier in Palästina und Trans-Jordanien, dazu diente, nachzuweisen, wie es möglich war, kommunalen Widerstand niederzuschlagen und zwar „auf die humanste Art und Weise". Im Jahr 1937 wurde dann ein Plan zur Stadtentwicklung nachgereicht („Plan H"), der die neu geplante Infrastruktur der Altstadt zeigt: Er wurde allerdings nie umgesetzt (Abb. 6).

Die große Militäroperation gegen „Old Jaffa" wurde als Erfolg betrachtet. Nach Ansicht der Behörden hatte dieser Erfolg eine weitreichende Wirkung im ganzen Land, da in seiner Folge die organisierte Opposition in den Städten fast zum Erliegen kam. Ab dem Monat Juni und bis zum Ende des Aufstandes wurden die meisten der feindlichen Aktionen in die offene, gebirgige Region verlegt, wo es der Armee leichter fiel, die Aufständischen mit traditionellen militärischen Methoden, je nach Notwendigkeit, zu bekämpfen.

Anmerkungen

1 Siehe: Report to the council of the League of Nations on the Administration of Palestine and Trans-Jordan for the Year 1936, pp 14–15, 186–187.

Literatur

Gavish, D., 1983. The Old City of Jaffa, 1936: A Colonial Urban Renewal Project. (Eretz-Israel) 17, 66–73, 3*–4* (Hebrew with English summary).

Katalogteil der Exponate

Einführung

Martin Peilstöcker

Für den Katalogteil dieses Bandes wurden alle in der Ausstellung gezeigten Objekte in der Abfolge der Objekt-Nummern zusammengestellt. Für jedes Objekt sind, neben einer Beschreibung, auch Angaben zur Herkunft und zu weiterführender Literatur gelistet. In den Fällen, bei denen für die Objektbeschreibungen auf Texte Dritter zurückgegriffen wurde, ist dies vermerkt, ebenso wird auf die Aufsätze in diesem Band verwiesen, die bestimmte Exponate noch ausführlicher diskutieren. Es wurde versucht, insbesondere für die archäologischen Objekte, alle Angaben zur Herkunft zu vermerken, um Interessenten die Möglichkeit zu geben, weitere Informationen einzuholen.
Die überwiegende Zahl der archäologischen Objekte wird hier zum ersten Mal präsentiert und stammt aus Ausgrabungen der letzten Jahre. Daher sind diese noch nicht publiziert und dieser Band kann als Erstpublikation betrachtet werden. Die Grabungsprojekte, von denen die Objekte stammen, sind auf den ganzen Ort Jaffa verteilt (siehe Abb. 1).

Israelische Antikenverwaltung im Folgenden als IAA abgekürzt.

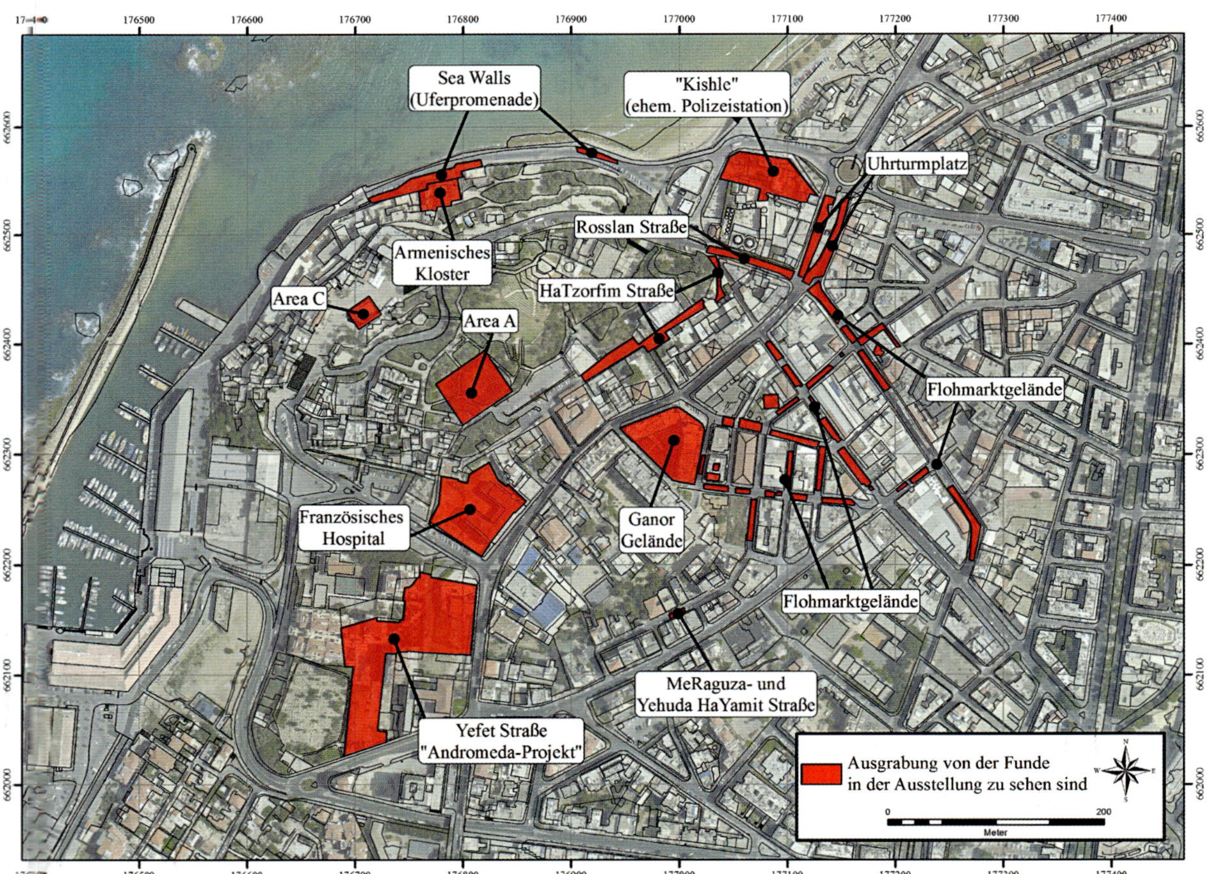

102 Pilgerbericht Breydenbachs Ausgabe von 1502, Buch

Leihgeber		
Martinus Bibliothek, Mainz		
Reg.-Nr.	**Herkunft**	**Maße**
MBM-136	Bibliotheksbestand	B. 32 cm x H. 32,5 cm

Beschreibung

Pilgerbericht. Die Erstausgabe von Bernhards „Peregrinatio in terram sanctam" erschien am 11. Februar 1486 auf Latein, die frühneuhochdeutsche Fassung folgte am 21. Juni 1486. Der Bericht wird illustriert mit einer Karte von Erhard Reuwich. Siehe auch Beitrag von I. Mozer (in diesem Band).

Bibliografie

Mozer, I., 2010 Bernhard von Breydenbach: Peregrinatio in terram sanctam. Eine Pilgerreise ins Heilige Land. Frühneuhochdeutscher Text und Übersetzung. (Berlin, Hardcover und E-Book)

106 Hinweisschild

Leihgeber	
JCHP	
Herkunft	**Maße**
Museum Jaffa	B. 18 cm x H. 24 cm

Beschreibung

Tafel, die am Grabungsgelände in Jaffa angebracht war und den Besuch der interessierten Öffentlichkeit auf den archäologischen Grabungen regelte.

105 Kamera Jacob Kaplans

Leihgeber		
Familie Bar-Lev, Tel Aviv		
Reg.-Nr.	**Herkunft**	**Maße**
priv	Privatbesitz	B. 18 cm x H. 14 cm

Beschreibung

Fotoapparat des Tel Aviver Stadtarchäologen Jacob Kaplan, der damit zahlreiche seiner Grabungen in Jaffa und in Tel Aviv dokumentierte.

200 Ramses Tor Späte Bronzezeit (1550–1200 v. Chr.)

	Ausgrabung & Lizenz	**Ausgräber**
Original im archäologischen Museum von Jaffa Replik Bibelhaus Erlebnis Museum	Tel Yafo, Areal A	J. Kaplan

Material	**Herkunft**
Stein	Ausgrabung

Beschreibung

Replik Ramses Tor. Das Ramses Tor war das monumentale Eingangstor der Festung der ägyptischen Garnison Jaffas in der Spätbronzezeit. Es nennt auf beiden Seiten des Tores Hieroglyphen mit den fünf Namen Ramses II., was auf die Bedeutung des Gebäudes hinweist. Die Festung war auf dem strategisch wichtigen höchsten Teil des Hügels angesiedelt, von wo sowohl das Meer als auch das Hinterland Jaffas gut zu kontrollieren war. Sie war in ägyptischer Bauweise aus luftgetrockneten Lehmziegeln errichtet und bestand, obwohl mehrmals zerstört und wieder aufgebaut, für etwa 300 Jahre. Bei Ausgrabungen wurde bisher nur der Torkomplex mit seinem 18 m langen Durchgang, auf beiden Seiten von mächtigen Türmen geschützt, freigelegt.

Bibliografie

Siehe Peilstöcker & Burke S. 12ff., dieser Band.

201 Griffangeldolch Mittlere Bronzezeit (2000–1550 v. Chr.)

Leihgeber		Ausgrabung & Lizenz	
Römisch Germanisches Zentralmuseum Mainz (RGZM)		unbekannt, es soll sich um einen Grabfund aus Jaffa handeln. Vorbesitzer: „Frau Dr. Kirchner-Schwarz, Grossflattbeck b/Hamburg“.	
Reg.-Nr.	**Material**	**Herkunft**	**Maße**
O.12122	Bronze	Museumsbestand	L. 17,4 cm

Beschreibung

Mittelbronzezeitliche Grabbeigabe. Messer und Dolche sowie Waffen aus Bronze sind aus mittelbronzezeitlichen Gräbern in Palästina gut bekannt und weisen auf Alltagsgegenstände hin. Allerdings fehlen hier die Keramikgefäße, die sich sonst, oft in großer Zahl in den Gräbern finden.

Bibliografie

Otto, H. 1938 „Studien zur Keramik der mittleren Bronzezeit in Palästina“. In Zeitschrift des Deutschen Palästina-Vereins (ZDPV), Vol. 61, No. 3/4: 147–277.

203 Randleistendolch Mittlere Bronzezeit (2000–1550 v. Chr.)

Leihgeber		Ausgrabung & Lizenz	
Römisch Germanisches Zentralmuseum Mainz (RGZM)		unbekannt	
Reg.-Nr.	**Material**	**Herkunft**	**Maße**
O.12124	Bronze	Museumsbestand	31,2 cm

Beschreibung

Mittelbronzezeitliche Grabbeigabe, siehe 201.

Bibliografie

Otto, H. 1938 „Studien zur Keramik der mittleren Bronzezeit in Palästina“. In Zeitschrift des Deutschen Palästina-Vereins (ZDPV), Vol. 61, No. 3/4: 147–277.

202 Griffangeldolch Mittlere Bronzezeit (2000–1550 v. Chr.)

Leihgeber		Ausgrabung & Lizenz	
Römisch Germanisches Zentralmuseum Mainz (RGZM)		unbekannt	
Reg.-Nr.	**Material**	**Herkunft**	**Maße**
O.12123	Bronze	Museumsbestand	L. 30,5 cm

Beschreibung

Mittelbronzezeitliche Grabbeigabe, siehe 201.

Bibliografie

Otto, H. 1938 „Studien zur Keramik der mittleren Bronzezeit in Palästina“. In Zeitschrift des Deutschen Palästina-Vereins (ZDPV), Vol. 61, No. 3/4: 147–277.

204 Schale Mittlere Bronzezeit (2000–1550 v. Chr.)

Leihgeber		Ausgrabung & Lizenz	
Römisch Germanisches Zentralmuseum Mainz (RGZM)		unbekannt, siehe 201	
Reg.-Nr.	**Material**	**Herkunft**	**Maße**
O.12125	Bronze	Museumsbestand	Dm. 14 cm

Beschreibung

Mittelbronzezeitliche Grabbeigabe. Die Schale hat eine Form wie sie auch von Keramikgefäßen bekannt ist. Man nimmt daher an, dass diese die teureren Metallschalen imitieren sollten. In Gräbern der Mittelbronzezeit findet sich oft Essgeschirr zusammen mit Vorratsgefäßen, die dem Wohl des Verstorbenen im Leben nach dem Tod dienen sollten.

Bibliografie

Otto, H. 1938 „Studien zur Keramik der mittleren Bronzezeit in Palästina“. In Zeitschrift des Deutschen Palästina-Vereins (ZDPV), Vol. 61, No. 3/4: 147–277.

210 Schale Späte Bronzezeit (1550–1200 v. Chr.)

Leihgeber	Material	Ausgrabung & Lizenz	Ausgräber
IAA	Keramik	Tel Yafo, Areal A	J. Kaplan
Reg.-Nr.	**Loc. Nr.**	**Herkunft**	**Maße**
IAA-2012-1966	MHA 4838, YF/ III/58/4739	Ausgrabung	Dm. 30 cm, H. 6,5 cm

Beschreibung

Ägyptische Keramik, Späte Bronzezeit, offene Schale, ägyptisierende Keramik lokaler Produktion aus dem Bereich der Festung.

Bibliografie

Siehe Peilstöcker & Burke S.12ff., dieser Band.

211 Ägyptischer Bierkrug Späte Bronzezeit (1550–1200 v. Chr.)

Leihgeber	Material	Ausgrabung & Lizenz	Ausgräber
IAA	Keramik	Tel Yafo, Areal A	J. Kaplan
Reg.-Nr.	**Loc. Nr.**	**Herkunft**	**Maße**
IAA-2012-1967	MHA 2229, 79/A/58/057	Ausgrabung	Top Dm. 23 cm, Dm. 11 cm, H. 18,5 cm

Beschreibung

Ägyptisierende Keramik (Bierkrug). Gefäß vermutlich zur Herstellung (und zum Genuss) von Bier. Diese Gefäße wurden ihrer Form nach zunächst als Blumentöpfe bezeichnet. Die hier gezeigten gehören zur größten Gruppe, die bisher in einem zusammenhängenden Fundplatz in Israel gefunden wurde: Mehr als 20 solcher Krüge wurden in der Nähe des Ramses-Tors gefunden.

Bibliografie

Siehe Peilstöcker & Burke S. 12ff., dieser Band.

212 Ägyptischer Bierkrug Späte Bronzezeit (1550–1200 v. Chr.)

Leihgeber	Material	Ausgrabung & Lizenz	Ausgräber
IAA	Keramik	Tel Yafo, Areal A	J. Kaplan
Reg.-Nr.	**Loc. Nr.**	**Herkunft**	**Maße**
IAA-2013-652	MHA 2238 79/A/58/057	Ausgrabung	Top Dm. 24,5 cm, Dm. 10,5 cm, H. 18,5 cm

Beschreibung

siehe 211.

Bibliografie

Siehe Peilstöcker & Burke S. 12ff., dieser Band.

213 Ägyptischer Bierkrug Späte Bronzezeit (1550–1200 v. Chr.)

Leihgeber	Material	Ausgrabung & Lizenz	Ausgräber
IAA	Keramik	Tel Yafo, Areal A	J. Kaplan
Reg.-Nr.	**Loc. Nr.**	**Herkunft**	**Maße**
IAA-2013-651	MHA 2239 79/A/58/057	Ausgrabung	Top Dm. 23 cm, Dm. 10,5 cm, H. 17 cm

Beschreibung

siehe 211.

Bibliografie

Siehe Peilstöcker & Burke S. 12ff., dieser Band.

214 **Krug** Späte Bronzezeit (1550–1200 v. Chr.)

Leihgeber	Material	Ausgrabung & Lizenz	Ausgräber
IAA	Keramik	Tel Yafo, Areal A	J. Kaplan
Reg.-Nr.	**Loc. Nr.**	**Herkunft**	**Maße**
IAA-1972-558	MHA 2297, 79/A/58/125	Ausgrabung	Top Dm. 9,5 cm, Dm. 12 cm, Low. Dm. 6,5 cm, H. 13 cm

Beschreibung

Ägyptische Keramik, Späte Bronzezeit, kleiner Krug.

Bibliografie

Siehe Peilstöcker & Burke 12ff., dieser Band.

216 **Flasche** Späte Bronzezeit (1550–1200 v. Chr.)

Leihgeber	Material	Ausgrabung & Lizenz	Ausgräber
IAA	Keramik	Tel Yafo, Areal A	J. Kaplan
Reg.-Nr.	**Loc. Nr.**	**Herkunft**	**Maße**
IAA-1972-554	MHA 2298, 79/A/58/126, YF/III/4326	Ausgrabung	Top Dm. 10 cm, mittel Dm. 12,5 cm, H. 27 cm

Beschreibung

Ägyptische spätbronzezeitliche Keramik, Flasche.

Bibliografie

Siehe 715.

215 **Schale** Späte Bronzezeit (1550–1200 v. Chr.)

Leihgeber	Material	Ausgrabung & Lizenz	Ausgräber
IAA	Keramik	Tel Yafo, Areal A	J. Kaplan
Reg.-Nr.	**Loc. Nr.**	**Herkunft**	**Maße**
IAA-1972-555	MHA 2301, 79/A/58/124	Ausgrabung	Top Dm. 29,5 cm, Dm. 9 cm, H. 8 cm

Beschreibung

Ägyptische Keramik, Späte Bronzezeit. Schale mit Bohrung im Boden, wahrscheinlich als Trichter genutzt.

Bibliografie

Siehe Peilstöcker & Burke 12ff., dieser Band.

217 **Skarabäus** Späte Bronzezeit (1550–1200 v. Chr.)

Leihgeber	Material		Ausgrabung & Lizenz	Ausgräber
IAA	Enstatit		Tel Yafo, Areal A, G-44/2012	JCHP (Burke & Peilstöcker)
Reg.-Nr.	**Loc. Nr.**	**Basket Nr.**	**Herkunft**	**Maße**
IAA-2012-1953	3100	1345	Ausgrabung	3 cm x 2,5 cm, H. 1,5 cm

Beschreibung

Spätbronzezeitlicher Skarabäus des Amenhotep III in Übergröße. Das Epitheton sagt: „nTr nfr Nb-mAat-ra nb xaw /netjer nefer Nebmaatre neb khau“ (Der gute Gott, Der-Herr-der-Wahrheit ist-Re, Herr der Erscheinungen).

Bibliografie

Siehe Peilstöcker & Burke S. 12ff., dieser Band.

218 Horus-Auge (Keramikscherbe)
Späte Bronzezeit (1550–1200 v. Chr.)

Leihgeber	Material	Ausgrabung & Lizenz	Ausgräber
IAA	Keramik	Tel Yafo, Areal A	J. Kaplan
Reg.-Nr.	**Loc. Nr.**	**Herkunft**	**Maße**
IAA-2012-1974	MHA 2259 , 79/A/58/087, YF/II/58/3159	Ausgrabung	2,4 cm x 4,5 cm

Beschreibung

Ägyptisch, spätbronzezeitliche Keramik, Einritzung des „Horus-Auges“, wahrscheinlich genutzt als Amulett.

Bibliografie

Siehe Peilstöcker & Burke S. 12ff., dieser Band.

220 Krug Frühe Eisenzeit (1200–1000 v. Chr.)

Leihgeber	Material		Ausgrabung & Lizenz	Ausgräber
IAA	Keramik		Armenisches Kloster A 4015	M. Peilstöcker, F. Volinsky
Reg.-Nr.	**Loc. Nr.**	**Basket Nr.**	**Herkunft**	**Maße**
IAA-2012-1954	4	04/2/1	Ausgrabung	8 cm x 23 cm, Dm. 16 cm

Beschreibung

Früheisenzeitlicher Krug (Fragment), Import.

Bibliografie

Nicht publiziert.

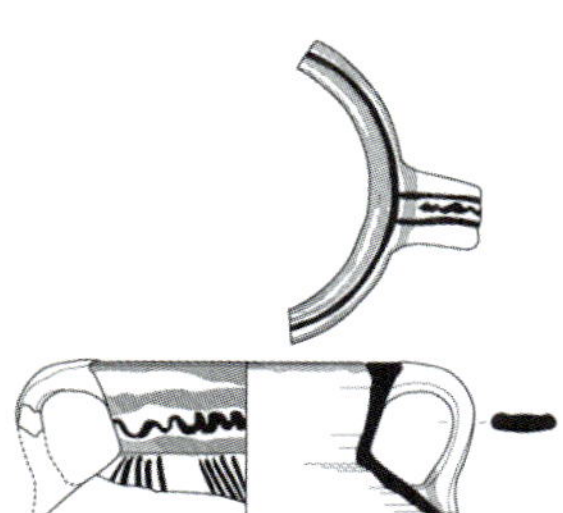

221 Kochtopf Frühe Eisenzeit (1200–1000 v. Chr.)

Leihgeber	Material		Ausgrabung & Lizenz	Ausgräber
IAA	Keramik		Armenisches Kloster, A 4015	M. Peilstöcker & F. Volinsky
Reg.-Nr.	**Loc. Nr.**	**Basket Nr.**	**Herkunft**	**Maße**
IAA-2012-1955	9	0043	Ausgrabung	Top Dm. 37,5 cm, Dm. 40 cm, H. 10 cm

Beschreibung

Früheisenzeitlicher Kochtopf mit Gebrauchsspuren.

Bibliografie

Nicht publiziert.

222 Schüssel Frühe Eisenzeit (1200–1000 v. Chr.)

Leihgeber	Material	Ausgrabung & Lizenz	Ausgräber
IAA	Keramik	Tel Yafo	J. Kaplan
Reg.-Nr.	**Loc. Nr.**	**Herkunft**	**Maße**
IAA-2012-1965	MHA 4772, 79/A/74/068	Ausgrabung	L. 9,5 cm, H. 10 cm

Beschreibung

Fragment einer früheisenzeitlichen Schale, gehört zum Repertoire der sog. Philister-Keramik.

Bibliografie

Nicht publiziert.

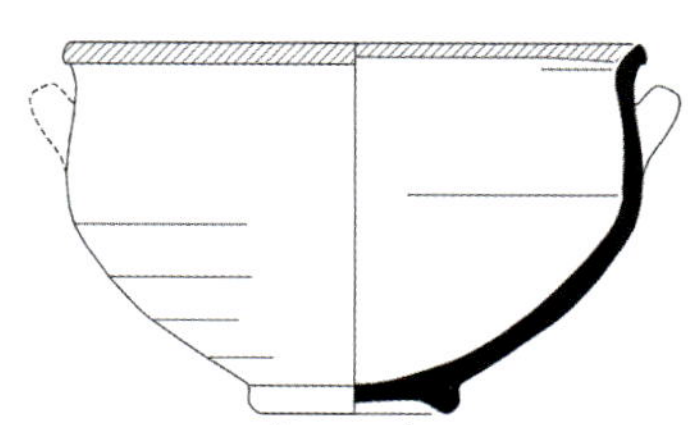

223 **Mischkrug** (Krater), Fragment Frühe Eisenzeit (1200–1000 v. Chr.)

Leihgeber	Material	Ausgrabung & Lizenz	Ausgräber
IAA	Keramik	Tel Yafo	J. Kaplan
Reg.-Nr.	**Loc. Nr.**	**Herkunft**	**Maße**
IAA-2012-1975	MHA 1970, 79/A/56/110	Ausgrabung	7,5 cm x 10,5 cm

Beschreibung

Früheisenzeitliches Gefäß, sog. Philister-Keramik, importiert. Zeigt Spuren der typischen Bemalung mit Spiralen.

Bibliografie

Nicht publiziert.

225 **Siegel** Persische Zeit (6. bis 4. Jh. v. Chr.)

Leihgeber	Material		Ausgrabung & Lizenz	Ausgräber
IAA	Stein		Ganor Gelände, Areal E, A-2374	M. Peilstöcker
Reg.-Nr.	**Loc. Nr.**	**Basket Nr.**	**Herkunft**	**Maße**
IAA-00-3722	2948	83040	Ausgrabung	4 cm x 3,7 cm, H. 1,8 cm

Beschreibung

Siegel aus Kalkstein, fragmentarisch. Die Siegelinschrift liest: ענניהו בן שמעיה (dem Ananjahu [gehörig], Sohn des Shmayh). Datierung (6. bis 4. J. v. Chr. und Zugehörigkeit (judäisch? samaritanisch?) sind unsicher da es in einem späteren Kontext, einer byzantinischen Schicht, gefunden wurde.

Bibliografie

Peilstöcker, M./Sass, B. 2001 A Hebrew Seal from Jaffa and the Hebrew Script in the Post-First Temple Period. *'Atiqot* 42, 199–210.

224 **Schüssel** Frühe Eisenzeit (1200–1000 v. Chr.)

Leihgeber	Material	Ausgrabung & Lizenz	Ausgräber
IAA	Keramik	Tel Yafo	J. Kaplan
Reg.-Nr.	**Loc. Nr.**	**Herkunft**	**Maße**
IAA-2012-1976	MHA 4622, 79/A/72/096	Ausgrabung	3,5 cm x 5 cm

Beschreibung

Fragment einer früheisenzeitlichen Schüssel mit typisch philistäischer Bemalung.

Bibliografie

Nicht publiziert.

226 **Krug** Persische Zeit (6.–4. Jh. v. Chr.)

Leihgeber	Material		Ausgrabung & Lizenz	Ausgräber
IAA	Keramik		Yefet St. (Andromeda Projekt), A 2085	R. Avner
Reg.-Nr.	**Loc. Nr.**	**Basket Nr.**	**Herkunft**	**Maße**
IAA-10-2633	80 (Grab II)	522	Ausgrabung	Top Dm. 3,5 cm., Dm. 7,5 cm, Low Dm. 2,5 cm, H. 11,5 cm

Beschreibung

Persisch. Kleiner Krug mit phönizischer Inschrift: KD HRMS (Krug von Ermias).

Bibliografie

Avner, R./Esther E. 1996 A Juglet with a Phoenician Inscription from a Recent Excavation in Jaffa, Israel. Transeuphratène 12, 59–63.

230 Pelike Hellenistische Zeit, 370/360 v. Chr.

Leihgeber
Martin von Wagner Museum, Würzburg

Reg.-Nr.	Herkunft
Wü-L.855	unbekannt, Museumsbestand

Beschreibung

Apulisches Vorratsgefäß aus Keramik, große Teile modern ergänzt. Diese 412 v. Chr. aufgeführte Tragödie war in der Antike sehr beliebt und fand ihren Niederschlag in zahlreichen Bildern auf unteritalischen Vasen. Die Tragödie zeigte zu Beginn Andromeda an eine Felsengrotte gefesselt. Dann erschien ihr Befreier Perseus, der sie zunächst für eine Statue hielt. Diese Szene ist hier wiedergegeben: In der Mitte steht Andromeda an ein gelbweißes Felsentor gekettet. Von links unten kommt Perseus mit geflügeltem Helm, den Blick nach oben auf Andromeda gerichtet.
Nach dem Mythos wurde Andromeda einem Seeungeheuer ausgeliefert, weil ihre Mutter Kassiopeia die Schönheit ihrer Tochter über die Schönheit der Nereiden (Meeresgöttinnen) gestellt hatte.
Auf der Rückseite: junger Mann im Schema eines heroischen Jägers umgeben von Gabenbringerinnen: Verstorbener?
Apulische Pelike (Vorratsgefäß), große Teile modern ergänzt, 370/360 v. Chr.

Bibliografie

Simon, E. (Hrsg.), 2007 Führer durch die Antikenabteilung des Martin von Wagners Museums der Universität Würzburg. (Mainz 1975) 208 f. Güntner, G. 1999 CVA Würzburg 4 (München) 20 ff. Taf. 13.14. O. Taplin, Pots and Plays. (Los Angeles) 178.

231 Attische Keramikscherbe Hellenistische Zeit, ab 4. Jh. v. Chr.

Leihgeber	Material	Ausgrabung & Lizenz	Ausgräber
IAA	Keramik	Flohmarktgelände A3740	M. Peilstöcker

Reg.-Nr.	Loc. Nr.	Basket Nr.	Herkunft	Maße
IAA-2012-1977	316	1076	Ausgrabung	7 cm x 7 cm

Beschreibung

Hellenistisch. Fragment eines attischen Importgefäßes mit figürlicher Darstellung.

Bibliografie

Nicht publiziert.

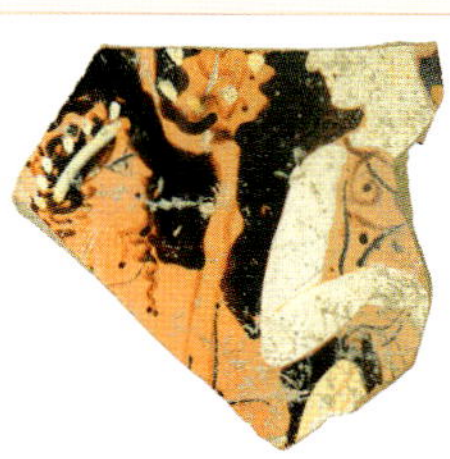

232 „Fish-Plate“ Hellenistische Zeit, ab 4. Jh. v. Chr.

Leihgeber	Material	Ausgrabung & Lizenz	Ausgräber
IAA	Keramik	Ganor Gelände, A-2374	M. Peilstöcker

Reg.-Nr.	Loc. Nr.	Basket Nr.	Herkunft	Maße
IAA-2012-1948	9136	91285	Ausgrabung	22,5 cm x 24,5 cm, low Dm. 7,7 cm, H. 5 cm

Beschreibung

Hellenistisch. Bei diesem Objekt handelt es sich um einen sog. Fischteller (Fish-Plate). Eine Fischplatte ist von ihrer Art einzigartig in der hellenistischen Periode. Die Fischplatte war geprägt durch die kleine Tasse in der Mitte der Platte, die für Öl oder Fisch-Sauce verwendet wurde. Die Fischplatte war in der Regel mit Bildern der Meeresfrüchte bemalt, für die sie bestimmt war. Bei einfacheren Ausführungen, wie bei dem hier gezeigten Beispiel, fiel diese Bemalung oft weg.

Bibliografie

Nicht publiziert.

233 Schale Hellenistische Zeit, ab 4. Jh. v. Chr.

Leihgeber	Material	Ausgrabung & Lizenz	Ausgräber
IAA	Keramik	Ganor Gelände, A-2374	M. Peilstöcker

Reg.-Nr.	Loc. Nr.	Basket Nr.	Herkunft	Maße
IAA-2012-1977	9224	91632	Ausgrabung	Top. Dm. 12,5 cm, Dm. 5,5 cm, H. 3,5 cm

Beschreibung

Hellenistisch. Typische kleine attische Schale. Importkeramik.

Bibliografie

Nicht publiziert.

234 Rhodischer Amphorenhenkel
Hellenistische Zeit, 2./1. Jh. v. Chr.

Leihgeber	Material		Ausgrabung & Lizenz	Ausgräber
IAA	Keramik		Ganor Gelände, A-2374	M. Peilstöcker
Reg.-Nr.	**Loc. Nr.**	**Basket Nr.**	**Herkunft**	**Maße**
IAA-2012-1941	9118	91609	Ausgrabung	8 cm x 11 cm

Beschreibung

Hellenistisch. Henkel einer Transportamphore aus Rhodos mit Stempelabdruck. Type: Finkielsztejn N°15. Datierung ca. 2./1. v. Chr. Lesung: Ἐπ' ἱερέως Θευφάνευς. Die Lesung verweist als Eponym, d. h. eine Persönlichkeit, nach der Jahre benannt werden, wahrscheinlich auf einen Priester oder einen Tempelbediensteten mit dem Namen Teuphanes. Aufgrund der Amphorenform und der bekannten Jahreseponyme, lässt sich dieser mit einem Qeufanhj II. identifizieren, dessen Datierung auf das Jahr 198 v. Chr. fällt, aus dem auch ein starkes Erdbeben belegt ist.

Bibliografie

Siehe Hofeditz S.105ff., dieser Band.
Finkielsztejn G. 2001 Chronologie des Éponymes Amphoriques Rhodiens de 270 à 108 av. J.-C. Environ. Premier Bilan. (BAR International Series 990). (Oxford)

236 Figurinenkopf Hellenistische Zeit

Leihgeber	Material		Ausgrabung & Lizenz	Ausgräber
IAA	Terrakotta		Ganor Gelände, Areal D, A-2374	M. Peilstöcker
Reg.-Nr.	**Loc. Nr.**	**Basket Nr.**	**Herkunft**	**Maße**
IAA-2012-2455	751/1	91054	Ausgrabung	3,1 cm x 3,7 cm, H. 3,5 cm

Beschreibung

Hellenistisch. Kopf einer typischen *Tanagra* Figurine. Als *Tanagra*-Figuren werden antike, aus Terrakotta geformte und gebrannte Frauenfiguren in sitzender oder stehender Haltung von 15 bis 35 cm Höhe aus der böotischen Stadt Tanagra in Zentralgriechenland bezeichnet. Sie dienten als Grabbeigaben und Glücksbringer.

Bibliografie

Nicht publiziert.

235 Rhodischer Amphorenhenkel
Hellenistische Zeit, 250–225. v. Chr.

Leihgeber	Material		Ausgrabung & Lizenz	Ausgräber
IAA	Keramik		Ganor Gelände, A-2374	M. Peilstöcker
Reg.-Nr.	**Loc. Nr.**	**Basket Nr.**	**Herkunft**	**Maße**
IAA-2012-1946	9104	91074/1/9	Ausgrabung	12 cm x 12 cm

Beschreibung

Hellenistisch. Henkel einer Transportamphore aus Rhodos mit Stempelabdruck. Type: Finkielsztejn N°14. Datierung ca. 250–225 v. Chr. Lesung: 'Επὶ Ἁρμοσί λα, [Gegenstand: ?] Der eponyme Name Harmosilas stammt aus den Jahren 209–205 v. Chr. Wahrscheinlich handelt es sich bei der ikonographischen Darstellung in der zweiten Zeile rechts um eine liegende Weinrebe oder um ein Efeublatt.

Bibliografie

Siehe Hofeditz S. 105ff., dieser Band.
Finkielsztejn G. 2001 Chronologie des Éponymes Amphoriques Rhodiens de 270 à 108 av. J.-C. Environ. Premier Bilan. (BAR International Series 990). (Oxford)

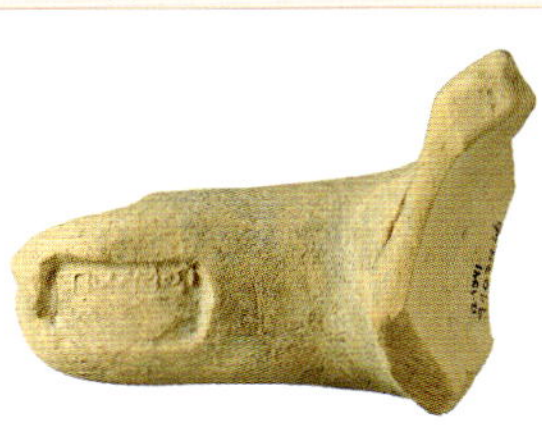

237 Figurinenkopf Hellenistische Zeit

Leihgeber	Material		Ausgrabung & Lizenz	Ausgräber
IAA	Terrakotta		Ganor Gelände, Areal D, A-2374	M. Peilstöcker
Reg.-Nr.	**Loc. Nr.**	**Basket Nr.**	**Herkunft**	**Maße**
IAA-2012-2456	748/1	91088	Ausgrabung	3,5 cm x 3 cm, H. 3 cm

Beschreibung

Hellenistisch. Kopf eines Jungen mit mazedonischer Kopfbedeckung (*Kausia*). Die *Kausia* war eine flache Mütze, ähnlich einer Baskenmütze, die man als Sonnenschutz verwendete. Bei den Makedonen diente sie als Prestigeobjekt und war häufig reich verziert. Figurinen dieser Art sind von Ausgrabungen in Israel (z. B. Akko, Maresha, Samaria) bekannt und stammen häufig aus Grabkontexten.

Bibliografie

Nicht publiziert.

240 Amphore Hellenistische Zeit

Leihgeber	Material		Ausgrabung & Lizenz	Ausgräber
IAA	Keramik		Ganor Gelände, Areal D, A 2374	M. Peilstöcker
Reg.-Nr.	**Loc. Nr.**	**Basket Nr.**	**Herkunft**	**Maße**
IAA-2012-1978	210/1	91266	Ausgrabung	Dm. 44 cm, unterer. Dm. 6 cm, H. 80 cm

Beschreibung

Griechische Transportamphore, von Rhodos importiert. Diese typischen Gefäße zur Aufbewahrung und zum Transport von Wein enthielten oft auf den Henkeln gestempelte Angaben zur Herkunft oder zum Inhalt (siehe Objekte 234 und 235). Bei dem hier gezeigten Objekt fehlt allerdings ein Teil der Henkel.

Bibliografie

Nicht publiziert, siehe aber Hofeditz S. 105ff. dieser Band.

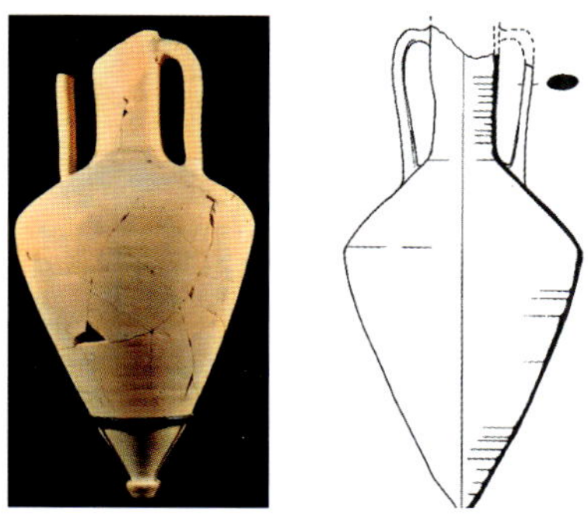

241 Fragment einer Marmorplatte mit Inschrift Hellenistische Zeit, 217 v. Chr.

Leihgeber	Material	Ausgrabung & Lizenz	Ausgräber
IAA	Marmor	Tel Yafo, Areal A	J. Kaplan
Reg.-Nr.	**Loc. Nr.**	**Herkunft**	**Maße**
IAA-93-2061	MHA 2715	Ausgrabung	18,5 cm x 31,5 cm (oben), 31,9 cm (unten), Dicke 5 cm

Beschreibung

Inschrift zur Ehrung von Ptolemaios IV. (Philopator). Wahrscheinlich Teil einer Marmorstele, errichtet im Jahr 217 v. Chr. mit folgendem Text: „Für den großen König, Ptolemäus der Gott, Philopater, Sohn von König Ptolemäus und Königin Berenice den Göttern Euergetai, [Enkel] von König Ptolemäus [Philadelphus], Anaxikles, (dem) Priester des Königs gewidmet ...“.
Es ist anzunehmen, dass diese Inschrift aus einem bisher nicht gefundenen Heiligtum, in dem der ptolemäische Königs-Kult gepflegt wurde, stammt. Sie wurde im Bereich der Agora der Stadt gefunden.

Bibliografie

Lupu, E. 2003 A New Look at Three Inscriptions form Jaffa, Jerusalem, and Gaza. Scripta Classical Israelica 22, 193–202.

242 Krug (Reinheitsgefäß) Römische Zeit

Leihgeber		Ausgrabung & Lizenz	Ausgräber
IAA/Jaffa Museum		Kaplan, Areal C	J. Kaplan
Reg.-Nr.	**Material**	**Herkunft**	**Maße**
IAA-95-145	Kalkstein	Museumsbestand	Top Dm. 10,7 cm, Dm. 9,3 cm, H. 12,5 cm

Beschreibung

Römischer Steinbecher aus Jerusalemer Kalkstein, typisch für jüdische Bevölkerung in der herodianischen Zeit (20 v. Chr. – 100 n. Chr.). Ab etwa 140 v. Chr. war Jaffa/Joppe Teil des judäischen Reiches mit mehrheitlich jüdischer Bevölkerung. Der Fund dieser Steingefäße zeigt, dass ihre Verwendung nicht auf den Jerusalemer Raum beschränkt war, wie lange angenommen wurde.

Bibliografie

Nicht publiziert.

250 Tesserae Byzantinische Zeit, 4.–7. Jh. n. Chr.

Leihgeber	Material		Ausgrabung & Lizenz	Ausgräber
IAA	Glas		Ganor Gelände, A-2374	M. Peilstöcker
Reg.-Nr.	**Loc. Nr.**	**Basket Nr.**	**Herkunft**	**Maße**
IAA-2012-1979	(1) 8211, (2) 8186, (3) 8155, (4) 8155	(1) 81726, (2) 86309, (3) 81383, (4) 81357	Ausgrabung	3,1 cm x 3,7 cm, H. 3,5 cm

Beschreibung

Diese Art von Mosaiksteinen wurde für farbige Mosaiken verwendet. Sie sind aus verschiedenfarbigem Glas oder aus mit Gold oder anderen Materialien überzogenen Glasstücken. Die hier gezeigten Steine stammen aus einem Gebäude mit Apsis, bei dem es sich wahrscheinlich um eine Kirche gehandelt hat. Während diese Steine typisch für Wandmosaike sind, wurden bei Ausgrabung auf demselben Gelände auch gut erhaltene Fußbodenmosaike gefunden.

Bibliografie

Siehe Hofmann S. 109ff., dieser Band.

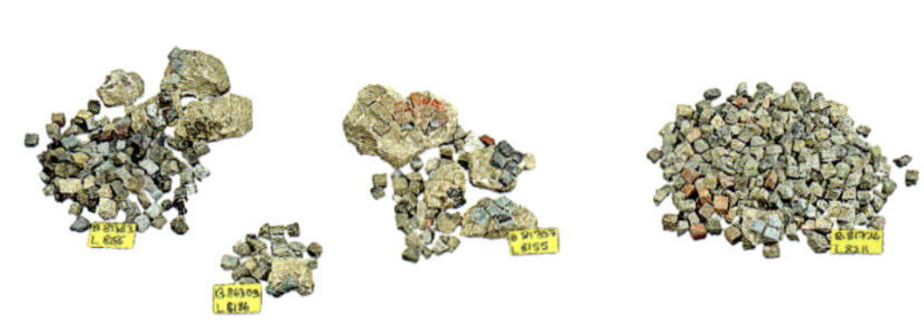

251 Tesserae Byzantinische Zeit, 4.–7. Jh. n. Chr.

Leihgeber		Ausgrabung & Lizenz	Ausgräber
IAA/Jaffa Museum		Ganor Gelände A-2374	M. Peilstöcker
Reg.-Nr.	**Material**	**Herkunft**	**Maße**
IAA-2013-686	Glas	Ausgrabung	Top Dm. 10,7 cm, Dm. 9,3 cm, H. 12,5 cm

Beschreibung

Byzantinische Glastesserae, siehe 250.

Bibliografie

Siehe Hofmann S. 109ff., dieser Band.

260 Münze Kaiser Justin I. (518–522) Byzantinische Zeit

Leihgeber	Material		Ausgrabung & Lizenz	Ausgräber
IAA	Kupfer		Französisches Hospital, Areal D, A-5170	A. Re'em
Reg.-Nr.	**Loc. Nr.**	**Basket Nr.**	**Herkunft**	**Maße**
IAA-119090	2005	6146	Ausgrabung	15,14 gm, 34 X 31 mm

Beschreibung

Vs. Kaiserbüste mit Diadem; lateinisch: *unser Herr Justin, ewiger Augustus.*
Rs. Grosses M, griechisch für 40, CON für Konstantinopel.
Münze des Kaisers Justin I., in Konstantinopel geprägt, gefunden in Jaffa in 2007.
Bei diesen Münzen handelt es sich um die weit verbreiteten Kupfer Folles. Das Wort „Follis" (Mehrzahl: Folles) bezeichnet ursprünglich einen Beutel, im Laufe der Zeit überträgt sich das Wort vom Beutel auf die einzelnen Münzen darin.

Bibliografie

Kool, R. forthcoming The Coins of Jaffa, French Hospital Season I and II.

261 Münze Kaiser Justin I. (518–522) Byzantinische Zeit

Leihgeber	Material		Ausgrabung & Lizenz	Ausgräber
IAA	Kupfer		Ni'ana	H. Turge
Reg.-Nr.	**Loc. Nr.**	**Basket Nr.**	**Herkunft**	**Maße**
IAA-113584	416	4205	Ausgrabung	18,52 gm, 33 mm

Beschreibung

siehe Objekt 260.

262 Krug Frühislamische Zeit (ab 7. Jh. n. Chr.)

Leihgeber	Material		Ausgrabung & Lizenz	Ausgräber
IAA	Keramik		Ganor Gelände, A-2374	M. Peilstöcker
Reg.-Nr.	**Loc. Nr.**	**Basket Nr.**	**Herkunft**	**Maße**
IAA-2012-2452	357	2905	Ausgrabung	Dm. 10 cm, H. 30 cm

Beschreibung

Schöpfgefäß eines frühislamischen „Antiliabrunnens". Bei diesen Brunnen wurde das Wasser mit Hilfe eines Bands, an dem diese Gefäße befestigt waren, in die Tiefe herabgelassen. Die Bänder liefen über große Holzräder, die von Menschen oder Tieren, meist Eseln angetrieben wurden.

Bibliografie

Nicht publiziert.

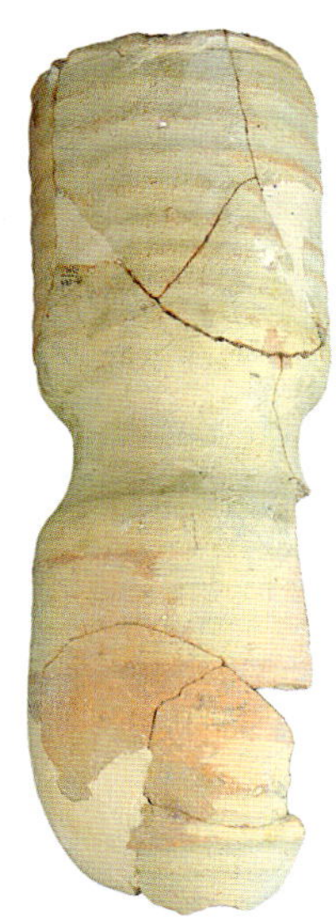

263 Münze, arabisch-byzantisierend Frühislamische Zeit

Leihgeber	Material		Ausgrabung & Lizenz	Ausgräber
IAA	Bronze		Bet Guvrin, G-9/1999	A. Kloner, M. Cohen
Reg.-Nr.	**Loc. Nr.**	**Basket Nr.**	**Herkunft**	**Maße**
IAA-117883	8035	20048/3	Ausgrabung	3,02 gm 20 mm

Beschreibung

Vs. Kaiser mit Kreuz und Reichsapfel.
Rs. Kursives m mit Kreuz.
Nachahmende Münze von der frühesten arabischen Verwaltung in Jund Filastin (arabisch *Distrikt Palästina*) im ehemaligen byzantinischen Palästina geprägt (645–670), Kupfer Follis.
Unklarer Prägeort. Bemerkenswert ist, dass nach der arabischen Eroberung die christlich-byzantinischen Symbole (Kaiser und Kreuz) weiter in Gebrauch bleiben.

Bibliografie

Nicht publiziert.

264 Münze, arabisch-byzantisierend Frühislamische Zeit

Leihgeber	Material		Ausgrabung & Lizenz	Ausgräber
IAA	Bronze		Ashkelon-Barnea, A-4027.	Y. Milevsky
Reg.-Nr.	**Loc. Nr.**	**Basket Nr.**	**Herkunft**	**Maße**
IAA-47206	1022	10046/2	Ausgrabung	2,17 gm; 17 X 22 mm

Beschreibung

Siehe 263.

Bibliografie

Bijovsky, G. 2010 =HA-ESI 122.

265 Münze, umayyadisch Frühislamische Zeit

Leihgeber		Ausgrabung & Lizenz	
IAA		IAA Mandatssammlung	
Reg.-Nr.	**Material**	**Herkunft**	**Maße**
IAA-52812	Bronze	unklar.	4,11 gm, 20 mm

Beschreibung

Vs. Kaiserfigur in langer Robe, Krone mit Kreuz, hält Kreuz und Reichsapfel.
Rs. M, arabisch geprägt in Damaskus, legal.
Nachahmende Münze, von einem der ersten Kalifen der Umayyaden geprägt (671–690), Kupfer Follis. In Damaskus geprägt. Bemerkenswert ist, dass einer der frühislamischen Kalifen christliche Symbole auf arabische Münzen prägt.

Bibliografie

Nicht publiziert.

266 Münze, umayyadisch Frühislamische Zeit

Leihgeber	Material		Ausgrabung & Lizenz	Ausgräber
IAA	Bronze		Tel Kittan, A-2070	D. Shalem
Reg.-Nr.	**Loc. Nr.**	**Basket Nr.**	**Herkunft**	**Maße**
IAA-62622	1036	10393	Ausgrabung	3,54 gm, 18 mm

Beschreibung

In Damaskus geprägt, in Tell Kitan in 1993 gefunden, siehe 265.

Bibliografie

Berman, A./Bijovsky, G. 2002, Atiqot 43:178, No. 3.

267–268 Münzen, Kalif Abd al-Malik ibn Marwan
Frühislamische Zeit

Leihgeber	Ausgrabung & Lizenz
IAA	IAA Mandatssammlung

Reg.-Nr.	Material	Herkunft	Maße
IAA-52828	Kupfer	unbekannt.	3,2 gm, 21 mm

Beschreibung

Vs. Kalif ein Schwert haltend, arabisch: *Mohamed, der Prophet Gottes.*
Rs. Kursives *m*, links *Filastin*, rechts *Iliya.*
Arabisch-Byzantinischer Typ C, nachahmende Münzen von Kalif Abd al-Malik ibn Marwan (691–697) geprägt. Kupfer Follis. Geprägt in Iliya (Jerusalem). Erst Ende des 7. Jh.s erscheint die arabische Ehrenbezeichnung Mohamed auf den Münzen in Palästina.

Bibliografie

Nassar, N. G. 1947. QDAP 13: 121, n.4.

270 Münze, Jaffa-Denar Kreuzfahrerzeit

Leihgeber	Material	Ausgrabung & Lizenz	Ausgräber
IAA	Silberlegierung	Flohmarkt, Bet Eshel St., A-5640	O. Segal

Reg.-Nr.	Loc. Nr.	Basket Nr.	Herkunft	Maße
IAA-139499	110	1006	Ausgrabung	0,63 gm, 14x16 mm

Beschreibung

Anonymous Billon denier (*Denarius Ioppensis*), Second Kingdom of Jerusalem, (1230s–1260).
Minted in Jaffa. Excavated in Jaffa in 2009.
Diese kleine, mittelalterliche Münze gehört zu den seltensten Münzen, die jemals im Königreich von Jerusalem geprägt wurden. Bisher sind nur zehn Beispiele aus aller Welt bekannt, von denen eines hier vorgestellt wird.
Die Münze zeigt auf ihrer Vorderseite ein Kreuz und auf der Rückseite ein Tor, bestehend aus einem zentralen Turm mit zwei niedrigen, flankierenden Türmen. Die Münze ist anonym, d. h. der Herrscher, der sie herausgegeben hat wird nicht genannt. Stattdessen weist sie eine lateinische Inschrift auf, die den Wert und den Prägeort nennt: DENARIUS IOPPENSIS, „Denar (geprägt in) Jaffa".
Die entscheidende Frage, die sich stellt, ist, wann diese rätselhafte Münze geprägt wurde. Die Doppel-Grafschaft von Jaffa-Ashkelon gehörte den Jerusalemer Königen bis in das frühe 13. Jh. Sie gaben ihre eigenen, charakteristischen Dinare heraus (siehe Objekte274–277) und erlaubten keine separate feudale Münzprägung in ihrem Reich und schon gar nicht in ihren königlichen Domänen. Dies alles änderte sich später im 13. Jh., als auf Unabhängigkeit bedachte Adlige in Beirut, Tyrus und Sidon ihr eigenes kleines Geld in Form von Denaren aus minderwertigem Silber und Kupfer prägten. Der *Denarius Ioppensis* scheint in diese Zeit zu datieren. Die Münze wurde offenbar zwischen 1230 und 1260 produziert, als Jaffa durch Kaiser Friedrich II. und den französischen König Louis IX. während ihrer Besuche im Heiligen Land wieder aufgebaut wurde. Das Tor, das auf der Münze erscheint, symbolisiert offensichtlich den erneuerten Status von Jaffa als eine wichtige Hafenstadt der Kreuzfahrer.
Die in dieser Ausstellung gezeigte Münze ist die einzige, die jemals bei einer kontrollierten Ausgrabung gefunden wurde und daher äußerst wichtig zur unabhängigen Datierung der Münze. Sie wurde während einer IAA-Rettungsgrabung in der mittelalterlichen Unterstadt des 13. Jh.s in den Überresten eines Gebäudes gefunden, das als Laden genutzt worden war. Nicht weit davon wurde eine weitere kreuzfahrerzeitliche Münze des 13. Jh.s gefunden, geprägt in Le Puy, Languedoc. (Dr. R. Kool)

Bibliografie

Nicht publiziert.

271 Münze, Zweites Königreich Jerusalem Kreuzfahrerzeit

Leihgeber	Material		Ausgrabung & Lizenz	Ausgräber
IAA	Silberlegierung		Flohmarkt, A-3740	M. Peilstöcker
Reg.-Nr.	**Loc. Nr.**	**Basket Nr.**	**Herkunft**	**Maße**
IAA-108221	1501	4006	Ausgrabung	1,42 gm, 15 mm

Beschreibung

Zweites Königreich von Jerusalem (1250–1259 CE), Silber-Imitation Halb-*Drachma*.
Geprägt in Acre (Akko). Gefunden in Jaffa in 2002 (siehe auch oben, Objekt 270).
Im Frühjahr 1250 landete der päpstliche Legat, der französische Bischof Eudes de Châteauroux in Akkon, als Begleitung der Armee des französischen Königs Louis IX. auf ihrem Kreuzzug ins Heilige Land. Er war ein strikter Theologe, der als Kanzler der Universität von Paris, die öffentliche Verbrennung der jüdischen Bücher (einschließlich des Talmud) in Paris in den 1240er-Jahren veranlasst hatte. Als er erfuhr, dass die Franken Münzen mit arabischen Inschriften geprägt hatten, die den islamischen Glauben und seinen Propheten verherrlichen, verlangte er sofort ein Ende dieser Praxis. Empört forderte Eudes die persönliche Intervention des Papstes in Rom, die er auch bekam. Papst Innocentius IV. (1243–1254) erteilte eine harsche Antwort in einem offiziellen päpstlichen Brief und drohte, ein Verbot zu verhängen und alle zu exkommunizieren, die wagen sollten, imitierende Gold und Silber Dinare und Dirhams zu prägen, in denen der Name Muhammads und sein Geburtsdatum (Jahr Hejira) genannt wird.
Die päpstliche Verfügung folgte umgehend und doch produzierten die Münzer aus Akkon weiterhin diese Imitationen, da es sich offensichtlich um profitable Münzen handelte. Nun fügten sie jedoch christliche Symbole (Kreuze) den arabischen Legenden und Daten hinzu, priesen den christlichen Glauben und datierten nach dem christlichen Kalender.
Die Münze, die hier ausgestellt ist die erste, die jemals in einer kontrollierten Ausgrabung gefunden wurde. Sie wurde bei Rettungsgrabungen der IAA in Jaffa Im Flohmarktgelände ausgegraben, die von Dr. Martin Peilstöcker und Amit Reem geleitet wurden. Die Münze wurde in einem Wohngebäude zusammen mit Keramik entdeckt, die, wie die Münze in das 13. Jahrhundert datiert. Die silberne Münze zeigt ein Kreuz, eine Lilie und eine arabische Inschrift in einem Quadrat auf beiden Seiten. Auf der Vorderseite ist die Legende in quadratische arabischer *Cufic*-Schrift geschrieben und nennt die zentrale Lehre des christlichen Glaubens, die Dreifaltigkeit الاب البن والروح القدس „al Ab, al-Bin w al Rukh al Kuds“–„Der Vater, der Sohn und der Heilige Geist“). Beide Seiten enthalten auch vier marginale arabische Legenden um jedes Quadrat mit dem christlichen Segen „Seine ist die Herrlichkeit für immer und ewig“, die alle aber verwischt sind.
Gold-Dinare und Silber-Dirhams, produziert von benachbarten islamischen Herrschern, wurden überall im fränkischen Königreich von Jerusalem und den Kreuzritter-Fürstentümern von Antiochia und Tripolis während des gesamten 12. und 13. Jahrhunderts nachgeahmt. Diese Münze jedoch wurde nur während eines sehr kurzen Zeitraums im kreuzfahrerzeitlichen Akko und zwar zwischen 1251 und 1257 geprägt und imitiert einen quadratischen Typ halber Dirhem geprägt von den Ayyubiden-Herrschern von Damaskus in der ersten Hälfte des 13. Jh.s.
(Dr. R. Kool)

Bibliografie

Nicht publiziert.

272 Münze

Leihgeber		Ausgrabung & Lizenz	
IAA		IAA Mandatssammlung	
Reg.-Nr.	**Material**	**Herkunft**	**Maße**
IAA-53586	AR	unbekannt	1,44 gm, 20 mm

Beschreibung

Siehe 271.

Bibliografie

Nicht publiziert.

273 Münze, König Balduin III. von Jerusalem Kreuzfahrerzeit

Leihgeber	Material		Ausgrabung & Lizenz	Ausgräber
IAA	Gold		Ganor Gelände, A-3908	M. Peilstöcker
Reg.-Nr.	**Loc. Nr.**	**Basket Nr.**	**Herkunft**	**Maße**
IAA-108404	6546	63292	Ausgrabung	0,52 gm, 11 mm

Beschreibung

Vs. Lateinisch: *unter der Aufsicht von König Balduin.*
Rs. Davidszitadelle in Jerusalem, lateinisch: *von Jerusalem.*
König Balduin III. von Jerusalem (1143–1163 CE), Gold-Schnitt Fragment.
Geprägt in Jerusalem, gefunden in Jaffa in 2003.

Bibliografie

Nicht publiziert.

274 Münze, König Balduin III. von Jerusalem Kreuzfahrerzeit

Leihgeber	Material		Ausgrabung & Lizenz	Ausgräber
IAA	Gold		Karmelküste (Unterwasser Survey), G-13/1999	E. Galili, J. Sharvit
Reg.-Nr.	**Loc. Nr.**	**Basket Nr.**	**Herkunft**	**Maße**
IAA-92038	22	9	Unterwasser Survey	0,61 gm, 10 mm

Beschreibung

Siehe 273.

Bibliografie

Nicht publiziert.

275 Münze, König Balduin III. von Jerusalem Kreuzfahrerzeit

Leihgeber	Material		Ausgrabung & Lizenz	Ausgräber
IAA	Silberlegierung		Kishle	Y. Arbel
Reg.-Nr.	**Loc. Nr.**	**Basket Nr.**	**Herkunft**	**Maße**
IAA-119121	917	10146	Ausgrabung	0,78 gm, 17 mm

Beschreibung

Vs. *König Balduin.*
Rs. Davidszitadelle in Jerusalem, lateinisch: *von Jerusalem.*
König Balduin III. von Jerusalem (1143–1163 CE), Billon Denier, d. h. ein Denar aus einer Silberlegierung.
Geprägt im Königreich von Jerusalem, gefunden in Jaffa in 2007.

Bibliografie

Kool, R. forthcoming ‚The Coins at the Ottoman Police Gelände (Qishle) of Jaffa (2007)'. In Y. Arbel (Ed.) Excavations at the Ottoman Police Compound (Qishle) of Jaffa. Jaffa Cultural Heritage Project [2]. Burke, A. A. / Peilstöcker, M. eds. Monumental Archaeologica. The Cotsen Institute of Archaeology Press. (Los Angeles)

276 Münze, König Balduin III. von Jerusalem Kreuzfahrerzeit

Leihgeber	Material		Ausgrabung & Lizenz	Ausgräber
IAA	Silberlegierung		Yefetst. (Andromeda-Projekt), A-2085	R. Avner
Reg.-Nr.	**Loc. Nr.**	**Basket Nr.**	**Herkunft**	**Maße**
IAA-60287	806	8015	Ausgrabung	0,74 gm, 17 mm

Beschreibung

Geprägt im Königreich von Jerusalem. Gefunden in Jaffa in 1993.

Bibliografie

Nicht publiziert.

277 Münze, König Amaury I. von Jerusalem Kreuzfahrerzeit

Leihgeber	Material		Ausgrabung & Lizenz	Ausgräber
IAA	Silberlegierung		Französisches Hospital, Areal A, A5170	A. Re'em
Reg.-Nr.	**Loc. Nr.**	**Basket Nr.**	**Herkunft**	**Maße**
IAA-119068	100	550	Ausgrabung	0,76 gm, 18 mm

Beschreibung

Vs. *König Amaury.*
Rs. Die Grabeskirche, herum geschrieben von *Jerusalem.*
König Amaury I von Jerusalem (1163–1174), Billon Denier.
Geprägt im Königreich von Jerusalem, gefunden in Jaffa in 2007.

Bibliografie

Kool, R. forthcoming The Coins of Jaffa, French Hospital Season I and II.

278 Münze, König Amaury I. von Jerusalem Kreuzfahrerzeit

Leihgeber	Material		Ausgrabung & Lizenz	Ausgräber
IAA	Silberlegierung		Kishle, A-5037	Y. Arbel
Reg.-Nr.	**Loc. Nr.**	**Basket Nr.**	**Herkunft**	**Maße**
IAA-119110	301	3351	Ausgrabung	0,83 gm, 19 mm

Beschreibung

Siehe 277. Geprägt im Königreich von Jerusalem, gefunden in Jaffa in 2007.

Bibliografie

Kool, R. forthcoming ‚The Coins at the Ottoman Police Gelände (Qishle) of Jaffa (2007)'. In Y. Arbel (Ed.) Excavations at the Ottoman Police Gelände (Qishle) of Jaffa. Jaffa Cultural Heritage Project [2]. Burke, A. A./ Peilstöcker, M. eds. Monumental Archaeologica. The Cotsen Institute of Archaeology Press. (Los Angeles)

279 Münze, Raymond von Tripoli Kreuzfahrerzeit

Leihgeber	Material	Ausgrabung & Lizenz	Ausgräber
IAA	Silberlegierung	Ganor Gelände, A-2374, Areal E	M. Peilstöcker

Reg.-Nr.	Loc. Nr.	Basket Nr.	Herkunft	Maße
IAA-82453	8194	81532	Ausgrabung	0,77gm, 15 mm

Beschreibung

Vs. Davidszitadelle, lateinisch: *Turm*.
Rs. Achtstrahliger Stern der Grafen von Toulouse und Tripolis, lateinisch: (von) *David*.
Königreich von Jerusalem, Raymond von Tripoli, (1174–1177 CE), Denier.
Geprägt im Königreich von Jerusalem, gefunden in Jaffa in 1995.

Bibliografie

Kool, R. 2006 ‚From the Horse's Mouth: Re-Dating the Anonymous TVRRIS DAVIT Issue.' Israel Numismatic Research, 1: 151–156.

280 Münze, Raymond von Tripoli Kreuzfahrerzeit

Leihgeber	Material	Ausgrabung & Lizenz	Ausgräber
IAA	Silberlegierung	Uhrturm-Platz A-4312	M. Peilstöcker

Reg.-Nr.	Loc. Nr.	Basket Nr.	Herkunft	Maße
IAA-112997	3761	9377	Ausgrabung	0,97 gm, 16 mm

Beschreibung

Siehe 279. Geprägt im Königreich von Jerusalem, gefunden in Jaffa in 2004.

Bibliografie

Nicht publiziert.

281 Münze, König Heinrich I. von Zypern Kreuzfahrerzeit

Leihgeber	Material	Ausgrabung & Lizenz	Ausgräber
IAA	Silberlegierung	Ganor Gelände, A-2374	???

Reg.-Nr.	Loc. Nr.	Basket Nr.	Herkunft	Maße
IAA-82467	999	93617	Ausgrabung	0,36 gm, 14 mm

Beschreibung

Vs. *Henricus*
Rs. *König von Zypern*
König Heinrich I. von Zypern (1218–1253 CE), Billon Denier
Geprägt auf Zypern, gefunden in Jaffa 1995,Oberflächenfund.

Bibliografie

Nicht publiziert.

282 Münze, König Heinrich I. von Zypern Kreuzfahrerzeit

Leihgeber	Material	Ausgrabung & Lizenz	Ausgräber
IAA	Silberlegierung	Yefetst. (Andromeda-Projekt), Areal R, A-2085	R. Avner

Reg.-Nr.	Loc. Nr.	Basket Nr.	Herkunft	Maße
IAA-60289	907	9059	Ausgrabung	0,51 gm, 16 mm

Beschreibung

Vs. *Henricus*
Rs. *Köng von Zypern*
König Heinrich I. von Zypern (1218–1253 CE), Billon Denier
Geprägt auf Zypern, gefunden in Jaffa 1995.

Bibliografie

Kool, R. 1999 'Coins and Currencies in the Latin Kingdom of Jerusalem: 1099–1291.' In S. Rozenberg (ed.) Knights of the Holy Land. Exhibition Catalogue of the Israel Museum. (Jerusalem), p. 276.

283 Münze, französisch (Anjou) Kreuzfahrerzeit

Leihgeber	Material	Ausgrabung & Lizenz	Ausgräber
IAA	Silberlegierung	Flohmarkt, A-4034	M. Peilstöcker & A. Re'em

Reg.-Nr.	Loc. Nr.	Basket Nr.	Herkunft	Maße
IAA-112961	3205	3205	Ausgrabung	0,75 gm, 19 mm

Beschreibung

Vs. Kreuz, A und ω, lateinisch Graf Fulko.
Rs. Monogram, lateinisch: *Stadt Angers.*
Französische Lehnsgeld (Feudalgeld), Herren von Anjou , Denier, 1109, 1129.
Graf Fulko von Jerusalem beziehungsweise Fulko V. von Anjou (1187–1250 CE), Billon Denier. Geprägt in Angers, Frankreich, gefunden in Jaffa in 2003.

Bibliografie

Nicht publiziert.

285 Münze, französisch (Burgund) Kreuzfahrerzeit

Leihgeber	Material	Ausgrabung & Lizenz	Ausgräber
IAA	Silberlegierung	Ganor Gelände, Areal E, A-2374	M. Peilstöcker

Reg.-Nr.	Loc. Nr.	Basket Nr.	Herkunft	Maße
IAA-83243	8303	82027	Ausgrabung	0,53 gm, 17 mm

Beschreibung

Vs. Doppelter Bischofsstab, lateinisch: *Hugo Herr von Burgund.*
Rs. Kreuz, lateinisch: *von Dijon.*
Französisches Lehnsgeld (Feudalgeld), Hugo IV., Denier, 1218, 1272.
Graf Hugo IV von Burgund (1218–1272 CE), Billon Denier.
Geprägt in Dijon, Frankreich, gefunden in Jaffa in 1995.

Bibliografie

Nicht publiziert.

284 Münze, französisch (Anjou) Kreuzfahrerzeit
Jaffa, Flohmarkt Gelände

Leihgeber	Material	Ausgrabung & Lizenz	Ausgräber
IAA	Silberlegierung	Haninastreet (Flohmarkt), A-4675	M. Peilstöcker & Y. Arbel

Reg.-Nr.	Loc. Nr.	Basket Nr.	Herkunft	Maße
IAA-119037	295	6022	Ausgrabung	1,01 gm, 19 mm

Beschreibung

Siehe 283. Geprägt in Angers, Frankreich, gefunden in Jaffa in 2005.

Bibliografie

Nicht publiziert.

286 Münze, französisch (Burgund) Kreuzfahrerzeit

Leihgeber	Material	Ausgrabung & Lizenz	Ausgräber
IAA	Silberlegierung	Flohmarkt Gelände, Tanchum St, A-4675	M. Peilstöcker & Y. Arbel

Reg.-Nr.	Loc. Nr.	Basket Nr.	Herkunft	Maße
IAA-119050	512	7007	Ausgrabung	0,64 gm, 17 mm

Beschreibung

Siehe 285. Geprägt in Dijon, Frankreich, gefunden in Jaffa in 2005.

Bibliografie

Nicht publiziert.

287 Münze, italienisch (Lucca) Kreuzfahrerzeit

Leihgeber	Material		Ausgrabung & Lizenz	Ausgräber
IAA	Silberlegierung		MeRaguza und Y. Ha-Yamit St, A-2626	E. Ayash
Reg.-Nr.	**Loc. Nr.**	**Basket Nr.**	**Herkunft**	**Maße**
IAA-79201	509	5049	Ausgrabung	0,65 gm, 16 mm

Beschreibung

Vs. *Kaiser Otto*.
Rs. *Lucca*
Italienische Münze, Lucca (Toskana), Denier. Geprägt von der Stadt Lucca (1218–1272 CE), Billon Denier.
Gefunden in Jaffa in 1997.

Bibliografie

Nicht publiziert.

288 Münze, italienisch (Lucca) Kreuzfahrerzeit

Leihgeber	Material		Ausgrabung & Lizenz	Ausgräber
IAA	Silberlegierung		Ganor Gelände, Areal H, A-3908.	M. Peilstöcker
Reg.-Nr.	**Loc. Nr.**	**Basket Nr.**	**Herkunft**	**Maße**
IAA-112941	6544	63124	Ausgrabung	0,9 gm, 18 mm

Beschreibung

Siehe 287, gefunden in Jaffa in 2003.

Bibliografie

Nicht publiziert.

289 Münze, italienisch (Verona) Kreuzfahrerzeit

Leihgeber	Material		Ausgrabung & Lizenz	Ausgräber
IAA	Silberlegierung		Clock-Square	M. Peilstöcker
Reg.-Nr.	**Loc. Nr.**	**Basket Nr.**	**Herkunft**	**Maße**
IAA-119025	999	1846	Ausgrabung (Oberflächenfund)	0,3 gm, 13 mm

Beschreibung

Vs. Tatzenkreuz in Kreis.
Rs. Tatzenkreuz in Kreis, *Verona*.
Italienische Münze, Verona, Denier, 1185, 1270. Geprägt von der Stadt Verona (Nord-Italien, 1200–1250 CE), Billon Denier, gefunden in Jaffa in 2004.

Bibliografie

Nicht publiziert.

290 Münze, italienisch (Verona) Kreuzfahrerzeit

Leihgeber	Material	Ausgrabung & Lizenz	Ausgräber
IAA	Silberlegierung	Sharon Gegend	M. Peilstöcker
Reg.-Nr.		**Herkunft**	**Maße**
IAA-92788		Streufund	0,35 gm, 13 mm

Beschreibung

Siehe 289.

Bibliografie

Nicht publiziert.

291 Münze, Friedrich II. der Staufer, König von Sizilien
Kreuzfahrerzeit

Leihgeber	Material	Ausgrabung & Lizenz	Ausgräber
IAA	Silberlegierung	Clock-Square	M. Peilstöcker

Reg.-Nr.	Loc. Nr.	Basket Nr.	Herkunft	Maße
IAA-112991	459	3002	Ausgrabung	0,64 gm, 17 mm

Beschreibung

Vs. *Kaiser Friedrich von den Römern, ewiger Augustus.*
Rs. Kreuz, lateinisch: *König von Jerusalem und Sizilien.*
Italienische Münze, Friedrich II., König von Sizilien (1194–1250 CE), Billon Denier.
Geprägt in Messina, Sizilien, 1246–1250. Gefunden in Jaffa in 2004.

Bibliografie

Nicht publiziert.

293 Münze, Konstantinopel Kreuzfahrerzeit

Leihgeber	Material	Ausgrabung & Lizenz	Ausgräber
IAA	Kupfer	Tel Yafo, &-27/1961	J. Kaplan

Reg.-Nr.	Basket Nr.	Herkunft	Maße
IAA-47491	392	Ausgrabung (Abraum)	0,62gm, 16 mm

Beschreibung

Vs. Jesus-Büste, Innschrift *IC – XC*
Rs. Templerkreuz.
Byzantinische Münze. Byzantinisches Reich (1060s–1080 CE), anonymus Follis, d. h. der Kaiser ist nicht abgebildet, sondern ein Portrait von Jesus Christus.
Geprägt in Konstantinopel gefunden in Jaffa in 1961.

Bibliografie

Nicht publiziert.

292 Münze, Friedrich II. der Staufer, König von Sizilien
Kreuzfahrerzeit

Leihgeber	Material	Ausgrabung & Lizenz	Ausgräber
IAA	Silberlegierung	Horvat Shema‘, G-14/1972	E. Meyers

Reg.-Nr.	Herkunft	Maße
IAA-9904	Ausgrabung	0,62gm, 16 mm

Beschreibung

Siehe 291.

Bibliografie

Hanson, R. 1976 Ancient Synagoge Excavations at Khirbet Shema‘, Upper Galilee, Israel, p. 284.

294 Münze, Konstantinopel Kreuzfahrerzeit

Leihgeber	Material	Ausgrabung & Lizenz	Ausgräber
IAA	Kupfer	Banias, G-58/1994	V. Tsafiris

Reg.-Nr.	Loc. Nr.	Herkunft	Maße
IAA-62682	12l021	Ausgrabung	6,6 gm, 24 X 27 mm

Beschreibung

Siehe 293.
Geprägt in Konstantinopel, gefunden in Banias.

Bibliografie

Nicht publiziert.

295 Münze, armenisch Kreuzfahrerzeit

Leihgeber	Material		Ausgrabung & Lizenz	Ausgräber
IAA	Kupfer		Ganor Gelände, Areal E, A-5656	E. Yekoel
Reg.-Nr.	**Loc. Nr.**	**Basket Nr.**	**Herkunft**	**Maße**
IAA-122530	6700	63759	Ausgrabung	7,31 gm, 21 mm

Beschreibung

Vs. König auf Löwenthron, *Hetoum König der Armenier.*
Rs. *Gemünzt in der Stadt Sis.*
Hetoum I, König von Armenien (1226–1271 CE), Bronze Tank Münze.
Geprägt in Sis (Kozan, Südöstliche Türkei), gefunden in Jaffa in 2009.

Bibliografie

Nicht publiziert.

296 Münze, armenisch Kreuzfahrerzeit

Leihgeber	Material		Ausgräber
IAA	Kupfer		J. Kaplan
Reg.-Nr.		**Herkunft**	**Maße**
IAA-122095		Ehemalige Münzsammlung der Stadt Akko	6,99 gm, 28 mm

Beschreibung

Siehe 295

Bibliografie

Nicht publiziert.

297 Münze, Sultan Kay-Kusraw I, Rum-Seldschuken
Kreuzfahrerzeit

Leihgeber	Material		Ausgrabung & Lizenz	Ausgräber
IAA	Kupfer		Flohmarkt, Amiad St., A-3740	M. Peilstöcker
Reg.-Nr.	**Loc. Nr.**	**Basket Nr.**	**Herkunft**	**Maße**
IAA-108239	131	781	Ausgrabung	3,15 gm, 17 mm

Beschreibung

Vs. *Der glorreiche Sultan Kay-Khusraw, Sohn von (Sultan) Qilij Arslan (II.)*
Rs. Reiter, ein Schwert haltend.
Rum Seldschuken, Kleinasien, Kay-Kusraw I, Fals, 1192, 1211. Ghiyâth Ad-Dîn Kay-Khusraw I, Sultan der Rûm Seldschuken (1192–1210 CE), Es handelt sich um ein Kupfer Fals, der Ausdruck leitet sich von dem byzantinischen „Follis“ab. Siehe 260.
Geprägt in Anatolien. Gefunden in Jaffa in 2002.

Bibliografie

Nicht publiziert.

298 Münze, Sultan Kay-Kusraw I, Rum-Seldschuke
Kreuzfahrerzeit

Leihgeber	Material	Ausgrabung & Lizenz	
IAA	Kupfer	IAA Mandatssammlung	
Reg.-Nr.		**Herkunft**	**Maße**
IAA-53210		Sammlung	2,9 gm, 22 mm

Beschreibung

Siehe 297.

Bibliografie

Nicht publiziert.

299 Amulett Kreuzfahrerzeit

Leihgeber	Material		Ausgrabung & Lizenz	Ausgräber
IAA	Bronze		Flohmarktgelände	M. Peilstöcker
Reg.-Nr.	**Loc. Nr.**	**Basket Nr.**	**Herkunft**	**Maße**
IAA-13-634	1096	5335	Ausgrabung	3,6 cm x 2 cm

Beschreibung

Amulett aus der Kreuzfahrerzeit (1099 – 1291 n. Chr.): + S•BENEDICTA•SOROR SCI SPI, S(igullum) BENEDICTAE SOROR(is) Sancti Spiriti (Dieses Siegel gehört der gesegneten Schwester des Ordens des Heiligen Geistes)

Bibliografie

Nicht publiziert.

1:1

300 Kasserolle Kreuzfahrerzeit

Leihgeber	Material		Ausgrabung & Lizenz	Ausgräber
IAA	Keramik		Ganor Gelände A-2374	M. Peilstöcker
Reg.-Nr.	**Loc. Nr.**	**Basket Nr.**	**Herkunft**	**Maße**
IAA-2012-2453	9253	91766	Ausgrabung	Dm. 42,7 cm, H. 4,3 cm

Beschreibung

Kreuzfahrerzeitliche Importkeramik (13. Jh.) aus dem Südlibanon. Obwohl es sich nur um Kochgeschirr handelt, wurde es importiert. Charakteristisch für Kochtöpfe sind die Glasur und der braune Ton der Keramik.

Bibliografie

Nicht publiziert.

301 Schale Kreuzfahrerzeit

Leihgeber	Material	Ausgrabung & Lizenz	Ausgräber
IAA	Keramik	Ganor Gelände A-2374	M. Peilstöcker
Reg.-Nr.	**Basket Nr.**	**Herkunft**	**Maße**
IAA-2012-2454	8157	Ausgrabung	Top Dm. 21,5 cm, Dm. 47,5 cm, H. 17 cm

Beschreibung

Kreuzfahrerzeitliche Importkeramik aus dem östlichen Mittelmeerraum: sog. „Byzantine champleve Ware“.

Bibliografie

Nicht publiziert.

302 Schale Kreuzfahrerzeit

Leihgeber	Material		Ausgrabung & Lizenz	Ausgräber
IAA	Keramik		Ganor Gelände A-2374	M. Peilstöcker
Reg.-Nr.	**Loc. Nr.**	**Basket Nr.**	**Herkunft**	**Maße**
IAA-12-2451	8591	83146	Ausgrabung	Top Dm. 17 cm, Dm. 7 cm, H. 9 cm

Beschreibung

Kreuzfahrerzeitliche Importkeramik aus Zypern. Monochromes, eingeritztes Tafelgeschirr.

Bibliografie

Nicht publiziert.

303 Schale Kreuzfahrerzeit

Leihgeber	Material		Ausgrabung & Lizenz	Ausgräber
IAA	Keramik		Ganor Gelände A-2374	M. Peilstöcker
Reg.-Nr.	**Loc. Nr.**	**Basket Nr.**	**Herkunft**	**Maße**
IAA-2012-2450	204	8144/1	Ausgrabung	Top Dm. 17 cm, Dm. 7 cm, H. 9 cm

Beschreibung

Kreuzfahrerzeitliche Importkeramik. Die Schale gehört zur Gruppe der sog. „Blue and Maganese Ware“ aus Italien oder Nordafrika und zeigt die Verbindungen in den westlichen Mittelmeerraum.

Bibliografie

Nicht publiziert.

400 Tonkrug Kreuzfahrerzeit

Leihgeber	Material	Ausgrabung	Ausgräber
IAA/Tel Aviv University	Keramik	Apolonia-Arsuf	O. Tal
Reg.-Nr.		**Herkunft**	**Maße**
IAA-2013-830		Ausgrabung	H. 30 cm

Beschreibung

Tongefäß, in dem der Hortfund (siehe 401) aufgefunden wurde. Es handelt sich um ein typisch frühislamisches Gefäß der Gruppe der sog. Buff-Ware.

Bibliografie

Nicht publiziert.

304 Inschrift Kreuzfahrerzeit

Leihgeber	Material		Ausgrabung & Lizenz	Ausgräber
IAA	Stein			
Reg.-Nr.	**Loc. Nr.**	**Basket Nr.**	**Herkunft**	**Maße**
IAA-2013-618				

Beschreibung

Zweisprachige (Lateinisch, Arabisch) Inschrift Friedrich II., ursprünglich an der Stadtmauer Jaffas angebracht. Der Stein enthält Teile der arabischen Inschrift:

١( ]قيصرالمعـ[ظمامبراطورروميةفر]دريك المنصور باللهمالكألما ٢(نيـ[ـةولمبرديةوتسقانةوإيطاليةوا]نكبردة
وقلوريةوصقليةومملكة ٣(الشا[مالقدسيةمعز إمامروميةالناصرللملة]المسيحية بشهر فورارو)؟(سنة ألف ٤(ومـ[ـاتين وتسع
...وعشرين لتجسّد سيدنا يسوع المسيح

... Der Augustus Caesar, der römische Kaiser (lit. Kaiser von Rom) Fre[derick, von Gottes , siegreich durch die Gottes Gnade, Herrscher von Deutschland (almāniyah) und der Lombardei und der Toskana und Italien und (Langobardia (ankubardah) und Kalabrien (qalawriyah) und Sizilien) und dem syrischen Königreich Jerusalem; Unterstützung des römischen Pontifex (imām) der Beschützer der christlichen Gemeinde (im Monat Februar (?) im Jahre 1000) 229 der Menschwerdung unseres Herrn Jesus Christus ...

Bibliografie

Siehe Beitrag Sharon & Schrager S. 119ff., dieser Band.

401 Goldmünzen Frühislamische Zeit/Kreuzfahrerzeit

Leihgeber	Material	Ausgrabung & Lizenz	Ausgräber
IAA/TAU	Gold	Apolonia-Arsuf	O. Tal
Reg.-Nr.		**Herkunft**	**Maße**
IAA-139257-139310, 139312-139364		Ausgrabung	

Beschreibung

Goldmünzen, Fatimid and Zirid, Dinar und Bruchstücke. 108 Goldmünzen aus der fatimidischen Zeit, die wegen ihres Wertes, in einem Krug aufbewahrt, in der Kreuzfahrerzeit vergraben wurden und die Zerstörung der kreuzfahrerzeitlichen Festung von Apollonia/Arsuf, nördlich von Jaffa überdauerten. Größter Hortfund dieser Zeit in Israel, 2012 bei Ausgrabungen gefunden.

Bibliografie

Tal, O./Kool, R./Baidoun I. S. 131ff., dieser Band. Dies. forthcoming 2013, A Hoard Twice Buried? Fatimid Gold from Thirteenth Century Crusader Arsur (Apollonia-Arsuf). Numismatic Chronicle 173.

402 Münze Frühislamische Zeit

Leihgeber	Material	Ausgrabung & Lizenz	Ausgräber
IAA/TAU	Gold	Apolonia-Arsuf	O. Tal
Reg.-Nr.		**Herkunft**	**Maße**
IAA-139311		Ausgrabung	4,31 gm, 21,55 mm

Beschreibung

Dies ist die späteste Münze des Hortfundes.
Go Al-Musta'lī Billāh (AH 487–95 / AD 1094–1101), Gold Dinar.
Geprägt in Al-Iskandarīyah (Alexandria), 489AH/1095-1096, gefunden in Apollonia 2012.
Vs. in der Mitte sechszeilige Inschrift:

احمد \ عبد الله ووليه \ الامام ابو القاسم \ المستعلي بالله \ امير المؤمنين \ عال

Ahmad, Diener Gottes und sein Gefährte Abu al-Qasim al-Musta'li Billāh Imam, Befehlshaber der Gläubigen.
Seitliche Inschrift:

بسم الله الرحمن الرحيم ضرب هذا الدينر بالاسكندرية سنة تسع وثمانين وأربعمائة

Im Namen Gottes wurde dieser Dinar in Iskandarīyah geprägt, im Jahr neun und achtzig und vierhundert.
Rückseite, in der Mitte fünfzeilige Inschrift:

علي \ لا اله الا الله \ وحده لا شريك له \ محمد رسول الله \ ولي الله

Es gibt keinen Gott außer Gott, [er ist]einzigartig, er hat keine Teilhaber, Muhammad ist der Gesandte Gottes, Ali ist der Auserwählte Gottes.
Seitliche Inschrift: (Koran IX: 33) bis: المشركون
Muhammad ist der Gesandte Gottes, er hat ihn mit der Führung und der Religion der Wahrheit gesandt, die er vorangig machen soll vor allen Religionen, auch wenn die Götzendiener dagegen sind.

Bibliografie

Tal, O./ Kool, R./Baidoun, I. forthcoming 2013, A Hoard Twice Buried? Fatimid Gold from Thirteenth Century Crusader Arsur (Apollonia-Arsuf). *Numismatic Chronicle* 173.

701 Kanonenkugel Osmanische Zeit

Leihgeber	Material		Ausgrabung & Lizenz	Ausgräber
IAA	Eisen		Ha Tzorfim St. A-5577	Y. Arbel
Reg.-Nr.	**Loc. Nr.**	**Basket Nr.**	**Herkunft**	**Maße**
IAA-12-1960	810	8402	Ausgrabung	Dm. 15 cm, Gewicht 5,6 kg

Beschreibung

Kanonenkugel, wie sie bei den Auseinandersetzungen mit Napoleon 1799 von allen Konfliktparteien benutzt wurden. Eine Zuweisung zu französischen Angreifern oder türkisch-osmanischen Verteidigern nicht möglich.

Bibliografie

Nicht publiziert.

702 Kanonenkugel Osmanische Zeit

Leihgeber	Material		Ausgrabung & Lizenz	Ausgräber
IAA	Eisen		Ha Tzorfim St. A-5577	Y. Arbel
Reg.-Nr.	**Loc. Nr.**	**Basket Nr.**	**Herkunft**	**Maße**
IAA-2012-1961	819	7439	Ausgrabung	Dm. 15 cm., Gewicht 5,8 kg

Beschreibung

Osmanische Kanonenkugel, siehe 701.

Bibliografie

Nicht publiziert.

703 Kanonenkugel Osmanische Zeit

Leihgeber	Material		Ausgrabung & Lizenz	Ausgräber
IAA	Eisen		Ha Tzorfim St. A-5577	Y. Arbel
Reg.-Nr.	**Loc. Nr.**	**Basket Nr.**	**Herkunft**	**Maße**
IAA-2012-1962	819	7405	Ausgrabung	Dm. 15 cm, Gewicht 5,6 kg

Beschreibung

Osmanische Kanonenkugel, siehe Nr. 701.

Bibliografie

Nicht publiziert.

704 Tabakpfeifenkopf Osmanische Zeit, Ende 19.Jh.

Leihgeber	Material		Ausgrabung & Lizenz	Ausgräber
IAA	Keramik		Sea-Walls (Uferpromenade), A-2728	M. Peilstöcker & M. Priel
Reg.-Nr.	**Loc. Nr.**	**Basket Nr.**	**Herkunft**	**Maße**
IAA-2012-1960	105	1007-58	Ausgrabung	4,8 cm x 5,7 cm

Beschreibung

Keramikkopf einer osmanischen Tabakspfeife (Ende 19. Jh.).
Das Rauchen von Tabak in Pfeifen erreichte Europa und den Nahen Osten aus Amerika kommend im 16. Jh. In Westeuropa wurde Tabak hauptsächlich in Porzellanpfeifen geraucht, während er im osmanischen Reich in Pfeifen geraucht wurde, die aus drei Teilen bestanden: ein tönerner Pfeifenkopf verbunden mit einem Holzrohr, an dessen Ende sich ein steinernes Mundstück befand. Nachdem das Tabakrauchen zunächst sogar unter Strafe stand, kam es nach seiner Legalisierung im Laufe des 17. Jh.s in Mode und war im 18. Jh. in allen Bevölkerungsschichten weit verbreitet. Mit der Öffnung zum Westen und der damit verbundenen Verbreitung von Zigaretten nahm der Gebrauch von Pfeifen dann am Anfang des 20. Jh.s ab, nur Wasserpfeifen wurden weiterhin geraucht.
Die hier gezeigten Stücke stammen alle aus dem Bereich des nördlichen Marktes, in dem sich sicher auch Kaffeehäuser befanden, in denen das Rauchen besonders populär war. Die Pfeifenköpfe zeichnen sich durch eine kunstvolle Verzierung aus, die sie in zahlreichen Varianten schmückten, oft waren sie auch mit Herstellerstempeln versehen.

Bibliografie

Rauchberger, L. Ottoman Tobacco Pipes from the Excavation of the Seawalls atJaffa. In Jaffa Cultural Heritage Project [2]. Burke, A. A./ Peilstöcker, M. eds. Monumental Archaeologica. The Cotsen Institute of Archaeology Press. (Los Angeles)

705 Tabakpfeifenkopf Osmanische Zeit

Leihgeber	Material		Ausgrabung & Lizenz	Ausgräber
IAA	Keramik		Sea-Walls (Uferpromenade), A-2728	M. Peilstöcker & M. Priel
Reg.-Nr.	**Loc. Nr.**	**Basket Nr.**	**Herkunft**	**Maße**
IAA-2012-1961	105	1019-17	Ausgrabung	3,5 cm x 7,5 cm

Beschreibung

Keramikkopf einer osmanischen Tabakspfeife (Ende 19. Jh.). Siehe 704.

706 Tabakpfeifenkopf Osmanische Zeit

Leihgeber	Material		Ausgrabung & Lizenz	Ausgräber
IAA	Keramik		Sea-Walls (Uferpromenade), A-2728	M. Peilstöcker & M. Priel
Reg.-Nr.	**Loc. Nr.**	**Basket Nr.**	**Herkunft**	**Maße**
IAA-2012-1962	105	1022-71	Ausgrabung	4,5 cm x 5,2 cm

Beschreibung

Keramikkopf einer osmanischen Tabakspfeife (19. Jh.). Siehe 704.

707 Tabakpfeifenkopf Osmanische Zeit

Leihgeber	Material	Ausgrabung & Lizenz	Ausgräber
IAA	Keramik	Sea-Walls (Uferpromenade), A-2728	M. Peilstöcker & M. Priel

Reg.-Nr.	Loc. Nr.	Basket Nr.	Herkunft	Maße
IAA-2012-1963	105	1019-22	Ausgrabung	5,3 cm x 5,8 cm

Beschreibung

Keramikkopf einer osmanischen Tabakspfeife (Ende 19. Jh.). Siehe 704.

711 Schale Osmanische Zeit (1517–1917)

Leihgeber	Material	Ausgrabung & Lizenz	Ausgräber
IAA	Porzellan	Kishle A-5037	Y. Arbel

Reg.-Nr.	Loc. Nr.	Basket Nr.	Herkunft	Maße
IAA-2013-730	127	1673/2	Ausgrabung	5 cm x 7,2 cm

Beschreibung

Siehe 710.

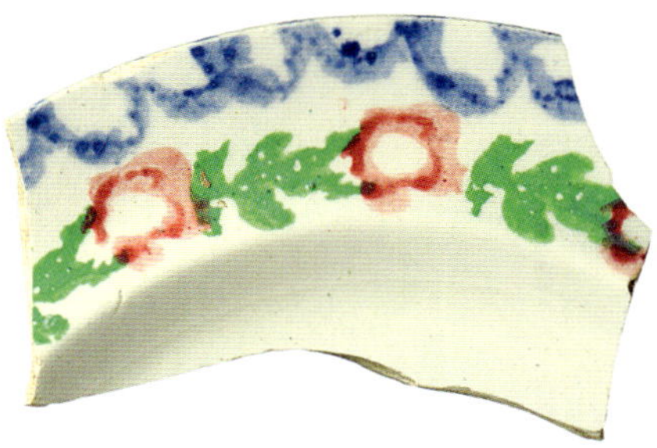

708 Tabakpfeifenkopf Osmanische Zeit

Leihgeber	Material	Ausgrabung & Lizenz	Ausgräber
IAA	Keramik	Sea-Walls (Uferpromenade), A-2728	M. Peilstöcker & M. Priel

Reg.-Nr.	Loc. Nr.	Basket Nr.	Herkunft	Maße
IAA-2012-1964	105	1034-19	Ausgrabung	5 cm x 7,8 cm, H. 4,2 cm

Beschreibung

Keramikkopf einer osmanischen Tabakspfeife (Ende 19. Jh.). Siehe 704.

712 Schale Osmanische Zeit (1517–1917)

Leihgeber	Material	Ausgrabung & Lizenz	Ausgräber
IAA	Porzellan	Roslan A-6115	Y. Arbel

Reg.-Nr.	Loc. Nr.	Basket Nr.	Herkunft	Maße
IAA-2013-679	437	4230	Ausgrabung	17 cm x 21,8 cm

Beschreibung

Osmanisch. Porzellan, mit Herkunftsstempel: „J&MP Bell and Co., Glasgow 1842–928." Vom selben Hersteller sind verschiedene Gefäße aus Jaffa bekannt.

Bibliografie

Nicht publiziert.

713 Schale Osmanische Zeit (1517–1917)

Leihgeber	Material	Ausgrabung & Lizenz	Ausgräber
IAA	Porzellan	Kishle A-5037	Y. Arbel

Reg.-Nr.	Loc. Nr.	Basket Nr.	Herkunft	Maße
IAA-2013-729	495	5393	Ausgrabung	8,7 cm x 7,5 cm

Beschreibung

Siehe 710.

Bibliografie

Vincenz, A. de forthcomming Porcelain and Ceramic Vessels of the Ottoman Period from the Ancient Police Station in Jaffa, Israel. In Arbel (Ed.), Excavations at the Ottoman Police Compound (Qishle) of Jaffa. Jaffa Cultural Heritage Project [2].
Burke; A.A./Peilstöcker, M., eds. Monumental Archaeologica. The Cotsen Institute of Archaeology Press. (Los Angeles)

714 Porzellanschale, offen Osmanische Zeit (1517–1917)

Leihgeber	Material	Ausgrabung & Lizenz	Ausgräber
IAA	Porzellan	Roslan St. A-6115	Y. Arbel

Reg.-Nr.	Loc. Nr.	Basket Nr.	Herkunft	Maße
IAA-2013-731	437	4230	Ausgrabung	4,1 cm x 6,5 cm

Beschreibung

Offene Porzellanschale, blau-rotes Blumenmuster auf weißem Grund.

Bibliografie

Nicht publiziert.

716 Porzellanschale, offen Osmanische Zeit (1517–1917)

Leihgeber	Material	Ausgrabung & Lizenz	Ausgräber
IAA	Porzellan	Kishle A-5037	Y. Arbel

Reg.-Nr.	Loc. Nr.	Basket Nr.	Herkunft	Maße
IAA-2013-725	270	3345/8	Ausgrabung	5 cm x 9,8 cm, H. 5,6 cm

Beschreibung

Blaue Muster auf weißer Ware

Bibliografie

Nicht publiziert.

717 Porzellanschale, offen Osmanische Zeit (1517–1917)

Leihgeber	Material	Ausgrabung & Lizenz	Ausgräber
IAA	Porzellan	Kishle A-5037	Y. Arbel

Reg.-Nr.	Loc. Nr.	Basket Nr.	Herkunft	Maße
IAA-2013-723	804	9030/3	Ausgrabung	6,6 cm x 8 cm

Beschreibung

Blaue Malerei auf weißer Ware.

Bibliografie

Siehe 715.

718 Porzellanschale, offen Osmanische Zeit (1517–1917)

Leihgeber	Material		Ausgrabung & Lizenz	Ausgräber
IAA	Porzellan		Kishle A-5037	Y. Arbel
Reg.-Nr.	**Loc. Nr.**	**Basket Nr.**	**Herkunft**	**Maße**
IAA-2013-726	205	3002	Ausgrabung	5 cm x 7,2 cm

Beschreibung

Osmanisch. Sog. Blue-On-White-Ware mit blauem floralem Bandmuster auf weißer Ware.

Bibliografie

Vincenz, A. de forthcomming Porcelain and Ceramic Vessels of the Ottoman Period from the Ancient Police Station in Jaffa, Israel. In Arbel (Ed.), Excavations at the Ottoman Police Compound (Qishle) of Jaffa. Jaffa Cultural Heritage Project [2].
Burke; A.A./Peilstöcker, M., eds. Monumental Archaeologica. The Cotsen Institute of Archaeology Press. (Los Angeles)

719 Porzellanschale, offen Osmanische Zeit (1517–1917)

Leihgeber	Material		Ausgrabung & Lizenz	Ausgräber
IAA	Porzellan		Roslan St. A-6115	Y. Arbel
Reg.-Nr.	**Loc. Nr.**	**Basket Nr.**	**Herkunft**	**Maße**
IAA-13-731	437	4209	Ausgrabung	4,1 cm x 6,5 cm

Beschreibung

Offene Schale, Transfer–Ware. Im 18. Jh. steigt die Nachfrage nach englischen Porzellan–Imitationen für den preiswerten Verkauf. Die Hersteller entwickeln das Verfahren Transfer–Druck, bei dem sie Motive auf das Gefäß drucken.

Bibliografie

Vincenz, A. de forthcomming Porcelain and Ceramic Vessels of the Ottoman Period from the Ancient Police Station in Jaffa, Israel. In Arbel (Ed.), Excavations at the Ottoman Police Compound (Qishle) of Jaffa. Jaffa Cultural Heritage Project [2].
Burke; A.A./Peilstöcker, M., eds. Monumental Archaeologica. The Cotsen Institute of Archaeology Press. (Los Angeles)

720 Porzellanschale, offen Osmanische Zeit (1517–1917)

Leihgeber	Material		Ausgrabung & Lizenz	Ausgräber
IAA	Porzellan		Roslan St. 5883	Y. Arbel
Reg.-Nr.	**Loc. Nr.**	**Basket Nr.**	**Herkunft**	**Maße**
IAA-13-732	35	1078	Ausgrabung	2,1 cm x 4,5 cm

Beschreibung

Osmanisch, sog. „Transfer Ware", siehe 719.

Bibliografie

Nicht publiziert.

721 Porzellanschale, offen Osmanische Zeit (1517–1917)

Leihgeber	Material		Ausgrabung & Lizenz	Ausgräber
IAA	Porzellan		Roslan St. 5883	Y. Arbel
Reg.-Nr.	**Loc. Nr.**	**Basket Nr.**	**Herkunft**	**Maße**
IAA-13-733	44	1108	Ausgrabung	10,4 cm x 12 cm

Beschreibung

Osmanisch, sog. „Transfer Ware", siehe 719.

Bibliografie

Nicht publiziert.

722 Porzellanschale, offen Osmanische Zeit (1517–1917)

Leihgeber	Material		Ausgrabung & Lizenz	Ausgräber
IAA	Porzellan		Roslan St. 5883	Y. Arbel
Reg.-Nr.	**Loc. Nr.**	**Basket Nr.**	**Herkunft**	**Maße**
IAA-2013-734	205	2024	Ausgrabung	12 cm x 14,5 cm

Beschreibung

Importiert aus Belgien, La Louvière, mit Stempel „Made in Belgium“. Hardpaste Gefäß.

Bibliografie

Nicht publiziert.

723 Schale, offen Osmanische Zeit (1517–1917)

Leihgeber	Material		Ausgrabung & Lizenz	Ausgräber
IAA	Keramik		Roslan St. A-6115	Y. Arbel
Reg.-Nr.	**Loc. Nr.**	**Basket Nr.**	**Herkunft**	**Maße**
IAA-2013-680	437	4253/1	Ausgrabung	19,5 cm x 16,5 cm, H. 6 cm

Beschreibung

Offene Schale aus der Gattung der Çanakkale Waren. Çanakkale war seit dem 19. Jh. ein bedeutendes Zentrum für die Keramikproduktion und liegt auf der asiatischen Seite der Dardanellen an der Küste. Die häufigste Form in Jaffa ist die glasierte Schale mit Blumenmuster.

Bibliografie

Nicht publiziert.

724 Schale, offen Osmanische Zeit (1517–1917)

Leihgeber	Material		Ausgrabung & Lizenz	Ausgräber
IAA	Keramik		Roslan St. A-6115	Y. Arbel
Reg.-Nr.	**Loc. Nr.**	**Basket Nr.**	**Herkunft**	**Maße**
IAA-2013-681	437	4236	Ausgrabung	12 cm x 13,8 cm

Beschreibung

Çanakkale Ware, siehe 723.

Bibliografie

Nicht publiziert.

725 Schale, offen Osmanische Zeit (1517–1917)

Leihgeber	Material		Ausgrabung & Lizenz	Ausgräber
IAA	Keramik		Roslan St., A-6115	Y. Arbel
Reg.-Nr.	**Loc. Nr.**	**Basket Nr.**	**Herkunft**	**Maße**
IAA-2013-682	437	4253/2	Ausgrabung	W. 19 cm, Dm. 21,5 cm, H. 5,6 cm

Beschreibung

Çanakkale Ware, siehe 723.

Bibliografie

Nicht publiziert.

726 Schale, offen Osmanische Zeit (1517–1917)

Leihgeber	Material		Ausgrabung & Lizenz	Ausgräber
IAA	Keramik		Roslan St. A-6115	Y. Arbel
Reg.-Nr.	**Loc. Nr.**	**Basket Nr.**	**Herkunft**	**Maße**
IAA-2013-683	437	4209	Ausgrabung	Dm. 26 cm, H. 8,5 cm

Beschreibung

Diese offene Schale ist ein griechischer Import. Der Fundort ist eine Füllschicht im Stadtgraben unter der Brücke, die zum Stadttor (Jerusalemtor) führt. Nachdem die Stadtbefestigung im 19. Jh. nicht mehr in Gebrauch war, diente der Graben als Müllhalde.

Bibliografie

Siehe Arbel S. 134ff., dieser Band.

727 Öllämpchen Osmanische Zeit (1517–1917)

Leihgeber	Material		Ausgrabung & Lizenz	Ausgräber
IAA	Keramik		Roslan St., A-5883	Y. Arbel
Reg.-Nr.	**Loc. Nr.**	**Basket Nr.**	**Herkunft**	**Maße**
IAA-2013-735	322	3054	Ausgrabung	7 cm x 7 cm, H. 8,5 cm

Beschreibung

Bis in das 20. Jh. bestand großer Bedarf an tönernen Öllämpchen, die allerdings leicht brachen und daher in großer Zahl bei Ausgrabungen gefunden werden. Ihre Form unterscheidet sich kaum von der früherer Öllämpchen.

Bibliografie

Nicht publiziert.

728 Öllämpchen Osmanische Zeit (1517–1917)

Leihgeber	Material		Ausgrabung & Lizenz	Ausgräber
IAA	Keramik		Roslan St. A-6115	Y. Arbel
Reg.-Nr.	**Loc. Nr.**	**Basket Nr.**	**Herkunft**	**Maße**
IAA-2013-736	311	3063	Ausgrabung	6 cm x 7 cm, H. 3 cm

Beschreibung

Öllämpchen, siehe 727.

Bibliografie

Nicht publiziert.

729 Öllämpchen Osmanische Zeit (1517–1917)

Leihgeber	Material		Ausgrabung & Lizenz	Ausgräber
IAA	Keramik		Roslan St., A-6115	Y. Arbel
Reg.-Nr.	**Loc. Nr.**	**Basket Nr.**	**Herkunft**	**Maße**
IAA-2013-737	323	3083	Ausgrabung	3,5 cm x 7 cm, H. 3,5 cm

Beschreibung

Öllämpchen, siehe 727.

Bibliografie

Nicht publiziert.

730 **Krug** Osmanische Zeit (1517–1917)

Leihgeber	Material	Ausgrabung & Lizenz	Ausgräber
IAA	Keramik	Roslan St. A-5883	Y. Arbel
Reg.-Nr.	**Loc. Nr.**	**Herkunft**	**Maße**
IAA-2013-738	6	Ausgrabung	20 cm x 22 cm, H. 24,3 cm

Beschreibung

Fragment eines Wasserkrugs der sog. Gaza Ware. Das ist eine dunkle, grau-schwarze Keramikgattung, die bis zum Aufkommen anderer Materialien (Plastik) weit verbreitet war. Sie ist bis heute in Herstellung. Eines der Produktionszentren war die Stadt Gaza und für lange Zeit galt das Auffinden solcher Keramik für die Archäologen als Zeichen, moderne Schichten erreicht zu haben.

Bibliografie

Nicht publiziert.

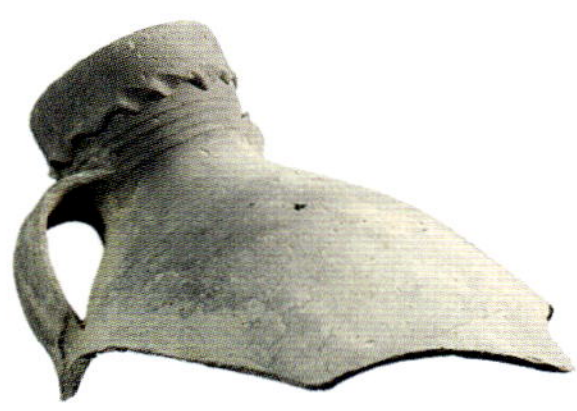

731 **Krug** Osmanische Zeit (1517–1917)

Leihgeber	Material		Ausgrabung & Lizenz	Ausgräber
IAA	Keramik		Roslan St. A-5883	Y. Arbel
Reg.-Nr.	**Loc. Nr.**	**Basket Nr.**	**Herkunft**	**Maße**
IAA-2013-684	35	1087	Ausgrabung	Dm. 6,8 cm, H. 9,7 cm

Beschreibung

„Gaza Ware“, Krug- Fragment, siehe 730.

Bibliografie

Nicht publiziert.

732 **Krug** Osmanische Zeit (1517–1917)

Leihgeber	Material		Ausgrabung & Lizenz	Ausgräber
IAA	Keramik		Roslan St. A-5883	Y. Arbel
Reg.-Nr.	**Loc. Nr.**	**Basket Nr.**	**Herkunft**	**Maße**
IAA-2013-685	47	1145	Ausgrabung	9,3 cm x 8,5 cm, H. 10 cm

Beschreibung

„Gaza Ware“, Krugfragment, siehe 730.

Bibliografie

Nicht publiziert.

750 **Pilgerzeichen, Jordan-Wels mit Darstellung der Taufe Christi** um 1900

Leihgeber	Material	
Hessisches Landesmuseum Darmstadt	Knochen	
Reg.-Nr.	**Herkunft**	**Maße**
HLM-N.N.200	Museumsbestand, Herkunft unbekannt	16 cm x 10,5 cm x 4 cm, in Glaskästchen 20 cm x 14 cm x 6 cm

Beschreibung

„Taufe Christi“, bemalter Schädelknochen eines Fischs (Clarias gariepinus), um 1900.
Ein Fischkopf wird als Bildträger zur Konservierung einer Taufe Christi im Jordan genutzt. Das Schädelfragment lässt sich der Welsart *Clarias gariepinus* zuordnen, die zur Familie Clariidae gehört. Reste der typischen Bartfäden sind noch an der linken Schädelseite auszumachen. Dr. Schneider war an einer Bestandserfassung dieser Fische im Vorderen Orient beteiligt. Der *Clarias gariepinus* ist ein Bewohner afrikanischer und orientalischer Flüsse und Seen und lebt auch im Jordanfluss und dem See Genezareth in Israel. Dargestellt sind in der Mitte Christus, rechts neben ihm Johannes der Täufer, auf der anderen Seite ein Engel. Oben mittig befindet sich eine Taube als Symbol für die Anwesenheit des Heiligen Geistes.

Bibliografie

Wiesmann-Emmerling, A., Informationen aus dem Hessischen Landesmuseum in Darmstadt 1/2002.

760 Lektionar, Apostelgeschichte 9-10: Petrus in Joppe

15. Jh.

Leihgeber	Material	
Bibelmuseum Münster	Papier, 263 Blätter	
Reg.-Nr.	**Herkunft**	**Maße**
Münster-Ms.16. Lektionar 1685164 v, 165 r	Museumsbestand	Blätter: 27,5cm x 19 cm, geb. Handschrift: 29 cm x 21 cm
Beschreibung		
Lesungen der Evangelien und aus dem Apostolos (Apg, Paulusbriefe). Aufgeschlagen sind in der Ausstellung die beiden Petrus-Geschichten in Jaffa/ Joppe über die Auferweckung der Tabitha (Apg 9) und von der Vision des Tuches vom Himmel auf dem Dach des Hauses von Simon dem Gerber (Apg 10).		

770 Fotografie

Leihgeber
Französische Nationalbibliothek, Paris; EO-483 (2)-PET FOL, n. 34 to 36. Fotographie von Louis Vignes (19. Jh.)
Beschreibung
Panoramaansicht Jaffas von Nordosten, zusammengefügt aus drei Fotos. Gut sind die Stadtbefestigung und das Jerusalem-Tor zu sehen. Mit Beginn der Photographie Ende des 18. Jh. nutzen die Palästina-Reisenden dieses neue Medium. Unter ihnen auch die Franzosen Louis Vignes und Felix Bonfils.

801 Orientalischer Jude

Leihgeber		
Bauernfeind Museum Sulz		
Inventar-Nr.	**Herkunft**	**Maße**
Inventar Nr.68	Museumsbestand	35 cm x 25 cm
Beschreibung		
Die Grafik, „orientalischer Jude aus dem Yemen" signiert „Jaffa", wurde von Gustav Bauernfeind vermutlich bei der 1. Orientreise 1880/81 vor Ort in Jaffa gemalt.		
Bibliografie		
Siehe Beitrag Vosseler S. 46ff., dieser Band.		

802 Tagebuch

Leihgeber	
Bauernfeind Museum Sulz	
Reg.-Nr.	**Herkunft**
ohne Reg.-Nr.	Aus dem Nachlass Bauernfeind.
Beschreibung	
Tagebuch Gustav Bauernfeinds von seiner Reise nach Damaskus, 1888	

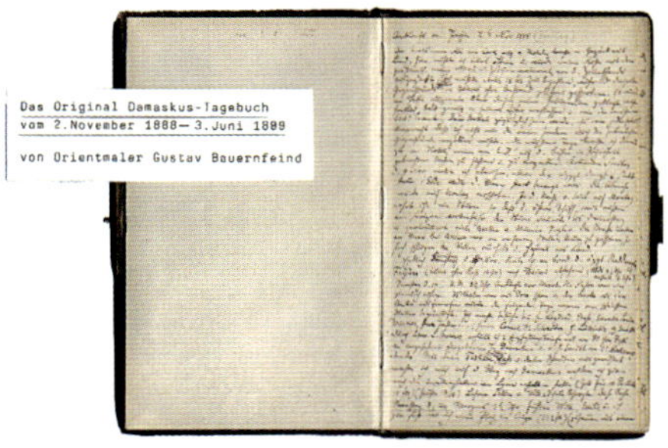

803 Buch Leipzig 1875

Leihgeber	Material
Johannes Gutenberg-Universität Mainz	Buch

Reg.-Nr.
Signatur CD 285

Beschreibung
Baedekers Reiseführer mit einem Beitrag zu Jaffa und einem Stadtplan.

Bibliografie
Baedeker, K. (Hrsg.) Palästina und Syrien. Handbuch für Reisende, Verlag Karl Baedeker.

804 Jaffa-Orange Papier Datierung unklar.

Leihgeber	Material	
Bauernfeind Museum Sulz	Papier	
Reg.-Nr.	**Herkunft**	**Maße**
ohne Nr.	Museumsbestand	29,8 cm x 20,8 cm

Beschreibung
Einwickelpapier einer Jaffa-Orange mit Aufdruck, wahrscheinlich aus dem Nachlass Bauernfeind.

811 Fotografie, Jaffa und Umgebung 22. November 1917

Leihgeber	
Bayerisches Hauptstaatsarchiv München	
Reg.-Nr.	**Material**
BS-Palästina 85	Luftbild

Beschreibung
Deutsche Luftaufnahme aus der Zeit des 1. Weltkrieges. Eine Zusammenarbeit zwischen den deutschen Armeen und den Streitkräften des Osmanischen Reiches hat bereits in den 80er Jahren des 19. Jahrhunderts eingesetzt. Im Ersten Weltkrieg steht als neues Kriegsgerät erstmals in großem Umfang das Flugzeug zur Verfügung. An fast allen Fronten und von den meisten Kriegsparteien werden nun Luftfotos zu Aufklärungszwecken angefertigt. Große Bestände dieser Bilder aus dem Ersten Weltkrieg sind bis heute auch im Bayerischen Hauptstaatsarchiv erhalten.

812 Fotografie Jaffa nördlicher Teil 27. November 1917

Leihgeber
Bayerisches Hauptstaatsarchiv München

Reg.-Nr.
BS-Palästina 90

Beschreibung
Deutsche Luftaufnahme aus der Zeit des 1. Weltkrieges. Siehe 811.

813 Fotografie Jaffa mittlerer Teil mit Kriegsschiff

24. Januar 1918

Leihgeber
Bayerisches Hauptstaatsarchiv München
Reg.-Nr.
BS-Palästina 88a
Beschreibung
Deutsche Luftaufnahme aus der Zeit des 1. Weltkrieges. Siehe 811.

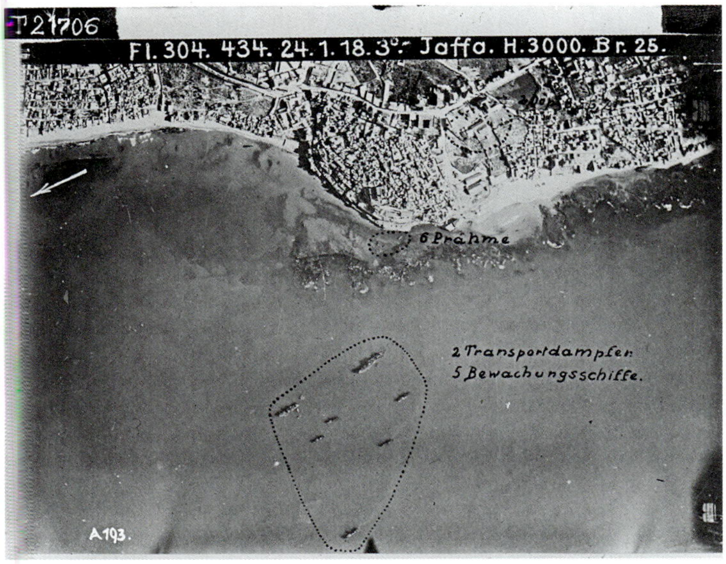

814 Fotografie Jaffa südlicher Teil mit Gärten 19. Mai 1918

Leihgeber
Bayerisches Hauptstaatsarchiv München
Reg.-Nr.
BS-Palästina 94
Beschreibung
Deutsche Luftaufnahme aus der Zeit des 1. Weltkrieges. Siehe 811.

815 Fotografie Jaffa vom Meer

Leihgeber	Material	
Martinus Bibliothek Mainz	Album	
Reg.-Nr.	**Herkunft**	**Maße**
MBM-13/553	Museumsbestand	H. 8–9/16 x W. 11–16 inch

Beschreibung

Ansicht Jaffas vom Meer. Fotographie von Felix Bonfils (1967–1912) um 1870. Felix Bonfils war ein französischer Reisender und Fotograph. Nach einigen Reisen in den Nahen Osten, ließ er sich mit seiner Familie in Beirut nieder, wo er ein Fotostudio eröffnete. Der besondere Wert seiner Aufnahmen liegt in der objektiven Abbildung des damaligen Zustands vieler Orte und Monument, wie z. B. der Grabeskirche in Jerusalem.

Bibliografie

Szegedy-Maszak, A. 2001 The Genius of Félix Bonfils. Archaeology,Vol. 54 Number 3.

816 Fotografie

Material
Fotografie, Reproduktion JCHP
Beschreibung
Dokumentation der „Operation Anchor“ des britischen Militärs durch Luftaufnahmen. Die Aufnahmen dokumentieren den Zustand der Altstadt vor, während und nach der Zerstörung.
Bibliografie
Siehe Aufsatz Gavish S. 146ff., dieser Band.

817 Fotografie

Material
Fotografie, Reproduktion JCHP
Beschreibung
Dokumentation der „Operation Anchor“ des britischen Militärs durch Luftaufnahmen mit Zerstörung eines großen Teils der Altstadt Jaffas.
Bibliografie
Siehe Aufsatz Gavish S. 146ff., dieser Band.

818 Fotografie

Material
Fotografie, Reproduktion JCHP
Beschreibung
Dokumentation der „Operation Anchor“ des britischen Militärs durch Luftaufnahmen mit Zerstörung eines großen Teils der Altstadt Jaffas.
Bibliografie
Siehe Aufsatz Gavish S. 146ff., dieser Band.

819 Fotografie

Material
Fotografie, Reproduktion JCHP
Beschreibung
Dokumentation der „Operation Anchor“ des britischen Militärs durch Luftaufnahmen mit Zerstörung eines großen Teils der Altstadt Jaffas.
Bibliografie
Siehe Aufsatz Gavish S. 146ff., dieser Band.

820 Urkunde

Leihgeber	Material	
Institut für Stadtgeschichte, Stadt Frankfurt	Einband	
Reg.-Nr.	**Herkunft**	**Maße**
Ffm-606	Stadtarchiv Frankfurt	ca. DIN A3

Beschreibung

Vertrag über eine freundschaftliche Zusammenarbeit zwischen der Stadt Tel Aviv-Yafo und der Stadt Frankfurt.
Urkunde unterzeichnet von den Oberbürgermeistern Lahat (Tel Aviv-Yafo) und Wallmann (Frankfurt) am 23. August 1981.

Bibliografie

Siehe Cammerzell S. 17f., dieser Band.

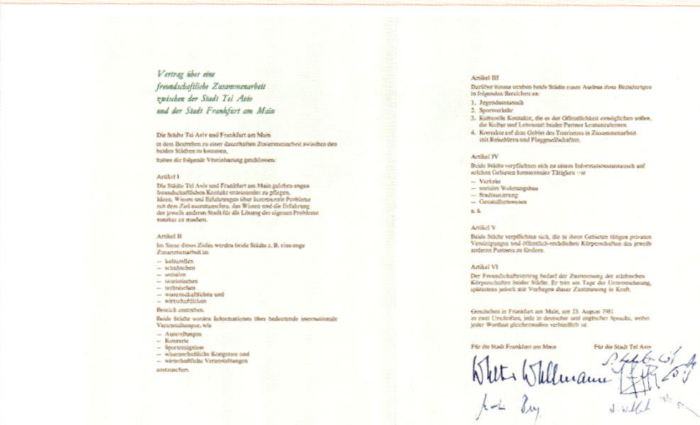

Vertrag über eine freundschaftliche Zusammenarbeit zwischen der Stadt Tel Aviv und der Stadt Frankfurt am Main

Die Städte Tel Aviv und Frankfurt am Main

Artikel I

Artikel II

Artikel III

Artikel IV

Artikel V

Artikel VI

Für die Stadt Frankfurt am Main — Für die Stadt Tel Aviv

821 Zeitbild

Leihgeber	Material	
Institut für Stadtgeschichte, Stadt Frankfurt	Foto	
Reg.-Nr.	**Herkunft**	**Maße**
Ffm-400.104	Stadtarchiv Frankfurt	18 cm x 14 cm

Beschreibung

Foto von der Unterzeichnung des Freundschaftsvertrags zwischen Tel Aviv und Frankfurt. Die Oberbürgermeister
Lahat und Wallmann unterzeichnen den Vertrag im Beisein der Bürgermeister Griffel und Berg. Foto T. Dabrowski.

Bibliografie

Siehe Cammerzell S. 17f., dieser Band.

822 Zeitbild

Leihgeber	Material	
Institut für Stadtgeschichte, Stadt Frankfurt	Foto	
Reg.-Nr.	**Herkunft**	**Maße**
Ffm-400.105	Stadtarchiv Frankfurt	18 cm x 24 cm

Beschreibung

Foto von der Überreichung eines Gastgeschenks durch den Tel Aviver Oberbürgermeister Lahat an den Frankfurter Oberbürgermeister Wallmann. Foto: T. Dabrowski.

Bibliografie

Siehe Cammerzell S. 17f., dieser Band.

823 Zeitbild

Leihgeber	Material	
Institut für Stadtgeschichte, Stadt Frankfurt	Foto	
Reg.-Nr.	**Herkunft**	**Maße**
Ffm-400.109	Stadtarchiv Frankfurt	18 cm x 24 cm

Beschreibung

Der Oberbürgermeister von Tel Aviv-Yafo Lahat und der Oberbürgermeister von Frankfurt Wallmann schütteln sich die Hände, vor ihnen liegt ein Schriftstück in hebräischer Sprache. Foto: dpa.

Bibliografie

Siehe Cammerzell S. 17f., dieser Band.

825 Buch Einband

Leihgeber	Material
Lior Rauchberger, Tel Aviv	Buch
Reg.-Nr.	**Herkunft**
priv.	Privatbesitz

Beschreibung

Hebräische Ausgabe des Romans „Gestern, Vorgestern" von S.J. Agnon, für das er 1966 als erster Dichter Israels den Literatur-Nobelpreis bekam. Der Roman handelt von der Geschichte des Jizchak Kummer, der Ende des 19. Jh. als begeisterter Zionist nach Palästina kommt, um dort „den Boden des Landes zu bearbeiten". Er schildert seine Erlebnisse in Jaffa und gibt eine lebendige Beschreibung der Stadt zu dieser Zeit.

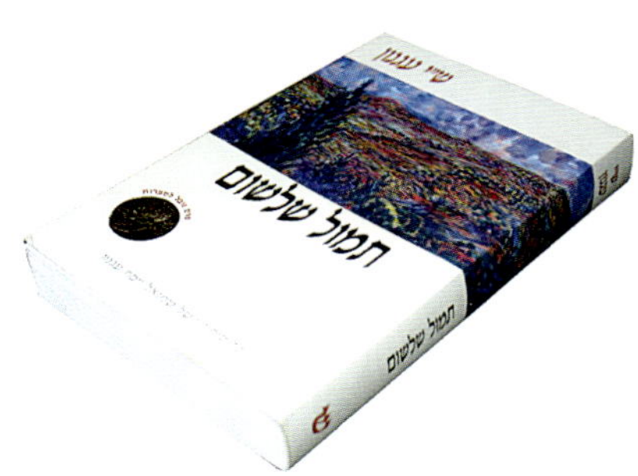

826 Buch Einband

Leihgeber	Material
Martin Peilstöcker	Foto
Reg.-Nr.	**Herkunft**
priv.	Privatbesitz

Beschreibung

Deutsche Übersetzung des Romans „Gestern, Vorgestern" von S.J. Agnon, siehe 825. S. Fischer Verlag, Frankfurt 1969.

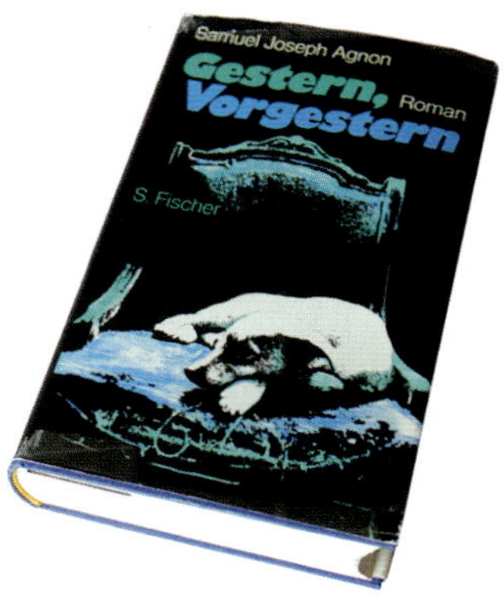

900 Ausstellungsplakat

Leihgeber	Material	
Institut für Stadtgeschichte, Stadt Frankfurt	Plakat	
Reg.-Nr.	**Herkunft**	**Maße**
Ffm-231	Stadtarchiv Frankfurt	84 cm x 59,5 cm

Beschreibung

Amt für Wissenschaft und Kunst; Dezernat für Kultur und Freizeit; „'Line against Line' - Atelierbericht aus Tel Aviv", 08.06.–02.07.1989. Ausstellung im Karmeliterkloster. Weißer Text auf rotem Grund.

Bibliografie

Siehe Cammerzell S. 17f., dieser Band.

827 Schlüssel

Leihgeber	Material
Bibelhaus Erlebnis-Museum	Metall
Herkunft	**Maße**
Jaffa	jeder Schlüssel 15 cm x 6 cm

Beschreibung

Moderner Schlüssel aus Jaffa. Im Zusammenhang mit der Staatsgründung Israels 1948 müssen ca. 65.000 Palästinenser ihre Häuser in Jaffa aufgeben. Dieses Ereignis wird auf palästinensischer Seite mit dem arabischen Wort Naqba bezeichnet und dafür der Schlüssel als Symbol verwendet. Das Wort Naqba ist im arabischen neu gebildet worden und wird nur auf die Ereignisse im Jahr 1948 bezogen. Die Wortbedeutung von Naqba entspricht im deutschen ungefähr dem Wort Unglück.

901 Ausstellungsplakat

Leihgeber	Material	
Institut für Stadtgeschichte, Stadt Frankfurt	Plakat	
Reg.-Nr.	**Herkunft**	**Maße**
Ffm-2	Stadtarchiv Frankfurt	70 cm x 50 cm

Beschreibung

„Frankfurt-Tel Aviv", 23.11.–10.12.1982, Ausstellung. Im unteren Bereich der Plakatfläche Schwarz-Weiß-Darstellung einer Tube, die sich an einer Wand befindet; auf dem Boden schematische Darstellung einer Tube in den deutschen Farben; am oberen und unteren Plakatrand schwarzer, hebräischer Text auf weißem Grund. Autor: Feingersch (?).

Bibliografie

Siehe Cammerzell S. 17f., dieser Band.

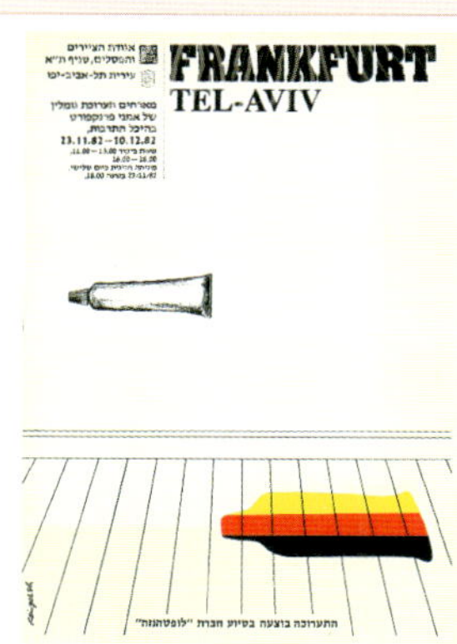

Register

Namen und Personen

Orte und Landschaften

Sachbegriffe

Bibelstellen

Bildnachweis

Arbel, Yoav 139 (10), 141 (14+15)
Ashkenazi, Hai 102(3)
Archiv Johannes Gutenberg Universität Mainz, Biblische Archäologie 94(8)
Bauernfeind-Museum, Sulz am Neckar 46(1), 47(2), 48(3), 49(4), 50(5), 182(801), 183(804)
Bayerisches Hauptstaatsarchiv München 183(811), 184(812), 184(813), 184(814)
Bayerische Staatsbibliothek München 72(1) Ottheinrich Bibel, CGM 8010, Folio 238v Ausschnitt
Bibelhaus Erlebnismuseum Frankfurt am Main Titelabbildung, 9(1), 10(2), 10(3), 11(4), 57(1), 58(2), 60(3), 61(1), 62(2), 63(3), 75(2), 78(1), 106(1), 131(1)
Bibelmuseum Münster 182(760)
Dinar Bar-Lev, Tel Aviv 12(1)
Französische Nationalbibliothek, Paris 182(770)
Guido Pressler Verlag Hürtgenwald 42(3) Bernhard von Breydenbach: Die Reise ins Heilige Land, Hg. Elisabeth Geck, Wiesbaden 1961, S. 31
Helbig, Gerd, Potsdam 25(1), 26(2), 28(3), 29(4), 30(5), 31(6), 31(7), 31(8)
Hessisches Landesmuseum Darmstadt 182(750)
Institut für Stadtgeschichte Frankfurt am Main 17(1), 17(2), 186(820), 186(821), 186(822), 186(823), 187(900), 187(901)
Israel Antiquities Authority, Jerusalem Alle Objekte im Katalogteil 132-182, die mit IAA als Leihgeber bezeichnet werden, 101(1), 101(2), 107(2), 107(3), 110 (1), 111(4), 119(1), 120(2), 121(5), 128(7), 133(2), 135(2-5), 137(7), 138(8+9), 139(11), 140(11+12), 142(16-18),143(20), 143(21), 143(22), 144(23), 145(24), 145(25)
Jaffa Cultural Heritage Project (JCHP), Tel Aviv/Los Angeles/ Mainz Frontispiz, 69 (1), 89(4), 90(5), 103(5), 112(5+6), 113(7), 117(4), 136(6), 146(1), 147(2), 147(3), 148(4), 148(5), 149(6), 115(2), 152, 188
Johannes Gutenberg-Universität Mainz 183(803)
Kaplan Archiv (siehe JCHP) 13(2), 14(3) 103(4), 104(6)
Martin von Wagner Museum, Würzburg 158(230)
Martinus Bibliothek Mainz 153(184), 184(815)
Matson Collection, Jerusalem 53(2)
Peilstöcker, Martin, Frankfurt am Main 14(2), 15(5), 15(7). 16(8), 16(9), 52(1), 54(3), 66(1), 110(3), 116(3), 134(1), 153(200)
Pelz, Ortwin, Rostock 109(1)
Privatsammlung Tzvika Shacham, Petah Tikva 55(4)
Römisch Germanisches Zentralmuseum Mainz 154(203), 154(204)
Sharon, Moshe (Jerusalem) 120(3), 121(4), 125(6)
Staatliche Museen zu Berlin, Preußischer Kulturbesitz 79(2) Foto Johannes Laurentius
Stadt Frankfurt am Main 7, 18(3)
Stadt Tel Aviv-Jafo 6
Universitäts- und Landesbibliothek Darmstadt 32(1), 33(2), 34(3+4), 35(5-7), 36(8), 37(9+10), 38(11)
Universitätsbibliothek Kassel-Landes- und Murhardsche Bibliothek der Stadt Kassel 41(2) 4 Ms Hassia Nr. 116: Hodopoerico oder Weg- und Reisebeschreibung Graven Philippi zu Catzenelenbogen und Dietz Jahrs 1433...
Verlag Herder/Bibelwerk Linz/Wolfgang Zwickel, Herders Neuer Bibelatlas 85(1), 87(3), 92(6), 96(9), 97(10)
Wissenschaftliche Buchgesellschaft, Darmstadt 114(1) Kettermann, G.: Atlas zur Geschichte des Islams S. 24
Württembergische Landesbibliothek Stuttgart 81(4) Biblia pauperum, fol.279, [17] 8r
Zwickel, Wolfgang, Mainz 86(2), 93(7), 185(816), 185(817), 185(818), 185(819)